Johannes Kunz

BACK TO THE ROOTS
100 Jahre Jazz

DEM ANDENKEN AN

WALTER RICHARD LANGER

GEWIDMET

Johannes Kunz

BACK TO THE ROOTS

100 Jahre Jazz

mit Fotos von Peter Brunner

Ibera & Molden Verlag

Danksagung

Dieses Buch ist durch Unterstützung einiger Personen – Mitarbeiter, Freunde und Jazzhistoriker – möglich geworden. Zuerst möchte ich Sonja Englisch danken, die in vielen Stunden das Rohmanuskript reingeschrieben hat. Und dann bin ich den folgenden Personen, die mein Urmanuskript kritisch gelesen und Anregungen eingebracht haben, zu Dank verpflichtet: der Musikwissenschaftlerin Stephanie Pick-Eisenburger, dem IBM-Spitzenmanager und Jazzmusiker Gerd Riesenfelder, dem langjährigen Jazzexperten des ORF, Paul Polansky, und dem Jazzhistoriker Klaus Schulz.

Johannes Kunz

Vorne auf dem Schutzumschlag von links oben nach unten:
Miles Davis, Louis Armstrong, Benny Goodman, Billie Holiday, Woody Herman, Duke Ellington und Count Basie.
Umschlagbild Rückseite von links nach rechts: Peter Brunner, Art Farmer, Ray Brown, mit dem Autor.

Die Deutsche Bibliothek – CIP-Einheitsaufnahme
Kunz,Johannes:
Back to the roots / Johannes Kunz. – Wien : Ibera-Verl, 1996
ISBN 3-900436-27-4

© 1996 by Ibera Verlag/ European University Press, Wien
Lektorat: Helga Zoglmann
Fotos Schutzumschlag vorne: Peter Brunner, Contrast/P&PM Zerteilt, Votawa: Deutsche Presse Agentur, Lehtikuva
Foto Schutzumschlag Rückseite: Peter Brunner
Herstellung: Ibera Verlag, Wien
ISBN- 3-900436-27-4
Alle Rechte vorbehalten, auch der auszugsweisen Wiedergabe
in Print- oder elektronischen Medien

Inhaltsverzeichnis

Vorwort von Joe Zawinul 9

Der Beginn meiner musikalischen Lebensliebe 13

Zur Systematik dieses Buches 21

Von der Musik der Urzeit zum Jazz 23

Jazz – was ist das? 33

Jass, Jasmo, Jismo – Jazz! 40

Die ersten Schallplattenaufnahmen 42

Als der Jazz Europa eroberte 45

Am Anfang war der Blues 52
Leadbelly, Big Bill Broonzy, Blind Lemon Jefferson,
Ma Rainey, Robert Johnson, Bessie Smith, John Lee Hooker,
B. B. King, Ray Charles, Pine Top Smith, Jimmy Yancey,
W. C. Handy

Am Anfang war auch der Negro Spiritual 65
Mahalia Jackson, Sister Rosetta Tharpe, Clara Ward,
Golden Gate Quartet

Ragtime und Beginn des Jazz (1890-1910) 72
Scott Joplin, Buddy Bolden

New Orleans (1900-1930) 78
Jelly Roll Morton, Bunk Johnson, Freddie Keppard, King Oliver,
Kid Ory, Sidney Bechet

Dixieland (1915-1925) 87
Jack Laine, Nick LaRocca, Tom Brown, Paul Joseph Mares

Der Beginn des großorchestralen Jazz (1923/24) 93
Fletcher Henderson, Paul Whiteman

Chicago (1925-1930) 96
Louis Armstrong, Bix Beiderbecke, Jimmy McPartland,
Jimmy Noone

Swing (1930-1945): Die Zeit der Big Bands 108
Fats Waller, Chick Webb, Benny Goodman, Duke Ellington,
Count Basie, Lionel Hampton, Woody Herman, Stan Kenton

Bebop (1940-1950) 138
Charlie Parker, Dizzy Gillespie, Thelonious Monk, Bud Powell

Cool Jazz (1950-1955) 197
*Lennie Tristano, Dave Brubeck, Miles Davis, Gerry Mulligan,
John Lewis*

Hard Bop (1955-1960) 212
*Art Blakey, Horace Silver, Clifford Brown, Sonny Rollins,
Charles Mingus*

Free Jazz (1960-1970) 226
Cecil Taylor, Ornette Coleman, John Coltrane

Jazz Rock oder Fusion (ab 1970) 245
*Blood, Sweat & Tears, Joe Zawinul, John McLaughlin,
Herbie Hancock, Chick Corea*

Weltmusik, Rap und Hip Hop (ab 1980) 261
Tony Scott, Don Cherry, Yusef Lateef, George Gruntz

Die Wiederentdeckung des großen Jazz-Erbes 271
(Gegenwart)
David Murray, Wynton Marsalis

Mainstream 279
Oscar Peterson

The Great American Songbook 283
*George Gershwin, Jerome Kern, Cole Porter, Irving Berlin,
Hoagy Carmichael, Richard Rodgers, Harold Arlen*

Stimmen des Jazz 289
*Bing Crosby, Cab Calloway, Mildred Bailey, Jimmy Rushing,
Billie Holiday, Ella Fitzgerald, Nat King Cole, Mel Tormé,
Billy Eckstine, Lambert, Hendricks & Ross, Anita O'Day,
Bobby McFerrin, Frank Sinatra*

Von den ersten Festivals
zum Bank Austria Jazz Fest Wien 311
John Hammond, Norman Granz, George Wein

Die Clubs – alte und neue Heimat des Jazz 319

Jazz – die musikalische Botschaft der Freiheit 325
*Dietrich Schulz-Köhn, Joachim-Ernst Berendt,
Leonard Feather, Willis Conover*

Personenregister 341

Quellenverzeichnis 363

Weiterführende Literatur 365

To a very special
& loved friend of mine,
Johannes!
Your friend always!
Oscar Peterson

Persönliche Widmung von Oscar Peterson

Vorwort

Das Sprichwort, daß eine Katastrophe nötig sei, um ein Wunder zu bewirken, hat sich selten so bewahrheitet wie im Fall der vor vierhundert Jahren erzwungenen Reise von Millionen Afrikanern in die Neue Welt, speziell nach Nordamerika. Was diese starken, intelligenten und unglaublich talentierten Menschen durchmachen mußten, ist bestens dokumentiert. Daß sie bei all dem noch die größte Kunstform des 20. Jahrhunderts geschaffen haben, ist in der Tat ein Wunder.

Call And Response, Gespräche in den Baumwollfeldern, die Klänge, denen die Haussklaven im tiefen Süden ausgesetzt waren (französische, englische, irische Jigs), flossen vor etwa 100 Jahren zu einer Musik zusammen, die vor allem in Bordellen und Spelunken gespielt wurde. Musiker und Entertainer hatten bald ein leichteres Leben als die anderen, doch ihre Musik, die später als „Jazz" bekannt werden sollte, hatte wegen der Lokale, in der sie gespielt wurde, jahrzehntelang einen schlechten Ruf.

Das Ende der gesetzlichen Sklaverei und die industrielle Revolution verhalfen dieser Musik zu einer raschen Verbreitung über ihren Entstehungsort New Orleans hinaus den Mississippi aufwärts nach St. Louis, Chicago usw. J. R. Morton, der selbsternannte weltgrößte Jazzpianist, war ein vollausgebildeter Musiker, und auch heute noch verfügen viele Musiker aus New Orleans über eine besonders gute Ausbildung.

Mit der Erfindung des Plattenspielers wuchs die Popularität dieser wunderbaren Musik enorm. Der phänomenale Louis Armstrong schuf bald eine völlig eigenständige Musik. Er war allen anderen so weit voraus, daß nach kürzester Zeit eine Reihe junger Musiker in seine Fußstapfen trat. Da in den großen Städten entlang des Mississippi Arbeiter gebraucht wurden, verließen viele Schwarze in der Hoffnung auf bessere Lebensumstände den Süden und verhalfen dadurch ihrer neuen Musik auch im Norden zu immer größerer Beliebtheit.

Um viele weiße Musiker, die im Stil Armstrongs musizierten, gruppierte sich eine weiße Anhängerschaft, und in den zwanziger Jahren, den „Roaring Twenties", hatte der Jazz ganz Amerika erfaßt und ging daran, auch Europa, speziell Paris, zu erobern. Jazz war der Hit schlechthin. In Chicago wurde der Gangsterboß Al Capone zum Jazzfan und beschäftigte viele Musiker, darunter auch den sehr einflußreichen Earl Hines. Jimmie Lunceford hatte eine großartige Band, und Fletcher Henderson wurde ein sehr begehrter Bandleader und Arrangeur, dem ein sehr begabter Klarinettist namens Benny Goodman seinen Big Band-Erfolg zu verdanken hatte.

So entstanden in den dreißiger Jahren viele Combos und Big Bands, und bald wurde die Musik dieser ersten goldenen Ära der zwanziger Jahre so beliebt, aber zugleich auch alltäglich, daß das Bedürfnis nach etwas Neuem entstand. In Washington D. C. gründete 1923 ein junger Grafik-Designer namens Edward Kennedy „Duke" Ellington eine Band, die Washingtonians, und begann während der nächsten zehn Jahre individualistische Künstler um sich zu versammeln, die seinem Konzept und seinen großen Vorstellungen entsprachen. Diese Band kreierte einen Sound, der den Geist, den Feinsinn, die Schönheit und die Energie der schwarzen Bevölkerung Amerikas widerspiegelte. Weder zuvor noch danach hat eine Big Band bedeutendere Musik gemacht.

Bis heute gelten Louis Armstrong und Duke Ellington als die zwei größten Musiker des Jazz. Das Musikgeschehen in Amerika entwickelte sich schnell weiter: In Kansas City gründete Bill „Count" Basie eine Band, die gemeinsam mit Duke Ellingtons Gruppe Geschichte machte. Beide Meister hielten ihre Bands über 35 Jahre zusammen.

Zur selben Zeit als auch Amerika in den Zweiten Weltkrieg hineingezogen wurde, geriet New York City in den Bann einer neuen Musik. Ein junger Altsaxophonspieler aus Kansas City, Charlie Parker, ein Trompetenspieler aus South Carolina, Dizzy Gillespie, und der Pianist Thelonious Monk aus New York schufen eine neue Richtung – Bebop. So neu, so anders, so schnell, so direkt am Puls der Großstadt, daß sie zwei Jahre lang alles andere zum Stillstand brachte, wie mir Ben Webster immer wieder erzählte.

Diese Musik hielt sich bis Ende der zweiten goldenen Ära um die Mitte der sechziger Jahre, und nur einer, ein wahrhaft großer Künstler aus East St. Louis, den Wiederholungen sehr schnell langweilten, brach regelmäßig aus diesem Stil aus: Miles (Dewey) Davis. Seit den frühen Tagen mit Charlie Parker und Dizzy Gillespie änderte er seinen Stil und sein Konzept einige Male, bis er unter dem Einfluß meiner Verwendung elektronischer Instrumente in eine Richtung ging, die als Fusion bekannt wurde. Weather Report, die originellste Band der siebziger Jahre, schuf zusammen mit der Miles Davis Band und der John McLaughlin Group einen neuen Markt mit einer Anhängerschaft, wie sie die Welt des Jazz noch nie zuvor gesehen hatte. Für viele Puristen war die Musik, die Wayne Shorter und ich kreierten, zwar nicht mehr Jazz – eine Meinung, auf die ich an dieser Stelle nicht eingehen möchte –, aber sie war rhythmisch anders, interessant und aufregend, was Melodien und Harmonie betrifft, schön, gleichzeitig aber kraftvoll, und sie vereinigte die besten Musiker dieser Zeit. Vor allem aber war sie originell, eine futuristische Welt-Volksmusik.

1973 schrieb ich eine Ode an Harlem, den „125th Street Congress". Für dieses Lied erfand ich einen Beat, der die Basis für einen Musikstil darstellte, der heute als Hip Hop bekannt ist. Dieser im Original aufgenommene Drum Beat wird heute noch von vielen Rap- und Hip Hop-Gruppen für ihre Produktionen verwendet. Weather Report zeichnet auch für die ersten „Weltmusik"-Aufnahmen verantwortlich. Aber leider, wie schon so oft, haben schlechte Imitation und der Mißbrauch von elektronischem Sound dem ganzen Genre nur eine relativ kurze Lebensdauer beschert.

Auf der Suche nach Neuem brachten Plattenfirmen die Bebop-Ära aber wieder zurück: Mit dem Auftauchen der Young Lions, einer Gruppe junger, gut ausgebildeter Musiker unter der Führung des aus New Orleans stammenden Wynton Marsalis, eines Mannes mit nobler Gesinnung, der die Ursprünge des Jazz aufzeigen wollte. Trotz des enormen Könnens der meisten jungen Musiker befinden sich diese Bemühungen aber leider noch im Imitationsstadium.

Doch wie so oft in der glorreichen Vergangenheit dieser Musik wird es nicht mehr lange dauern, bis etwas Neues, Kraftvolles und Unterhaltsames (letzteres ist besonders wichtig) entsteht und so die Kunstform des Jazz, die größte kulturelle Errungenschaft des 20. Jahrhunderts, weiter gefestigt wird.

Der Beginn meiner musikalischen Lebensliebe

In der ersten Hälfte der fünfziger Jahre – Österreich war nach der Befreiung durch die Alliierten seit dem Kriegsende 1945 besetzt – war Wien in vier Zonen unterteilt, in denen Amerikaner, Sowjets, Franzosen und Briten residierten.
Anfang 1947 geboren, wuchs ich im 19. Wiener Gemeindebezirk, in Döbling, auf. Und als Kind machte ich hier meine erste Bekanntschaft mit dem Medium Radio, in dem ich viele Jahre später – ab 1968 als politischer Redakteur im ORF – beruflich tätig sein sollte. Unter anderem hörte ich einen amerikanischen Soldatensender, der rund um die Uhr Jazz spielte. Jazz war für die Österreicher Unterhaltungsmusik, und dieser Sender brachte Schallplatten und Live-Aufnahmen mit Louis Armstrong, Duke Ellington, Ella Fitzgerald, Benny Goodman und Glenn Miller – kurzum: mit den populärsten Stars der amerikanischen Jazz- und Tanzmusik. Die modernen Klänge des Bebop wurden offenbar ausgespart. Von älteren Freunden weiß ich, daß sie, die sie die Greuel der Naziherrschaft und des Zweiten Weltkriegs schon bewußt miterlebt hatten, in dieser Musik, die sie gegen Kriegsende trotz strikten Verbots durch das Hitler-Regime illegal in ausländischen Sendern gehört hatten, den künstlerischen Boten der ersehnten Freiheit sahen. Und tatsächlich kann Jazz als Musik der Freiheit definiert werden. Jazz bietet den ausübenden Musikern durch das Mittel der Improvisation (das der abendländischen Musik seit der Zeit des Barock weitgehend verlorengegangen ist) die Möglichkeit des individuellen Artikulierens. Jazz kann also von niemandem, auch von keiner politischen Instanz, kontrolliert werden. Und so war es geradezu logisch, daß die Nazis diese Musik als „entartet" verboten hatten.

Aber zurück zu meiner ersten Begegnung mit dem Jazz. In Döbling waren amerikanische Truppen stationiert. Die GIs erfreuten sich bei uns Kindern großer Beliebtheit. In offenen Jeeps fuhren sie lachend durch die Straßen und warfen uns kleine Päckchen Kaugummi zu. Ein Hauch des vielzitierten American Way Of Life war in diesen Jahren in Döbling zu spüren. Kaugummi, Blue Jeans, Coca Cola und eben Jazz waren neu für die Älteren, wir Kinder wuchsen gleichsam mit diesen Ingredienzen der Nachkriegswelt auf. Es hieße die Realität verdrehen, würde ich behaupten, meine Familie hätte damals mein Interesse am Jazz, das sich in stundenlangem Radiohören manifestierte, besonders geschätzt. Aber sie hat es mehr oder weniger freiwillig toleriert. Jahre später – die GIs waren aus Österreich längst abgezogen – überredete ich meine Mutter zu einem gemeinsamen Besuch eines vielumjubelten Konzerts mit Louis Armstrong in der neuerbauten Wiener Stadthalle. Heute erinnert sie sich mit großer Freude an diesen Abend, was beweist, daß steter musikalischer Tropfen den Stein durchaus höhlen kann. Eines Tages – es war irgendwann in den fünfziger Jahren – ging ich als kleiner Bub in ein Elektrogeschäft in der Döblinger Hauptstraße, das neben Glühbirnen, Kofferradios, Batterien und Kabeln auch ein paar Schallplatten feilbot. Und unter diesen wenigen Platten, die im Angebot des kleinen Ladens waren, fand ich auch eine Scheibe mit Louis Armstrong und seinem Orchester: „When The Saints Go Marching In" in einer Aufnahme vom 13. Mai 1938 war auf der einen Seite dieser Single – auch ein für die damalige Zeit neuer Begriff, schließlich waren meine Eltern noch mit Schellacks aufgewachsen – zu hören. Diesen Traditional kannte ich natürlich schon aus dem amerikanischen Soldatensender. Auf der Rückseite war eine Aufnahme von „Bye And Bye" vom 18. Dezember 1939. Ich legte also mein sorgsam angespartes Taschengeld auf den Ladentisch und erwarb die erste Jazzplatte meines Lebens, die ich nach wie vor sorgsam hüte und zu der sich im Lauf der Jahrzehnte eine Sammlung von mehreren tausend weiteren Jazz-Platten, Jazz-CDs und Jazz-Videos gesellt hat. Und so war ich Wiener Nachkriegskind glücklich und stolz, zwei Armstrong-Titel, die hierzulande noch ein paar Jahre zuvor unter den Nazis geächtet gewesen waren, auf Schallplatte mein eigen zu nennen.

Zu dieser Zeit – als Kind nahm ich daran natürlich noch nicht Anteil – hatte sich in Wien bereits so etwas wie eine Jazzszene entwickelt. Im Strohkoffer, einem Clublokal, gab es Ausstellungen, Lesungen und Jazzabende. Hier konnte man z. B. Friedrich Gulda und Joe Zawinul solo oder vierhändig am Klavier erleben.

Und auch der Name Fatty George war der ständig steigenden Zahl von Wiener Jazzfreunden bereits ein Begriff. Dieser Klarinettist und Altsaxophonist, der eigentlich Franz Preßler hieß, hatte am Konservatorium und an der Musikakademie studiert, ehe er ab 1945 in amerikanischen Clubs spielte, dann nach Deutschland ging, 1952 in Innsbruck Fatty's Jazz Casino eröffnete und ab 1955 wieder in Wien spielte. Hier sollte er ab 1958 Europas größtes Jazzlokal jener Zeit, Fatty's Saloon, etablieren.

Schon bald nach Kriegsende war es zu ersten Wien-Gastspielen amerikanischer Jazzgrößen gekommen. Von einigen dieser Konzerte aus den fünfziger Jahren gibt es sogar Live-Mitschnitte auf Schallplatte und mittlerweile auch auf CD, was wir dem rührigen Klaus Schulz zu verdanken haben. Er ist der profundeste Chronist des österreichischen Jazz. In jenem Jahr 1954, in dem ich meine erste Jazzplatte kaufte, gastierte beispielsweise am 18. November der Vibraphonist Lionel Hampton im Konzerthaus. Klaus Schulz schreibt im Text zum CD-Mitschnitt, dieser Auftritt habe eine Konzertlawine ins Rollen gebracht: „Schon einige Monate zuvor gastierte mit der Third Herd von Woody Herman die erste Nameband in Wien. Auf Grund des triumphalen Erfolges, den Lionel Hampton in seinem ersten Wiener Konzert hatte, verpflichtete man Hamp schon fünf Wochen später abermals ins Konzerthaus. Am ersten Weihnachtsfeiertag 1954 entfesselte Hamp neuerlich Musiker und Publikum. Zwei Tage später übrigens gastierte die Hampton-Band in der Grazer Industriehalle. In den Jahren danach, etwa bis 1963, gab es dann in Wien einen regelrechten Konzertboom, und alles, was im Jazz Rang und Namen hatte, war auf der Bühne zu hören und zu sehen. Die Jazzliebhaber hatten endlich Gelegenheit, jene Idole, die sie von Schallplatten, Filmen oder aus der spärlichen Jazzliteratur kannten, in Aktion zu erleben: Ella Fitzgerald, Oscar Peterson, Gene Krupa, Dizzy Gillespie, Roy Eldridge, Stan Kenton, Count Basie, Benny Goodman, Louis Armstrong, Duke Ellington, Miles Davis, John Coltrane, Nat King Cole, Quincy Jones, Stan Getz. Und dazwischen immer wieder in gewissen Abständen Lionel Hampton, der sich als wahrer Publikumsmagnet erwies. Selbst die Wiener Presse nahm von den Hampton-Konzerten immer wieder ungewöhnlich stark Notiz, und es gab neben Bildberichten auch Sensationsaufmacher auf den Titelseiten. Zuweilen gab es auch Stimmen (und sie kamen häufig aus Jazzkreisen), die Hamptons Harlem-Jump als geschmackloses Spektakel abqualifizierten. Ich selbst erinnere mich noch an die Aussagen eines 'seriösen' Jazzfreundes: 'Dieser Wirbel ist keine Musik mehr!' Nun, die folgenden Jahrzehnte haben bewiesen, daß es weitaus stärkere Belastungen für das Gehör geben sollte." Da hat er zweifellos recht, der Klaus Schulz.

Ein weiterer Höhepunkt in der Wiener Jazzchronik war der Auftritt des Orchesters des Trompeters Harry James am 20. Oktober 1957. Da die Stadthalle noch im Bau war und das Konzerthaus den Massenansturm nicht bewältigen konnte, errichtete man neben dem Wiener Messegelände im Prater ein Zelt für 8 000 Besucher. Das Konzert des ehemaligen Lead-Trompeters des Benny Goodman Orchestra geriet – nicht zuletzt durch eine Live-Übertragung im neuen Österreichischen Fernsehen – zu einem so fulminanten Erfolg, daß die Band noch für ein paar Tage an die Renaissancebühne verpflichtet wurde. Mit dabei war damals übrigens der großartige Drummer Buddy Rich, der Jahrzehnte später mit eigenem Orchester in Wien Sammy Davis jun. und Frank Sinatra begleitete.

Ein Mann muß unbedingt erwähnt werden, wenn vom Jazz im Nachkriegs-Wien die Rede ist: Horst Winter. Er gründete hier das Wiener Tanzorchester (WTO). Der 1914 im oberschlesischen Beuthen als Sohn eines Bankbeamten geborene Winter hatte mit Erwin Halletz an Saxophon und Klarinette sowie Heinz Neubrand am Klavier exzellente Musiker in seinem Orchester. Ab 1950 spielten in seinem Horst Winter Tanzorchester (HWT) auch die Saxophonisten Hans Koller und Karl Drewo. Im Frühjahr 1995 hatte ich übrigens die Freude, als Konzertveranstalter mit dem im 81. Lebensjahr stehenden Horst Winter einen umjubelten Evergreen-Abend im Konzerthaus zu organisieren.

Wie gesagt, die Jazzszene im Wien der fünfziger Jahre war rege. Das wenige, das ich als Kind davon mitbekam, stimulierte mich weiter, Jazzmusik zu hören, Platten zu sammeln und Konzerte zu besuchen. In der Mittelschule hatte ich einen hervorragenden Musikprofessor. Herbert Tachezi, der als Orgelvirtuose weit über die Grenzen Österreichs hinaus bekannt wurde, unterrichtete in den fünfziger und sechziger Jahren am humanistischen Gymnasium in Döbling. Er vermittelte mir musiktheoretische Erkenntnisse zum Thema Jazz, ich begann mich in die verfügbare Fachliteratur zu vertiefen und abonnierte den Jazz-Zyklus der Musikalischen Jugend im Konzerthaus. Und so kam ich in den Genuß, all die Jazzgrößen live zu erleben, die – wie Klaus Schulz erzählt hat – am Beginn der sechziger Jahre in Wien Station machten. Dazu kam, daß im Art Center oder im Cafe Josephinum fallweise ein prominenter Jazzmusiker auftrat. Ich erinnere mich z. B. an einen Abend mit dem Saxophonisten Julian „Cannonball" Adderley, der von der Österreichischen Jazzföderation unter Leitung von Johann Fritz, dem heutigen Spitzenmanager des Internationalen Presseinstituts (IPI), für einen Auftritt ins Konzerthaus geholt worden war und danach im Josephinum mit Friedrich Gulda jammte.

Günter Schifter und Walter Richard Langer gestalteten ebenso kurzweilige wie informative Jazzsendungen im Österreichischen Rundfunk. Langer hatte sogar ein paar Jahre eine eigene Fernsehsendung. Natürlich war Jazz auch damals ein Minderheitenprogramm, aber im Fernsehen interpretierte man seinen Kulturauftrag noch so, daß man einer so wichtigen zeitgenössischen Musikrichtung einen gebührenden Platz im Programm einzuräumen habe. Die Sendungen von Schifter und Langer sog ich gleichsam akustisch auf und profitierte von ihrer Art der Präsentation des Jazz im Radio, als ich dann in den achtziger Jahren selbst im ORF einige Jahre eine Jazzsendung moderierte. Für dieses wöchentliche Programm interviewte ich alle Stars, die gerade in Wien waren, von Benny Goodman über Ella Fitzgerald bis zu Oscar Peterson, Art Blakey oder Dizzy Gillespie. Diese persönlichen Begegnungen mit großen Jazzmusikern, die zum Teil nicht mehr am Leben sind, werden mir stets in wacher Erinnerung bleiben. Viele dieser Künstler hatte der Konzertmanager Joachim Lieben für seine „Stimmen der Welt" nach Österreich gebracht.

Es muß um die Mitte der achtziger Jahre gewesen sein, als ich beim Besuch eines der vielen Jazzfestivals, die Fritz Thom in Velden, Wiesen und Hollabrunn organisierte, auf die Idee verfiel, man sollte die Stars dieser Musik statt in einem Zelt auf einem burgenländischen Erdbeerfeld in die traditionsreichen Konzertsäle der Bundeshauptstadt bringen. Dieses urbane Ambiente wäre großen Künstlern weitaus angemessener. Den Anstoß dazu gab mir ein Gespräch mit dem Jazz-Impresario Norman Granz. Er war in Begleitung seines Schützlings Ella Fitzgerald eines regnerischen Sommerabends nach Wiesen im Burgenland gekommen, das mit seiner Hippie-Atmosphäre viel Reiz für ein jugendliches Publikum mit wenig Komfort für in die Jahre gekommene Künstler verband. Granz, den ich für meine Radiosendung interviewte, mokierte sich beim Small Talk nach der Aufnahme über die Auftrittsbedingungen. Gemeinsam mit Fritz Thom und Heinz Krassnitzer konnte nach jahrelanger Vorarbeit die Übersiedlung des größten österreichischen Jazzfestivals an die Donau Anfang der neunziger Jahre realisiert werden. So wurde aus einem kindlichen Schwarm für Jazz eine musikalische Lebensliebe, die sich auch in der Veranstaltung eines Konzertzyklus durch „Vienna Entertainment" manifestierte.

Das Echo auf das 1992 gemeinsam mit Peter Brunner herausgegebene Buch „Jazz! Swinging Portraits" und die Tatsache, daß vielen jungen Menschen in der Modephase des Hip Hop die Wurzeln des Jazz unbekannt sind, haben mich dazu angeregt,

18

den „Roots" nachzuspüren und etwas vom Charme und Charisma dieses „Sound Of The Century" einzufangen. Nicht die x-te musiktheoretische Abhandlung über Jazz wollte ich schreiben, sondern mit den Mitteln des Journalisten in Form einer Reportage über Entstehung und Entwicklung dieser Musik von der zweiten Hälfte des 19. Jahrhunderts bis herauf in die neunziger Jahre des 20. Jahrhunderts berichten. Schließlich haben sich bedeutende Komponisten sinfonischer Musik mit dem Jazz auseinandergesetzt und sich von ihm inspirieren lassen. Andererseits läßt sich fast die gesamte Popmusik des 20. Jahrhunderts, die von Amerika geprägt worden ist, auf Blues und Jazz zurückführen.

Wien, im Oktober 1996

Zur Systematik dieses Buches

Mehr als alle Theorien sagen die großen Persönlichkeiten des Jazz über ihre Musik aus. Daher stelle ich die stilbildenden Musiker zeitlich dort, wo sie auf dem Höhepunkt ihrer künstlerischen Bedeutung angelangt sind, in eine Chronik des Jazz. Ein Beispiel zur Illustration: Es ist unbestritten, daß Louis Armstrong vom Stil, der in seiner Heimatstadt New Orleans um die Jahrhundertwende gespielt wurde, geprägt war. Seine kreativste Phase hatte er aber zweifellos in der zweiten Hälfte der zwanziger Jahre in Chicago, weshalb auf sein Wirken erst an dieser Stelle der Chronik ausführlich Bezug genommen wird. Diese Chronik beginnt lange bevor der Begriff „Jazz" erstmals verwendet wurde, um die Mitte des 19. Jahrhunderts. Sie erfaßt die weltlichen (Work Song, Blues) sowie religiösen Wurzeln (Negro Spiritual) dieser Musik und skizziert die einzelnen Stilrichtungen von Ragtime über New Orleans, Swing und Cool bis zu Fusion Music, Klassizismus und Weltmusik.

Möglichst oft greife ich auf authentische Aussagen der Musiker, welche die Geschichte des Jazz geschrieben haben, zurück. Und ich stelle ihr Schaffen in die Rahmenbedingungen ihrer Zeit. Der Zusammenhang zwischen der jeweiligen Spielart des Jazz und dem gesellschaftlichen Umfeld ist nämlich immens wichtig für das Verstehen dieser Musik. Mehr als jede andere Musik ist Jazz durch die Lebensumstände der ihn produzierenden Künstler charakterisiert.

Im Text finden sich Kurzbiographien der stilbildenden Musiker und wichtiger Persönlichkeiten der Jazzwelt ebenso wie Erklärungen der einschlägigen Fachbegriffe. Bei den Exponenten des frühen Jazz ist die eindeutige Rekonstruktion ihrer Biographie freilich nicht immer einfach, weil verschiedene Quellen oft unterschiedliche Daten angeben. Natürlich habe ich auf die umfangreiche Fachliteratur zurückgegriffen, Jazz-Zeitschriften studiert und viele Gespräche aus den letzten 20 Jahren mit Musikern, Managern und Publizisten in dieses Buch einfließen lassen. Fotos wichtiger Protagonisten der Jazzszene der neunziger Jahre, aufgenommen von Peter Brunner, ergänzen den Text.

Gewiß ist die Rekonstruktion der Jazzgeschichte ein bis zu einem bestimmten Grad willkürliches Unterfangen, das von vielen Musikern mit großer Skepsis verfolgt wird. Schließlich ist Jazz eine lebendige Musik, die sich ständig weiterentwickelt. Und dennoch ist es eine zivilisatorische Tugend, Ereignisse zu sichten, zu reihen und zu ordnen. Bei allen anzubringenden Einschränkungen erleichtert es diese Betrachtungsweise Menschen, die sich erstmals für Jazz interessieren, einen Zugang zu dieser Musik zu finden. Es sollen also die Ohren und Herzen jener geöffnet werden, die bisher noch nichts mit Jazz im Sinn hatten. Und Jazz kann man nur mit Ohr *und* Herz erfassen. Um dazu in der Lage zu sein, braucht man aber auch Informationen, die dieses Buch vermitteln will.

Eines kann und will dieses Buch aber nicht sein: eine lückenlose Darstellung dessen, was Jazz war und ist. In der 100jährigen Geschichte dieser Musik spielen viele Protagonisten eine zum Teil bedeutende Rolle, deren Behandlung allerdings den Umfang dieses Buches sprengen würde. Das Buch will also kein Jazz-Lexikon („von A bis Z") sein, sondern eine journalistische Spurensuche „Back To The Roots". Die Konzentration auf das Wesentliche impliziert, daß in der Relation zur großen Rolle amerikanischer Musiker manches, wie z. B. der aktuelle europäische Jazz, unterbelichtet bleibt. In diesem Zusammenhang sei auf das im Nachhang abgedruckte Verzeichnis weiterführender Fachliteratur verwiesen.

Von der Musik der Urzeit zum Jazz

Über die Entstehung der Musik gibt es so viele Theorien wie Sand am Meer. Im Laufe der Jahrtausende hat sich jedes Volk in der eigenen Überlieferung eine solche Theorie untermauert.

In der Genesis des Alten Testaments heißt es, der Sohn Lamechs namens Jubal, ein Nachkomme Adams in siebenter Generation, sei der „Vater aller Zither- und Flötenspieler" gewesen. So liest es sich in der jüdischen Tradition. Die Ägypter wiederum betrachteten die Musik als Geschenk Gottes an Osiris, während die Chinesen die zwei sagenhaften Kaiser Fu-Shi und Huang-Di als Schöpfer der Musik ansahen. Und für die Inder brachte Shiva den Menschen die Musik bei.

Unter den vielen wissenschaftlichen Theorien ist jene zu erwähnen, wonach die Töne der ersten Menschen vor Millionen Jahren von unterschiedlicher Höhe gewesen seien, woraus sich eine artikulierte Sprache entwickelt habe. Die menschliche Sprache basiere also auf einer Art Urmusik. Andere Wissenschafter meinen heute, die Musik gehe auf die ersten Rufverständigungen der Menschen untereinander zurück. Daraus sei die Sprache entstanden und aus erregt dargebotener Sprache wiederum so etwas wie musikalischer Ausdruck.

Glaubt man frühen Überlieferungen, dann hat die Musik seit jeher für den Menschen eine besondere Bedeutung, ordnete er ihr doch magische Kräfte zu – Kräfte, die es ihm ermöglichen würden, Unheil abzuwenden oder das Wohlwollen der Götter zu erlangen. Der Zeitpunkt der Entstehung dessen, was wir heute Musik nennen, wird von der modernen Wissenschaft frühestens 70 000 Jahre vor Christi Geburt geortet.

Vermutlich wird damals die erste von Menschen geschaffene Musik so wie heute die Musik mancher Entwicklungsvölker Teil gesellschaftlicher oder religiöser Riten gewesen sein. Nicht um Kunst oder Unterhaltung dürfte es den ersten Musikern gegangen sein, sondern um Geistervertreibung, Gottesbeschwörung oder Krankheitsbekämpfung. Nicht die Ästhetik stand im Vordergrund, sondern ein vokales System von Zeichen mit ganz bestimmter Bedeutung.

Hier ist noch eine Theorie: Am Anfang war der Rhythmus. In jedem Menschen ist Rhythmus, denken wir nur an den rhythmischen Schlag des Herzens. Zur rhythmischen Einteilung kam im Lauf der Zeit der melodische Aspekt. So entstand Musik.

Heute kennen wir von afrikanischen Stämmen Botschaften, die in der Trommelsprache ausgesandt werden und über Dutzende Kilometer zu hören sind. So haben sich wohl auch die Ahnen der nach Amerika exportierten Sklaven aus Schwarzafrika verständigt. Und diese Einwanderer haben wesentlich zum Entstehen des Jazz beigetragen. Ähnlich werden sich auch die Vorfahren „zivilisierter" Völker verständigt haben. Darauf deutet hin, daß die Musikinstrumente der Entwicklungsvölker im 20. Jahrhundert ähnlich jenen sind, die man bei Ausgrabungen gefunden hat. Erst die Kultivierung des Ausdrucks führte zur Entwicklung der Melodie.

Die ersten Musikinstrumente von Menschenhand, die wir kennen, sind aus Stein bzw. Knochenpfeifen und Tontrommeln. Möglicherweise gab es in früher Urzeit auch Instrumente aus vergänglichen Materialien, wie Holz oder Darm. Später erst existierten Blasinstrumente aus Metall. Diese Kenntnis basiert einerseits, wie erwähnt, auf Funden und andererseits auf Abbildungen auf Wandmalereien oder Vasen. Dazu kommen als dritte Quelle schriftliche Aufzeichnungen.

Wir wissen daraus um die auf hohem Niveau stehende Musikkultur im alten Ägypten und auch, daß die Musik im alten China auf einem fünfstufigen Tonsystem ohne Halbtöne basierte. Die von Pythagoras von Samos (um 580-496 v. Chr.) formulierte griechische Musiktheorie eines Systems von Tonstufen und

Tonleitern ist uns ebenso bekannt wie die Tatsache, daß in der Mehrzahl der europäischen Sprachen der Begriff Musik von den Musen, den Gefährtinnen Apollons, hergeleitet wird.

Während die Griechen die Saiteninstrumente Kithara und Lyra sowie das Flöteninstrument Aulos benutzten, stellten die Römer Metallblasinstrumente wie Tuba, Lituus oder Cornu (eine Art Horn) her. Auf die Etrusker geht vermutlich die Kunst der Römer zurück, bronzene Musikinstrumente zu erzeugen. Auch das Pfeifeninstrument Hydraulus (Wasserorgel), ein Vorläufer der Orgel – entdeckt in Pompeji, wo man es bis ins 10. Jahrhundert verwendete –, wurde in der römischen Zeit perfektioniert.

Wenn davon die Rede war, daß Musik Teil von Riten war und ist, dann gilt dies natürlich auch für das Christentum. Denken wir nur an den Gregorianischen Choral. Diese monotonen Gesänge der Männerstimmen mit einer sich innerhalb weniger Töne bewegenden Melodie erfreuen sich ja gerade in den neunziger Jahren des 20. Jahrhunderts wieder großer Beliebtheit.

In Babylon hatte man schon 800 v. Chr. Musik in Keilschrift niedergeschrieben, in Europa hingegen wurde bis zum 8. Jahrhundert n. Chr. Musik ausschließlich durch die Überlieferung von Generation zu Generation weitergegeben. Erst dann tauchten Neumen, kleine Zeichen, auf, welche den Verlauf der Melodie markierten. Einen Meilenstein setzte der italienische Mönch Guido von Arezzo (um 990-1050) mit der Einführung eines Liniensystems im heutigen Sinn.

Um die Kathedrale von Notre Dame in Paris herum entwickelte sich am Beginn des 13. Jahrhunderts die erste Kompositionsschule. Nach Rhythmus, der dem Menschen seit jeher innewohnte, und Melodie, die nach und nach entstand, kam es erst in der Renaissance zum Sinn für Harmonie. Humanismus und Reformation drängten die Kirche zurück, und die Menschen konzentrierten sich mehr auf das Diesseits. In Baukunst und Literatur ist dieser gesellschaftliche Trend ebenso nachvollziehbar wie in der Musik, aber auch am Theater und in der Wissenschaft, die von Gutenbergs Erfindung des Buchdrucks (1445) geprägt war. Die Polyphonie begann sich durchzusetzen. Ab 850 n. Chr. gab es zweistimmigen Gesang. Nun entstanden komplizierte mehrstimmige Werke, bei denen die Stimmen – anders als in der Musik des Mittelalters – nicht mehr unabhängig voneinander waren. Die daraus resultierende Harmonie wurde jetzt beachtet. Die mehrstimmige Messe setzte sich durch. Nach dem Tridentiner Konzil (1545-1563), das die Voraussetzungen für die Gegenreformation schuf, trat die Kirche gesellschaftlich wieder stärker hervor, und große Werke geistlicher Musik wurden geschaffen. In diesem Zusammenhang muß Giovanni da Palestrina (um 1525-1594) erwähnt werden.

In der Zeit des Barock, ab 1600, entstanden in allen Bereichen der Kunst Werke, die den Prunk und die Macht der Herrschenden, also der Aristokratie und der Kirche, symbolisierten. Für die Musik bedeutete dies mehr Selbständigkeit für die Instrumente, eine Weiterentwicklung von Technik und Aufbau des Spiels sowie das Entstehen der Oper als gesungenes Theater. Auch das Oratorium als neue Form geistlicher Musik wurde damals kreiert. Jeder Ort hatte seinen Kirchenchor, und jede größere Stadt sorgte für die fachkundige Ausbildung von Sängern und Musikern. Claudio Monteverdi (1567-1643), Heinrich Schütz (1585-1672), Antonio Vivaldi (1678-1741), Johann Sebastian Bach (1685-1750) und Georg Friedrich Händel (1685-1759) sind die bedeutendsten Komponisten des Barock.

Zur Barockmusik haben viele Jazzmusiker eine besondere Beziehung, und das mit gutem Grund. „Der Jazzmusiker improvisiert über gegebene Harmonien. Genau dies taten Johann Sebastian Bach und seine Söhne, wenn sie etwa eine Chaconne oder eine Air spielten: Sie improvisierten über Harmonien, die der Melodie einer Chaconne oder Air zugrunde lagen, oder schmückten die gegebene Melodie aus. Die ganze Technik der Ornamentierung – der 'Ausschmückung' einer Melodie -, die in der Barockzeit in so großer Blüte stand, gibt es auch im Jazz … etwa, wenn Coleman Hawkins sein berühmtes 'Body And Soul' spielt. Generalbaß, Organum und Cantus firmus der alten Musik entstanden zunächst einmal, um den Improvisationen Struktur zu geben und sie zu erleichtern – in dem gleichen Sinne, in dem heute die Jazzmusiker die Blues-Akkorde und die Blues-Form benutzen, um ihren Improvisationen Struktur zu geben. Winthrop Sargeant spricht in diesem Sinne von der Harmonik als einem 'controlling structural principle in jazz' – als einem strukturschaffenden Kontrollprinzip. Natürlich ist es nicht so, daß die ersten Jazzmusiker die Improvisationstechnik der alten Musik bewußt übernommen hätten. Sie wußten nichts von Bach und all diesen Dingen, und die Parallelen, die hier bestehen, sind eben deshalb so bedeutsam, weil sie sich unbewußt ergeben haben: Als Resultat einer gewiß nicht gleichen, aber doch ähnlichen musikalischen Grundauffassung. Die Parallelen werden im Gegenteil bedenklich, wenn sie bewußt praktiziert werden und Jazz und Alte Musik etwa deshalb, weil es in ihnen ähnliche Improvisationsmethoden gibt, in einen Topf geworfen werden. Auch ist es nicht so, daß diese ähnliche musikalische Grundauffassung, die hinter allem steht, die Auffassung der Alten Musik wäre. Es ist die Auffassung, die *allen* Musikkulturen gemeinsam ist, in denen es 'wichtiger ist, Musik selber zu machen, als die Musik anderer zu hören', in denen die Ursprünglichkeit des Musikverhältnisses keine Interpretations- und Auffassungsfragen aufkommen läßt, in denen Musik nicht an dem gemessen wird, was sie bedeutet, sondern an dem, was sie ist." [1] Die Zahl der Jazzmusiker, die sich intensiv mit Barockmusik, insbesondere mit Johann Sebastian Bach, auseinandergesetzt haben, ist Legion: John Lewis, Oscar Peterson, Ron Carter, Dave Brubeck, Jacques Loussier u. v. a.

In Paris – wir schreiben inzwischen Mitte des 17. Jahrhunderts – entstand aus den Vaudevilles, leichten Musikstücken, eine neue Form des Volkstheaters, die sich zur Opéra Comique entwickelte. Auf den Begriff Vaudeville werden wir später noch einmal stoßen: In Amerika verstand man unter Vaudeville in der zweiten Hälfte des 19. Jahrhunderts Unterhaltungsshows, die eine szenische Darbietung von Kabarett brachten. Diese von den englischen Varietys hergeleiteten Vaudeville-Shows waren eine Art Nummernprogramm, bestehend aus Chansons, Tanz und Akrobatik.

In Europa brach jetzt die große Zeit der Oper an. Die Oper war für die Menschen damals so etwas wie ein multimediales Spektakel, eben die Synthese von Theater und Musik – vergleichbar vielleicht dem, was für uns heute Film und Fernsehen bedeuten. Oper war populär, und Oper war Musiktheater für die breiten Massen. Das erste Operntheater, das Teatro San Cassiano, wurde übrigens 1637 in Venedig eröffnet. Der Gesangsstil dieser Zeit hieß Bel Canto.

Wolfgang Amadeus Mozart („Die Hochzeit des Figaro", „Don Giovanni"), Gioacchino Rossini („Der Barbier von Sevilla", Wilhelm Tell"), Giuseppe Verdi („Aida", „La Traviata"), Ludwig van Beethoven („Fidelio"), Richard Wagner („Der Ring des Nibelungen"), Ruggiero Leoncavallo („Der Bajazzo"), Pietro Mascagni („Cavalleria Rusticana"), Giacomo Puccini („La Boheme"), Carl Maria von Weber („Der Freischütz"), Richard Strauss („Der Rosenkavalier"), Modest Mussorgsky („Boris Godunow") und natürlich Georges Bizet („Carmen") waren die erfolgreichsten Opernkomponisten.

Neue Formen des Musiktheaters im 20. Jahrhundert sind die Operette und das Musical. Noch vor der Jahrhundertwende hatte Jacques Offenbach („Die schöne Helena") die Kunstform der Operette in Frankreich populär gemacht. Der Walzerkönig aus Wien, Johann Strauß („Die Fledermaus"), und Franz Lehar („Die lustige Witwe") schufen später zahlreiche Operetten-Welterfolge. Bei der Oper „Porgy And Bess" des amerikanischen Komponisten George Gershwin ist eine Verbindung von sinfonischer Musik mit Elementen des Jazz ebenso festzustellen wie bei vielen Musicals. Die Gattung Musical stammt ja aus den Vereinigten Staaten. Jerome Kern („Show Boat"), Richard Rodgers („Oklahoma"), Irving Berlin („Annie Get Your Gun"), Cole Porter („Kiss Me Kate"), Frederick Loewe („My Fair Lady") und Leonard Bernstein („Westside Story") komponierten große Musical-Hits. Ihnen folgten Jule Styne („Funny Girl"), Andrew Lloyd Webber („Jesus Christ Superstar"), Mitch Leigh („Man Of La Mancha"), Galt McDermont („Hair") und viele andere bis in unsere Tage nach.

Sowohl in der Operette als auch im Musical spielt der Tanz eine Rolle. Das Ballett entstand in Frankreich und erlebte Ende des 19. Jahrhunderts eine Blütezeit in Rußland, denken wir nur an Alexander Borodin („Polowetzer Tänze"), Nikolai Rimski-Korsakow („Scheherazade") oder Igor Strawinsky („Der Feuervogel"). Apropos Strawinsky: Er war einer jener Komponisten sinfonischer Musik, die sich intensiv mit dem Jazz befaßten. „Woodchopper's Ball", „Bijou", „Goosey Gander" und „Caledonia" waren jene Titel der Woody Herman Big Band, die Igor Strawinsky am stärksten beeindruckten. Sie animierten ihn, für dieses Orchester 1945/46 sein „Ebony Concerto" zu schreiben. Und Bela Bartok komponierte für Benny Goodman „Contrasts".

Auch Paul Hindemith, Darius Milhaud, Ernst Krenek und viele andere Komponisten verarbeiteten zum Teil bereits sehr früh Einflüsse der neuen Musik aus Amerika. Leonard Bernstein, klassisch ausgebildetes amerikanisches Multimusiktalent, komponierte „Prelude, Fugue And Riffs" für den bereits erwähnten Jazzklarinettisten Woody Herman. Der Dirigent Bernstein hat dieses knapp acht Minuten dauernde Stück in den fünfziger Jahren selbst mit der Columbia Jazz Combo und Benny Goodman auf Platte aufgenommen. Benny Goodman wiederum versuchte sich – so wie in den neunziger Jahren der Trompeter Wynton Marsalis – auch als Interpret europäischer Musik der Klassik und der Moderne (Mozart, Beethoven, Weber, Brahms, Bartok u. a.). Was wenige wissen: Auch mit dem Dirigenten Arturo Toscanini hat Goodman 1942/43 zusammengearbeitet, als er unter dessen Leitung mit dem NBC Symphony Orchestra in New York „An American In Paris" und die „Rhapsody In Blue" von Gershwin auf Schallplatte einspielte. Der Jazzpianist Dave Brubeck – er studierte Komposition bei Milhaud – nahm Elemente der sinfonischen Musik in sein Schaffen auf, und sein Kollege André Previn wurde gar einer der gefragtesten Dirigenten der Welt, der jedoch dem Jazz immer treu geblieben ist und gerade in den letzten Jahren wieder mehrere Jazzplatten einspielte. Er hat einmal den Ausspruch getan: „Ich hoffe, die klassische Musik und der Jazz werden sich recht bald an einem Ort treffen, wo sich beide wohlfühlen." [2]

Der amerikanische Hornist, Komponist und Musikpublizist Gunther Schuller – er blies das 1. Horn im Orchester der Metropolitan Opera in New York – gebrauchte in den fünfziger Jahren erstmals den Begriff „Third Stream". Er hoffte auf einen „dritten Strom" zwischen Klassik und Jazz, E- und U-Musik, Komposition und Improvisation, Europa und Amerika. Schuller redete nicht etwa einer „Verjazzung" klassischer Musik das Wort, sondern strebte eine Vereinigung wesentlicher Merkmale von Jazz und „ernster" Musik an, gleichsam eine neue Sinfonik unter Verarbeitung von Blues und Swing, eine „Klassik dieses Jahrhunderts", wie es Robert Fleck einmal formuliert hat. Diese Strömung war bis in die sechziger Jahre einflußreich.

Tatsächlich zeigten sich viele große Bandleader des Jazz wie Duke Ellington oder Stan Kenton von der Form der sinfonischen Werke der europäischen Musiktradition so eingenommen, daß sie diese adaptierten. Vor allem Ellington wird oft als Jazzkomponist zwischen der europäischen Moderne und dem „Third Stream" bezeichnet. Man kann sagen, daß Duke Ellington mit seinem Frühwerk ein Vorläufer des „Third Stream" war. Freilich hat Ellington den Begriff „Third Stream" nach dessen Aufkommen 1957 selbst nie verwendet.

Die Quantität der Produktion von Sinfonien war in den letzten Jahrhunderten gigantisch. Hier nur einige wenige Angaben zum Schaffen der wichtigsten sinfonischen Komponisten: Joseph Haydn schrieb 104 Sinfonien, Wolfgang Amadeus Mozart in seinem kurzen Leben 41, Gustav Mahler 10, Ludwig van Beethoven ebenso wie Franz Schubert, Antonin Dvorak und Anton Bruckner 9 (plus 2 „Vorsymphonien"), Peter I. Tschaikowsky 6, Johannes Brahms ebenso wie Felix Mendelssohn-Bartholdy und Robert Schumann 4.

Der Unterschied der Jazz-Komposition zur Technik der erwähnten europäischen Komponisten besteht darin, daß es im Jazz auf das Zusammenwirken von Arrangement und Improvisation über ein Thema ankommt. Die Jazzkomposition weist Teile auf, die nicht „auskomponiert" sind, sondern für die Improvisation von Solisten ausgespart bleiben. Und gerade dieses Element der Improvisation ist der abendländischen Kunstmusik, wie wir gesehen haben, seit der Zeit des Barock verlorengegangen. „Die im modernen Jazz mit der Zeit immer komplizierter gewordenen, satztechnisch an Hindemith, Bartok, Milhaud, Strawinsky und Schönberg orientierten Arrangements führten zu Jazzkompositionen in der Zwölftontechnik." [3]

Die Musikgeschichte weist die Einflüsse verschiedener Länder und Kulturen zu verschiedenen Zeiten auf die Gesamtentwicklung aus. Die konträren Einflüsse verschmelzen mit anderen, und so entsteht immer wieder Neues. So wie in Italien die Oper, in Frankreich das Ballett und in Wien der Walzer geschaffen wurden, steuerte Amerika den Jazz zur Welt der Musik bei.

Jazz – was ist das ?

Mehr als alle Versuche, den Begriff Jazz wissenschaftlich zu definieren, sagen uns die Erklärungen wichtiger Protagonisten dieser Musik. Aber bleiben wir vorerst bei den gängigen Beschreibungen, wie sie sich in den einschlägigen Fachpublikationen finden, die in der Bibliothek jedes Jazzfreundes stehen.

Carlo Bohländer, Karl Heinz Holler und Christian Pfarr geben diese Erklärung: „Jazz zeichnet sich vor allem durch ein besonderes Verhältnis zur Zeit aus. Er vermittelt ein intensiveres Zeiterlebnis als die europäische Musik. Musikalisches Zeiterlebnis beruht auf einem dem Rhythmus eigenen Zeitmaß. Dieses Zeitmaß ist in der europäischen Musik der Takt. Dem Jazz dagegen liegt ein anderes Zeitmaß zugrunde, als es sein europäischer Takt vorgibt: der Multibeat. Er hatte den swing zur Folge, der der afrikanischen Rhythmik nicht eigen sein kann, da ihr als Komponente die formbildende Stütze des Metrums fehlt. Hierin liegt die einzig mögliche Erklärung für den grundsätzlichen Unterschied zwischen der afrikanischen Musik der Schwarzen (auch der lateinamerikanischen Musik) und dem Jazz. Gegen eine extreme, den afrikanischen Ursprung des Jazz behauptende Interpretation wandten sich mit Recht u. a. S. Finkelstein, B. Ulanov und bereits in den zwanziger Jahren der Musikethnologe der Berliner Universität, E. M. v. Hornbostel, der feststellte: 'Soviel ist sicher: Weder die Melodien noch die Rhythmen, nach denen heute getanzt wird, sind afrikanisch.' Denkt man darüber nach, welche Musiker und Instrumente bei der Entstehung des Jazz eine Rolle gespielt haben, so muß auch der Verfechter einer Herkunft des Jazz aus den Trommelrhythmen Afrikas eingestehen, daß sowohl zur Entstehung als auch zur Weiterentwicklung des Jazz nicht die Schlagzeuger beitrugen, sondern allein jene Musiker, die ein Melodie- bzw. Harmonieinstrument spielten. Jazz-Rhythmus ist nicht allein Schlag-Rhythmus, sondern vor allem Melodierhythmus und damit ein integrierender Bestandteil der Melodiebildung." [4]

Siegfried Schmidt-Joos beschreibt den Jazz so: „Mag auch das Seziermesser zu Erkenntnissen über die formale Struktur eines Gewebes führen; der Weg zum Geheimnis seines Lebens bleibt ihm verschlossen. Jazz ist eine lebendige Musik. Sie wird von Menschen gemacht, die in hunderte von Problemen verstrickt sind, die sich mit Fragen des Stils und der musikalischen Form ebenso beschäftigen müssen wie mit der Frage, wovon sie morgen leben werden oder warum manche Leute ihre Musik nur darum nicht ernst nehmen, weil sie Jazz heißt." [5]

Bei Stephen Longstreet und Alfons M. Dauer kann man lesen: „Die wichtigsten Kennzeichen des historischen Jazz sind: die Stegreiferfindung seiner Melodien in gleichzeitigem Kollektivspiel, die charakteristische rhythmische Bewegungsform dieser Melodien nach dem Prinzip des off-beat, die Verwendung einer Rhythmusgruppe zur Erzeugung eines 'beat' als Bezugspunkt für die rhythmischen Verlagerungen in der Melodik; die Anwendung zahlreicher tonaler, instrumentaler Ausdrucksmittel und Techniken größtenteils negerischer Herkunft als funktionelle Bildungselemente, die Form der Instrumentierung, die Systematik der Stimmerfindung durch Improvisation in sanglicher Einfachheit, die Rückführbarkeit des kollektiven Zusammenspiels auf das afrikanische Responsorialschema. Die Entwicklung des klassischen Jazzstils stellt den Höhepunkt der afro-amerikanischen Musikform dar." [6]

Und Hugues Panassié meint: „Ja, der Jazz ist die Musik der Schwarzen, insofern sie ihrem musikalischen Genie treu bleiben und nicht die Weißen imitieren. Marian Anderson ist zweifellos eine schwarze Sängerin, sie interpretiert sogar 'Negro Spirituals', aber trotzdem macht sie keine schwarze Musik. Sie hat nach der weißen Stimmtechnik singen gelernt und ist eine ausgezeichnete 'klassische' Sängerin geworden. Es war ihr Recht, unsere Konservatoriumsstimmtechnik der schwarzen Tradition vorzuziehen. Freilich kann nur ein Uneingeweihter sich einbilden, daß Marian Anderson eine Vertreterin des religiösen Gesangs der nordamerikanischen Schwarzen ist; die Kenner wissen genau, daß Mahalia Jackson und Sister Rosetta Tharpe die echten Sängerinnen der 'Spirituals' sind." [7]

Geradezu klassisch ist mittlerweile die folgende Definition von Joachim-Ernst Berendt: „Jazz ist eine in den USA aus der Begegnung der Schwarzen mit der europäischen Musik entstandene künstlerische Musizierweise. Das Instrumentarium, die Melodik und die Harmonik des Jazz entstammen zum größten Teil der abendländischen Musiktradition. Rhythmik, Phrasierungsweise und Tonbildung sowie Elemente der Blues-Harmonik entstammen der afrikanischen Musik aus dem Musikgefühl des amerikanischen Negers. Der Jazz unterscheidet sich von der europäischen Musik durch drei Grundelemente:

1. durch ein besonderes Verhältnis zur Zeit, das mit dem Wort 'swing' gekennzeichnet wird;
2. durch eine Spontaneität und Vitalität der musikalischen Produktion, in der die Improvisation eine Rolle spielt;
3. durch eine Tonbildung bzw. Phrasierungsweise, in der sich die Individualität des spielenden Jazzmusikers spiegelt.

Diese drei Grundelemente schaffen ein neuartiges Spannungsverhältnis, in dem es nicht mehr wie in der europäischen Musik auf große Spannungsbögen, sondern auf eine Fülle kleiner, Intensität schaffender Spannungselemente ankommt, die aufgebaut und wieder abgebaut werden. Die verschiedenen Stile und Entwicklungsstadien, die die Jazzmusik von ihrer Entstehung bis heute durchlaufen hat, werden zu einem wesentlichen Teil dadurch gekennzeichnet, daß den drei Grundelementen der Jazzmäßigkeit jeweils verschiedene Bedeutung zukommt und daß das Verhältnis zwischen ihnen wechselt." [8]

Und der britische Jazzpublizist Richard Williams kommt zu dem Schluß: „Der durchaus berechtigte Anspruch des Jazz, die 'Kunstform des Jahrhunderts' zu sein, gründet sich auf die Tatsache, daß der Entwicklungsprozeß von den Anfängen zur Zeit des Ersten Weltkriegs bis zu seiner Reife nach dem Zweiten Weltkrieg nur 50 bis 60 Jahre dauerte – abhängig natürlich davon, wo man den Zeitpunkt für die plötzliche 'Dekadenz' dieser Musik zu sehen glaubt. Eine Konsequenz dieses komprimierten Reifeprozesses ist die Dringlichkeit und die Stimulation, die gute Jazzmusik auszeichnet. Aus diesem Zusammenhang heraus entstand einer der bemerkenswertesten Slogans, geprägt von einem Kritiker des 'New Yorker', Whitney Balliett. Jazz, schrieb er, ist 'the sound of surprise', und formulierte damit eine Definition, wie sie treffender kaum sein kann. Ein weiterer Nebeneffekt, der sich allerdings erst in jüngerer Zeit auswirkte, war die ablehnende Haltung gegenüber jeglicher Form von Definition. In seinem ekstatischen Verlangen nach Fortschritt und Wandel hat der Jazz zwar zahlreiche Wege beschritten, sie aber niemals zu beschreiben versucht." [9]

Die ausübenden Künstler, also die Jazzmusiker, hatten tatsächlich zu keiner Zeit etwas mit einer wissenschaftlichen Definition dessen, was sie schufen, im Sinn. Sie „waren da draußen und lebten den Jazz" (Williams), und „sie sagen selten die Unwahrheit, aber die Wahrheit des einen muß nicht notwendig auch die Wahrheit des anderen sein" (Berendt). Lassen wir sie also in ihrer ganzen Vielfalt ihr subjektives Jazz-Feeling verbal artikulieren, die Großen dieser Musik.

Stan Kenton: „Jazz kann arrangiert sein, braucht keinen durchgehenden Rhythmus zu haben; Jazz kann in jeder Taktart geschrieben und in jedem Stil arrangiert sein; man kann jede Form des Solos und der Klangfarbe anwenden – die Hauptsache ist nur, daß er das verbindende Gefühl der Wärme ausstrahlt, das von der Individualität des einzelnen Musikers kommt." [10]

Lennie Tristano: „Ich habe das Gefühl, daß aller bedeutende Jazz durch Improvisation entsteht und nicht durch Komposition." [11]

Charlie Parker: „Musik ist, was du selbst erfahren hast, was du selbst denkst und was nur du weißt. Wenn du es nicht lebst, kommt es nicht aus deinem Horn. Sie wollen dir weismachen, das Reich der Kunst sei von einer Grenze umgeben, aber, Menschenskind, die Kunst hat keine Grenze." (12)

Milt Hinton: „Was Jazz ist? Was einen großen Jazzmusiker ausmacht, ist die Erfahrung. Wenn du keine Erfahrungen gesammelt und wenn du nicht gelebt hast, kannst du bloß die Platten anderer Musiker kopieren. Oder was willst du sonst tun, wenn du auf deinem Instrument nichts Eigenes zu sagen hast?!" (13)

Jo Jones: „Ich kann es nicht besser sagen als mit den folgenden Worten: Jazz ist, wenn du spielst, was du fühlst. Alle Jazzmusiker bringen mit Hilfe ihrer Instrumente zum Ausdruck, was für Menschen sie sind und was sie im Verlaufe des Tages, am Abend davor und überhaupt während ihres ganzen Lebens an Erfahrungen gesammelt haben. Sie können ihre wahren Gefühle nicht verheimlichen, und sie können keinem etwas vormachen." (14)

Pee Wee Russell: „Wenn ich so was ähnliches wie eine Definition geben sollte, würde ich sie höchstwahrscheinlich eine Sekunde später wieder zurückziehen. Ich weiß nicht, ob diese Erklärung ausreicht, aber irgendwie läuft es letzten Endes darauf hinaus, daß ein paar Leute – ganz egal, woher sie kommen – im Herzen das richtige Gefühl und im Körper den richtigen Rhythmus haben … Das sind Leute, die so spielen, wie sie spielen müssen. Man kann sie nicht davon abbringen, ganz egal, wo man sie hinsteckt oder was man ihnen beizubringen versucht." (15)

Coleman Hawkins: „Was ist Jazz? Der Rhythmus – das Feeling! Man kann es lernen. Oder zum mindesten kann man die mechanische Seite der Angelegenheit lernen. Ich glaube, daß unter den Tausenden und Abertausenden von Musikern ziemlich viele herumlaufen, die rein mechanisch spielen und gar keine richtigen Jazzmusiker sind. Aber das Publikum von heute merkt den Unterschied überhaupt nicht. Das war früher ganz anders." (16)

Dave Brubeck: „Wenn der Solist nicht seine völlige Freiheit hat, hört es auf, Jazz zu sein. Der Jazz ist so ziemlich die einzige heute existierende Kunstform, in der es die Freiheit des Individuums gibt, ohne daß dabei das Gemeinschaftsgefühl verlorengeht. Wenn wir Arrangements spielen, versuchen wir, in der Mitte zwischen den festgelegten Partien zu unserer Freiheit zu kommen. Wir fangen mit einem arrangierten Chorus an und dann herrscht völlige Freiheit. Der Solist kann so lange spielen, wie er Lust hat und dann schließt das Ganze wieder mit einem arrangierten Teil. Und wenn wir gut spielen, sind im allgemeinen die äußeren Partien lächerlich, weil die inneren Partien ein Niveau erreicht haben, auf dem wahrhaft improvisiert wird. Die Musik, die man dann macht, steht über allem, was man gewöhnlich in der Jazzsprache niederschreiben kann. Und das ist es, was am Jazz so erstaunlich ist." [17]

Fats Waller: „Jazz ist nicht, *was* du machst, sondern *wie* du es tust." [18]

Jimmy Heath: „Wenn du nicht seine geistige – spirituelle – Seite verstehst, hast du nicht den ganzen Jazz." [19]

Sun Ra: „Jazz ist der Kosmos, ist alles, du bist Jazz, es ist alles in dir." [20]

Teddy Wilson: „Jazz ist, was zwischen dir und mir geschieht, ist Liebe." [21]

Archie Shepp: „Jazz ist schwarze Musik." [22]

Duke Ellington: „Jazz ist die Freiheit, viele Formen zu haben." [23]

Dizzy Gillespie: „Jazz ist, warum dieses Jahrhundert anders klingt als andere." [24]

Charles Mingus: „Jazz ist dein Tod und mein Tod." [25]

Mezz Mezzrow: „… eine Feier alles Lebenden und Atmenden …, eine Kampfansage an den Tod …, eine Weigerung, unterzugehen, ein eigensinniges Anklammern, ein Lobgesang auf den Blutkreislauf, ein Hosianna auf die Schweißdrüsen, ein Hymnus auf den Magen, der schmerzt, wenn er leer ist." [26]

Den Versuchen von Musiktheoretikern und Fachpublizisten, das Phänomen Jazz möglichst präzise zu erklären, stehen also sehr subjektive, einander zum Teil widersprechende Beschreibungen der Protagonisten gegenüber. Interessant ist in diesem Zusammenhang, wie Louis Armstrong („Du mußt lieben, um spielen zu können"), für seinen Biographen James L. Collier „der größte Musiker dieses Jahrhunderts", weil er eine neue Kunst geschaffen habe, mit dem Wort Jazz umgegangen ist. Er benutzte dieses Wort kaum. Graue Theorie war ihm, dem Abkömmling der Südstaaten-Subkultur, schon auf Grund seiner schlechten Schulbildung fremd. Er tat das, was das Publikum von ihm erwartete und was ihm seit den frühen zwanziger Jahren in New Orleans anerzogen war. Louis Armstrong wollte ganz einfach unterhalten. Jazz war Entertainment, und Armstrong war das, was man heutzutage einen Entertainer nennt.

War Louis Armstrong jener Trompeter, der in der ersten Hälfte des 20.Jahrhunderts den größten Einfluß auf den Jazz ausgeübt hatte, so war dies nach 1950 zweifellos Miles Davis („Jazz ist ein Wort des weißen Mannes"). In den siebziger Jahren, als er einmal ein Konzert in Wien gab, führte ich mit ihm ein Gespräch, in dem er sich dagegen verwahrte, den Begriff Jazz auf seine Musik bezogen zu wissen. Und das sagte der Mann, der aus ganz anderem Milieu als Louis Armstrong kam – der Sohn eines Grundbesitzers und Zahnarztes studierte an der Juilliard School Of Music – und der vom Cool Jazz der fünfziger Jahre bis zum Jazz Rock der siebziger Jahre stilbildend war!

Die Beispiele Louis Armstrong und Miles Davis zeigen, daß sich viele große Jazzmusiker nie und nimmer damit anfreunden können, punziert und kategorisiert zu werden. Von Johnny Griffin stammt gar der Satz „jazz is shit". Es gibt vieles, was am Jazz musiktheoretisch definierbar ist, eine für alle Zeit gültige Erklärung des Phänomens Jazz – und zwar eine, die auch von den ausübenden Musikern akzeptiert wird – gibt es freilich nicht. Das hat ursächlich mit dem Wesen dieser Musik zu tun, die lebt, täglich neu geschaffen und weiterentwickelt wird.

Unbestritten ist der Jazz, der um 1900 in Nordamerika entstanden ist, durch die abendländische Musiktradition und die Begegnung mit anderen Musikkulturen bereichert worden. Heute, ein Jahrhundert später, versteht man in aller Welt den Jazz als ernstzunehmende und eigenständige Musikform, die international gepflegt wird und verschiedene Stile ausgeprägt hat.

Jass, Jasmo, Jismo – Jazz!

So wie sich die Musikwissenschaft mit der Definition dessen, was Jazz ist, schwertut, so schwer tun sich auch die Etymologen mit der Klärung der Frage, woher der Begriff Jazz eigentlich kommt. Manche vermuten Zusammenhänge mit dem französischen „jaser" (schwatzen) oder dem englischen „chase" bzw. dem französichen „chasser" (jagen). Andere wiederum reden einer Verkürzung des Vornamens eines bedeutenden Musikers namens Charles (zu Chas) oder Jasper (zu Jas) das Wort.

Die Wurzeln des Jazz (ursprünglich Jass, Jasmo, Jismo) kann man bis in das letzte Jahrzehnt des 19. Jahrhunderts zurückverfolgen. Das Wort Jazz, das für „Erregung", „Energie", „Kraft" stand, wurde als Musikbegriff nachweisbar erst 1916 verwendet. In der Umgangssprache der Schwarzen weckte dieses Wort sexuelle Assoziationen. Blues-Interpretinnen sangen die Zeilen „Give Me Your Jazz" oder „I Don't Want Your Jazz".

Die in den neunziger Jahren des vorigen Jahrhunderts vom weißen Schlagzeuger Jack „Papa" Laine gegründete Reliance Brass Band spielte im Süden Amerikas eine Musik, die man als Jazz bezeichnen kann. Daraus ist schon ersichtlich, daß Jazz in seiner Frühzeit nicht ausschließlich die Musik der Schwarzen war. Als Begriff einem breiten Publikum bekannt wurde Jazz 1917. Damals spielte die Original Dixieland Jazz Band, ein weißes Orchester, mit großem Erfolg in Reisenwebers Restaurant in New York. Allerdings will der Posaunist Tom Brown das Wort Jazz schon 1915 bei einem Engagement in Chicago gehört haben. Ebensowenig zu verifizieren ist das Gerücht, wonach bereits 1913 eine Zeitung in San Francisco den Begriff Jazz in irgendeinem musikalischen Zusammenhang verwendet habe. Joachim-Ernst Berendt wiederum spricht davon, dieses Wort sei gar schon um die Jahrhundertwende aufgetaucht – in Sportberichten einer lokalen Zeitung in Kalifornien.

Wie auch immer: Der Begriff Jazz wurde ursprünglich mit Sexualität und Kraft, ja mit Vulgarität, assoziiert. Und das hat sehr viel mit der Entstehung dieser Musik und dem Milieu, aus dem sie ursprünglich gekommen ist, zu tun. Eine Wurzel des Jazz war die Kultur des entrechteten schwarzen Proletariats, aber wie wir gesehen haben, waren schon unter den ersten Musikern, die Jazz spielten, Weiße.

Die ersten Schallplattenaufnahmen

Im Zeitalter der CD – längst gibt es alle wichtigen historischen Jazzaufnahmen auch auf Compact Disc – wissen viele Menschen gar nicht mehr, wann, wo und durch wen es zu den ersten Tonaufzeichnungen gekommen ist. Man schrieb das Jahr 1877, als Thomas Alva Edison in seinem Labor im Menlo Park mittels einer drehbaren Stahlwalze seine einen Kinderspruch rezitierende Stimme reproduzieren konnte. Wiewohl einschlägige technische Experimente schon lange vor Edison eingesetzt hatten, gelang es erst diesem Forscher, den mit einem Stift in eine Masse gedrückten Ton wieder zu reaktivieren. Der Phonograph war geboren. Und als um die Jahrhundertwende die Walzen industriell hergestellt werden konnten und Stanniol durch eine andere Masse ersetzt wurde, kam es zu den ersten Aufnahmen der Stimmen großer Sänger.

Das Mikrofon, also die Möglichkeit der Tonübertragung auf elektrischem Wege, geht auf eine Erfindung von Alexander Graham Bell im Jahr 1876 zurück. Ohne die Erfindung des Mikrofons wäre die Schallplatte, aber auch das Telefon nicht möglich gewesen – zwei Errungenschaften, die die Kommunikation und die Kultur gegen Ende des 19. Jahrhunderts radikal verändert haben. Dieser Veränderung vergleichbar ist nur der gesellschaftliche Durchbruch von Fernsehen und Computer in der zweiten Hälfte unseres 20. Jahrhunderts.

Mitte der zwanziger Jahre revolutionierte die Erfindung des Elektronenverstärkers die Qualität der Schallplattenaufnahmen. Man nahm mittlerweile große sinfonische Werke und Opern auf, darüber hinaus wurde die Welt mit der neuen Musik aus Amerika, dem Jazz, durch die Schallplatte vertraut gemacht. Das Grammophon setzte sich weltweit durch.

Die ersten Schallplattenaufnahmen in der Geschichte des Jazz entstanden am 26. Februar 1917 in den Studios des Victor Labels. Die Original Dixieland Jazz Band des weißen Trompeters Nick LaRocca aus New Orleans spielte die Nummern „Dixieland Jazz Band One Step" und „Livery Stable Blues" ein. Ab März 1917 war die Platte erhältlich. Dieser 1889 geborene Dominick James LaRocca war der amerikanischen Musikwelt erstmals 1912 aufgefallen.

Die Original Creole Jazz Band des Posaunisten Kid Ory sollte eines der ersten schwarzen Ensembles des New Orleans-Stils sein, das Schallplatten aufnahm. Gelegentlich wurde diese Band auch als Kid Ory's Brown Skinned Babies „verkauft". Geschichte gemacht hat die im Juni 1922 für das Sunshine Label eingespielte Aufnahme von „Ory's Creole Trombone". Auf der Rückseite war der „Society Blues" zu hören. Der Pianist James P. Johnson, der Kornettist Joe „King" Oliver und Jelly Roll Morton stellten sich gleichfalls früh mit eigenen Schallplatten ein. Auf den Aufnahmen von King Olivers Creole Jazz Band aus dem Jahr 1923 ist übrigens auch der junge Louis Armstrong vertreten. Damals bestand dieses Ensemble neben den beiden Kornettisten Oliver und Armstrong aus Honore Dutrey (Posaune), Johnny Dodds (Klarinette), Lilian „Lil" Hardin (Piano), Bill Johnson bzw. Arthur „Bud" Scott (Banjo) und Warren „Baby" Dodds (Schlagzeug).

Natürlich hat es auch zwischen 1917 (Original Dixieland Jazz Band) und 1922 (Original Creole Jazz Band) viele Jazz-Schallplattenaufnahmen gegeben, aber kaum welche von überragender musikalischer Bedeutung. William Christopher Handy, „Father Of The Blues" genannt, nahm z. B. ab September 1917 in New York für das Columbia Label eine Reihe von Platten auf. Und 1921 spielte der Trompeter Johnny Dunn mit seinen Jazz Hounds ein paar Aufnahmen ein. Dieser aus Memphis, Tennessee, stammende Musiker ist übrigens aus der Band von W. C. Handy hervorgegangen. Auch auf den ersten Platten der Blues-Sängerin Mamie Smith ist der Trompeter Johnny Dunn zu vernehmen. Die höchsten Verkaufszahlen in der Geschichte der Jazz-Schallplatte sollten in der Ära der Swing-Big Bands in den dreißiger Jahren erzielt werden. Damals war Jazz gleichzusetzen mit Popmusik im Sinne von „populär". Die Massen begeisterten sich für den Sound schwarzer Orchester wie jener von Duke Ellington, Count Basie oder Cab Calloway ebenso wie für die Musik weißer Big Bands wie derjenigen von Benny Goodman, Woody Herman oder Glenn Miller, der jazzige Tanzmusik machte.

Ein paar Zahlen sollen illustrieren, wie schnell sich die akustische Schallplatte durchgesetzt hat: 1914 wurden allein in Amerika 500 000 Phonographen hergestellt, und nur fünf Jahre später, 1919, waren es bereits 2 250 000. Die Anzahl der in den USA produzierten Schallplatten stieg von 50 Millionen 1914 auf 100 Millionen 1921.

Wie jedes neue Medium rief auch die Schallplatte warnende Stimmen auf den Plan. John Philip Sousa, *der* amerikanische Marschkomponist, befürchtete schon 1906 eine Verschlechterung in der musikalischen Qualität durch das Aufkommen der Schallplatte. Freilich wußten Komponisten wie Sousa zu diesem Zeitpunkt noch nicht, wie sie bei Veröffentlichung ihrer Werke auf Schallplatten zu Tantiemen kommen würden. Erst 1914 kam es zur Gründung der American Society Of Composers, Authors And Publishers (ASCAP). Diese Vereinigung kümmerte sich zunächst nur um die Abgeltung der Leistungen der reproduzierenden Künstler. Später wurde auch die Abgeltung der Komponisten geregelt.

Probleme dieser Art waren bei den ersten Jazz-Schallplatten von geringer Bedeutung. Schließlich waren die ausführenden Künstler entweder selbst die Komponisten, oder der Schöpfer der aufgenommenen Titel war unbekannt bzw. unklar. Da Jazz von der Spontaneität des Augenblicks lebt, war es für die Musiker natürlich ab 1917 sehr reizvoll, ihre Musik auf Schallplatte im wahrsten Sinn des Wortes „einzufangen". Viele später wichtige Jazzmusiker wie Duke Ellington oder Count Basie kamen erst durch Schallplattenaufnahmen „auf den Geschmack", da sie zuvor keine Gelegenheit hatten, Jazz live zu erleben.

Jedenfalls haben die Jazzmusiker der ersten Generation die neue Technologie sofort angenommen, und die rasante weltweite Verbreitung der Schallplatte führte zur Popularisierung des Jazz auch in Europa.

Als der Jazz Europa eroberte

Der Jazz hat in den verschiedenen europäischen Ländern einen unterschiedlichen Stellenwert, und dies hat mit der jeweiligen Geschichte zu tun. Ein paar Beispiele gefällig?

Nehmen wir einmal Frankreich. Dieses Land stellte sehr früh ein großes Kontingent an exzellenten Jazzmusikern. Warum? Weil man schon unmittelbar nach dem Ersten Weltkrieg in Paris so großartige schwarze Musiker aus Übersee hören konnte wie Tommy Ladnier, Sidney Bechet, Fats Waller oder Louis Armstrong, Duke Ellington, Coleman Hawkins oder Benny Carter. Viele schwarze Jazzmusiker ließen sich in Frankreich nieder, weil sie hier mehr verdienten als in Amerika und auch Rassenvorurteile keine Rolle spielten.

Unter den vielen Größen des Jazz, die es nach Frankreich zog, war Sidney Bechet. 1897 in New Orleans geboren, starb er 1959 in Garches bei Paris. Wer in New Orleans mit seinem starken französischen Einfluß aufgewachsen ist, hat natürlich ein besonderes Feeling für die Lebensart an der Seine. Erstmals ging der Sopransaxophonist und Klarinettist Bechet um 1920 nach Paris zu Bennie Peyton. Immer wieder kehrte er hierher zurück, etwa zu Noble Sissle. Dieser Bandleader und Sänger, der aus Indianapolis stammte, war mit seinem Unterhaltungsorchester in Europa sehr beliebt und feierte in Frankreich wahre Triumphe. Neben Sidney Bechet beschäftigte er auch Tommy Ladnier, Lena Horne, Buster Bailey und Charlie Parker. Ab 1947 spielte Sidney Bechet übrigens in Paris mit Claude Luter und André Reweliotty. 1960 wurde beim Ersten Europäischen Jazz Festival in Antibes ein Ehrenmal für ihn in Juan-les-Pins enthüllt.

Diese symbolische Geste ist gerechtfertigt, wenn man bedenkt, welchen Einfluß jene amerikanischen Musiker, die nach Frankreich gegangen sind – dazu zählen neben Sidney Bechet der Klarinettist-Frank „Big Boy" Goodie, der Trompeter Bill Coleman oder später der Blues-Pianist Memphis Slim und viele andere –, auf die lokale Szene ausgeübt haben. Vor allem in der Zwischenkriegszeit hatten die französischen Musiker zumeist eine klassische Ausbildung. Sie lernten den Jazz erst durch die schwarzen Kollegen aus Amerika kennen.

Stephane Grappelli, der große Jazzgeiger, war ebenso wie der Tenorsaxophonist Alix Combelle einer jener französischen Musiker mit klassischer Ausbildung, die sich vom Jazz begeistert zeigten. Und das 1934 von dem in einem Wohnwagen in Belgien geborenen Zigeunergitarristen Django Reinhardt und Stephane Grappelli gegründete Quintette du Hot Club de France ist in die Geschichte eingegangen als erstes international bedeutendes europäisches Ensemble und als erste Formation, die ausschließlich aus Saiteninstrumenten bestand: Sologitarre, Geige, zwei Begleitgitarren und Baß. Immer wieder nahmen durchreisende amerikanische Musiker mit dem Quintette du Hot Club de France Platten auf: Coleman Hawkins, Barney Bigard, Rex Stewart oder Benny Carter.

Als der Zweite Weltkrieg vorüber war, wurde das Studentenviertel Saint-Germain-des-Prés ein Zentrum der jazzbegeisterten Jugend in Paris. Der Tenorsaxophonist Don Byas, der Schlagzeuger Kenny Clarke sowie der Klarinettist und Saxophonist Mezz Mezzrow kamen aus Amerika an die Seine und blieben hier. Sie prägten französische Musiker wie die Pianisten Henri Renaud, Martial Solal und Bernard Pfeiffer, den Tenorsaxophonisten Barney Wilen oder den Komponisten, Publizisten und Geiger André Hodeir.

Ähnlich früh wie die Franzosen, nämlich im April 1919, hatten die Briten Gelegenheit, ein Jazzorchester aus den Staaten live zu hören. Damals gastierte die Original Dixieland Jazz Band in London. Beim Publikum war das Echo überwiegend positiv, anders bei der Presse. Da war von „Lärm" („Performer") ebenso die Rede wie von einem „gewissen Charme in den traurigen Refrains" („Town Topics"). Louis Armstrong war im Juli 1932 zum ersten Mal in Großbritannien – und zwar im Londoner Palladium – zu hören. Es war dies der Start seiner ersten Europatournee und somit sein allererster Auftritt außerhalb der USA. Und wieder war das Echo in den britischen Medien geteilt, wenngleich Armstrong bei seinen Fans sehr gut ankam. Der Durchbruch des Jazz in der Presse gelang in Großbritannien erst mit dem Besuch des Orchesters Duke Ellington im Juni 1933. Unter den vielen prominenten Anhängern Ellingtons war damals auch der Thronfolger Edward Prince of Wales, der nach seinem kurzen Zwischenspiel als König von England als Herzog von Windsor bekannt wurde. Mit dem Auftritt von Cab Calloway und dessen Big Band im Palladium schlug die Stimmung der Londoner Presse im März 1934 wieder ins Negative um. Aus gewerkschaftlichen Gründen wurde ein Auftrittsverbot für ausländische Jazzensembles verhängt, das freilich wiederholt umgangen wurde – z. B. vom Quintette du Hot Club de France 1939. Kurzum: mit oder ohne Genehmigung waren in Großbritannien in den dreißiger Jahren so gut wie alle Jazzstars dieser Zeit zu vernehmen, von den Washboard Serenaders 1935 über die Mills Brothers Mitte des Jahrzehnts bis zum Pianisten Thomas „Fats" Waller oder dem Tenorsaxophonisten Coleman Hawkins, der mit der Band von Jack Hylton unterwegs war. So wie Harry Roy hatte Jack Hylton ein Tanzorchester, dessen Musik vom Einfluß des Jazz geprägt war. Die Georgians des Trompeters Nat Gonella waren hingegen ein echtes Jazzensemble. Gonella imitierte besonders gerne sein großes Vorbild Louis Armstrong.

Nach Kriegsende waren es der Trompeter Ken Colyer, sein Posaunist Chris Barber, der Klarinettist und Trompeter Humphrey Lyttelton, der Klarinettist Wally Fawkes und das Orchester des Posaunisten Ted Heath, die das britische Publikum im Trend des New Orleans Revival erfreuten. Der Londoner Stadtteil Soho wurde das Zentrum der Jazzenthusiasten. Im Jig's Club trafen einander die Freunde der heißen Musik, so wie sie sich später bei Ronnie Scott's einfinden sollten. Der Tenorsaxophonist Ronnie Scott, der bei Ted Heath, Tito Burns sowie Jack Parnell gespielt und sich 1959 in Wien aufgehalten hatte, gründete seinen bis heute weltberühmten Nightclub Ende der fünfziger Jahre.

Auch in Skandinavien war es Louis Armstrong, der dem Jazz zum Durchbruch verhalf, als er 1933 im Tivoli in Kopenhagen und in der Auditorium Hall in Stockholm auftrat. Musiker wie der Geiger Svend Asmussen oder der Altsaxophonist Kai Ewans benützten die Gelegenheit, den populärsten Jazzmusiker live zu erleben und Elemente seiner Spielweise auf die ihre zu übertragen. Der Klarinettist Stan Hasselgard und der Trompeter Rolf Ericson verhalfen dem schwedischen Jazz schon bald zu einer gewissen Geltung. Besonders beliebt war aber der Baritonsaxophonist Lars Gullin. In seiner Musik ist der Einfluß von Stan Getz zu spüren, mit dem Gullin wiederholt zusammen gespielt hat. Eine der ersten europäischen Big Bands von Rang war das Swedish Radio Orchestra unter Harry Arnolds.

Armstrong-Imitatoren standen seinerzeit hoch im Kurs. Und so gab es in Holland einen Mann namens Louis de Vries, den man den „holländischen Nat Gonella" nannte. Und der Pianist Theo Uden Masman leitete eine Band, die Ramblers, die vor allem als Begleitensemble von Größen wie der Sängerin Connee Boswell oder der Saxophonisten Benny Carter und Coleman Hawkins hervortrat.

In Dänemark wiederum machte der Baritonsaxophonist Max Bruel nach dem Zweiten Weltkrieg von sich reden, dessen Musik von Gerry Mulligan geprägt war. Papa Bues Viking Jazz Band hingegen spielte guten alten Dixieland und wurde auch in Deutschland, der Schweiz und Österreich sehr populär.

Ein Kuriosum gibt es hinsichtlich der Geschichte des Jazz in Deutschland. Ingolf Wachler befaßte sich mit der skurrilen These, die Deutschen hätten den Jazz erfunden – durch Musiker aus Salzgitter, die im letzten Viertel des 19. Jahrhunderts in New Orleans spielten. Faktum ist, daß auch in Deutschland die ersten Auftritte prominenter amerikanischer Jazzmusiker wie der Original Dixieland Jazz Band, Sidney Bechets oder Tommy Ladniers nach dem Ersten Weltkrieg das Publikum erstmals mit

Jazzklängen vertraut machten. Breiteren Widerhall fand der Jazz in Deutschland aber erst in der Swing-Ära der dreißiger Jahre durch Schallplattenaufnahmen des Benny Goodman Orchestra oder der Casa Loma Band. Und das entsprach, wie wir gesehen haben, durchaus der Situation in anderen europäischen Ländern. Jazz, diese individualistische Musik der Freiheit, wurde natürlich in der Nazizeit geächtet. Dennoch blieb sein Einfluß auf die deutsche Jugend selbst während des Zweiten Weltkriegs beträchtlich. Wer als Deutscher – oft unter Gefährdung seiner physischen Existenz – Jazz hörte, dokumentierte damit seine Opposition zum Hitlerregime. Der Rolle des Jazz als quasipolitisches Ausdrucksmittel in den europäischen Diktaturen faschistischer und kommunistischer Ausprägung ist ein eigenes Kapitel gewidmet.

Nach dem Kriegsende entstanden in der ganzen Bundesrepublik Deutschland Clubs – auch unter dem Einfluß der hier stationierten amerikanischen Truppen –, und mehr und mehr Bands wurden gegründet. Da waren die Two Beat Stompers in Frankfurt, die Feetwarmers in Düsseldorf oder die Combo des Baritonsaxophonisten Helmut Brandt. Das Erwin Lehn Orchester, das Michael Naura Quintett und vor allem das Orchester Kurt Edelhagen machten über die Grenzen Deutschlands hinaus Furore.

In der Schweiz wiederum, die ja vom Zweiten Weltkrieg verschont blieb, hatte es auch in den vierziger Jahren immer wieder Gastspiele amerikanischer Jazzmusiker gegeben. Bis 1945 brachten die Schweizer Radiostationen viele Jazzprogramme, die in Deutschland illegal gehört wurden. Nach Kriegsende wurde der Trompeter Hazy Osterwald hier zu einer Art Lokalmatador in Sachen Jazz. Sein Sextett, die Tremble Kids oder das Metronome Quintett des Tenorsaxophonisten Bruno Spoerri waren die wichtigsten eidgenössischen Ensembles der Nachkriegszeit.

Und wann kam es zur ersten Begegnung der Österreicher mit dem Jazz und seinen Vorboten? Mitte des 19. Jahrhunderts gastierte der farbige Opernsänger Ira Aldridge (1807-1867) in Graz und in Wien als Othello. Im November 1877 traten die Brothers Mellor, eine Minstrel-Gruppe, im Wiener Orpheum auf. Anfang des 20. Jahrhunderts gab es 30 Tage lang im Wiener

Ronacher die Negertanztruppe Tischi'y zu bewundern. Als Solist, aber auch mit eigenem Ensemble, besuchte der schwarze Tänzer Louis Douglas zwischen 1909 und 1914 mehrmals die alte Monarchie. Als 1910 in Österreich-Ungarn die ersten Schallplatten hergestellt wurden, war der Anteil an Cake Walk- und Ragtime-Melodien nicht gering. Junge Aristokraten und Offiziere gehörten zu den ersten Jazzfans in Österreich.

1922 erregte ein Auftritt des Syncopated Orchestra im Metropol-Theater im Wiener Prater die Aufmerksamkeit der Kulturinteressierten in der neuen Republik. Mit dabei waren der Schlagzeuger Buddy Gilmore und Ted Heath, der berühmte englische Bandleader der fünfziger Jahre. Angeblich mußte er sich damals in Wien sein Gesicht schwarz schminken, weil dem Publikum der Eindruck einer reinen Negerband vermittelt werden sollte. In der Folge gastierten Jazzmusiker wie der Trompeter Tommy Ladnier, der Posaunist Herb Flemming, die Duke Ellington-Vokalistin Adelaide Hall und vor allem das Orchester des Engländers Jack Hylton im Österreich der Zwischenkriegszeit.

Auch Doc Cheatham, der 1905 in Nashville, Tennessee, geborene Trompeter, der bis in die neunziger Jahre jährlicher Gastsolist im Wiener Club Jazzland war, will Ende der zwanziger Jahre nach eigenen Angaben in einem Hotel am Semmering gespielt haben. Das ist durchaus möglich, ging er doch damals mit Sam Wooding nach Europa. Freilich verhinderte die Radikalisierung des politischen Klimas in den dreißiger Jahren, daß die größten Jazzmusiker wie Louis Armstrong, Duke Ellington oder Fats Waller auf ihren Europatourneen hier Station machten. Der Verdammung der afro-amerikanischen Musik unter dem gebürtigen Österreicher Adolf Hitler als „Nigger-Jazz" oder „angelsächsisch-jüdische Entartung" wußten nach der Einverleibung der „Ostmark" in das Dritte Reich einige wenige heimische Musiker zu entkommen. Jeff Palme oder Herbert Mytteis etwa deklarierten öffentlich Swing-Titel als Wiener Lieder oder deutsche Volkslieder, um diese Stücke aufführen zu können.

Nach 1945 eroberte der Jazz als musikalisches Synonym für Freiheit nicht nur Wien, sondern auch die österreichische Provinz. Verantwortlich dafür waren die amerikanischen Radiosender. Musiker wie Heinz Neubrand, Rudy Kregcyk, Horst Winter, Johannes Fehring und bald auch der Klassik-Virtuose Friedrich Gulda nahmen sich des Jazz an. Besonders zu erwähnen ist der Tenorsaxophonist Hans Koller, der 1950 von Wien nach München ging und später in Frankfurt mit Albert Mangelsdorff seine New Jazz Stars, eine wichtige Gruppe im modernen deutschen Jazz, gründete.

Große Verdienste um den Jazz in Österreich hat sich in den siebziger Jahren Erich Kleinschuster, der Leiter der ORF-Big Band, erworben. Er verpflichtete international anerkannte Solisten wie die Trompeter Art Farmer, Lee Harper und Benny Bailey; die Posaunisten Bobby Dodge, Roy Deuvall und Garney Hicks; und die Bassisten Jimmy Woode sowie Wayne Darling.

In Graz (1966) und in Wien (1968) entstanden Jazzinstitute, deren Lehrkörper aus Spitzenmusikern des In- und Auslands bestanden.

Diese Genesis muß man sich in Erinnerung rufen, wenn man heute sieht, wie Joe Zawinul, das Vienna Art Orchestra des Mathias Rüegg, Wolfgang Puschnig oder die Brüder Muthspiel international Zeugnis von der Qualität des österreichischen Jazz geben.

Doch wo und wann sind die Wurzeln des Jazz zu orten? Wer waren die Wegbereiter dieser Musik, und in welchem Milieu ist der Jazz entstanden?

Wie wir sehen werden, gibt es Wurzeln des Jazz in der Folklore. In seiner großen Zeit war Jazz freilich Teil der amerikanischen Unterhaltungsindustrie, wie der Fachpublizist James L. Collier nachweist. Die verschiedenen Entwicklungsstufen und Stile überschneiden einander zeitlich, doch kann man sagen, daß etwa alle zehn Jahre ein neuer musikalischer Stil ausgeprägt wird. Interessanterweise ist es sehr oft so, daß auf dem Höhepunkt eines Stils einer seiner wichtigsten Protagonisten zum Wegbereiter eines neuen Trends wird.

Am Anfang war der Blues

Die Grundlage des Blues ist die Volksmusik-Tradition der Schwarzen, die mündlich überliefert worden ist. Aber Blues ist mehr als Musik. Das Wort Blues wird zurückgeführt auf „blue devils" und bezieht sich auf einen depressiven Gemütszustand. Und tatsächlich gaben die Lebensumstände der Schwarzen in der zweiten Hälfte des 19. Jahrhunderts in Amerika Anlaß zu Depression, aber auch zu Rebellion. Mit der oft gebrauchten Behauptung, die eigentliche Heimat des Blues seien die Herkunftsorte der amerikanischen Sklaven in Afrika, sollte man allerdings äußerst vorsichtig umgehen. Dort ist der Blues nämlich nicht nachweisbar. Somit kann man sagen: Der Blues ist eine eigenständige Kunstform, die sich in Nordamerika entwickelt und in der Folge Jazz und Popmusik nachhaltig beeinflußt hat.

Der Blues, so sagt die gängige Definition, ist die „einzige originale Form des Jazz, besteht aus 12 Takten in 3 Phrasen zu je 4 Takten, die auf der Tonika, Dominante und Subdominante – den 3 Harmonien der 1., 5. und 4. Stufe der Tonart – basieren. Die Akkordfolge wird oftmals abgewandelt, ohne die Hauptharmonien aufzugeben." [27]

Mit Blues Feeling meint man also das depressive Gefühl der Schwarzen, das musikalisch seinen Niederschlag in den Blue Notes findet. „Der Blues-Strophe liegt das afrikanische Ruf-Antwort-Schema zugrunde ... Der Blues ist die Stegreifdichtung und Stegreifkomposition des Blues-Sängers, der sich an Regeln hält." [28]

Entdeckt wurde der Blues interessanterweise erst, als sich der New Orleans-Stil im Jazz durchzusetzen begann und die ersten einschlägigen Schallplattenaufnahmen in Amerika reißenden Absatz fanden, also um 1920. Etwa zu diesem Zeitpunkt kann man auch den Anfang der Epoche des *klassischen Blues* ansetzen. Mit dem Stilmittel des Blues werden Geschichten erzählt über Privates und Öffentliches aus dem Alltag der Menschen. Die typischen Blues-Harmonien waren bis gegen Ende des 19. Jahrhunderts weitgehend unbekannt. Schließlich war die Musik der Sklaven nicht der Blues gewesen, sondern die Work Songs, die von den Schwarzen einzeln oder in Gruppen bei der Arbeit gesungen wurden. In den Südstaaten waren die Sklaven zumeist auf den Baumwollplantagen eingesetzt. Ihre Lieder nannte man daher Field Hollers. Mittels der Work Songs verständigten sich die Sklaven untereinander, wenn sie nicht von ihren Aufsehern verstanden werden wollten. Schriftlich erwähnt wurde das Wort Blues erstmals 1912. Doch W. C. Handy will bereits im ersten Jahrzehnt des 20. Jahrhunderts am Mississippi auf Blues-Sänger gestoßen sein. Und tatsächlich gibt es ein Musikstück „Charleston Blues“, das aus dem Jahr 1882 stammt.

In unserem zu Ende gehenden Jahrhundert hat der Blues, diese ursprüngliche musikalische Artikulierung der entrechteten amerikanischen Schwarzen – neben den Gospel-Songs, wie wir noch sehen werden – die gesamte Weltkultur beeinflußt. „Die populäre Musik – im Sinne von Jazz, Rock'n Roll, Blues, Swing, Soul und verwandten Formen – begann ihren Siegeszug kurz nach dem 22. September 1862 und vermutlich angeregt durch diesen Jubeltag, an dem die Sklaven ihre Freiheit erhielten".[29] Vom Boogie-Woogie (Albert Ammons, Meade Lux Lewis) über Rock'n Roll (Fats Domino, Chuck Berry, Little Richard, Elvis Presley, Bill Haley, Jerry Lee Lewis), Beat (Beatles, Rolling Stones, Kinks, Hollies), Rock (Jimi Hendrix, Cream, Janis Joplin), Hard Rock (Deep Purple, Ten Years After, Led Zeppelin), Heavy Metal (Guns 'N' Roses, Motorhead), Punk (Sex Pistols), New Wave (Police) oder Grunge (Nirvana) sind alle Strömungen der Pop-Musik nicht ausschließlich, aber jedenfalls in irgendeiner Form Blues- und Gospel-beeinflußt. Das gilt natürlich auch für Soul (Ray Charles, Aretha Franklin), Motown-Sound (Four

Tops, Diana Ross & The Supremes), Funk (Earth, Wind And Fire), Reggae (Bob Marley), Disco (Donna Summer) oder Hip Hop (Public Enemy). Die schwarzen Platters verwenden ebenso Blues-Elemente wie die weißen Folk-Interpreten Bob Dylan, Pete Seeger und Joan Baez. Ob Leonard Cohen, Pink Floyd, Michael Jackson, Prince, Tina Turner oder Madness: Sie verleugnen den Ursprung ihrer Musik im Blues ebensowenig wie Abba, die Drifters oder Doug Kershaw, ein populärer Vertreter des Cajun (Volksmusik in Louisiana, in der Harmonika und Geige eine große Rolle spielen).

Was heißt das musikhistorisch und soziologisch? Es bedeutet, daß der Blues aus dem Ghetto der Schwarzen herausgetreten ist und als Rhythm & Blues von den Weißen übernommen wurde. Diese Tatsache stellt ein großes Stück gesellschaftlicher Emanzipation der Schwarzen dar, indem ein wesentlicher Teil ihrer Musikkultur sich bei der weißen Mehrheit der USA und darüber hinaus weltweit durchgesetzt hat. Die schwarzen Pioniere des Blues hatten dies nie und nimmer geahnt. Von Leadbelly, einem der Väter des Blues, ist der Satz überliefert: „Kein Weißer hat jemals den Blues". Diese Auffassung ist damit zu erklären, daß die Barbarei der Weißen die Schwarzen zu einer Gemeinschaft formte, die ihre eigene Identität entdeckte. Freilich bekennen sich führende weiße Blues-Musiker wie John Mayall stets zu den Wurzeln ihrer Musik: „Wenn wir vom Blues reden, laßt uns vom schwarzen Blues reden. Das ist wirklicher Blues."

Der *Country-Blues* ist jene Spielart des Blues, deren Herkunft am deutlichsten auf Afrika hinweist. Schließlich wurden bis 1800 mehr als 1 Million Sklaven nach Nordamerika gebracht, wo sie einen Bevölkerungsanteil von 19 % repräsentierten. Zunächst setzte man die Sklaven bei der Kultivierung von Siedlungsland ein. Als 1792 die Baumwollentkörnungsmaschine in den Südstaaten erfunden wurde, hatten die Sklaven die großen Baumwollfelder zu bewirtschaften. Ihr Arbeitstag begann früh und endete spät. Sie ernährten sich von Mais und Speck, wohnten in Holzbaracken und hatten täglich bloß eine 15minütige Mittagspause. Wer nicht parierte, wurde von den Aufsehern ausgepeitscht. In diesem Elend war die Musik für die Sklaven eine Art Ventil. Zwar verfügten sie in Amerika nicht über ihre traditionellen Instrumente, schließlich fürchteten ihre „Herren" die Trommeln als Verständigungsmittel der Unterdrückten. Aber mit dem Banjo und europäischen Instrumenten konnten sie sich doch artikulieren.

Huddie Ledbetter (1888-1949)

ist als Leadbelly in die Musikgeschichte eingegangen und war einer der Pioniere des Country-Blues, dessen Musik noch auf Schallplatte festgehalten werden konnte. Er hatte die Work Songs, Balladen und frühen Blues noch authentisch kennengelernt. Seine Einspielungen „Rock Island Line" oder „Take This Hammer" sind wichtige historische Dokumente. Leadbelly war aufgrund seines harten Schicksals ein typischer Vertreter seiner Blues-Generation. Als Autodidakt hatte er Gitarre und Akkordeon gelernt, arbeitete in verschiedenen Gelegenheitsberufen wie z. B. als Chauffeur bei Alan Lomax, der mit ihm Schallplatten für die Library Of Congress aufnahm. Leadbelly tingelte durch New Yorker Nachtlokale und verbrachte mehrere Jahre wegen Totschlags und Mordversuchs hinter Gefängnismauern.

William Lee Conley (1893-1958),

genannt Big Bill Broonzy, war der Sohn einer Sklavin, wuchs in Arkansas auf und war in Chicago Dienstmann. Seinen künstlerischen Durchbruch erlebte er in den dreißiger Jahren. „Bossy Woman" ist einer der bekanntesten Titel dieses Gitarristen und Sängers. Er nahm 1938 und 1939 an den „From Spirituals To Swing"-Konzerten in der New Yorker Carnegie Hall teil. Nach Ende des Zweiten Weltkriegs versuchte Big Bill Broonzy den Rhythm & Blues-Boom für seine Karriere zu nutzen. Er machte Aufnahmen mit dem Tenorsaxophonisten Don Byas und einer Combo, die aus Trompete, Alt- und Baritonsaxophon, Piano und Schlagzeug bestand. In seinen letzten Lebensjahren fand er zu seinem persönlichen Stil zurück. „Big Bill Blues" heißt seine 1955 in London erschienene Autobiographie und auch der 1956 von Jean Delire mit Broonzy als Hauptdarsteller gedrehte Film.

Blind Lemon Jefferson (1897-1930)

hinterließ einige zwischen 1926 und 1929 aufgenommene Schallplatten. Auch er war vom Schicksal benachteiligt. Blind geboren, zog er mit seiner

Gitarre durch die Südstaaten und schlug sich recht und schlecht durch. Die meisten bedeutenden Vertreter des ländlichen Blues wurden von ihm beeinflußt, darunter Leadbelly und Josh White. Angeblich waren die beiden vorübergehend seine Blindenführer.

Ma Rainey (1886-1939),

die eigentlich Gertrude Malissa Nix Pridgett hieß, schrieb 1923 den Standard „See See Rider". Bereits um die Jahrhundertwende hatte sie eine Tournee im Kindesalter mit den Rabbit Foot Minstrels absolviert. Man nannte sie „Mother Of The Blues", weil Ma Rainey die junge Bessie Smith gefördert hatte, die später zur bedeutendsten Blues-Sängerin reifen sollte.

Robert Johnson (angeblich 1911-1938)

kam als Enkel eines Sklaven in Hazlehurst, Mississippi, zur Welt. Seine Kindheit verbrachte er in Robinsonville in der Nähe von Memphis. In den zwanziger Jahren lernte er das Gitarrespiel von Willie Brown, aber auch von Charly Patton. Eines der Vorbilder Johnsons war Son House. Robert Johnson unternahm von seinem kleinen Wohnort in Arkansas weite Reisen, auf denen er die Blues-Größen seiner Zeit wie Sunny Boy Williamson, Elmore James, Howlin' Wolf oder Johnny Shines kennenlernte. Seine Plattenaufnahmen „Terraplane Blues", „I Believe I'll Dust My Broom", „Preaching Blues", „Crossroads Blues", „Walking Blues", „Stones In My Passway", „Hellhound On My Trail" oder „Me And The Devil Blues" machten Geschichte. Als Robert Johnson – von einem eifersüchtigen Ehemann vergiftet – nur 27jährig starb, ahnte die Musikwelt nicht, daß dieser Mann nicht nur Muddy Waters beeinflussen, sondern Jahrzehnte später in den siebziger Jahren das musikalische Idol von Rock-Interpreten wie den Rolling Stones oder Eric Clapton werden sollte. Sein obskures Leben wurde zum Mythos. Man nannte ihn posthum „König des Delta-Blues" und befaßte sich in Büchern und in dem Film „Crossroads" mit dem Werdegang Robert Johnsons. Die 1990 als 2 CD-Set erschienenen „Complete Recordings" von Johnson – mit Anmerkungen von Eric Clapton und Keith Richards versehen – wurden mit mehr als einer halben Million verkaufter Exemplare zu einer der gefragtesten Blues-Platten aller Zeiten.

Neben dem Country Blues kennen wir noch den *Folk Blues*, den *Prison Blues*, den *archaischen Blues* oder den *Cajun Blues*. Die Botschaft der Pioniere des Blues – von Blind Boy Fuller, Reverend Gary Davis, Big Joe Williams, Bukka White, Sonny Terry, Brownie McGhee, John Lee Hooker bis zu Lightnin' Hopkins – kann man so auf den Punkt bringen: Sie beklagen mit musikalischen Mitteln das Schicksal der Schwarzen in Amerika.

Wenn du weiß bist, ist es in Ordnung.
Wenn du braun bist, bleib' in der Nähe.
Aber wenn du schwarz bist,
Oh Bruder, hau ab, hau ab, hau ab!

Ich war neulich in einem Lokal.
Alle waren sehr vergnügt.
Sie tranken Bier und Wein,
Aber mir verkauften sie kein einziges Glas.
Sie sagten: Wenn du weiß bist …

Ich und ein anderer Mann arbeiteten Seite an Seite.
Dies ist's, was mir auffiel:
Sie zahlten ihm einen Dollar für die Stunde,
Aber mir zahlten sie fünfzig Cents.
Sie sagten: Wenn du weiß bist …

Jean Cocteau bezeichnete die Blues-Dichtung einmal als „einzigen wesentlichen Beitrag zu einer echten Volksdichtung" im 20. Jahrhundert.
Schon früh erlangten weibliche Blues-Interpreten große Popularität: Ida Cox, Clara Smith, Ethel Waters, Victoria Spivey, Alberta Hunter, Cleo Gibson, Bertha Chippie Hill. Aber nur eine Frau erreichte eine Beliebtheit, die alle Grenzen sprengte:

Elizabeth „Bessie" Smith (1894-1937)
wurde um 1910 von Ma Rainey in Chattanooga entdeckt und in deren Show aufgenommen. Schon 1919 hatte sie nach ein paar Jahren des Tingelns in Minstrel-Shows, Honky-Tonks (Kneipen der Schwarzen im Süden

Amerikas) und Nightclubs die „Liberty Bells", ihre erste eigene Revue. 1923 traf Bessie Smith schließlich in New York ein, wo sie mit Clarence Williams als Begleiter am Klavier – von ihm sind auch Einspielungen mit Sippie Wallace bekannt – die Titel „Downhearted Blues" und „Gulf Coast Blues" auf Platte aufnahm. Diese Einspielung wurde mit 800 000 verkauften Exemplaren ein Riesenerfolg. Es folgten weitere Platten wie z. B. 1925 „Cake Walking Babies From Home" mit Fletcher Hendersons Hot Six. Bessie Smith zeichnete sich durch eine ungeheuer kräftige Stimme aus. Insgesamt nahm Bessie Smith 160 Titel auf, darunter mit Louis Armstrong, Jack Teagarden, Chu Berry, Benny Goodman und Tommy Ladnier. Sie absolvierte regelmäßige Tourneen durch die USA und wirkte in dem Film „St. Louis Blues" mit. Sie war auf dem Höhepunkt ihrer Karriere der bestbezahlte schwarze Gesangsstar, zog aber auch das weiße Publikum an. Doch in der zweiten Hälfte der zwanziger Jahre zeigte sich, daß Bessie Smith ihren Erfolg nicht verkraftete. Sie führte ein zügelloses Privatleben und trank mehr und mehr. Von der schließlich völlig verarmt bei einem Autounfall ums Leben gekommenen Künstlerin werden Aufnahmen wie „Nobody Knows You When You're Down And Out", „Reckless Blues" oder „Empty Bed Blues", „Jail House Blues" und „Back Water Blues" unvergessen bleiben. Zu den letzten drei erwähnten Stücken schrieb sie übrigens selbst den Text. „Königin des Blues" oder „Kaiserin des Blues" nennt sie die Nachwelt. 1971 brachte CBS in 5 Doppelalben das Lebenswerk von Bessie Smith auf den Markt. Auf diese Weise wurde eine neue Generation von zumeist jungen Menschen mit ihrer Musik vertraut.

City Blues, Urban Blues, Jazz Blues, Rhythm & Blues heißen die modernen Strömungen, wobei sich auch Regionalstile (Texas Blues, Chicago Blues usw.) entwickelt haben. Jimmy Witherspoon, T-Bone Walker oder Louisiana Red haben sich weltweit ein beachtliches Publikum erobert. Die jährlichen Welttourneen des „American Folk Blues Festival" machten den Blues auch in Europa populär. In den sechziger Jahren gastierten hier Otis Rush, Willie Dixon oder „Champion" Jack Dupree. Bis in die neunziger Jahre sind zwei Giganten des Blues künstlerisch aktiv:

John Lee Hooker (Jahrgang 1917)

lernte von seinem Stiefvater das Gitarrespiel. In den dreißiger Jahren zog
er durch die Staaten. Der „Boogie Man" machte Station in Memphis, zog
weiter nach Cincinnati in Ohio und schließlich nach Detroit in Michigan.
1943 erschienen seine ersten Plattenaufnahmen u. a. mit dem Titel „Boogie
Chillun". Es folgten eine Tournee mit Muddy Waters und Plattenaufnahmen mit Jimmy Reed. 1955 erlebte er den großen Durchbruch bei einem
umjubelten Konzert im Rahmen des Newport Folk Festival. Mit Memphis
Slim und John Mayall gab es heftig gefeierte Auftritte in Europa. Danach
in den siebziger und achtziger Jahren Plattenaufnahmen mit Canned Heat,
Mitwirkung in dem Film „The Blues Brothers" und Einspielung des Albums „Iron Man" gemeinsam mit dem Who-Gitarristen Pete Townsend.
1990 folgte das Album „The Healer" und 1991 „Mr. Lucky", wobei Rolling
Stones-Gitarrist Keith Richards und Johnny Winter mit von der Partie
waren. Der bald 80jährige John Lee Hooker, der aus Coahama County im
Bundesstaat Mississippi stammt, dieser „Master Of The Blues", absolviert
nur noch wenige Live-Auftritte pro Jahr, für die er sich mit Supergagen be-
zahlen läßt.

Riley B. King (Jahrgang 1925),

weltweit bekannt als B. B. King, wurde auf einer Plantage im Bundesstaat
Mississippi geboren. Seine musikalischen Anfänge erlebte er als Sänger im
lokalen Kirchenchor. Interessanterweise übte der weiße Gitarrist Django
Reinhardt einen so großen Einfluß auf B. B. King aus, daß dieser beschloß,
selbst das Gitarrespiel zu erlernen. Mit den Elkhom Singers hatte er seine
erste Gospel-Gruppe und arbeitete als Radio-Disc-Jockey. In dieser Zeit
legte er sich den Namen „Blues Boy" (B. B.) King zu. Ersten Plattenaufnahmen Ende der vierziger Jahre („Miss Martha King", „Got The Blues")
folgte 1951 mit „Three O' Clock Blues" sein erster Hit. Auch „You Didn't
Want Me" wurde im Jahr darauf ein großer Erfolg. So wie John Lee Hooker
schaffte auch B. B. King Mitte der fünfziger Jahre den künstlerischen Durchbruch. Im Savoy Ballroom in Hollywood jubelten 1954 B. B. King 2 400
Menschen zu. Und 1956 soll er gar 342 Konzerte rund um den Erdball gegeben haben. „Live At The Regal" (1964), „Completely Well" (1970), „To-
gether For The First Time" (gemeinsam mit Bobby Bland, 1974) und „Rattle
And Hum" (1988) heißen einige seiner Alben. Zu erwähnen ist auch ein 4

CD-Set, das bei MCA erschienen ist und die wichtigsten Aufnahmen von B. B. King zwischen 1949 und 1991 enthält: „B. B. King – King Of The Blues".

Wenn von Rhythm & Blues oder *Soul* die Rede ist, muß auf einen Künstler ausführlicher hingewiesen werden, der vom Blues kommt und ein Popstar wurde:

Ray Charles (Jahrgang 1932)

stammt aus Albany, erblindete mit sechs Jahren und studierte Musik an einer Blindenschule. Der Sänger und Multi-Instrumentalist – er spielt Klavier, Orgel und Saxophon – hatte schon als 17jähriger sein Jazz-Trio. Ab 1954 gastierte Ray Charles mit eigenen Big Bands bei den großen Jazzfestivals wie z. B. Newport oder Antibes. Auch als Country & Western-Interpret versuchte er sich. Mit den Jazz-Sängerinnen Ella Fitzgerald, Ruth Brown und Cleo Laine sang er ebenso im Duett wie mit Pop-Lady Barbra Streisand. „Yes Indeed", „The Genius Of Ray Charles" und „Genius Hits The Road" sind seine wichtigsten Alben. Cineasten kennen Ray Charles als Interpreten des Titelsongs in dem Film „In The Heat Of The Night" und Evergreen-Fans schätzen sein „I Can't Stop Loving You".

Sowohl Ray Charles als auch B. B. King und John Lee Hooker spielen und singen auch den Boogie Woogie. Es handelt sich dabei ursprünglich um einen Klavierstil des Blues mit einer rollenden, rhythmisch gleichbleibenden Baßfigur. Zentren des Boogie Woogie waren in den zwanziger Jahren Chicago, Memphis, St. Louis, Kansas City und Texas.

Clarence „Pine Top" Smith (1904-1929)

trat als Pianist und Sänger zunächst in Vaudeville-Shows gemeinsam mit Ma Rainey und Butterbeans And Susie auf. Er zählte nicht nur zu den gefragtesten Boogie-Künstlern, vielmehr gab seine Komposition „Pine Top's Boogie Woogie" dem Stil erst den Namen.

Jimmy Yancey (1894-1951)

hat ebenso wie Pine Top Smith in Vaudeville-Shows begonnen. Sehr früh, nämlich 1910, bereiste er Europa. Er spielte nicht nur Klavier und Harmo-

60

nium, sondern war auch Steptänzer und Sänger. Neben Smith ist er der zweite Vater des Boogie Woogie. In Chicago wurde er nach 1915 ein musikalischer Lokalmatador. 1936 machte ihn Meade „Lux" Lewis durch seine Komposition „Yancey Special" weltberühmt.

Sam Price, Memphis Slim, Roosevelt Sykes, Otis Spann, Little Brother Montgomery, Cow-Cow Davenport, Cripple Clarence Lofton, Albert Ammons und Pete Johnson – sie alle spielten den Boogie Woogie, der vor allem in Europa unter den Musikern viele Nachahmer fand. Axel Zwingenberger, Pianist aus Deutschland, ist der prominenteste von ihnen. Gemeinsam mit dem Vibraphonisten Lionel Hampton und dem Sänger Big Joe Turner – seine Auftritte mit dem Count Basie Orchestra haben Geschichte gemacht, und seine Komposition „Shake, Rattle And Roll" wurde durch Bill Haley zu einem Rock'n Roll-Hit – spielte er in den achtziger Jahren vielbeachtete Boogie-Aufnahmen ein.
Boogie Woogie war Tanz- und Unterhaltungsmusik ebenso wie später Rock'n Roll oder Rock. Und nichts macht den Einfluß des Blues auf die Rock-Musik deutlicher als der Ausspruch des englischen Gitarristen Eric Clapton: „Rock ist wie eine Batterie. Von Zeit zu Zeit mußt du zurück zum Blues und dich neu aufladen." [30]

Der Blues …
Der Blues ist …
Der Blues ist nichts …
Der Blues ist nichts als ein kalter, grauer Tag –
Und bleibt es Nacht für Nacht.

Und er ist etwas, das dich nie allein sein läßt,
Und nichts, das ich mein eigen nennen möchte,
Und etwas, das dich unbeweglich läßt,
Und nichts – nichts gleichend, das ich kenne.

Der Blues …
Der Blues kennt …
Der Blues kennt nichts …
Der Blues kennt niemanden als einen Freund.

Dort, wo er war, wird er nicht mehr willkommen sein –
Gedrückt, häßlich: Der Blues.

Der Blues ist nichts, das dich in Reime sinken läßt.
Der Blues ist nichts als eine dunkle Wolke: Diese Zeit.
Der Blues ist wie ein Fahrschein ohne Rückfahrt
Von deiner Liebe fort nach irgendwo.

Der Blues ist nichts -
Ein schwarzer Schleier, der dich leicht umhüllt,
Weinen, klagen, sich wie sterbend fühlen …
Der Blues ist nichts …
Der Blues ist …
Der Blues...

(Aus der Suite „Black, Brown And Beige" von Duke Ellington)

Was den Einfluß des Blues auf die Jazzentwicklung anlangt, so
ist nach dem Swing, als sich vor allem Count Basie auf den
Blues bezog, seit dem Aufkommen des Bebop in den vierziger
Jahren ein verstärkter Rückgriff auf Blues-Elemente seitens der
Musiker festzustellen. Dies galt für Charlie Parker, der im Blues
einen wesentlichen Bestandteil seiner Musik sah, ebenso wie für
Miles Davis, der am Ende seiner Cool Jazz-Phase den Blues
„Walkin'" schrieb. Dieser Titel wurde übrigens 1954 aufgenommen – in jenem Jahr, in dem in den USA die 1896 begründete
Doktrin der Rassentrennung als verfassungswidrig aufgehoben
wurde. Das war natürlich ein Riesenerfolg der Bürgerrechtsbewegung. Dieses zeitliche Zusammentreffen ist nur scheinbar ein
Zufall, denn im Zuge des Kampfes um die politische Gleichberechtigung besannen sich die schwarzen Künstler wieder stärker
auf ihre afro-amerikanische Tradition. Dies trifft auch für Charles Mingus zu, der ein Album „Blues And Roots" veröffentlichte – ebenso wie für Eric Dolphy, John Coltrane oder den Free
Jazz-Avantgardisten Archie Shepp, der Titel wie „Money Blues"
oder „Attica Blues" schrieb. Der Jazz Rock-Drummer Jack
DeJohnette („Inflation Blues") zeigte sich ebenso wie vor ihm
Cannonball Adderley („The Price You Gotta Pay To Be Free")

oder Jimmy Smith („Recession Or Depression") reideologisiert im Sinne der Bürgerrechtsbewegung. Ihr musikalisches Ausdrucksmittel war natürlich der Blues. Nach dem Zweiten Weltkrieg war der Blues ebenso wie Jahrzehnte zuvor das künstlerische Ventil einst entrechteter und später um die volle Gleichberechtigung kämpfender Schwarzer. So attackierten z. B. die Blues-Musiker Robert Pete Williams und Guitar Slim Green in einem ihrer Lieder die Vietnam-Politik der amerikanischen Regierung:

> Ich Schwarzer soll einen Braunen
> Umbringen für den weißen Mann.
> Hör mal: Ich weiß, daß dieser Krieg
> Nicht recht sein kann.

Und Johnny Otis schrieb den ironischen Talking-Blues „It's Good To Be Free", in dem er klarmachte, daß die Emanzipation der Schwarzen trotz aller Fortschritte in der Gesetzgebung noch lange nicht abgeschlossen ist. Der Blues lebt also und wird stets weiterleben – in musikalisch zeitgemäßer Form, aber in der Tradition derer stehend, die diese eigenständige Kunstform so populär gemacht haben.

Die vom Blues beeinflußten Rockmusiker Joe Cocker, Eric Burdon, Mike Bloomfield, Paul Butterfield, Jimi Hendrix, Janis Joplin, Eric Clapton, Jim Morrison, Van Morrison und viele andere mehr stehen nicht für „reinen", d. h. unverfälschten Blues. Wohl aber fühlen sie sich der Blues-Tradition verpflichtet, was auch ihre Bewunderung für Blues-Größen wie Bessie Smith erklärt. Einige der Genannten finanzierten sogar einen Grabstein für die „Kaiserin des Blues".

Alberta Hunter: „Der Blues? Ja, der Blues ist ein Teil von mir. Der Blues ist für mich – wie soll ich es bloß sagen? – der Blues ist für mich fast wie eine Religion. Er ist wie ein Gebet, das man singt. Der Blues ist wie die Spirituals, fast heilig. Wenn wir Blues singen, singen wir hinaus, was in unseren Herzen ist, singen wir hinaus, was wir fühlen." [31]

T-Bone Walker: „Der Blues? Ja, Menschenskind, ich habe nie angefangen, Blues zu spielen. Das steckte in mir, ehe ich geboren wurde, und seit der Zeit habe ich den Blues gespielt und gelebt. So und nicht anders muß man Blues spielen. Man muß den Blues leben, und das ist bei uns ganz natürlich – es ist uns angeboren, den Blues zu leben."[32]

In die Geschichte des Blues eingegangen als Komponist ist ein Kornettist, Bandleader, Musikverleger und Schriftsteller, der bereits Erwähnung gefunden hat:

William Christopher (W. C.) Handy (1873-1958)

studierte am Kentucky Musical College und zog ab 1896 mit den Mahara Minstrels durch Nord- und Südamerika. 1893 spielte er bei der Weltausstellung in Chicago – ebenso wie Scott Joplin. In Huntsville war er als Musiklehrer tätig, ehe er zuerst nach Memphis, dann nach Chicago und schließlich nach New York übersiedelte. Hier gründete er einen Musikverlag und die Schallplattenfirma Black Swan. Wie kein anderer sammelte er volkstümliche Melodien der Schwarzen und komponierte zahlreiche Blues-Standards. Von diesem „Father Of The Blues" stammen u. a. „Memphis Blues", „St. Louis Blues", „Beale Street Blues", „Hesitating Blues", „Yellow Dog Blues" und „Aunt Hagar's Blues". W. C. Handy gab mehrere Bücher, darunter 1941 seine Autobiographie, heraus. Eine besondere Ehrung wurde ihm 1956 als 83jährigem, nur zwei Jahre vor seinem Tod, zuteil: Im Rahmen eines Guggenheim Concert im Lewisohn Stadium in New York spielte ein Sinfonieorchester mit 88 Mitgliedern der New York Philharmonic unter Leitung von Leonard Bernstein und mit Louis Armstrong als Solist an der Trompete vor 25 000 Menschen, darunter W. C. Handy, den „St. Louis Blues". Wenn es noch eines Beweises bedurft hätte, daß der Blues „gesellschaftsfähig" geworden ist – nun war er erbracht.

Am Anfang war auch der Negro Spiritual

Irgendwann im 18. Jahrhundert hatten die Sklaven in Amerika durch Teilnahme an christlichen Gottesdiensten die religiösen Gesänge der Weißen kennengelernt. An diesen Spiritual Songs orientierten sich die Negro Spirituals, die meist in der Durtonart stehen. Einstimmig gesungen erinnern die dem Alten Testament entstammenden Texte der ersten Negro Spirituals (z. B. „Nobody Knows The Trouble I've Seen") an schottische Melodien. Der Vorsänger beginnt allein, der Chor stimmt in den Refrain ein, Händeklatschen und Stampfen der Füße begleiten den religiösen Gesang in den Kirchen der Schwarzen. Als die Schwarzen noch Sklaven waren, gab es für sie musikalisch nur die Work Songs und ihre adaptierten protestantischen Kirchenlieder. „Swing Low, Sweet Chariot" basiert auf einem Methodistenlied aus dem 18. Jahrhundert und wurde in Afrika ebenso gesungen wie in den Südstaaten Amerikas:

Schweb her, schöner Wagen,
Komm her und trag mich nach Haus.
Schweb her, schöner Wagen,
Komm her und trag mich nach Haus.
Ich sah über'n Jordan, und was sah ich da?
Was kommt und trägt mich nach Haus?
Eine Engelskapelle ist für mich da
Und kommt und trägt mich nach Haus.

Bist du eher dort, als ich es bin,
Er kommt und trägt mich nach Haus,

Dann halt meine Freunde noch etwas hin,
Er kommt und trägt mich nach Haus.

Der schönste Tag, den geseh'n ich hab',
Er kommt und trägt mich nach Haus,
Als Jesus mir wusch meine Sünden ab,
Er kommt und trägt mich nach Haus.

Ich war nie im Himmel, doch weiß jedes Kind,
Er kommt und trägt mich nach Haus,
Die Straßen mit Gold dort gepflastert sind,
Er kommt und trägt mich nach Haus.

Schweb her, schöner Wagen,
Komm her und trag mich nach Haus.
Schweb her, schöner Wagen,
Komm her und trag mich nach Haus.

Die breite Öffentlichkeit in Amerika wurde nach dem Bürgerkrieg mit den Negro Spirituals vertraut gemacht. „Roll Jordan
Roll" soll 1862 als erster Negro Spiritual veröffentlicht worden
sein. Und bloß elf Jahre später, 1873, brachten die Fisk Jubilee
Singers diesen und andere Negro Spirituals nach Europa:

Fließ, Jordan, fließ!
Fließ, Jordan, fließ!
Möcht in den Himmel kommen nach dem Tod,
Daß ich den Jordan hör.

O Brüder, ihr solltet dort sein,
O ja, Herr,
Im Himmelreiche sitzen,
Daß ihr den Jordan hört.

Fließ, Jordan, fließ!
Fließ, Jordan, fließ!
Möcht in den Himmel kommen nach dem Tod,
Daß ich den Jordan hör.

O Sünder, ihr solltet dort sein,
O ja, Herr,
Im Himmelreiche sitzen,
Daß ihr den Jordan hört.

Fließ, Jordan, fließ!
Fließ, Jordan, fließ!
Möcht in den Himmel kommen nach dem Tod,
Daß ich den Jordan hör.

„Alle schwarz-afrikanischen Gesellschaften übten Durchgangs-
und Einweihungsriten: der Aspirant – der junge Mann oder das
Mädchen – muß zunächst 'sterben', wird der Gemeinschaft seiner Sippe entrissen, in 'Geister'-Kleidung gesteckt, mit weißer
'Geister'-Farbe bestrichen, muß allerlei Prüfungen, Peinigun-
gen, Schrecken erdulden, Mutproben bestehen – in vielen Fällen
lernt er sogar eine neue, nur für die Durchgangzeit geltende
fremdartige 'Geister'-Sprache –, um schließlich als ein neuer
Mensch, als vollgültiges Glied der Gemeinschaft mit neuem
Namen wiedergeboren zu werden. Nichts zeigt so deutlich wie
der Text der Spirituals, daß die Afroamerikaner die Sklaverei als
ein solches Durchgangsstadium gesehen haben. Immer wieder ist
die Rede vom Sterben als der Voraussetzung für die Wiedergeburt
im eigentlichen, im wahren Leben. Die christliche Vorstellung
von Tod und Auferstehung und die afrikanische von Sterben und
Wiedergeburt liegen einander nicht sehr fern. So konnte diese
durch jene ausgedrückt werden, und umgekehrt hatten christlich-
eschatologische Elemente die Möglichkeit, in die afrikanischen
Grundvorstellungen einzudringen. Die Sklaven schlossen sich
zudem jenen protestantischen religiösen Gemeinschaften an,
deren Religiosität und kultische Ausdrucksformen afrikanischem
Kultwesen verwandt erscheinen mußten: Die enthusiastischen
Erweckungsversammlungen der Methodisten und Baptisten ziel-
ten mit Hilfe alttestamentarischer evokativer Elemente – wie
Psalmodieren, Wechselgesang, rhythmische Predigt – auf persönliche Bekehrung und Wiedergeburt ab (Camp Meetings)".[33]

Da die amerikanischen Sklavenhalter Trommeln verboten hatten, war den Schwarzen die in Afrika übliche Beschwörung der Gottheiten durch Trommelwirbel nicht mehr möglich. Sie fanden Ersatz in der verbalen Anrufung Gottes („Jesus!" „Lord!"), wie dies bei Baptisten und Methodisten üblich war. Somit ist der Negro Spiritual ein Produkt der Begegnung der religiösen und musikalischen Traditionen weißer Amerikaner mit jener der als Sklaven importierten schwarzen Afrikaner.

Die Texte der frühen Negro Spirituals geben Zeugnis vom tragischen Schicksal der gepeinigten Schwarzen, die Trost bei Gott suchen: „Nobody Knows The Trouble I've Seen".

Niemand kennt Leid und Elend wie ich.
Niemand auf Erden, nur Jesus.
Niemand kennt Leid und Elend wie ich,
Glory, Hallelujah!

Manchmal auf Draht, manchmal auf Grund,
Oh ja, Herr.
Manchmal schlug mich das Leben wund,
Oh ja, Herr.
Du siehst, so strauchle ich dahin,
Oh ja, Herr,
Der ich in Sünd und Prüfung bin,
Oh ja, Herr.

Niemand kennt Leid und Elend wie ich.
Niemand auf Erden, nur Jesus.
Niemand kennt Leid und Elend wie ich,
Glory, Hallelujah!

Eines Tages, als ich spazierenging,
Oh ja, Herr,
Brach Liebe auf, die mich umfing.
Oh ja, Herr.
Und nie vergesse ich den Tag,
Oh ja, Herr,

Als Christus mir wusch die Sünden ab,
Oh ja, Herr.

Niemand kennt Leid und Elend wie ich,
Niemand auf Erden, nur Jesus.
Niemand kennt Leid und Elend wie ich,
Glory, Hallelujah!

Im 20. Jahrhundert entstand in den amerikanischen Großstädten aus der musikalischen Begegnung von Negro Spiritual und Blues der *Gospel-Song.* Er ist die modernere, swingendere und somit dem Jazz verwandtere Form des religiösen Liedes der Schwarzen. Die Texte, die in Gospel-Songs Verwendung finden, basieren auf dem Evangelium des Neuen Testaments und behandeln den Leidensweg Christi. Viele durch Amerika ziehende Blues-Sänger hatten ihre musikalische Laufbahn im Kirchenchor begonnen und nahmen religiöse Lieder in ihr Programm auf. Ekstase, Erregung und Hingabe an Gott, den Herrn – das war ihre Botschaft und sie kam beim Publikum in den Städten an. Nur wenige Solisten füllten die Kirchen, zumeist zogen Gesangsgruppen die Menschen in ihren Bann: Die Dixie Hummingbirds, die Five Blind Boys Of Mississippi, die Gospelaires, das Swanee Quintet oder die Soul Stirrers.

Mahalia Jackson (1911-1972)

gilt als die bedeutendste Gospel-Sängerin. Die Tochter eines Sonntagspredigers sang schon als Kind in der Kirche und hatte im Alter von 34 Jahren ihren ersten großen Schallplattenerfolg. Sie war auf allen großen Konzertbühnen der Welt zu Hause und wollte nie als Jazzsängerin tituliert werden. Dennoch trat sie wiederholt beim Newport Jazz Festival auf, wirkte in dem Film „Jazz On A Summer's Day" mit und nahm mit Duke Ellington dessen Suite „Black, Brown And Beige" auf Platte auf. Immer wieder versuchten große Jazzmusiker, die Karriere der Gospel-Sängerin Mahalia Jackson mehr auf den Jazz hin zu orientieren, doch stets war die Mühe vergebens. Schon 1927 wollte der Pianist Earl Hines die Jackson als Jazzsängerin in seinem Orchester einsetzen. Er scheiterte ebenso wie viele andere nach ihm an der stark religiösen Sängerin mit der großen Stimme. Unter den Vorbildern, die Mahalia Jackson selbst genannt hat, war neben den Blues-Sängerinnen Bessie Smith und Ma Rainey übrigens auch der Tenor Enrico Caruso.

Sister Rosetta Tharpe (1915-1973)

trat ursprünglich in den Swing-Orchestern von Cab Calloway und Lucky Millinder auf. Rosetta Nubin, so hieß sie mit bürgerlichem Namen, kam also vom Entertainment. Erst nach 1945 konzentrierte sie sich völlig auf die Interpretation von Gospel-Songs. In den fünfziger und sechziger Jahren war Sister Rosetta Tharpe wiederholt auch in Europa zu hören.

Clara Ward (1924-1973)

wirkte als Tochter einer Chorleiterin schon als Kind im Kirchenchor mit. Unter der Bezeichnung Ward-Singers reüssierte sie gemeinsam mit Mutter und Schwestern. 1943 kam es zum künstlerischen Durchbruch bei einer Baptisten-Konvention. Ganz Amerika, Israel und Europa lernten Clara Ward, die in Philadelphia ein Schallplatten-Spezialgeschäft für Gospels betrieb, live kennen.

Das Golden Gate Quartet

(1936 von Willie Johnson mit William Landford, Henry Owens und Arlandus Wilson gegründet) schaffte die Etablierung in der Szene 1938 mit der Teilnahme an den „From Spirituals To Swing"-Konzerten in der New Yorker Carnegie Hall. Seit dem Ende des Zweiten Weltkriegs kommt dieses Ensemble, das Spirituals und Gospels als Kunstgesang interpretiert und daher von Puristen oft abgelehnt wird, regelmäßig nach Europa.

Odetta, die Jordanaires, Pop-Stars wie Harry Belafonte, Jazzmusiker wie Louis Armstrong und Opernstars wie Kathleen Battle, Jessye Norman, Barbara Hendricks oder Simon Estes sangen und singen Negro Spirituals. Einer ihrer größten Interpreten war freilich Paul Robeson, der so wie Marian Anderson, Roland Hayes und Hope Foye die „Konzertspirituals" pflegte. Die religiösen Gesänge der Spirituals, die auf die Zeit der Sklaverei zurückgehen, spielen allerdings im Jazz – zum Unterschied von den Gospel-Songs – so gut wie keine Rolle mehr.

The Thompson Community Singers, Walter Hawkins And The Love Center Choir oder Bishop Kelsey aus Washington haben die mitreißenden Gospel-Gesänge auf Schallplatte verewigt. In den neunziger Jahren bereisen Queen Esther Marrow And The Harlem Gospel Singers mit ihrer Show die ganze Welt. Schon seit den fünfziger Jahren zeigen sich immer mehr Jazzmusiker wie z. B. Milt Jackson, Horace Silver oder auch Ray Charles von Gospel und Soul angezogen. Und Joachim-Ernst Berendt bezeichnet die Musik der Pop-Sänger Otis Redding, Aretha Franklin, Little Richard oder James Brown, eben den Soul, als „säkularisierten Gospel".

Ragtime und Beginn des Jazz
(1890-1910)

Ende des 19. Jahrhunderts beginnt die Dokumentation eigenständiger afro-amerikanischer Musik (Sammelbegriff für verschiedene Musikstile, die sich seit der Verschleppung afrikanischer Sklaven in Amerika aus der Begegnung von Schwarz und Weiß entwickelt haben). Negro Spirituals, Work Songs und später Blues, Minstrel-Shows mit ihrer karikierenden Darstellung der Schwarzen durch weiße Sänger und Tänzer, Nigger Minstrels mit den Parodien der Schwarzen auf die Country-Musik der Weißen und die Variety-Darbietungen des vom Clown und Impresario Tony Pastor (1832-1908) begründeten amerikanischen Vaudeville existierten nebeneinander. Freilich: Mit dem französischen Vaudeville, das Singspielcharakter aufwies, hatten die amerikanischen Unterhaltungsshows, die sich an Zirkusakrobatik und Operette anlehnten, nicht mehr gemeinsam als den Namen. Übrigens soll dieser Name auf Spottlieder des 15. Jahrhunderts aus der normannischen Landschaft Vaux de Vire zurückgehen. Die Protagonisten des amerikanischen Vaudeville-Theaters waren zum Teil Schwarze, die als Allroundkünstler auftraten. Sie sangen, tanzten, spielten Theater und waren Akrobat, Zauberer und Clown in einer Person. Letztlich kann die bekannte Perfektion des modernen amerikanischen Showbusineß auf das Vaudeville-Theater zurückgeführt werden. Große Entertainer der letzten Jahrzehnte wie Sammy Davis jun. mußten schließlich auch alles können, vom Singen über das Tanzen bis zum Theaterspielen.

Der später auf Bands übertragene Klavierstil Ragtime entstand nach 1870 im amerikanischen Mittelwesten und gilt als die europäischeste Vorform des Jazz. Ragtime (zerrissene Zeit) stellt den Versuch schwarzer und weißer Minstrel-Pianisten dar, die Rhythmik der schwarzen Folklore kompositorisch zu erfassen und in Liedformen der europäischen Salonmusik einzupassen. Die Blütezeit des Ragtime war ab 1890. Die Improvisation, später ein wesentliches Element des Jazz, spielte noch keine Rolle. Vielmehr waren die Ragtime-Stücke stets auskomponiert. Die linke Hand des Pianisten spielte Stride Bass, welcher der europäischen Tradition von Marsch und Polka entstammt. Und die rechte Hand bot eine synkopierte (Synkope, griech. Zusammenschnitt), d. h. sich durch Verschiebung von Takt- und Rhythmusakzenten auszeichnende Melodik.

Die ersten Ragtime-Pianisten spielten ihre Musik auf die Piano-Walzen der Ende des 19. Jahrhunderts üblichen mechanischen Klaviere. Tom Turpin, Louis Chauvin, Arthur Marshall, Scott Hayden und Charlie Johnson waren bedeutende schwarze Ragtime-Künstler. Unter den Weißen sind vor allem George Botsford, Artie Matthews oder Joseph Lamb zu nennen. Sogenannte Jug-Bands (Jug = Krug) schwarzer Musiker zogen durch Stadt und Land und spielten diese neue Musik. Wenn heute vom Ragtime die Rede ist, meint man vor allem einen Mann, dessen Musik durch Überspielung vom mechanischen Klavier auf Schallplatte authentisch erhalten ist:

Scott Joplin (1868-1917),

ein Schwarzer aus Texarkana im Bundesstaat Texas, erlernte das Klavierspiel bei einem Deutschen. Dieser Mann brachte ihm auch die Werke der europäischen Klassik nahe. Und der Einfluß dieser „klassischen" Ausbildung ist in den späteren Kompositionen von Scott Joplin unverkennbar. Manche sehen ja im Ragtime so etwas wie eine amerikanisierte Form der europäischen Salonmusik des Fin de siècle. Das Wirken Joplins hat jedenfalls maßgeblich zum großen Einfluß des Ragtime auf Komponisten wie Strawinsky, Debussy, Ravel, Hindemith und Satie in Europa oder Ives und Schuller in Amerika beigetragen. Scott Joplin trat zunächst in Spelunken auf, ehe er 1893 auf der Weltausstellung in Chicago spielte. Dieser Auftritt ist deshalb historisch zu nennen, weil damit erstmals einem großen und internationalen Publikum Ragtime präsentiert wurde. Im Jahr darauf ließ sich Scott Joplin in Sedalia, einer Ortschaft in Missouri, nieder. Er trat im dortigen Maple Leaf Club auf, dem er seine Komposition „Maple Leaf Rag" widmete. In diesem Lokal soll großer Lärm geherrscht haben, und man mußte sich geradezu anstrengen, die Darbietungen des Pianisten akustisch wahrzunehmen. Klavierspieler wie Scott Joplin, die in Bars und Bordellen als Unterhaltungsmusiker auftraten, nannte man „Professoren". Im Maple Leaf Club verdiente sich Scott Joplin nächtens seinen Lebensunterhalt, während er tagsüber sein Musikstudium am George Smith College für Schwarze fortsetzte. Ein weißer ehemaliger Eisverkäufer namens John Stark war von einigen Kompositionen Joplins so angetan, daß er mit dem Pianisten einen Vertrag schloß und fortan als Musikverleger wirkte. Das Duo – schwarzer Künstler/weißer Verleger und Manager – schrieb nun die Erfolgsstory des Ragtime. Der „Maple Leaf Rag" wurde 1899 in gedruckter Form in den Handel gebracht und innerhalb von zwölf Jahren 400 000mal verkauft. John Stark war mit einem Mal als Musikverleger ein gemachter Mann und zog in die Großstadt St. Louis, wohin ihm Scott Joplin nachfolgte. Joplin wohnte in der Nähe des größten Bordells der Stadt, des Rosebud Café. In diesem Viertel trafen einander alle durchreisenden Pianisten von Joe Jordan über Charlie Warfield bis zu Sam Patterson. Scott Joplin freilich war der Halb- und Unterwelt künstlerisch längst entrückt, er rang um gesellschaftliche Anerkennung. Er unterrichtete die Jugend im Ragtime-Spiel und ging schließlich nach New York. Man verlieh ihm den Titel „King Of The Ragtime" – so wie man Bessie Smith ja auch „Königin des Blues" oder „Kaiserin des Blues" genannt hat. In der Sprache des Jazz, dieser ursprünglich proletarischen Musik des amerikanischen Südens, wird mit Herrschaftstiteln für die großen Stars nicht gespart: Louis Armstrong war der x-te „King Of Jazz", Edward Kennedy Ellington nannte man „Duke", William Bill Basie hatte den Beinamen „Count" und Benny Goodman war der „King Of Swing". B. B. King tourt bis heute als „King Of The Blues" rund um den Erdball. Scott Joplin brachte all seine „Original Rags" heraus, und 1903 entstand „A Guest Of Honor", eine Oper, deren Text und Musik nicht mehr auffindbar sind. 1911 folgte mit „Treemonisha" eine zweite Oper. Darin ging es um die schwarze Rasse. Das Werk bestand aus 27 einzelnen Musikstücken. Bei der Uraufführung 1915 in Harlem – aus Geldmangel ohne Bühnenbild und Orchester – spielte

Scott Joplin sämtliche Orchesterstimmen selbst auf dem Klavier. Der Abend wurde ein Totalflop, erst 1975 kam es in Houston und später in Washington sowie am Broadway in New York zu Wiederaufführungen. Scott Joplin war von dem Mißerfolg mit „Treemonisha" schwer gezeichnet, litt an Depressionen und wurde von seiner zweiten Frau in eine Irrenanstalt eingeliefert. Er soll an Syphilis dementia paralytica im Frühjahr 1917 – just in jenen Wochen, in denen die ersten Jazz-Schallplatten aufgenommen wurden – gestorben sein. Seine Musik, der Ragtime, überlebte ihn freilich. 1973 wurde in dem Film „The Clou" die Scott Joplin-Komposition „The Entertainer" als Titelmusik verwendet. Seither erfreut sich die Musik dieses bemerkenswerten Pioniers wieder großer Beliebtheit. Und 1975 brachten Itzhak Perlman (Violine) und André Previn (Piano) das Album „The Easy Winners" mit Ragtime-Musik von Scott Joplin heraus.

In ganz Amerika wurde der Ragtime-Stil von Scott Joplin und anderen Pianisten eine musikalische Vorlage für Blechbläser wie etwa den Kornettisten Louis Armstrong. Ragtime-Bands hatten ursprünglich meist die folgende Besetzung: Violine, Kornett, Banjo oder Gitarre und Baß. Man kam also zunächst mit vier Instrumenten aus und verwendete keine Trommeln oder andere Schlaginstrumente. In den zwanziger Jahren unseres Jahrhunderts sollte dieser ursprüngliche Klavierstil als Harlem-Ragtime, interpretiert von Pianisten wie James P. Johnson, Willie „The Lion" Smith, Eubie Blake, Lucky Roberts oder Thomas „Fats" Waller, eine neue Blüte erleben.

Man nimmt heute an, daß jene Musik, die wir gemeinhin Jazz nennen, um die Jahrhundertwende von Straßenbands an vielen Orten in Amerika gespielt wurde – als eine Art kollektive Improvisation auf Basis des Ragtime unter Verarbeitung verschiedener kultureller Einflüsse. Jimmy Rushing will sehr früh in Texas, aber auch in Oklahoma Jazz gehört haben, Willie „The Lion" Smith in Haverstraw im Bundesstaat New York und W. C. Handy in Memphis. Dennoch war New Orleans ein Kristallisationspunkt dieser Musik, was nicht zuletzt mit den vorhandenen großen Talenten und den Voraussetzungen dieser Stadt zu tun hatte.

Buddy (Charles) Bolden (1877 oder 1878-1931)

war angeblich nicht nur Musiker, sondern auch Friseur und Journalist. Beweise gibt es dafür freilich keine. 1895 soll er mit dem Pferdewagen von New Orleans durch den Süden gefahren sein. Er galt als besonders lautstarker Kornettist und verwendete als erster Material aus der negroiden amerikanischen Volksmusik für Orchesterdarbietungen. Bolden liebte Frauen und Whisky. Der Trompeter Mutt Carey: „Wenn man es sich genau überlegt, wer damit angefangen hat, so richtig laut Jazz zu spielen, dann war Buddy Bolden der Mann. Wirklich, er war ein mächtiger Trompeter, und ein guter dazu. Ich glaube, er hat es verdient, daß man ihn für den allerersten Jazzmusiker hält". [34] Seine Brass Band spielte Ragtime und – das geht aus allen Quellen hervor – war um 1900 sehr beliebt. Er verwendete bereits das Schlagzeug, denn die Besetzung seiner Brass Band sah so aus: 1 oder 2 Kornetts, Klarinette, Posaune, Tuba, Gitarre und Schlagzeug. Wie andere Brass Bands auch, spielte jene von Buddy Bolden bei Hochzeiten, Begräbnissen, Tanzveranstaltungen und festlichen Umzügen. Zu den Mitgliedern von Buddy Boldens Orchester zählten Bunk Johnson und Edward „Kid" Ory. Um Buddy Bolden, der geistesgestört und zeitweise verschwunden gewesen sein soll, rankten sich viele Gerüchte. Sie zu verifizieren ist unmöglich, da es zu seiner Zeit zwei Kornettisten mit gleichem Namen in New Orleans gab. Jedenfalls waren im nachhinein alle Mitglieder der Brass Band von Buddy Bolden stolz darauf, im Ensemble dieses Mannes mitgespielt zu haben. So auch der Kornettist Bunk Johnson: „Buddy Bolden war der erste, der in der Stadt New Orleans anfing, Jazz zu spielen. Seine Band machte ganz New Orleans verrückt und alles rannte wie wild hinter ihm her. In ganz New Orleans sprach man nur von Buddy Bolden und ich gehörte zu seiner Band!" [35] Und der Posaunist Kid Ory erzählt: „Immer, wenn ich Zeit hatte, ging ich in das Lokal, wo Bolden spielte. Zuerst war oft noch keine Menschenseele zu sehen. Doch wenn es dann soweit war und die Tanzerei anfangen sollte, sagte er immer: 'Nun will Vati mal die Kinder nach Hause rufen.' Und er steckte sein Horn zum Fenster raus, blies und alle kamen angerannt." [36] Der Gitarrist Bud Scott berichtet vom Einfluß der Kirchenmusik im damaligen New Orleans auf Buddy Bolden: „Jeden Sonntag ging Bolden in die Kirche und da formte er seine Auffassung von Jazzmusik. Die Gemeinde klatschte beim Singen in die Hände und blieb auf diese Art immer genau im Rhythmus." [37]

Die Musik von Buddy Bolden, auch er trug den Beinamen „King", wird heute als Zäsur gesehen, als eigentlicher Beginn der Jazzgeschichte. Die Brass Bands wie jene von Buddy Bolden entstanden als Sonderform der Street Bands oder Marching Bands um 1890 und existierten bis in die zwanziger Jahre. Musikalisch standen sie, wie gesagt, in der Tradition des Ragtime. Die bekanntesten waren die Eureka Brass Band mit George Lewis, die Tuxedo Brass Band von Oscar Celestin oder die Onward Brass Band von Lorenzo Tio jun. Ein beliebter Titel beim Publikum dieser Brass Bands war das Volkslied „Careless Love", das W. C. Handy 1892 in Bessemer gehört haben will. Er schrieb die Melodie später auf. Eine andere populäre Nummer hieß „Bill Bailey" und stammte von Hughie Cannon. Beide Kompositionen wurden Jazz-Standards.

New Orleans (1900-1930)

Im gesellschaftlichen und musikalischen Schmelztiegel New Orleans – die Stadt hatte unter spanischer und französischer Verwaltung gestanden, bevor das Land Louisiana 1803, als 10 000 Menschen, davon die Hälfte Schwarze, in der Stadt wohnten, von den Vereinigten Staaten gekauft wurde – ist der Jazz als ein Konglomerat der unterschiedlichsten Einflüsse um die Jahrhundertwende gespielt worden. Angehörige verschiedener Nationalitäten lebten in der Stadt, deren Bevölkerung sich in 100 Jahren verdreißigfacht hatte, und standen zwei farbigen Bevölkerungsgruppen gegenüber: Erstens den Kreolen, die meist Verbindungen weißer Herren und deren Negersklavinnen, die durch das Testament des Vaters freigelassen worden waren, entsprangen. Sie hatten französische Vorfahren (ein Stadtteil heißt bis heute French Quarter) und verfügten zum Teil über beachtliche Bildung, Vermögen und Ansehen. Und zweitens dem schwarzen Proletariat, den Nachkommen der Sklaven.

Auf Schritt und Tritt spürte man in der Crescent City, wie New Orleans (der Name geht auf den Herzog von Orleans, den König von Frankreich, zurück) auch genannt wurde, den französischen Einfluß. Zu den kulturellen Importen aus Frankreich zählten der Mardi Gras, der berühmte Karneval, und die Funerals, die Begräbnisse unter Mitwirkung von Jazzmusikern, die auf dem Weg zum Friedhof Trauermusik und auf dem Rückweg in die Stadt heiter-beschwingte Melodien spielen. Auch die Brass Bands orientierten sich an französischen Vorbildern, nämlich an Marschkapellen, und sie wurden häufig von Kreolen geleitet. Die Kreolen stellten viele des Notenlesens kundige Musiker von der Oper oder aus Tanzorchestern. In diesem Zusammenhang muß John Robichaux (1866-1939) erwähnt werden. Er gehörte der Excelsior Brass Band an, ehe er um 1894 sein eigenes Ensemble formte, das für die Oberschicht von New Orleans aufspielte.

In den Bands der Jahrhundertwende fanden sich in New Orleans kreolische, schwarze und weiße Musiker. Während die weißen und die kreolischen Musiker nach Noten spielten, improvisierten die Schwarzen. So verschmolz komponierte Ragtime-Musik mit Blues-Elementen, Einflüssen der Negro-Spirituals und afrikanischer Voodoo-Riten (Mischreligion aus Katholizismus und verschiedenen Kulten). Europäische und afrikanische Einflüsse wurden miteinander verwoben und das in einer Stadt, in der nicht nur musikalische Unterhaltung, sondern Vergnügen jeder Art großgeschrieben wurde. Die kreolischen Musiker hatten französische Namen wie z. B. Alphonse Picou, Buddy Petit oder Papa und Louis de Lisle Nelson.

Jelly Roll Morton (angeblich 1890-1941),

der Sprößling einer französischsprachigen Familie, hieß eigentlich Ferdinand Joseph La Menthe, begann als Pianist in den Bordellen von New Orleans. Seine Milieuschilderung ist bezeichnend für die damalige Zeit in dieser Stadt: „Die Mädchen waren ja so verschieden. Manche von ihnen waren sehr vergnügt, manche sehr traurig. Es gab welche, die wollten Gift nehmen und Schluß machen, und wieder andere, die einen großen Ausflug planten oder ein Tanzvergnügen oder sonst etwas Nettes zu ihrer Unterhaltung. Einige blieben echte Damen, obwohl sie auf die schiefe Ebene gekommen waren, und einige waren unverbesserliche Säuferinnen. Wieder andere waren rauschgiftsüchtig und nahmen Opium, Heroin, Kokain, Morphium und was sonst nicht alles. Im Distrikt gab es alles, vom Feinsten bis zum Miesesten." [38] Ab 1904 verbreitete Jelly Roll Morton, der nebenbei leichte Mädchen für sich arbeiten ließ, den Jazz auf Tourneen in ganz Amerika – als Solopianist, mit dem Kornettisten Bunk Johnson und ab 1912 mit eigener Band. In Chicago, New York, St. Louis und Kansas City spielte Jelly Roll Morton, der sich auch als Sänger hervortat. Er liebte das elegante Leben und blickte auf seine schwarzen Musikerkollegen, die ihm zu ungehobelt waren, arrogant herab. In seinem Stil verband er den Ragtime mit dem Blues. Danny Barker, Gitarrist und Banjo-Spieler des Jahrgangs 1909, den ich Ende der siebziger Jahre in New Orleans noch persönlich kennenlernen durfte, erinnert sich: „Ich war noch nicht ganz erwachsen, da war Jelly Roll Morton schon eine Legende, und mit Sidney Bechet war es genauso. Man hörte oft von Jelly Roll, wie er losgezogen war und überall für den Jazz das Eis gebrochen hatte." [39] Über die Vielfalt in der Musikszene zu dieser Zeit gibt das folgende Zitat von Jelly Roll Morton Auskunft: „New Orleans war die Arena für alle Pianisten, die Rang und Namen hatten. Wir hatten Spanier, wir hatten Farbige, wir hatten Weiße, wir hatten Franzosen, wir hatten Amerikaner, wir hatten Leute aus allen Gegenden der Welt, denn es gab bei uns mehr Jobs für Pianisten als an zehn anderen Orten zusammen. Die feineren Freudenhäuser brauchten Alleinunterhalter und wir hatten so viele verschiedene Stile in New Orleans, daß es ganz gleich war, ob einer aus Paris, England, vom Kontinent oder von sonst wo zu uns kam: Wir kannten und spielten jedes Stück." [40] In der zweiten Hälfte der zwanziger Jahre machte Jelly Roll Morton mit seinen Red Hot Peppers in New York Schallplattenaufnahmen. Und 1938 berichtete er auf für die Library Of Congress von Alan Lomax produzierten Schallplatten aus seinem Leben („The Saga Of Mr. Jelly Lord"). Darin behauptete er allen Ernstes, 1902 „den Jazz erfunden" zu haben. Seine Bedeutung für die Pionierphase dieser Musik ist trotz solcher Unsinnigkeiten unbestritten. Zu seinem großen Ruf haben auch seine Einspielungen mit dem Kornettisten King Oliver beigetragen. Und Kompositionen wie „Jelly Roll Blues", „King Porter Stomp" oder „Milenberg Joys" (Mitkomponist) wurden zu Standards des klassischen Jazz-Repertoires.

Zu dem von Jelly Roll Morton erwähnten Distrikt, dem Dirnenviertel, müssen einige Anmerkungen gemacht werden: 1898 wurde eine Verordnung zur besseren Kontrolle der Prostitution mit dem Ziel erlassen, das Revier der Damen des horizontalen Gewerbes auf das Gebiet von der Basin Street im Süden bis zur Robertson Street im Norden zu beschränken. Der Stadtrat, der diese Verordnung erlassen hat, ist in die Geschichte eingegangen. Er hieß nämlich Sidney Story, und das Dirnenviertel wurde nach ihm Storyville genannt. In den einschlägigen Lokalen wurde der Jazz so wie der Alkohol zur Unterstützung des Geschäfts mit dem

Sex eingesetzt. Lulu White hatte ein solches Etablissement an der Ecke von Basin Street und Bienville Street. Es hieß Mahogany Hall. Der Pianist Spencer Williams war ein Neffe von Lulu White. Nach dem Tod seiner Mutter wurde er ihr Stiefsohn. Als Kind hat er das Treiben in der Mahogany Hall aus nächster Nähe miterlebt: „Wenn ich ins Bett ging, spielten die elektrischen Klaviere Ragtime-Melodien, und wenn ich am Morgen aufwachte, spielten sie immer noch. Damals machten die Kneipen nie dicht, und die Türangeln waren alle rostig und staubig. Kleine Buben und Erwachsene gingen die Straßen auf und ab, wiegten sich in den Hüften und pfiffen Jazz-Melodien." [41]

Die Vermischung verschiedener Kulturen im New Orleans der Jahrhundertwende brachte natürlich auch soziale Konflikte mit sich. In einem solchen Klima blühte nicht nur die Prostitution in den „sporting houses". Jede Art von Verbrechen, Korruption und Glücksspiel war in der Stadt vertreten.

Als Storyville schließlich geschlossen wurde, beklagte dies der Bürgermeister von New Orleans, Martin Behrmans, lautstark. Ursache für die Schließung war die deutliche Zunahme von Geschlechtskrankheiten bei Marineangehörigen. John A. Provenzano erzählt: „Im Jahre 1917 erklang dann der bekannteste Trauermarsch der Jazzgeschichte. Er wurde gespielt auf Befehl des Marineministers Daniels. Die Leiche war der berühmte und berüchtigte Red Light District von New Orleans. Es war ein erbärmlicher Anblick. Basin Street, Franklin, Iberville, Bienville und St. Louis Street wurden ein einziges Schlachtfeld von schwarzen und weißen Prostituierten, die ausziehen mußten. Einstmals waren sie die 'Königinnen der Halbwelt' gewesen. Nun lag all ihr Hab und Gut auf kleinen zweirädrigen Schiebkarren, die von Negerjungen und alten Männern geschoben wurden. Und sie verließen Storyville unter den Klängen von 'Nearer My God To Thee', gespielt von einem Massenaufgebot aller Jazzmusiker aus den Tanzlokalen des Distriktes." [42] Wenngleich der Rotlicht-Distrikt nicht mehr als ein Teil der Musikszene von New Orleans war, engte die Schließung von Storyville die Arbeitsmöglichkeiten für Musiker doch deutlich ein.

Jazz wurde jedenfalls auch außerhalb von Storyville gespielt, z. B. in den „barrel houses" (Faßhäusern), billigen Kneipen für die Ärmsten der Stadt. Und es gab die großen Musikschlachten auf den Straßen von New Orleans. Die Menschen hörten den miteinander um die Wette spielenden Bands zu und gaben je nach Sympathie mit ihrem Applaus den Zuschlag. Die Spielweise dieser New Orleans-Bands wies drei melodische Linien auf, die von Kornett oder Trompete, Posaune und Klarinette geblasen wurden. Rhythmusinstrumente waren Banjo oder Gitarre, Baß oder Tuba, gelegentlich Klavier und Schlagzeug. Die Melodieführung hatte der Kornettist oder Trompeter inne. Da war zunächst ein Schüler Buddy Boldens:

Willie „Bunk" Johnson (1879 oder 1889-1949)
hat eine für die erste Generation der Jazzmusiker typische Karriere durchgemacht. Er war Mitglied einer Minstrel-Gruppe, spielte 1910 in Billy Marreros Superior Orchestra, ging zu Dusens Eagle Band, verließ 1914 New Orleans und wirkte 1916 im Royal Orchestra in Lake Charles mit. Er zog unablässig durch die Staaten, bis ihm in den dreißiger Jahren schließlich bei einer Schießerei – er gehörte damals der Black Eagle Band von Evan Thomas an – das Gebiß aus dem Mund geschossen wurde. Jedenfalls verschaffte man ihm ein neues Gebiß, das ihn in die Lage versetzte, 1942 Schallplatten aufzunehmen, denen vor allem dokumentarische Bedeutung zukommt.

Typisch für den New Orleans-Stil ist der individuelle Ausdruck in der Spielweise der einzelnen Bandmitglieder. Sie „sprechen" mit Hilfe ihres Instruments über ganz persönliche Empfindungen. Ein anderer bedeutender Kornettist war Manuel Perez (1871-1946).

Freddie Keppard (1890-1933)
hatte als Autodidakt Akkordeon, Mandoline und Geige erlernt, ehe er – des Notenlesens unkundig – im Alter von 16 Jahren als Kornettist in die Band von Johnny Brown und in der Folge in das Olympia Orchestra eintrat, dessen Leitung er ab 1905 innehatte. Er leitete mehrere eigene Bands wie z. B.

ab 1918 in Chicago die Jazz Cardinals. Man sagt Keppard viel Drive und eine ungeheure Beliebtheit beim Publikum nach. Mutt Carey: „Eine Zeit-lang war Freddie Keppard in New Orleans der Größte. Er war König und trug die Krone. Er hatte eine Menge Ideen, einen großen Ton und eine sichere Technik. Er war ein Naturtalent." [43]

Besonders ein Mann erlangte bald eine Bedeutung, die jene der anderen Kornettisten übertreffen sollte – und das nicht nur, weil er in seiner Band den jungen Louis Armstrong als zweiten Kor-nettisten hatte:

Joe „King" Oliver (1885-1938)

war seit früher Kindheit auf einem Auge blind und spielte zuerst Posaune. Seine ersten Engagements hatte er in der Eagle Band, der Onward Brass Band, in der Magnolia Band und 1917 bei Kid Ory. Wie sehr die führen-den Kornettisten in New Orleans miteinander rivalisierten, zeigen zwei Zitate. Richard M. Jones: „Joe hatte vor Keppard und Perez Angst gehabt – er hatte nicht viel Selbstvertrauen." [44] Und an anderer Stelle weiß Jones zu berichten: „Freddie Keppard spielte in einem Laden gegenüber auf der anderen Straßenseite und zog alle Leute in sein Lokal. Ich saß am Piano und Joe Oliver kam zu mir herüber und befahl mit nervöser, rauher Stim-me: 'Los, drück mal B!' Er sagte nicht einmal, welches Stück. Er sagte nur: 'Los, drück mal B!' Ich tat, was er gesagt hatte, und er ging auf die Straße, stellte sich auf den Bürgersteig, hob sein Horn an die Lippen und blies die herrlichsten Sachen, die ich je gehört hatte. Da kamen die Leute aus all den Kneipen rundherum auf die Straße, um zu sehen, wer da so toll Trompete spielte. Es dauerte nicht lange und unser Laden war voll. Da kam Joe wie-der rein, lächelte und sagte: 'Gott sei Dank, der Scheißkerl ärgert mich nun nicht mehr.' Von da an war unser Laden jeden Abend voll." [45] So wie Fred-die Keppard reichlich dem Alkohol zusprach, was letztlich auch zu seinem Tod führte, huldigte Oliver der Völlerei. Der Bassist Pops Foster: „King Oliver aß gerne gut und viel. Wenn wir uns ein oder zwei Würstchen mit Sandwiches bestellten, aß er gewöhnlich ein Dutzend in der selben Zeit und trank einen guten Liter Milch dazu." [46] Man sah Oliver die Lust am Essen auch an. Er war ein wohlbeleibter und gemütlicher Mann, der nach Chica-go übersiedelte, wo er 1920 das Ensemble von Lawrence Dewey übernahm und es King Olivers Creole Jazz Band nannte. 1922 lud er Louis Armstrong ein, New Orleans zu verlassen und bei ihm zweites Kornett zu spielen. Armstrong im Rückblick: „An dem Tag, an dem ich das Telegramm erhielt, spielte ich gerade auf einer Beerdigung in New Orleans und die Mitglieder der Tuxedo Brass Band rieten mir alle, ich sollte zu Hause bleiben, denn Joe Oliver und seine Jungs hätten irgendwie Ärger mit der Gewerkschaft. Als die Tuxedo Brass Band-Leute mir das sagten, gab ich ihnen zur Antwort: 'Der King hat mich holen lassen. Mir ist es ganz egal, was er macht. Ich gehe trotzdem zu ihm.' Und ich ging." [47] Auf den 1923 eingespielten Schallplatten der Creole Jazz Band ist Armstrong mit von der Partie. Als Komponist hat sich King Oliver u. a. mit den Titeln „Doctor Jazz", „Camp Meeting Blues", „Canal Street Blues" oder „Chimes Blues" verewigt. 1925 begründete er seine zweite Band, die Dixie Syncopaters. Unter den Mitgliedern waren die Klarinettisten Barney Bigard und Albert Nicholas. King Oliver, der im ersten Kurzfilm über den Jazz („Syncopation") mitwirkte und 1927 im Savoy Ballroom in New York gastierte, mußte wegen Zahnproblemen schließlich die Soli anderen Trompetern überlassen und wurde in der Popularität von Jüngeren, allen voran von Louis Armstrong, überrundet. Obwohl er ab 1930 wieder mit einer neuen Band auf Tournee war, wurde er vom Glück verlassen und starb verarmt. Das war übrigens in jenem Jahr 1938, in dem das erste Jazzkonzert unter Mitwirkung schwarzer Musiker auf der Bühne der ehrwürdigen Carnegie Hall in New York stattfand. Das tragische Ende von King Oliver war ein Schicksal, das er mit vielen anderen Jazz-Pionieren teilte.

Es ist das große Verdienst des Trompeters Wynton Marsalis, die Musik der legendären Trompeter aus dem alten New Orleans einer neuen Generation von jungen Jazzfreunden nahezubringen. Denkwürdig war das Konzert von Marsalis am 6. August 1994 unter dem Titel „Cornet Kings Before Armstrong: Music Of Buddy Bolden, Freddie Keppard And King Oliver" in der Veranstaltungsreihe „Jazz At The Lincoln Center" in New York. Ein großer alter Mann des New Orleans-Stil präsentierte diese Musik weltweit bis herauf in die siebziger Jahre. Er hatte um die Jahrhundertwende noch mit all den erwähnten Pionieren musiziert:

Edward „Kid" Ory (1886-1973)

spielte als kleiner Bub auf im Eigenbau hergestellten Instrumenten, ehe er sich vom selbstverdienten Geld eine Posaune kaufte. Er ließ sich ausbilden, spielte nach 1905 bei Buddy Bolden, hatte ab 1911 eine eigene Band, mit der er ab 1913 in New Orleans auftrat. Zeitweise zählten zu den Mitgliedern dieser Band King Oliver, Louis Armstrong oder Kid Rena. Kid Ory über die ausgelassene Stimmung in jenen Jahren: „Und wenn Karneval war! Da hatten wir erst richtig unseren Spaß! Tag und Nacht marschierten die Bands die Straßen auf und ab und spielten sich die Lunge aus dem Halse. Die Weißen hatten ihren üblichen Karnevals-Prinzen, der kam die Canal Street herauf. Die Schwarzen aber hatten den 'King Of The Zulus', der kam durch die Basin Street und hatte ein Kostüm aus lustigen Federn und Stroh an." [48] Ory spielte von 1925-27 bei King Oliver und zog sich in den dreißiger Jahren aus dem Musikgeschäft zurück. Erst in den vierziger Jahren wagte er ein Comeback und schloß sich Barney Bigard an. Kid Ory wirkte auch in mehreren Musikfilmen mit wie in „New Orleans" (gemeinsam mit Louis Armstrong, 1946), „Crossfire" (1947), „Mahogany Music" (1950) und „The Benny Goodman Story" (1956). Überdies gibt es einen Film über ihn selbst und seine Band. Als Komponist hat sich Kid Ory in die Jazzgeschichte mit den Titeln „Muskrat Ramble" und „Savoy Blues" eingetragen. Als Posaunist – wie schon erwähnt, war seine Original Creole Jazz Band eines der ersten schwarzen Ensembles des New Orleans-Stils, das Schallplatten aufnahm – spielte er vor allem die historischen Platten mit Louis Armstrong's Hot Five und Hot Seven zwischen 1925 und 1928 ein: „'Heebie Jeebies' war damals das, was man heute den 'Schlager Nr. 1' nennen würde. Das ist die Aufnahme, wo Louis die Worte vergessen hatte und anfing, Scat zu singen (Gesangsimprovisation ohne Wortbedeutung und ohne inhaltlichen Sinn, wobei sich die Silbenfolge aus dem Rhythmusgefühl des Interpreten ergibt). Wir hatten unsere liebe Mühe, nicht plötzlich laut loszulachen. Natürlich sagte Louis später, er hätte den Text vergessen, aber ich weiß bis heute nicht, ob das wahr ist oder ob er es nicht vielleicht mit Absicht gemacht hat. Wie dem auch sei: es war der Aufhänger für die Platte." [49]

Der New Orleans-Stil war „heiße" Musik – eine Musik, die ganz Amerika mit einem Schlag auf den Jazz aufmerksam machte. Ein Mann popularisierte diesen frühen Jazz sehr bald in Europa:

Sidney Bechet (1897-1959)

war ein kreolisches Naturtalent. Sein Großvater war ein Sklave, der auf dem Congo Square in New Orleans sang und tanzte. Der Vater führte ein Schuhgeschäft und ermöglichte Sidney sowie dessen Brüdern eine musikalische Ausbildung. George Baquet, einer der angesehensten Musiker der Stadt, Louis Nelson sowie Lorenzo Tio senior und junior gaben Sidney erste Unterweisungen. Bereits mit elf Jahren gehörte er der Eagle Band an, die Bunk Johnson nach Buddy Bolden übernommen hatte. Auch bei King Oliver, Kid Ory und Clarence Williams spielte Sidney Bechet in jungen Jahren Sopransaxophon und Klarinette. 1917 startete er eine Tournee, war erst bei Freddie Keppard und dann bei Tony Jackson.

Will Marion Cook, der das Southern Syncopated Orchestra leitete, engagierte Sidney Bechet 1919 für ein Europagastspiel mit 36 Musikern und 25 Chorsängern. Beim Konzert in der Philharmonic Hall in London machte Bechet mit einem langen Klarinetten-Solo großen Eindruck auf Ernest Ansermet, den Direktor des Orchesters der Suisse Romande. Und auch König Georg V., der das Orchester an seinen Hof kommen ließ, schätzte Sidney Bechets „Characteristic Blues". Schließlich löste sich Cooks Orchester auf, und Bechet blieb mit einigen Kollegen unter Leitung des Schlagzeugers Bennie Peyton in London und in Paris. In den zwanziger Jahren arbeitete er in New York, war kurze Zeit bei Duke Ellington, absolvierte eine zweite Europareise mit Josephine Baker, spielte bei Noble Sissle in Paris, besuchte Deutschland, Polen und die UdSSR und gründete 1932 mit Tommy Ladnier das Sextett The New Orleans Feetwarmers. Mit dieser Gruppe trat er im Savoy in Harlem auf und nahm ausgezeichnete Schallplatten auf („I've Found A New Baby", „Maple Leaf Rag", „Shag"). In der Folge pendelte er zwischen Amerika und Europa, spielte mit wechselnden Besetzungen interessante Aufnahmen ein („Lazy River", „Sweet Lorraine", „Four Or Five Times", „China Boy", „That's A Plenty", „Sweet Sue", „Squeeze Me") und starb schließlich in Garches bei Paris an seinem 62. Geburtstag.

Sidney Bechet war als Sopransaxophonist stilbildend. Sein Spiel war stets die Führungsstimme des Orchesters. Man sagte ihm nach, sein Saxophon singe immer „aus voller Kehle" (Arrigo Polillo).

Dixieland (1915-1925)

Indem weiße Musiker den New Orleans-Stil der Schwarzen imitierten, kreierten sie den Dixieland. Der Begriff Dixieland steht für den Süden der USA, die Region südlich der „Mason and Dixon's line". Damit ist die von den beiden englischen Feldmessern Mason und Dixon fixierte Grenzlinie zwischen Pennsylvania und Maryland gemeint. Es war dies eine Grenze zwischen den freien Nordstaaten und den sklavenhaltenden Südstaaten. Eine weitere Erklärung des Begriffs Dixieland geht auf die in New Orleans ausgegebenen 10-Dollar-Noten, die „dixies", zurück. Sie trugen neben dem englischen „ten" das französische „dix".

Am Beginn der Ausformung des Dixieland steht der weiße Schlagzeuger Jack „Papa" Laine. 1891/92 gründete er seine Reliance Brass Band. So wie die schwarzen Bands erschien sie in New Orleans bei Umzügen und Paraden, beim Karneval, oder sie zog auf Wagen, den „band waggons", durch die Stadt. Die schwarzen Bands spielten spontaner, improvisierten mehr, die weißen Bands waren perfekter und glatter. Afro-amerikanische Stilmittel setzten die der Marschmusik und dem Ragtime verpflichteten weißen Bands nur als Showeffekt ein. Über Jack Laines große Zeit gibt es kaum Informationen, die man als zuverlässig bezeichnen kann. Arnold Loyacano hat Laine persönlich gut gekannt: „Eines steht fest. Die populärste Band hatte damals Jack Laine. Er war am meisten gefragt und aus seiner Schule gingen Leute wie Nick LaRocca, Tom Brown und Raymond Lopez hervor. Sie haben alle mit ihm gespielt. Um Laines eigene Worte zu gebrauchen: Er hat ihnen ihr Instrument in die Hand gedrückt. Er hatte damals zwei oder drei Bands. Er war so populär, daß er nicht zu allen Engagements kommen konnte. Oft haben Bud, mein Bruder, und ich für ihn Vertretung gemacht."[50]

Jack „Papa" Laine (1873-1966)

hieß eigentlich George Vitelle. Ursprünglich war er Bassist und spielte auch das Althorn. Angeblich hat er als Schlagzeuger seine erste Band schon 1888, im Alter von nur 15 Jahren, gegründet. Wie alle Musiker seiner Generation baute er auf dem Ragtime auf bzw. übertrug den Ragtime auf das Spiel seiner Band. Lange Zeit fiel er der Vergessenheit anheim, bis 1951 mehrere weiße Musiker als Papa Laine's Children Schallplattenaufnahmen machten, wobei Laine teilweise mitspielte und die Anfänge des Dixieland schilderte. Bei diesen Einspielungen wirkten u. a. der Trompeter Johnny Wiggs, der Klarinettist Larry Shields, der Posaunist Tom Brown, der Gitarrist Edmond Souchon, der Pianist Sherwood Mangiapane und der Drummer Ray Bauduc mit.

Es war schon die Rede von jenem Ensemble, das 1917 die ersten Jazz-Schallplatten aufnahm: der Original Dixieland Jazz Band.

Nick LaRocca (1889-1961)

spielte von 1912 bis 1916 bei Jack Laine, ehe er mit Johnny Stein nach Chicago ging, mit ein paar Kollegen ausstieg und die Original Dixieland Jass (später Jazz) Band gründete. Die Besetzung sah meist so aus: Nick LaRocca (Kornett), Eddie Edwards (Posaune), Larry Shields (Klarinette), Henry Rogas (Klavier) und Tony „Spargo" Sbarbaro (Schlagzeug), ein ausschließlich aus weißen Musikern bestehendes Quintett ohne Baß. Die Tatsache, daß die ODJB erstmals Jazz auf Schellacks verewigte, verleitete Nick LaRocca zu der großmäuligen Behauptung, er sei der „Schöpfer des Jazz". Bekanntlich war er nicht der einzige, der solches von sich behauptete. Nick LaRocca war jedenfalls einer der ersten Jazzmusiker, die Europa besuchten. 1925 löste er die Original Dixieland Jazz Band auf und ließ sie 1936 für Schallplattenaufnahmen wieder zusammenkommen. 20 Jahre hindurch, von 1938 bis 1958, war er fernab der Musik als Häusermakler tätig. Allein bzw. mit seinen Partnern schrieb er „At The Jazz Band Ball", „Fidgety Feet", „Tiger Rag", „Sensation" und „Dixieland Jass Band One Step".

Faktum ist, daß seit der Jahrhundertwende eine ganze Reihe weißer Ensembles – nicht nur jene von Jack „Papa" Laine oder Nick LaRocca – in den Staaten Furore machten. Da waren z. B.

die New Orleans Rhythm Kings oder Tom Brown's Band From Dixieland.

Tom „Red" Brown (1888-1958)

stammte wie Nick LaRocca aus New Orleans. Er erlernte das Spiel der Violine und der Posaune, entschied sich aber für letztgenanntes Instrument. Seine Ragtime-Band bestand aus Kornett, Posaune, Klarinette, Gitarre, Baß und Schlagzeug. Nach einem Gastspiel in Chicago 1915 spielte er mit seinen Kollegen unter der Bezeichnung The Kings Of Ragtime im Rahmen einer Vaudeville-Tournee. Nach dem Zweiten Weltkrieg hörte man nur noch wenig von Tom Brown, der mittlerweile Besitzer eines Radiogeschäfts in seiner Heimatstadt geworden war.

Paul Joseph Mares (1900-1949),

gleichfalls aus New Orleans, war der Gründer der New Orleans Rhythm Kings. Zunächst hatte er ab 1919 auf Mississippi-Dampfern gespielt, ehe er in das Friar's Society Orchestra in Chicago eintrat, das er in New Orleans Rhythm Kings (NORK) umbenannte. Wie für Nick LaRocca war auch für Paul Mares Mitte der zwanziger Jahre seine große Zeit vorbei. Er löste seine Band auf, der mit Leon Rappolo an der Klarinette und George Brunies an der Posaune zwei überragende Solisten angehört hatten. Der Versuch eines Comeback mit neuer Formation 1934 scheiterte. Mares war Mitkomponist des „Farewell Blues" und des Titels „Milenberg Joys" (neben Jelly Roll Morton und Leon Rappolo). Paul Mares über sein musikalisches Credo: „Wir hätten mit der Band ein Vermögen verdienen können, wenn wir unsere Trümpfe richtig ausgespielt hätten, aber das haben wir nicht getan. Wir stürzten uns auf alle anderen Sachen genauso unbedacht wie auf die Geschichte mit den Plattenaufnahmen. Wirklich, wir hatten eine ausgezeichnete Band. Wir taten unser Möglichstes, die Musik der Farbigen so nachzuspielen, wie wir sie zu Hause gehört hatten. Wir taten unser Bestes, aber genauso konnten wir den Negerstil natürlich nicht kopieren." [51]

Die weißen Musiker hatten großen Erfolg beim weißen Publikum, litten aber darunter, daß ihre Spielweise von den schwarzen Kollegen, deren Kunst sie imitierten, nicht voll anerkannt wurde. Der schwarze Klarinettist Albert Nicholas meinte einmal, daß bei allen Verdiensten Nick LaRoccas und anderer weißer Musiker deren Plattenaufnahmen im Vergleich zu den Einspielungen schwarzer Bands in den zwanziger Jahren „Mickey Mouse Jazz" seien und blieben: „Ich kenne Nick LaRocca schon von Kindheit an. Als ich etwa 16 Jahre alt war, spielte er in Storyville an einem Ort, wo auch George Brunies auftrat und den die Musiker Halfway House nannten. Schon damals pflegte man die Musik Nick LaRoccas als 'Mickey Mouse Jazz' anzusprechen, womit angedeutet werden sollte, daß es sich um eine amüsante Kopie des echten Jazz handelte. Dieser 'Mickey Mouse Jazz' war eine Tanzmusik, die den Weißen sehr willkommen war, da sie selbst bislang keine eigene derart rhythmische Musik aufzuweisen hatten. Sie fanden deshalb großen Gefallen daran, weil sie besonders stark zum Tanzen anregte. Nick LaRoccas Musiker galten damals als Amateure, zumal sie nicht wie Manuel Perez, King Oliver, Buddy Petit, Louis Armstrong, Sidney Bechet und all die anderen das ganze Jahr über zu hören waren, sondern nur hie und da nach New Orleans kamen, von wo aus sie dann wieder nach Chicago gingen. Und es war auch nicht LaRocca, der den Menschen überall in der Welt die Botschaft des Jazz nahebrachte, sondern es war Louis 'Satchmo' Armstrong. Wenn es LaRocca wunderbarerweise gelang, die ersten Platten mit der Musik einzuspielen, die sie Jazz nannten, so waren es doch nicht diese Stücke, die die Menschheit faszinierten und dem Jazz sein Ansehen in der Welt gaben, sondern das war das Verdienst der großen Musikerpersönlichkeiten, die die Musik mit ihrer Substanz füllten und denen es nicht darum ging, eine neue Tanzmusik zu erfinden. Der Jazz erwuchs aus den Work Songs, den Spirituals und den Blues ganz natürlich und unbemerkt, lange bevor Nick LaRocca noch zu musizieren anfing, und ohne diese Wurzeln echter Volksmusik ist der Jazz überhaupt nicht denkbar. Auch Nick LaRocca schöpfte aus diesen Quellen, ließ sich von diesen Vorbildern anregen, ja kopierte sie. Eine eigene, von menschlicher Substanz getragene Musik hat seine Gruppe nie gebracht und Plattenaufnahmen als Beweismaterial für die 'Erfindung' des Jazz heranzuziehen, ist nichts als ein Propagandatrick." [52]

90

Nick LaRocca hat diese Einschätzung vieler schwarzer Musiker-kollegen nie verwunden. Ein Jahr vor seinem Tod, im Sommer 1960, verstieg er sich in einem Brief an das Jazzmagazin „Down Beat" gar zu diesen Formulierungen: „Der weiße Mann hat keine Chance, seine (des Jazz) Geschichte zu erzählen, aber die Worte des farbigen Mannes sind immer wahr für die Kommunistenfreunde, die einen Spektakel erheben, um aus einer Sache Geld zu schlagen, der sie nichts hinzugefügt haben ... Sie machen die Augen zu und versuchen, ihre eigene Geschichte und ihre eigenen Ideen zu erfinden und sie einem arglosen Publikum anzuschmieren wie es die Russen tun. Sie gebrauchen dieselben Methoden, sie sagen nicht die Wahrheit, sondern sie verhehlen sie ..." [53]

Der Streit, wer den Jazz „erfunden" habe – auch der Kreole Jelly Roll Morton oder W. C. Handy beanspruchten diese musikalische Errungenschaft für sich – ,und der Konflikt über die künstlerische Bedeutung der ersten Jazz-Schallplatten korrespondieren miteinander. Die Rolle der Schwarzen und der Weißen in der Frühphase des Jazz ist bis heute Gegenstand akademischer Diskussionen in den USA. Zuletzt wurde ein solcher Disput unter Beteiligung des Trompeters Wynton Marsalis und des Jazz-Publizisten James L. Collier 1994/95 geführt. Die Realität ist jedenfalls, daß der Jazz im Süden Amerikas durch das Aufeinandertreffen von „schwarzen" und „weißen" Kulturelementen und -traditionen entstanden ist. Somit ist der Jazz seinem Wesen nach eine multikulturelle Musik. Das macht sein Charisma und auch seinen Einfluß auf die Musikentwicklung des 20. Jahrhunderts in aller Welt aus.

Nach dem Zweiten Weltkrieg kam es – vor allem in Europa – zu einem *Revival* sowohl des New Orleans-Stils wie auch des Dixieland-Jazz. Davon profitierten der Pianist Art Hodes, der Klarinettist Mezz Mezzrow, der Posaunist Kid Ory, die Trompeter Muggsy Spanier und Wild Bill Davison und viele andere. Ausgegangen ist die Revival-Bewegung von den USA, wo Ende der dreißiger Jahre Neuaufnahmen mit den Größen von einst eingespielt wurden. Nach Kriegsende und der Kapitulation des Dritten Reichs, in dem der Jazz als „entartete Musik" galt, nahm der westliche, freie Teil Europas die Botschaft des Jazz bereitwillig auf.

In allen westeuropäischen Ländern entstanden Bands im Zuge der Revival-Bewegung, wie schon im Kapitel „Als der Jazz Europa eroberte" kurz erwähnt. Bereits ab 1945 tourte die Greame Bells Australian Jazz Band kreuz und quer durch Europa, in England gründeten der Trompeter und Klarinettist Humphrey Littleton (1948), der Posaunist Chris Barber (1949), Acker Bilk, Monty Sunshine und der Trompeter Ken Colyer (1949) Bands. In Frankreich formte 1945 der Sidney Bechet-Schüler Claude Luter ein Orchester und in Holland der Multi-Instrumentalist Peter Schilperoort seine Dutch Swing College Band vorerst als Amateurensemble. Die deutschen Two Beat Stompers waren in ihrer Heimatstadt Frankfurt am Main ebenso beliebt wie in Wien die Band des Klarinettisten Fatty George. All diese Musiker – und die namentliche Aufzählung könnte beliebig fortgesetzt werden – pflegten den frühen Jazz (New Orleans-Stil, Dixieland, Oldtime, Traditional Jazz). So wie in Amerika – ausgehend von San Francisco, wo der Posaunist Turk Murphy und der Trompeter Lu Watters den klassischen Jazz wiederentdeckten – wurde in Europa auf diese Weise eine neue Generation für diese Musik begeistert.

Höhepunkte des Revival in Europa waren natürlich Gastspiele von Louis Armstrong, George Lewis und der neuen Stars des alten Jazz wie Louis Nelson oder „Captain" John Handy. Die Preservation Hall, ein kleines, verstaubtes Lokal im French Quarter von New Orleans, wurde zum Pilgerzentrum für die Anhänger des klassischen Jazz aus Amerika und Europa, aber auch aus Australien und Japan. Der Engländer Barry Martin lebte eine Zeitlang in New Orleans und formte an Ort und Stelle immer wieder kleine Orchester, mit denen er als Preservation Hall Jazz Band Europa bereiste.

Die Musik der Jazz-Pioniere erreichte in Europa bis herauf in die Gegenwart eine Beliebtheit, die nur mit jener des großorchestralen Swing verglichen werden kann.

Der Beginn des großorchestralen Jazz (1923/24)

New Orleans-Stil und Dixieland Jazz, gespielt von kleinen Formationen, waren Anfang der zwanziger Jahre am Höhepunkt ihrer Breitenwirkung angelangt, da begann auch schon – von vielen noch unbemerkt – die Ära des großorchestralen Jazz. Und diese Ära wurde nicht in New Orleans, sondern in New York begründet. Der Innovator war ein Mann, der zunächst in der Tradition des Blues und des aus New Orleans hierher gedrungenen klassischen Jazz spielte:

Fletcher Henderson (1897-1952)

war ursprünglich Pianist, ehe er sich als Bandleader, Komponist und Arrangeur einen Namen machte. Der Sohn eines Lehrers bekam von seiner Mutter Klavierunterricht. Er stammte aus einer so wohlhabenden Familie, daß er Chemie und Mathematik zuerst an der Atlanta University und dann in New York studieren konnte. Als Pianist begleitete er hier für W. C. Handys Plattenfirma Black Swan verschiedene Blues-Interpreten, darunter Ethel Waters. Und 1923 gründete er dann die erste größere Jazzband, aus der sich schließlich die späteren Big Bands entwickelten. Anfangs hatte Henderson in seinem Orchester neun oder zehn Musiker. Louis Armstrong schildert seinen Einstieg in das Orchester so: „Etwa in der zweiten Hälfte des Jahres 1923 erhielt ich ein Telegramm, in dem stand, ich solle nach New York kommen und bei Fletcher Henderson einsteigen. 'Smack' Henderson hatte eine unwahrscheinlich tolle Band. Der Ansicht war ich schon, noch ehe ich ihn persönlich kennengelernt hatte. Ich wußte es von den vielen Platten, die er mit Ethel Waters und Revela Hughes gemacht hatte. Er hatte die erste farbige Big Band, die auf Tour ging und das Publikum auf Touren brachte." [54] Armstrong wurde 1924 tatsächlich für ein paar Monate Mitglied des Orchesters Fletcher Henderson und brachte viele musikalische Ideen ein. Somit stand die historisch betrachtet wichtigste Persönlichkeit der New Orleans-Tradition auch am Beginn der den Swing der späteren Jahre prägenden Big Band-Ära. Die Auftritte von Louis Armstrong mit dem Henderson-Orchester im New Yorker Roseland Ballroom sind jedenfalls in die Jazzgeschichte eingegangen. Er stieß hier auf Musiker wie Coleman Hawkins, Don Redman, Kaiser Marshall, Long Green, Escudero Scotty, Elmer „Muffle Jaw" Chambers und Charles Dixon. Fletcher Henderson, der in seiner Bedeutung für den großorchestralen Jazz oft mit Duke Ellington verglichen wird, war der erste, der ein Zusammenspiel aus Trompeten-, Posaunen- und Saxophonsätzen formte. Seine erste Band ging 1934 auseinander, im Jahr darauf gründete er eine zweite, die bis 1939 bestand. Dann war Fletcher Henderson vorübergehend Pianist bei Benny Goodman, hatte bis 1947 wieder eigene Bands und fiel fünf Jahre später einem Schlaganfall zum Opfer. So wie sein Bruder Horace war Fletcher Henderson vor allem Arrangeur, und zwar einer der bedeutendsten in den zwanziger und dreißiger Jahren. Nicht nur für sein eigenes Orchester, sondern auch für die meisten anderen populären Big Bands seiner Zeit wie z. B. für jene von Tommy Dorsey schrieb er Arrangements. Man kann Fletcher Henderson durchaus als einen der Väter des Swing bezeichnen. Unzählige große Musiker waren zeitweise im Orchester dieses Mannes – vom Saxophonisten Benny Carter bis zum Schlagzeuger Art Blakey.

In den Big Bands sind zum Unterschied von den alten Bands 2 bis 6 Trompeten, 2 bis 5 Posaunen und 3 bis 6 Saxophone in der mehrfach besetzten Melodiegruppe vertreten. Oft wechseln die Saxophone mit Flöte, Klarinette, Oboe oder Fagott ab. Und die Rhythmusgurppe besteht – wie in den alten Bands – zumeist aus Klavier, Gitarre, Baß und Schlagzeug. Ein Orchester dieser Größenordnung mit 10 bis 20 Musikern benötigt natürlich „maßgeschneiderte" Arrangements. Dies implizierte damals in den zwanziger Jahren, daß Mitglieder von Big Bands des Notenlesens mächtig sein mußten. Natürlich gab es neben dem Orchester von Fletcher Henderson auch noch andere große Hot-Dance-Bands, etwa jene von Jean Goldkette und Red

Nichols. Doch unter diesen Vorreiter-Ensembles der Swing Big Bands war eben das Orchester von Henderson das populärste. In diesem Zusammenhang muß man auch einen Mann ausführlicher erwähnen, der in den zwanziger Jahren für großorchestrale Tanzmusik mit Jazz-Einflüssen stand:

Paul Whiteman (1890-1967),

ein weißer Viola-Spieler im Denver Symphony Orchestra, gründete 1919 in Santa Barbara ein eigenes Orchester mit Ferde Grofé als Arrangeur. Grofé war für aufsehenerregende Orchestrationen bekannt. Den Stil dieses Orchesters bezeichnet man als „sinfonischen Jazz". Auch Whiteman wurde „King Of Jazz" genannt, was er einigen Quellen zufolge zurückgewiesen haben soll. Jedenfalls wirkten im Orchester Paul Whiteman, das Unterhaltungsmusik spielte, bedeutende Jazzmusiker wie Bix Beiderbecke, Red Norvo, Frankie Trumbauer, Eddie Lang, Joe Venuti, Mildred Bailey, Arthur Rollini oder Red McKenzie mit. Bing Crosby begann seine Weltkarriere bei den Rhythm Boys von Paul Whiteman.
In die Geschichte eingegangen ist ein auf Schallplatte aufgenommenes Konzert in der New Yorker Aeolian Hall vom 12. Februar 1924. Dabei kam es zur Welturaufführung von George Gershwins „Rhapsody In Blue" durch das Orchester Paul Whiteman mit dem Komponisten als Solist am Klavier. Es ist unbestritten, daß Whiteman in der Frühzeit des Jazz viel zur Popularisierung dieser Musik beigetragen hat, ohne als Orchesterchef stilbildend im wahrsten Sinn des Wortes gewirkt zu haben. 1945 wurde das Orchester aufgelöst, und Paul Whiteman ging als Direktor zum Sender ABC. Für James Lincoln Collier war Whiteman „ein Frauenheld und liebte den Alkohol". Jedenfalls war er kommerziell äußerst erfolgreich. Man sagte ihm in den zwanziger Jahren einen persönlichen Jahresverdienst von ca. 400 000 Dollar nach.

Die weitere Ausprägung der zuvor beschriebenen Jazz Big Band wurde u. a. vom Saxophonisten Don Redman vorangetrieben. Er hatte sowohl bei Fletcher als auch bei Horace Henderson gespielt und war auch von Ferde Grofé beeinflußt.

Chicago (1925-1930)

Es gab einmal eine Fernsehserie „Chicago 1930", die im Milieu dieser Stadt am Michigan-See zu jener Zeit spielte, als viele Jazzmusiker aus New Orleans und anderen Städten im Süden auf Arbeitssuche gegen Norden gezogen waren und sich hier niedergelassen hatten. Per Dekret war in New Orleans bekanntlich 1917 – bei Eintritt der USA in den Ersten Weltkrieg wurde die Stadt zum Kriegshafen – vom Marineminister das Vergnügungsviertel Storyville geschlossen worden. Diese Maßnahme betraf nicht nur Tausende Prostituierte, sondern auch viele Musiker, die in den diversen Etablissements beschäftigt waren und über Nacht arbeitslos wurden. Ein Teil dieser Musiker machte Chicago zu einem neuen Kristallisationspunkt für die weitere Entwicklung des Jazz. Viele Protagonisten des New Orleans-Stils, des Dixieland-Jazz und des Blues schufen hier ein Klima des musikalischen Aufbruchs.

Wie zuvor in New Orleans versuchten auch in Chicago weiße Musiker, das Spiel ihrer schwarzen Vorbilder zu imitieren. Die schwarzen Bands spielten zumeist an der South Side der Stadt, wohin die weißen Musiker pilgerten, um ihre Idole zu hören. Es war ja schon die Rede von King Oliver, der nach Chicago übersiedelt war. Aber auch Jelly Roll Morton konnte man hier hören ebenso wie die New Orleans Wanderers des Klarinettisten Johnny Dodds. Weiße Musiker wie Benny Goodman oder Muggsy Spanier hörten in Chicago die New Orleans-Pioniere und schöpften daraus Impulse für ihr eigenes Schaffen. Aber auch die weißen Orchester des Dixieland-Jazz spielten in der Stadt, vor allem Nick LaRoccas Dixieland Jazz Band und Paul

Mares' New Orleans Rhythm Kings. Der Wettstreit zwischen „schwarzem" und „weißem" Jazz hatte sich also von New Orleans nach Chicago verlagert.

Es war dies die Zeit der Prohibition, die 1919 eingeführt wurde, und des organisierten Verbrechens in Chicago. In den Lokalen, in denen Jazz gespielt wurde, kam es nächtens nicht selten zu Schießereien, wie der Schlagzeuger George Wettling erzählt: „Wir sahen immer, wenn sie nach ihren Schießeisen griffen. Dann duckten wir uns. Im Triangle-Club bekam der Besitzer eines Abends einen Schuß in den Magen, aber wir spielten ruhig weiter. Von dem Tage an schob er beim Gehen immer den Oberkörper etwas nach vorn." [55]

Es gab sogenannte Flüsterkneipen, „Speakeasies", in denen man sich leise verhalten mußte, um nicht Polizeikontrollen zu provozieren. Schließlich wurden in diesen Bars „harte" Getränke verabreicht, und die waren in den Jahren der Prohibition nur durch verbotenen Alkoholschmuggel zu bekommen. Vor allem die Schlagzeuger und die Blechbläser der in diesen Lokalen engagierten Bands hatten ihre liebe Mühe mit der Auflage, nur ja nicht durch allzu lautes Spiel die Polizei anzulocken. Direkte Begegnungen der Musiker mit dem gefürchteten Al Capone ließen sich übrigens nicht vermeiden. Der Pianist Earl Hines: „'Narbengesicht' Al Capone kam gut mit Musikern aus. Der einzige, der je einen Zusammenstoß mit dem Oberboß gehabt hat, ist meines Wissens Milton Mezz Mezzrow. Ganz offenbar war Al's jüngerer Bruder auf ein sehr hübsches Mädchen scharf, das in Mezzrows Gruppe arbeitete. 'Narbengesicht' befahl, daß Mezz das Mädchen vor die Tür setzen solle. Mezz gab ihm Kontra, während ein halbes Dutzend von Al's Gefolgsleuten herumstanden und lachten, weil so ein Musiker die Schneid hatte, mit dem obersten der Bosse zu streiten. Schließlich fing auch Al an zu lachen und sagte: 'Alle Achtung, der Junge ist ja gar nicht so bange'." [56] In dieser Atmosphäre war es nicht verwunderlich, daß die Polizei morgens immer wieder in irgendeinem Rinnsal einen Musiker fand, der schwerverletzt oder gar tot war.

Der Chicago-Jazz der zwanziger Jahre stellte den Übergang vom traditionellen Jazz (New Orleans-Stil, Dixieland) zum Swing dar. Die gegenseitige Beeinflussung von schwarzen und weißen Musikern war – vor allem dank Louis Armstrong und Bix Beiderbecke – äußerst produktiv. Das in New Orleans wenig verwendete Saxophon kam zur Melody Section der Bands, wo es bisweilen die Posaune ersetzte. Die Gitarre trat an die Stelle des Banjo, und der Baß löste endgültig die Tuba, das Sousaphon, ab. Vor allem aber verlor die Kollektivimprovisation zugunsten der Soloimprovisation an Bedeutung.

Louis Armstrong

(nach eigenen Angaben am 4. 7. 1900 geboren, was allgemein bezweifelt wird; Joachim-Ernst Berendt und Marc H. Miller sprechen vom 4. 8. 1901; der Armstrong-Biograph James L. Collier nimmt 1898 als Geburtsjahr an – 6. 7. 1971) wuchs als Sohn eines Taglöhners und einer Putzfrau, die getrennt lebten, in New Orleans auf. Collier vermutet, daß Armstrongs Mutter Mayann als Prostituierte gearbeitet habe. Sein Vater Willie habe möglicherweise angenommen, Louis sei gar nicht sein Sohn. Dies würde sein Verhalten – er kümmerte sich so gut wie gar nicht um das Kind – erklären. Louis wurde von seiner Großmutter Josephine, einer Wäscherin, in einer kleinen Hütte aufgezogen. Um 1907 zog er zu seiner Mutter in die Perdido Street in Storyville. Das war eine trostlose Gegend, in der die Ärmsten der Stadt hausten. Mutter Mayann bekam eine Stelle als Haushaltshilfe bei einer weißen Familie in der benachbarten Canal Street. Louis ging – wenn auch nicht sehr regelmäßig – in die Fisk School auf der South Franklin Street und lernte hier Lesen, Schreiben und Rechnen. Wenn die Mutter gerade wieder einmal mit irgendeinem Freier verschwunden war, nahm ihn sein Onkel Isaac Miles auf. Irgendwann in diesen Kindheitsjahren gründete Louis Armstrong mit einem Freund namens Happy Bolton ein Gesangsquartett. Und der kleine Louis erhielt von seinen Kumpanen seinen ersten Spitznamen verpaßt. Wegen seines breiten Grinsens nannten sie ihn „Dippermouth". Später kamen „Satchelmouth" (Taschenmund), „Satchmo" und „Pops" hinzu. Mit Auftritten dieses Gesangsquartetts und mit Botengängen für Prostituierte verdiente sich Louis Armstrong sein erstes Geld. Eigenen Angaben zufolge war er auch als Würfelspieler erfolgreich. Wenn er gewonnen hatte, ging er mit Mutter und Schwester stets einkaufen. Wie Armstrong erzählte, habe er Buddy Bolden damals in der Funky Butt Hall gehört. Jedenfalls orientierte er sich als Bub an lokalen Vorbildern – Musikern, Zuhältern und kleinen Gaunern. Seine einzige Informationsquelle war die Lokalzeitung, die er verkaufte. Auf seine vaterlose Erziehung wird ein gewisser Mangel an Selbstwertgefühl zurückgeführt. Und dennoch ist das Leben von Louis Armstrong – historisch gesehen – die Verwirklichung des „american dream": Aus dem im Elendsviertel unter Huren und Verbrechern aufgewachsenen Schwarzen, dem man in New Orleans kaum Zukunftschancen eingeräumt hatte, wurde ein Superstar, ein musikalischer Revolutionär und ein Sympathieträger ohnegleichen.

In irgendeiner Neujahrsnacht – James L. Collier nimmt an, man schrieb das Jahr 1912; Marc H. Miller glaubt, es war 1913 – feuerte Louis Armstrong mit einer Pistole, die einem Freund seiner Mutter gehört haben dürfte, auf der Straße herum. Man feierte ausgelassen den Jahreswechsel. Armstrong wurde verhaftet und in eine Erziehungsanstalt für junge Farbige (Colored Waif's Home For Boys) eingeliefert. Möglicherweise war er aber schon früher einmal mit dem Gesetz in Konflikt gekommen, denn in diese Erziehungsanstalt wurden in der Regel nur schwere Fälle eingewiesen. Jedenfalls spielte Armstrong in der Anstaltsband zunächst Tamburin, dann Trommel und später Althorn. Schließlich gab man ihm ein Kornett. Hier eignete er sich das erste musikalische Wissen an, und er erlernte zu einer Zeit, da man den Begriff Jazz noch gar nicht kannte, das Repertoire der Brass Bands. Die Tatsache, daß er in der Erziehungsanstalt einen schlechten Trompetenansatz einübte, den er Zeit seines Lebens beibehalten sollte, führte einerseits zu seinem bekannt sauberen Ton und andererseits zur Verformung seiner Oberlippe. Jones Home, benannt nach Captain Joseph Jones, hieß diese Anstalt, die Louis Armstrong zum erstenmal so etwas wie ein geregeltes Leben bescherte. Vermutlich war er etwa zwei Jahre dort.

Nach der Entlassung zog er wieder in die Wohnung seiner Mutter in der Perdido Street und war als Hafenarbeiter bzw. Kohlenfahrer tätig. Noch immer war Louis Armstrong von der Musik der Brass Bands und Bandleadern wie John Philip Sousa, der zur Jahrhundertwende ungeheuer populär war, geprägt. Aber jetzt wurde er doch schon mit dem frühen Jazz – swingenden Ragtime-Melodien, gespielt von Kreolen wie dem Trompeter Buddy Petit, dem Posaunisten Kid Ory, dem Pianisten Jelly Roll Morton oder dem Klarinettisten Sidney Bechet – konfrontiert. Dieser weiterentwickelte Ragtime war „heiße" Musik, eben der New Orleans-Stil. Um 1916 dürfte Louis Armstrong diesen frühen Jazz gehört haben.

In den Honky Tonks begann er seine musikalische Laufbahn. Da er noch kein eigenes Kornett besaß, zog Louis Armstrong von Lokal zu Lokal und bat jeweils den Kornettisten, ihm für eine Nummer sein Instrument zu borgen. Irgendwann hatte er schließlich genug Geld, um sich sein eigenes Kornett – es stammte von einer Firma Tonk Bros. – in einem Pfandhaus zu kaufen. Abends verdiente er nun 1 Dollar mit dem Musizieren, und tagsüber führte er Gelegenheitsarbeiten aus, um finanziell irgendwie durchzukommen. Und er hörte zum erstenmal King Oliver, den er zu seinem Idol auserkor. Als Oliver 1918 nach Chicago zog, nahm Louis Armstrong seine Stelle in der Band von Kid Ory ein. Auch bei Oscar Celestins Tuxedo Brass Band wirkte er mit. Zu dieser Zeit konnte Armstrong noch nicht Noten lesen und hatte keine solide musikalische Ausbildung hinter sich: „Ich fühlte mich wie im Himmel, als ich in der Tuxedo Brass Band zweites Kornett spielte. Sie hatte ein paar Trauermärsche im Repertoire, die rührten einfach dein Herz. So schön waren sie." [57] Die vielleicht wichtigste Lehrzeit kam jetzt, als der Pianist und Bandleader Fate Marable Louis Armstrong ab 1919 in seiner Band auf Engagements auf Mississippi-Dampfern mitnahm. Hier eignete er sich große Übung an, und hier lernte er wahrscheinlich auch das Notenlesen.

Wie bereits berichtet, ging Armstrong 1922 zu King Oliver als zweiter Kornettist nach Chicago, spielte mit dessen Creole Jazz Band die berühmten Aufnahmen des Jahres 1923 ein und folgte 1924 dem Ruf von Fletcher Henderson nach New York. Übrigens schloß er am 5. Februar 1924 eine seiner vielen Ehen und heiratete die Pianistin Lil Hardin. In der Zeit bei Fletcher Henderson kam es, sieht man von der Mitwirkung im Gesangsquartett in New Orleans ab, zum ersten öffentlichen Sänger-Auftritt von Louis Armstrong. Immer am Donnerstag gab es im Roseland Ballroom einen Gesangswettbewerb. Als sich einmal nur ein Kandidat meldete, wurde Armstrong gebeten, „Everybody Loves My Baby, But My Baby Don't Love Nobody But Me" zu singen – sehr zum Gaudium des Publikums. Mit einem Mal war Armstrongs zweites Talent entdeckt worden: Er war nicht nur ein exzellenter Kornettist, der Jazz und vor allem Tanzmusik spielen konnte, sondern auch ein begabter und ab sofort gefragter Entertainer mit einer Reibeisenstimme, die einen unverwechselbaren Charme hatte, bei den Zuhörern Beifallsstürme auslöste und zu seinem Markenzeichen werden sollte. Fortan hat sich Louis Armstrong stets mehr als Entertainer denn als Jazzmusiker gesehen.

Eine wichtige Zäsur im Leben von Louis Armstrong und in der Geschichte des Jazz war seine Rückkehr nach Chicago Anfang November 1925 als Solist in der Gruppe seiner Frau Lil Hardin im Dreamland. Er kam in diesen Hexenkessel als bereits anerkannter Kornettist, auf den weiße Manager, aber auch Musikerkollegen aufmerksam wurden. Angeblich zahlte man ihm damals bereits die beachtliche Wochengage von 75 Dollar. Hier kam es für Louis Armstrong, der auch große Blues-Sängerinnen wie Bessie Smith bei Plattenaufnahmen begleitete, zu seinen wichtigsten Einspielungen. Ab dem 12. November 1925 nahm er mit seiner Hot Five – Louis Armstrong (Kornett), Kid Ory (Posaune), Johnny Dodds (Klarinette), Johnny St. Cyr (Banjo) und Lil Hardin (Piano) – eine Reihe von Titeln auf. Diese Formation wurde zur Hot Seven – mit Pete Briggs (Tuba) und Baby Dodds (Schlagzeug) – erweitert. 1928 endete diese Serie von Einspielungen von Titeln, wie „Hotter Than That", „Westend Blues", „Tight Like This", „Georgia Grind", „Heebie Jeebies" (Kid Ory berichtete, wie gesagt, daß bei dieser Aufnahme von Armstrong der Scat-Gesang erstmals praktiziert wurde, was die Platte mit innerhalb weniger Wochen 40 000 abgesetzten Exemplaren zu einem Verkaufshit machte), „Cornet Chop Sue", „Oriental Strut", „Skid-Dat-De-Dat", „St. James Infirmary Blues", „Melancholy", „Big Butter And Egg Man", „Muskrat Ramble" u. a.. Zwischen ersten und letzten Einspielungen wechselten ein paar Mal die Besetzungen, zeitweise war der Pianist Earl Hines mit von der Partie. Diese Serie von Aufnahmen dokumentiert die Perfektionierung des Spiels von Armstrong, aber auch die Vertiefung seiner Kunst. Keine Frage: „Satchmo" war am Zenit seines Könnens angelangt, jetzt war er wirklich ein Star.

Louis Armstrong hatte – abgesehen von diesen Plattenaufnahmen und bei Hot Five sowie Hot Seven handelte es sich um reine Studiobands – Engagements in diversen Lokalen, etwa bei Erskine Tate im Vendome Theatre Orchestra ober bei Carroll Dickerson im Sunset Cabaret, aber auch in dem beliebten weißen Club Black Hawk. Bei diesen Live-Auftritten waren die Qualitäten von Armstrong als Entertainer gefragt, und er sparte nicht mit Showeinlagen. Alle Musiker von Rang, die in Chicago damals spielten, kamen nach ihren Engagements spätnachts in jenes Lokal, in dem „Satchmo" gerade auftrat. Er stand im Mittelpunkt der Szene, genoß die Aufmerksamkeit, und viele Musiker versuchten, ihn auf ihrem Instrument zu kopieren. Earl Hines z. B. kreierte seinen berühmten „Trompeten-Stil" auf dem Klavier in Anlehnung an die Spielweise von Louis Armstrong, d. h. er war der erste, der dafür sorgte, daß das Piano in der Jazzband gleichberechtigt mit Bläsern wie Kornett oder Posaune verwendet wird. Übrigens wandte sich Armstrong damals vom Kornett ab und benutzte fortan nur noch die Trompete.

1929 ging Louis Armstrong wieder nach New York, und auch hier war er den Musikfreunden durch seine Schallplatten, darunter jene, die unter der Bezeichnung Savoy Ballroom Five auf den Markt gekommen waren, ein Begriff. Für die nach gesellschaftlichem Aufstieg strebenden Schwarzen war er das große Vorbild, aber auch für die Weißen war er unbestritten der größte Jazzmusiker. Armstrong knüpfte nun an seine Zeit bei Fletcher Henderson an und spielte vor allem mit Big Bands, wobei er das Orchester Luis Russell bevorzugte. Er absolvierte Gastspiele in Europa, trat in Filmen auf („Pennies From Heaven", „Artists And Models", „Every Day Is A Holiday", „Doctor Rhythm", „Goin' Places", „New Orleans" oder „A Song Is Born") und spielte Platten wie „On The Sunny Side Of The Street", „Struttin' With Some Barbecue" oder das Album „New Orleans Jazz" ein. Seine All Star Band, die 1947 auf Betreiben seines Managers Joe Glaser, der ihn seit 1935 betreute, entstand und der Posaunist Jack Teagarden, Klarinettist Barney Bigard sowie Schlagzeuger Big Sid Catlett angehörten, steigerte noch einmal Armstrongs Popularität. Im Lauf der Jahre wechselte die Besetzung. Die Sängerin Velma Middleton kam hinzu, aber auch Trummy Young an der Posaune, Billy Kyle am Piano, Cozy Cole und schließlich Barrett Deems am Schlagzeug sowie Edmond Hall an der Klarinette. Tourneen durch Europa und Afrika sowie Südamerika, Filme wie „Satchmo The Great" von Edward Murrow, „Jazz On A Summer's Day", „A Girl, A Man, A Trumpet", „The Legend Of Frankie And Johnny", „Adam" oder „High Society" mit Bing Crosby, Frank Sinatra und Grace Kelly untermauerten seinen weltweiten Ruf als „King Of Jazz". Und dies, obwohl Armstrong zwar Jazz spielte, sich selbst primär aber als Entertainer sah. 1949 widmete das Magazin "Time" Louis Armstrong eine Titelgeschichte.

In den fünfziger und sechziger Jahren stießen Musiker wie Peanuts Hucko, Danny Barcelona, Mort Herbert – er ersetzte Bassist Arvell Shaw – sowie Joe Darensbourg oder Sängerin Jewel Brown zu den All Stars. Auch Buster Bailey und Joe Muranyi traten in die Band ein. Louis Armstrong war nun so etwas wie ein Pop-Star. Seine Band bestand zum Teil aus Weißen. Jazzpuristen und schwarze Kritiker warfen ihm vor, sich von der weißen Musikindustrie benützen zu lassen. Armstrong, der mit dem Schlager „Hello Dolly" die Beatles in den Hitparaden von Platz 1 verdrängte, störten diese Einwände nicht. Gesundheitlich angeschlagen und des Trompetenspiels kaum mehr mächtig, betätigte er sich vorwiegend als Sänger. Und Armstrong wußte, daß er mit seinem Gesang eine breitere Resonanz finden konnte als mit seiner Jazztrompete. Auch Nat King Cole, der großartige Jazzpianist, hatte seinen durchschlagenden Erfolg als Sänger.

Kein Musiker hat für die Anerkennung des Jazz als Kunstform so viel getan wie Louis Armstrong – und zwar gerade deshalb, weil „Satchmo" seine künstlerische Botschaft so „populär" verpackt hatte. Er war das Gegenteil eines Intellektuellen, und er bekannte sich stets dazu, sein Publikum – und er hatte ein Massenpublikum – unterhalten zu wollen. Wahrscheinlich hat Louis Armstrong mit seiner Art, Musik zu machen, auch für die Schwarzen mehr erreicht als alle anderen, indem er Sympathien mobilisierte und zu einer Autorität in seinem Fach wurde.

Die künstlerisch schöpferischste Zeit von Louis Armstrong war sicher zwischen 1925 und 1929. Damals machte er in Chicago die Plattenaufnahmen mit Hot Five und Hot Seven. Und er wurde zum faszinierendsten Leadtrompeter, den der Jazz je kannte. Der Kornettist Muggsy Spanier war damals mitten drin in der Szene: „Zu den aufregendsten Erinnerungen meines Lebens gehörte es, wie Louis mich zum erstenmal bat – oder besser: mir erlaubte –, einzusteigen und 'Big Butter And Egg Man' zu spielen. Keiner auf der Welt kann es so bringen wie Louis. Das steht fest. Und keiner könnte es besser spielen. Deshalb bin ich so ehrlich, zu sagen, daß ich immer versucht habe, die berühmten Breaks (kurze Zeitabschnitte mit solistischer Einlage) ihm so genau nachzuspielen wie möglich." [(58)]

Der Klarinettist Pee Wee Russell war – neben Armstrong – von einem anderen wichtigen Musiker angetan, der in Chicago großen Anhang hatte: „Wenn Bix Beiderbecke vor einer Band stand, dann riß er sie mit, dann gab er ihr Drive. So war die Sache und das ist das ganze Geheimnis." [59] Bix Beiderbecke war ein technisch brillanter Kornettist, ein Wunderkind mit Vorliebe für moderne sinfonische Komponisten wie Schönberg, Strawinsky und Ravel. Er wurde zur Zentralfigur des Chicago-Jazz.

Leon Bismarck „Bix" Beiderbecke (1903-1931)
war in vielerlei Hinsicht das genaue Gegenteil von Louis Armstrong. Der Weiße stammte aus einer musikalischen Familie deutscher Herkunft. Mehrere Angehörige waren ausgebildete Berufsmusiker. Er kam in den Genuß einer gediegenen Bildung, schließlich konnte er in Davenport die High School und in Chicago die Lake Forest Academy besuchen. Als Berufsmusiker ab 1922 bei den Wolverines reüssierte der Kornettist zunächst in New York, ehe er 1925 bei Charles Straight in Chicago spielte. Hier in Chicago ließ er keine Gelegenheit aus, das Spiel führender schwarzer Solisten zu studieren. Hoagy Carmichael hatte bereits 1923 gemeinsam mit Bix Beiderbecke King Oliver und Louis Armstrong in irgendeinem Lokal der Stadt gehört: „Louis Armstrong war Bix Beiderbeckes Idol, und als wir am nächsten Abend in einem Lokal engagiert waren, wo Bix mit den Wolverines spielte, konnte ich feststellen, daß Bix keine Imitation von Armstrong war. Seine Breaks waren nicht so wild wie die von Armstrong, aber sie waren trotzdem heiß und jeder Ton saß. Denn Bix war sehr wählerisch und überlegte genau vorher, was er spielte. Er zeigte mir, daß Jazz nicht nur heiß, sondern auch musikalisch und schön sein kann. Er zeigte mir, daß 'Tempo' nicht 'schnell' heißt. Seine Musik ergriff mich auf eine andere Art." [60] Wenn man diese Zeilen liest, versteht man, wieso Bix Beiderbecke als der wichtigste weiße Trompeter des Jazz seiner Zeit gilt. Bei allen Gegensätzen in Herkunft und Ausbildung *das* Pendant zu Louis Armstrong, dem bedeutendsten schwarzen Trompeter des klassischen Jazz.
Beiderbecke war ein verhemmter und schwieriger Mensch, der häufig zur Flasche griff. Man sagt ihm nach, an sich selbst Maßstäbe gestellt zu haben, die er nicht erfüllen konnte. Von Chicago ging er noch 1925 zu Frank Trumbauer nach St. Louis, dann zu Jean Goldkette. Dieser Bandlea-

der war eine schillernde Figur. Geboren im französischen Valenciennes, wuchs er in Griechenland auf, besuchte in Rußland die Schule und ging 1911 als Zwölfjähriger in die USA. Ab 1923 hatte er hier ein Tanzorchester. Neben Bix Beiderbecke spielten noch andere Jazzmusiker wie die Brüder Dorsey, Joe Venuti oder Eddie Lang bei Goldkette, der übrigens auch Manager des Casa Loma Orchestra von Glen Gray war. In diesem Orchester hatte Bix Beiderbecke 1931 sein letztes Engagement, davor spielte er noch bei Paul Whiteman. Joachim-Ernst Berendt hat Beiderbecke einmal einen „Novalis des Jazz" genannt, mit dem die deutsche Romantik in die Jazzmusik eingemündet sei.

Jedenfalls war dieser seltsam-melancholische Mann mit großem Interesse für die sinfonische Musik – übrigens schrieb er auch ein paar pseudo-impressionistische Klavierstücke – in den glatten Kommerzbands, denen er angehörte, aufgrund seiner technischen und solistischen Qualitäten an Kornett und Trompete der absolute Star, der alle anderen ausstach. Beiderbecke hatte nicht das Glück, wie Louis Armstrong hochkarätig besetzte Bands wie Hot Five oder Hot Seven zu besitzen. Und das waren eigentlich Bands aus New Orleans-Musikern, die in Chicago in verschiedenen Engagements standen, Einflüsse aufnahmen und in die gemeinsamen Plattensessions einbrachten. Besonders wertvoll sind Einspielungen, die Bix Beiderbecke mit Frank Trumbauer und einigen der besten Goldkette-Musikern für das Label Okeh machte: „Singin' The Blues", „Clarinet Marmelade", „Ostrich Walk", „I'm Coming Virginia" u. a.

Ich habe schon darauf hingewiesen, daß im Chicago-Jazz das Saxophon eine größere Bedeutung bekommen hat. In diesem Zusammenhang muß auf ein Ensemble ausführlicher eingegangen werden, das Mitte der zwanziger Jahre in Chicago bei der musikinteressierten Jugend überaus beliebt war: Die Austin High School Gang.

Jimmy McPartland (1907-1991),

ein weißer Trompeter, der ebenso wie sein Bruder Dick vom Vater, einem Musiklehrer, erste Unterweisungen bekommen hatte, gründete mit seinen Schulfreunden Frank Teschemacher (Klarinette) und Bud Freeman (Saxophon) die Austin High School Gang. Dieses 1922 erstmals in Erscheinung getretene Ensemble war also eine Schülerband, die den New Orleans-Stil und den Dixieland-Jazz nachahmte. Dazu gehörten auch Dick McPartland (Gitarre) und Jim Lannigan (Baß, Tuba). Gelegentlich kamen noch ein paar Freunde, die nicht die Austin High School besuchten, hinzu: Benny Goodman (Klarinette), Floyd O'Brien (Posaune), Eddie Condon (Gitarre) und Dave Tough (Schlagzeug). Der Tenorsaxophonist Bud Freeman ist der bedeutendste weiße Interpret auf seinem Instrument im Chicago-Stil. Seine Spielweise sollte vorbildhaft für Lester Young werden. Jimmy McPartland arbeitete später bei Ben Pollack und Jack Teagarden. Bis in die achtziger Jahre war er in Europa live zu hören.

Wenn die Musiker der Austin High School Gang sich bei großen Vorbildern etwas abschauen wollten, dann gingen sie besonders gern in den Apex Club, wo ab 1928 eine Band ohne Trompeter – das war eine Rarität – auftrat.

Jimmy Noone (1895-1944)

stammte aus der Umgebung von New Orleans, arbeitete zunächst bei Kid Ory und Oscar Celestin, mit King Oliver und bei Freddie Keppard und dann mit eigener Band in Chicago. Von ihm stammt der „Apex Blues". Sein Ensemble hatte damals die folgende Besetzung: Jimmy Noone (Klarinette), Joe Poston (Altsaxophon), Earl Hines (Klavier), Bud Scott (Gitarre), Lawson Buford (Tuba) und Johnny Wells (Schlagzeug). Der Altsaxophonist Poston spielte die Hauptstimme und übernahm damit jene Rolle, die normalerweise der Trompete zukommt. Und Noone improvisierte dazu Gegenstimmen auf der Klarinette. Er war einer der großen New Orleans-Klarinettisten, manche sehen in ihm noch heute den „größten aller Jazz-Klarinettisten" (Hugues Panassié). Er hatte einen vollen, klaren Klang und großen melodischen Einfallsreichtum. Von ihm wurden unzählige andere Klarinettisten wie Barney Bigard oder Buster Bailey beeinflußt. Seine Virtuosität soll den französischen Komponisten Maurice Ravel eines Abends in Chicago so beeindruckt haben, daß er tags darauf mit dem Klarinettisten des lokalen Sinfonieorchesters wiederkam. Er wollte ihm vorführen, wie Jimmy Noone gewisse Passagen spielen konnte.

Im Chicago der späten zwanziger Jahre kam es in den Clubs an

106

der South Side regelmäßig zu „jam sessions". Wenn ein Musiker seinen Auftritt beendet hatte, ging er ins nächste Lokal, um dort bei einer oder mehreren Nummern „einzusteigen". Oft ergaben sich besonders glückliche Konstellationen. Da trafen dann die besten Solisten, die bei verschiedenen Orchestern in der Stadt spielten, aufeinander und musizierten bis in den Morgen. Und wenn mehrere Virtuosen desselben Instruments anwesend waren, fand eine „battle" statt. Das war ein Wettstreit, bei dem zum Beispiel zwei anwesende Saxophonisten einen Refrain hintereinander variierten. Der Zustimmungsgrad des Publikums bestimmte den Sieger.

Ein Jockey mit Vorliebe für Jazz erwies sich als cleverer Manager, der immer wieder Bands zusammenstellte und Schallplattenaufnahmen organisierte: Red McKenzie (1899-1948). Unter anderen forcierte er den aus Goodland in Indiana stammenden Gitarristen Eddie Condon (1905-1973), der schon im Alter von zehn Jahren nach Chicago gekommen war.

Ende der zwanziger Jahre gewann in Chicago eine politische Gruppierung um Senator Charles S. Daneen die lokalen Wahlen. Die Abwahl des Bürgermeisters Big Bill Thompson war die Folge zunehmender Gewalttätigkeit. Jetzt, unter den neuen politischen Verhältnissen, kam es zur Schließung von Nightclubs und Bordellen. Eine moralische Phase brach in der Stadt Al Capones an, und viele Musiker verließen entweder Chicago oder ergriffen bürgerliche Berufe. Als dann 1929 auch noch der große Börsenkrach die amerikanische Wirtschaft und mit ihr die Schallplattenindustrie in eine tiefe Krise stürzte, war die große Zeit des Jazz in Chicago vorbei – so wie es 1917 in New Orleans war, als der Marineminister Storyville schließen ließ.

Swing (1930-1945):
Die Zeit der Big Bands

Ein erstes Zentrum des Jazz war New Orleans. Von dort zogen die Musiker gegen 1920 nach Chicago, das zum zweiten Zentrum wurde. Und Ende der zwanziger Jahre gingen viele Musiker weiter nach New York, das ab 1930 neben Kansas City nun das dritte Zentrum des Jazz war. Natürlich war in Harlem schon in den Jahren davor aufregender Jazz gespielt worden. Vom Harlem-Ragtime war ja schon die Rede. Unter den vielen Pianisten, die diesen Stil pflegten, stach einer hervor, und er sollte zu einem der einflußreichsten Swing-Pianisten in den dreißiger Jahren werden:

Thomas „Fats" Waller (1904-1943)

stammte aus Kansas City, wurde von Leopold Godowsky sowie Carl Bohm an Klavier und Orgel im klassischen Sinn unterwiesen und bekam seinen ersten Jazzunterricht vom Pianisten James P. Johnson. 1922 begann Waller, in den New Yorker Nightclubs aufzutreten. Duke Ellington über diese Jahre: „Es gab damals ein Dutzend großartiger Pianisten, die Nacht für Nacht auf Parties für Unterhaltung sorgten. Der König war James P. Johnson. Fats Waller war nicht viel mehr als ein großer Junge, der allmählich seinen Weg findet." [61] Einem kurzen Intermezzo in Chicago Mitte der zwanziger Jahre – in jenem Ensemble von Erskine Tate, in dem auch Louis Armstrong tätig war – folgten regelmäßige Auftritte, bald auch mit eigener Band, in New York. Und jetzt wurde die Jazzwelt aufmerksam auf ihn. Count Basie: „Ich sah Fats Waller zum erstenmal, als ich eines Abends zufällig ins Lincoln Theatre in Harlem kam und hörte, wie ein junger Bursche mit einem unwahrscheinlichen Beat (Bezeichnung rhythmischer Qualität) Orgel spielte. Von dem Tag an war ich da täglicher Gast. Ich ließ mir keine Note entgehen, wenn er spielte, saß die ganze Zeit hinter ihm und war von der Mühelosigkeit fasziniert, mit der er auf die Tasten einhämmerte und die Pedale bediente." [62] Tatsächlich spürte man später bei Count Basie, dem Pianisten und Bandleader, den Einfluß von Fats Waller. Louis Armstrong zeigte sich vor allem vom Showman Fats Waller angetan. Dieser dicke Riese, der „nach allen Seiten über die Ufer des Klavierstuhls" trat (Mary Lou Williams) war nämlich nicht nur ein begnadeter Pianist, sondern auch ein Possenreißer von Rang. Wenn er gerade nicht Klavier spielte, brachte er das Publikum mit einem deftigen Witz zum Lachen. Die Sympathie Armstrongs für dieses Gehabe von Waller paßte zu Satchmos Präferenz für Entertainment.

Fats Waller hat Titel wie „Honeysuckle Rose" und „Ain't Misbehavin'" nicht nur geschrieben, sondern auch gesungen. Und er hat nicht nur Count Basie, sondern auch Duke Ellington und den vielleicht technisch perfektesten Pianisten der Jazzgeschichte, Art Tatum, beeinflußt. Fats Waller gastierte schon in den dreißiger Jahren mehrmals in Europa und wirkte 1943 in dem Film „Stormy Weather" mit.

In New York war jetzt die Zeit der großen Tanzlokale. Vor allem in Harlem waren diese „music halls" beheimatet. Diesen Stadtteil, in dem die Schwarzen wohnten, nannte man das „schwarze Paris". Die Massenleidenschaft für den Blues („blues craze") war schon abgeklungen. Louis Armstrong war längst ein Begriff in New York. Eines der Tanzlokale, das Savoy, sollte nun eine große Rolle spielen. Es lag in der Nähe des Cotton Club und wurde als „der schönste Ballsaal der Welt" angepriesen. Hierher kamen die besten Tänzer Harlems, um sich zur Musik der besten schwarzen Bands zu amüsieren. Angeblich war die Tanzfläche damals 70 Meter lang und 15 Meter breit. Da in dem Lokal also sehr viele Menschen Platz fanden, konnte man die Eintrittspreise sehr niedrig halten. Für einen halben Dollar war man Zeuge von „big band battles", also Schlachten zweier Jazzorchester. Man tanzte den „Lindy Hop". Das war ein akrobatischer Tanz, der Ende der zwanziger Jahre nach dem Atlantik-Flug Lindberghs aufgekommen war. Er löste die Modetänze Cakewalk und Charleston ab. Später wurde dieser Tanz unter der Bezeichnung „Jitterbug" in aller Welt bekannt und mit dem älteren Boogie Woogie assoziiert. Das Savoy war damals ein Bombengeschäft. In New York gab es 1 1/2 Millionen Arbeitslose, darunter viele aus Chicago zugezogene Musiker. Und die waren froh, auftreten zu können und sei es auch ohne Gage.

Hier in Harlem spielten jedenfalls die „heißesten" Big Bands. Die Orchester von Fletcher Henderson und Luis Russell waren an der Schwelle zum neuen Jahrzehnt schon „etabliert", ebenso McKinney's Cotton Pickers. Die Grenze zwischen Jazz und kommerzieller Musik war fließend. Jazz war gleichbedeutend mit Tanzmusik. Es war die Zeit der großen Orchester. Ein zweites Merkmal des Swing-Stils bestand darin, daß die früheren Stile (Two Beat Jazz) zwei rhythmische Schwerpunkte aufwiesen, während nun zumeist die vier Schläge des Metrums gleichmäßig geschlagen wurden (Four Beat Jazz). Die großen Orchester von Count Basie bis zu Benny Goodman orientierten sich am Massengeschmack, ohne sich künstlerisch zu prostituieren. Der auf die Musik bezogene Begriff „kommerziell" wurde nicht als abwertend empfunden, sondern als Selbstverständlichkeit im Sinne des angestrebten Erfolgs.

Die neuen Medien Tonfilm und vor allem Radio veränderten die amerikanische Gesellschaft. Hatten die Schwarzen bis dahin in ihren aufgrund der Rassendiskriminierung mehr oder weniger geschlossenen Zirkeln vorwiegend ihre eigene Musik – Blues, Gospel, Ragtime oder New Orleans-Stil – gekannt, sieht man vom Schallplattenkonsum einmal ab, so wurden sie nun mit Hollywood-Melodien und Tagesschlagern, von einer cleveren Musikindustrie mit geschäftlichem Kalkül produziert, konfrontiert. Doch dieser musikalische Informationsaustausch mit geschmacksbildendem Charakter war keine Einbahnstraße. Auch breite weiße Schichten, die niemals live schwarze Musik gehört hatten, bekamen nun via Radio Gelegenheit dazu. Deshalb war der Jazz auch nie zuvor und nie danach so sehr Teil des Alltagslebens der weißen Mittelklasse-Amerikaner wie zwischen 1930 und 1945. Und er war auch zu keiner anderen Zeit so populär. Dazu kam, daß der Swing nach dem großen Börsenkrach an der

Wall Street mit seinem musikalischen Optimismus dem amerikanischen Zeitgeist entsprach. Es ging wirtschaftlich und politisch wieder aufwärts, und jeder wollte das Leben genießen. Und man hielt zusammen, was sich 1938 unter anderem im ersten gemeinsamen Auftritt weißer und schwarzer Jazzmusiker in der Carnegie Hall manifestierte.

Aber zurück zum Savoy, das ein Zentrum des Swing war und aus dem unzählige Anekdoten quasi aus erster Hand überliefert sind. Die Pianistin Mary Lou Williams: „Im Savoy waren alle mit ungeheurer Begeisterung bei der Sache und getanzt wurde einfach phantastisch. Und Chick Webb war der anerkannte König des Savoy. Jede Gastkapelle mußte damit rechnen, vom kleinen Chick in Grund und Boden getrommelt zu werden, denn er war ein immenser Schlagzeuger, raffiniert und schwer zu schlagen. Wenn ich richtig beobachtet habe, machte er das so: Er wartete, bis die Musiker der Gegenpartei ihre heißesten Nummern abgefeuert hatten, und wenn sie dann anschließend eine mittelprächtige Serie spielten, brachte er ganz unerwartet seine Band ausgeruht aufs Podium zurück und ließ ein tolles Arrangement, das schwer zu schlagen war, vom Stapel wie etwa Benny Carters 'Liza'. Nur wenige Gastkapellen kamen da mit." [63]

William „Chick" Webb (1902-1939)

war klein und bucklig. Seine große Zeit hatte dieser überaus populäre Schlagzeuger ab 1928 mit eigener, zunächst aus acht Mitgliedern bestehender Band. 1930 tourte er mit der Show „Hot Chocolates", und 1934 wurde die bei einem Talentwettbewerb in Harlem entdeckte Sängerin Ella Fitzgerald sein großer Star. Nach seinem Tod führte sie das Orchester bis 1942 weiter. Chick Webb, einer der wichtigsten Drummer seiner Zeit, ist neben Edgar Sampson und Benny Goodman Mitkomponist von „Stompin' At The Savoy".

Die meisten Gäste im Savoy waren Schwarze, doch es kamen auch Weiße – jedenfalls bis zu einem Aufstand in Harlem im März 1935. Dieses Ereignis rief der amerikanischen Öffentlichkeit die verdrängte Rassenproblematik wieder einmal in Erinnerung. In seiner besten Zeit hatte das Savoy in der Nacht von Samstag auf Sonntag durchgehend geöffnet. Morgens um 8 Uhr schloß man mit dem „Frühstückstanz" die Pforten.

Aber die Swing Big Bands spielten auch in Theatern, wie im Paramount und Strand am Broadway oder im Apollo und im Harlem Opera House. Sehr beliebt bei den Swing-Fans war The Street, die in der Nähe des Broadway lag. Hier gab es unzählige Lokale wie Jimmy Ryan's oder das Onyx, das für seine die ganze Nacht dauernden „jam sessions" berühmt war. Jedenfalls nannte man die 52. Straße den „Nabel der Jazzwelt".

Es war eine Zeit der großen Instrumentalsolisten, denken wir nur an Benny Carter, Johnny Hodges, Lester Young, Coleman Hawkins, Roy Eldrige, Teddy Wilson oder den schon erwähnten Fats Waller. Die populärsten schwarzen Big Bands dieser Ära waren jene von Duke Ellington und Count Basie. Von den zahlreichen weißen Orchestern sind jene von Jimmy und Tommy Dorsey, Artie Shaw und Woody Herman sowie von Bob Crosby und das Casa Loma Orchestra zu nennen. Das Orchester des Posaunisten Glenn Miller war einige Jahre sicher das beim Massenpublikum beliebteste, stand aber für reine Unterhaltungsmusik, die bestenfalls mit Jazz-Ingredienzen versehen wurde.

Jedenfalls war mit Swing für Musiker, Produzenten und Lokalbesitzer sehr viel Geld zu verdienen. Wenn man um die Gagen weiß, die den besten Jazzmusikern in den neunziger Jahren in Amerika geboten werden, dann nehmen sich diese Summen im Vergleich zu den in den dreißiger Jahren etwa einem Benny Goodman auf dem Höhepunkt seiner Beliebtheit gezahlten geradezu armselig aus. Das ist auch logisch, wenn man sich vorstellt, daß einmal bei einem Auftritt des Benny Goodman Orchestra im Savoy mehr als 10 000 Besucher wegen Überfüllung des Lokals abgewiesen werden mußten. Beliebte Jazzmusiker wie Goodman waren eben die Pop-Stars der dreißiger Jahre. Benny Goodman war es auch, der dieser Ära seinen ganz persönlichen künstlerischen Stempel aufdrückte.

Benny Goodman (1909-1986)

ist der populärste weiße Musiker der Jazzgeschichte. Er wurde als eines von neun Kindern einer jüdisch-russischen Emigrantenfamilie in Chicago geboren. Genaugenommen stammte sein Vater David Goodman aus Warschau, als diese polnische Stadt unter russischer Herrschaft stand. Seine Mutter Dora kam aus Kowno, dem späteren Kaunas, in Zentrallitauen. Es ist nicht feststellbar, wann David und Dora aus den jüdischen Ghettos der jeweiligen Städte in die USA eingewandert sind. Da es als Folge der „Mai-Gesetze" der zaristischen Regierung in den achtziger Jahren des vorigen Jahrhunderts – diese Regulative richteten sich gegen die Juden – zu einer Emigrationswelle kam, nimmt man an, daß die Eltern Bennys damals nach Amerika gingen. Jedenfalls trafen sie einander in den neunziger Jahren in Baltimore, wo sie heirateten. Um 1903 zog die Familie Goodman nach Chicago. Damals lebten rund 80 000 Juden, davon 52 000 aus Osteuropa, in dieser Stadt. Vater David arbeitete als Schneider, aber auch in Schlachthöfen. Jedenfalls wuchs Benny Goodman in dieser Großfamilie in äußerst bescheidenen Verhältnissen auf. Später bemühte er sich um einen besseren Lebensstandard für Eltern und Geschwister.

David Goodman entschied eines Tages, daß seine drei Söhne Harry, Freddy und Benny Musikunterricht erhalten sollten, und beschaffte ihnen in der Kehelah Jacob Synagoge Instrumente. Harry bekam eine Tuba, Freddy eine Trompete und Benny eine Klarinette. Der erste Lehrer Bennys war der Kapellmeister der Synagoge. Er hieß Boguslawski. Als die Synagogen-Band aufgelöst wurde, spielte Benny in der Band des Hull House, eines zur Jahrhundertwende gegründeten Eingliederungshäuser für neue Staatsbürger. Chef der Band war James V. Sylvester. Doch vor allem nahm Benny Goodman nun Unterricht bei Franz Schoepp, dem angesehenen deutschen Lehrer der Mitglieder des Chicago Symphony Orchestra. Andere Schüler dieses Mannes, die im Jazz Karriere machten, waren Buster Bailey und Jimmy Noone. Nach eigenen Angaben begann Benny 1919 mit dem Studium bei Schoepp, der ihm beibrachte, daß Perfektion auf einem Instrument nur durch tägliches konsequentes Üben zu erreichen ist.

Etwa 1921 hörte Benny Goodman zum erstenmal Jazzmusik. Vor allem die Band des Klarinettisten Ted Lewis, die er von Schallplatten kannte, hatte es ihm angetan. Zuvor hatte Benny nur Märsche, Ouvertüren, Kirchenmusik und Ragtime gekannt. Angeblich war der erste Jazztitel, den Benny Goodman auf der Klarinette spielte, „When My Baby Smiles At Me" aus dem Repertoire von Ted Lewis. Großen Einfluß auf Benny übte auch die Musik der New Orleans Rhythm Kings aus. Jedenfalls perfektionierte er sein Spiel in der Band der Harrison High School. Irgendwann um 1923 hörte ihn Jimmy McPartland auf einem Ausflugsdampfer, der von Chicago über den Michigansee nach Beton Harbor fuhr: „Das kleine Würstchen kletterte auf das Podium und packte sein Horn aus. Dann spielte er 'Rose Of The Rio Grande', ein sehr kompliziertes Stück. Ich meine, es hatte für die damalige Zeit schwierige Harmonien. Dieser kleine Wicht spielte etwa sechzehn Chorusse 'Rose Of The Rio Grande' und ich saß einfach da und kriegte den Mund nicht mehr zu. Benny blies wie ein Teufel auf seiner Klarinette und ich kam fast um, als ich das hörte. Also machte ich mich sofort an ihn heran und sagte: 'Du mußt zu unseren Sessions nach Austin kommen.' Er strahlte über das ganze Gesicht. 'Klar, prima', sagte er und kam." [64]

Die Zeit in der Austin High School Gang – dieses Ensemble spielte bei diversen Gelegenheitsveranstaltungen – war sehr wichtig für Benny Goodman, der zu diesem Zeitpunkt erst ein paar kleine Jobs, etwa bei Benny Meroff, hinter sich hatte. Jetzt war Benny gut beschäftigt und verdiente für einen 15jährigen beachtlich. Mittlerweile war er auch schon Mitglied bei der Musikergewerkschaft und trat gelegentlich in der Band von Charles „Murph" Podolsky auf. Das war jene Zeit, in der Benny Goodman all die interessanten Jazzmusiker hörte, die in den zwanziger Jahren in den Clubs in Chicago spielten. 1925 trat Benny in das Midway Gardens Orchestra von Art Kassel ein, und ein paar Monate später holte ihn der berühmte Bandleader Ben Pollack. Natürlich hatte Benny Goodman jetzt schon viel Jazz live gehört wie etwa Louis Armstrong oder Bix Beiderbecke, doch er selbst spielte Tanzmusik.

Dieser Ben Pollack war ein begabter Schlagzeuger aus Chicago, der vorübergehend bei den New Orleans Rhythm Kings gespielt hatte, dann in der Tanzkapelle von Harry Bastin war und schließlich mit dem Altsaxophonisten Gil Rodin ein eigenes Orchester gründete. Fud Livingston, ein Holzbläser, schrieb die Arrangements und wurde dabei vom Posaunisten Glenn Miller unterstützt. Neben Benny Goodman stieß auch Jimmy McPartland zu Ben Pollack. Mit Bud Freeman und Jack Teagarden hatte dieses Orchester weitere Topsolisten in seinen Reihen. Es war eine große Gabe des Ben Pollack, junge Talente zu entdecken. Eines dieser Talente war der Trompeter Harry James, der später im Benny Goodman Orchestra eine große Karriere machen sollte. In der Band von Pollack wurde Benny zum Jazzmusiker, beeinflußt von Klarinettisten wie Johnny Dodds und Doc Berendsohn, aber auch von Jimmy Noone, Leon Rappolo und Frank Teschemacher. Die ersten Schallplattenaufnahmen Benny Goodmans kamen übrigens am 14. September 1926 mit der Band von Ben Pollack für Victor in Chicago zustande. Allerdings wurden sie nie veröffentlicht. Erst weitere Einspielungen – u. a. von „Deed I Do" und „He's The Last Word" aus dem Dezember 1926 – kamen tatsächlich auf den Markt. Produzent der ersten Platten, auf denen Goodman zu hören ist, war zumeist Ellington-Partner Irving Mills.

Ein paar der frühen Goodman-Platten wurden mit den Five Pennies des Kornettisten Red Nichols eingespielt. Dieser Nichols war in der zweiten Hälfte der zwanziger Jahre nach Armstrong und Beiderbecke einer der beliebtesten Kornettisten. Und auch Hoagy Carmichael holte Benny Goodman neben Bix Beiderbecke, Jimmy Dorsey und Bubber Miley für eine Studioaufnahme seines Titel „Rockin' Chair". Nachdem Goodman die Pollack Band verlassen hatte, arbeitete er als gutbezahlter Freelancer in New York und spielte weitere Platten ein. So nahm er 1931 mit dem Jugendidol Ted Lewis, mit Bud Freeman und Fats Waller die Nummern „Dallas Blues" und „Royal Garden Blues" auf.

Eine wesentliche Veränderung im Berufsleben von Benny Goodman bedeutete das Auftauchen von John Hammond im September 1933. Hammond brachte Goodman mit anderen wichtigen Musikern zusammen und vermittelte die Aufnahmen von „Georgia Jubilee", „Junk Man", „Ol' Pappy" und „Emaline" gemeinsam mit der Sängerin Mildred Bailey und dem Tenorsaxophonisten Coleman Hawkins.

Man schrieb das Jahr 1934, als sich Benny Goodman fest entschloß, ein eigenes Orchester zu gründen. Er orientierte sich am Casa Loma Orchestra unter Leitung des Saxophonisten Glen Gray. Dieses Ensemble war in Detroit aus dem Jean Goldkette Orchestra hervorgegangen. Die Band spielte Tanzmusik, aber auch Jazz. Inwieweit Hammond bei der Formierung des ersten Benny Goodman Orchestra mitgewirkt hat, ist unklar.

Am Anfang war das Goodman Orchestra gar nicht erfolgreich. Es gastierte regelmäßig in der Radiosendung „Let's Dance", was gute Gagen für alle Mitwirkenden garantierte. Außerdem bot dieses Engagement die Chance, ganz Amerika via Radio musikalisch zu erreichen. Der Schlagzeuger Gene

Krupa erinnert sich: „Benny baute sich eine Band auf, die Musik für Musiker spielte, aber er tat nichts, was über den Horizont des Publikums hinausging. Die Leute brauchten Zeit, aber als sie einmal Goodmans musikalische Heilsbotschaft begriffen hatten, nahmen sie sie sofort an und folgten ihr. Wer zu dieser Band gehören durfte, für den erfüllte sich der Traum eines jeden jungen Musikers. Er konnte genauso spielen, wie es seiner innersten Überzeugung entsprach, wurde gut bezahlt und machte seine Musik vor einem riesigen, begeisterungsfähigen Publikum. In den Tagen vor der Goodman-Ära haben wir auch schon so gespielt, aber in kleineren Bands, die längst nicht den Erfolg hatten, oder auf Sessions, die in leeren Hallen stattfanden und bei denen nur die Kollegen und sonst niemand unsere Bemühungen mit Beifall quittierten." [65] Der Durchbruch beim Publikum erfolgte im Rahmen einer 1935 gestarteten Tournee.

Denkwürdig war der Auftritt im Palomar Ballroom in Los Angeles. Benny Goodman: „Für mich persönlich war es das wichtigste und aufregendste Ereignis in der Geschichte der Band. Denver war eine fürchterliche Pleite gewesen und unsere Stimmung war auf dem Nullpunkt. Wir malten uns aus, daß es immer schlimmer werden würde, je weiter wir nach Westen kamen. Als wir den ersten Abend im Palomar spielten, sagten wir uns: 'Was haben wir denn schon noch zu verlieren' und meinten, jetzt könnten wir genausogut aufs Ganze gehen und unsere besten Pferde aus dem Stall lassen. Also spielten wir Sachen wie 'Sugerfoot Stomp', 'Sometimes I'm Happy' und all die anderen. Trotzdem hatten wir in Wirklichkeit eine Todesangst. Ich trat das Tempo an, und schon schafften die Männer sich rein und spielten so gut, wie ich sie seit unserer Abreise von New York kaum irgendwo gehört hatte. Ich weiß nicht, woran es lag, aber die Leute wurden wild vor Begeisterung. Ja, und dann ging es richtig los." [66]

Im Lauf der Jahrzehnte hatte Benny Goodman Legionen von Starsolisten in seiner Band: Teddy Wilson, Gene Krupa, Lionel Hampton, Bunny Berigan, Harry James oder später Stan Getz, Zoot Sims, Red Norvo, Charlie Shavers, Charlie Christian und Wardell Gray. Und die Arrangements stammten von Größen wie Fletcher Henderson oder Edgar Sampson und Anfang der vierziger Jahre vorübergehend von Eddie Sauter. Besonders exzellent war Mitte der dreißiger Jahre die Rhythmusgruppe mit Jess Stacy (Piano), Harry Goodman (Baß) und Gene Krupa (Schlagzeug). 1935 war Benny Goodman 26 Jahre alt. Sein Engagement von Schwarzen wie Teddy

Wilson (Piano) oder Lionel Hampton (Vibraphon) war damals ein beispielhafter Akt der Integration der Rassen. Goodmans Haltung öffnete den Schwarzen die Türen auch in anderen gesellschaftlichen Bereichen von der Wirtschaft bis zum Sport.

Das Swing-Konzert des Benny Goodman Orchestra in der New Yorker Carnegie Hall, das auf einer Idee von Wynn Nathanson basierte und vom Impresario Sol Hurok organisiert wurde, ging am 16. Jänner 1938 in die Jazzgeschichte ein. Das Konzert, das sofort ausverkauft war, wurde mit Edgar Sampsons „Don't Be That Way" eröffnet. Es war zwar nicht das erste Jazzkonzert in einem „etablierten" Saal, aber es gab dem Jazz ein neues Image. Man spielte in voller Besetzung des Orchesters, aber auch in kleinen Formationen. Mit dabei waren auch prominente „fremde" Musiker wie Count Basie (Piano) und Lester Young (Tenorsaxophon) oder die Ellington-Leute Cootie Williams (Trompete, der 1940 zum Goodman Orchestra stoßen sollte), Johnny Hodges (Altsaxophon) und Harry Carney (Baritonsaxophon).

Vor diesem denkwürdigen Konzert hatten die großen Swing-Orchester stets zum Tanz gespielt. Mit einem Mal war Swing zur Konzertmusik geworden. Das war das eigentliche propagandistische Ergebnis dieses Events. Ein zweites war die Variationsfähigkeit des Goodman Orchestra, das zum Trio (Goodman, Wilson, Krupa) oder Quartett (Trio plus Hampton) verkleinert wurde. Tatsächlich hat Goodman später immer wieder die Formation beim berühmten Carnegie Hall Konzert als seine „Lieblingsband" bezeichnet. Die Besetzung war erst 1937 komplett geworden, als Martha Tilton die Sängerin Helen Ward ersetzte. Nach dem großen Konzerterfolg brach die Band bald auseinander. Dann, ab 1939, wurde das Benny Goodman Sextett eine vielgerühmte Formation. Immer schon pflegte Goodman neben dem großorchestralen auch den kammermusikalischen Jazz.

In den vierziger Jahren und danach hatte Benny Goodman große Orchester oder stellte spezielle Gruppen für bestimmte Anlässe wie eine Fernost-Tournee 1956/57 oder einen Auftritt bei der Weltausstellung in Brüssel 1958 zusammen. Der Film „The Benny Goodman Story", der 1955 mit Steve Allen in der Hauptrolle herauskam, brachte seine Musik einer Nachkriegsgeneration nahe, die längst vom Bebop in den Bann gezogen war. Apropos Bebop: Goodman hat ab den vierziger Jahren mit diesem neuen Stil experimentiert. Seine bekannteste Bebop-Aufnahme ist „Undercurrent Blues".

Einmal noch gab es eine publicityträchtige Erinnerung an das Carnegie Hall Konzert von 1938. Das war 1978, als man den 40. Jahrestag dieses Ereignisses in eben dieser Carnegie Hall, die natürlich wieder restlos ausverkauft war, beging. Benny Goodman hatte allerdings ein anderes Programm gewählt. Nur wenige Titel aus dem Jahr 1938, darunter „Sing, Sing, Sing", wurden aufgeführt.

Die Bedeutung Benny Goodmans für den Jazz ist vielfältig: Er wurde als der erfolgreichste Orchesterchef der dreißiger Jahre zum „King Of Swing", trug viel zur Rassenintegration in der amerikanischen Musikszene bei und machte den Jazz mit dem Konzert in der Carnegie Hall „gesellschaftsfähig". Außerdem beseitigte er durch Konzertauftritte und Plattenaufnahmen mit klassischer Musik das weitverbreitete Vorurteil, Jazzinterpreten könnten die Werke der abendländischen Tradition nicht spielen. Von Goodman existieren u. a. Einspielungen mit Werken von Mozart, Beethoven, Brahms, Weber, Strawinsky, Poulenc, Debussy, Copland und Bernstein, aber auch von Bartok. Vor allem war Benny Goodman einer der ganz großen Virtuosen auf seinem Instrument, der Klarinette.

Natürlich hatte Benny Goodman in der Swing-Ära mit einer Riesenkonkurrenz zu kämpfen. Da war vor allem das Duke Ellington Orchestra. Ellington war genau um zehn Jahre älter als Goodman, und er hatte auch früher als dieser seine eigene Band. Interessant ist freilich eine auffallende Parallele: Beide Orchester hatten ihre größte Zeit gegen Ende des Jahrzehnts, Benny Goodman 1938 und Duke Ellington 1940.

Edward Kennedy „Duke" Ellington (1899-1974),

der Sohn eines schwarzen Kutschers und Butlers bei einem Arzt, sollte nach einem langen Leben ein in der Musik des 20. Jahrhunderts einzigartiges Gesamtwerk hinterlassen. Anders als Louis Armstrong wuchs er in einer für damalige Verhältnisse bürgerlich lebenden schwarzen Familie in Washington auf. Vater James Edward Ellington hatte durch den Umgang mit seiner Herrschaft besonders gute Manieren, kleidete sich elegant und verfügte über exzellente gesellschaftliche Kontakte. Er und andere aus der Ellington-Familie besorgten das Catering bei Parties der besseren Gesellschaft, einmal versorgten sie sogar das Weiße Haus. Eleganz, Manieren und

Umgangsformen hat Duke Ellington also von seinem Vater mitbekommen. Wer diesen Bandleader noch live auf der Bühne erlebt hat oder ihn von Filmmitschnitten her kennt, weiß, daß er ein Grandseigneur der alten Schule war. Mutter Daisy, geborene Kennedy, war die Tochter eines Polizeihauptmanns und stammte somit aus gehobenem schwarzem Milieu in Washington. Die Frau war streng religiös und an Bildung ihrem Mann überlegen. Duke Ellington hatte eine besonders enge Beziehung zu ihr. Apropos „Duke": Schon als Bub, von der Mutter vergöttert und von Schulfreunden wegen seines vornehmen Benehmens als etwas Besonderes betrachtet, bekam er diesen Spitznamen.

Duke Ellington wuchs in die aufregende Welt der aufkommenden amerikanischen Musik- und Unterhaltungsindustrie („Tin Pan Alley") hinein. Es war eine Zeit der neuen Freiheit: Man nahm sich, was man brauchte, ging Abend für Abend aus, vergnügte sich, hatte wechselnde Liebschaften, brach mit kulturellen Traditionen und gesellschaftlichen Tabus. Vor allem aber war man allem Neuen gegenüber aufgeschlossen. Die Eltern des Duke wollten freilich von all dem wenig wissen. Sie waren tief verhaftet in der viktorianischen Tradition, standesbewußt und auf Distanz zur schwarzen Unterschicht bedacht, deren Musik der Blues war. James Lincoln Collier vertritt in seiner Ellington-Biographie die Ansicht, der Duke habe als Kind die ältere schwarze Volksmusik nie gehört, vermutlich bloß „eine gewisse Anzahl von Spirituals und Plantagenmelodien". Jedenfalls bekam er Klavierunterricht bei einer Marietta Clinkscales. Allerdings fand er zunächst am Klavierüben ebensowenig Freude wie am Schulbesuch. Erst mit 14 Jahren, als Duke Ellington den Pianisten Harvey Brooks während eines Sommerurlaubs an der Küste in Asbury Park kennenlernte, begann er sich für Musik zu interessieren. Brooks beeindruckte mit seinem swingenden Klavierspiel – er war der Begleiter der Blues-Sängerin Mamie Smith – den jungen Duke, der seinem Vorbild nacheifern wollte. Damals entstanden auch seine ersten Kompositionen: „Soda Fountain Rag" und „What You Gonna Do When The Bed Breaks Down?" Das Copyright der vielen hundert Ellington-Kompositionen begann freilich erst 1923. Oliver „Doc" Perry, den der Duke in Frank Hollidays Poolroom kennengelernt hatte, brachte ihm unentgeltlich das System bei, Akkorde vom Notenblatt zu lesen. In Harmonielehre wurde der junge Mann von Henry Grant, einem Musiklehrer am Armstrong Technical, unterwiesen. Man kann sagen, daß

Duke Ellington von diesen beiden Männern wichtige Tips bekam, sich im wesentlichen aber als Autodidakt weiterbildete, d. h. einen regelrechten Unterricht vermied. Nie wollte sich Ellington irgend jemandem unterordnen, und somit war ein Lehrer-Schüler-Verhältnis für ihn untragbar. Äußerungen seines Sohnes Mercer deuten übrigens darauf hin, daß der Duke ursprünglich in seiner Beschäftigung mit Musik weniger eine kulturelle Aktivität sah als vielmehr eine Möglichkeit, schnell zu Geld und schönen Frauen zu kommen.

Jugendfreunde und Musikerkollegen aus der Frühzeit des Duke berichten, daß Ellington am Klavier nicht vom Blatt spielen konnte. Er war also mit 16 Jahren, als er hin und wieder ältere Pianisten bei kleinen Engagements vertrat, nicht wirklich qualifiziert. Die Musik trug ihm wenig Geld ein, und so arbeitete Duke Ellington neben dem Studium der Werbegraphik am Armstrong Technical als Bote und Schildermaler. Sein frühes Interesse an bildender Kunst ist insofern bedeutsam, als der Komponist Ellington sich selbst als „Tonmaler" bezeichnet hat.

Kurzum: Gegen Ende seiner High School-Zeit dürfte der Duke einer Schülerband angehört haben, die Ragtime und Tanzmusik spielte. Die ersten Schallplatten der Original Dixieland Jazz Band konnten diesen Buben noch nicht bekannt sein. Als Duke Ellington 1918 im Alter von nur 19 Jahren Edna Thompson heiratete, mit der er den Sohn Mercer hatte, mußte er eine Familie versorgen. Er eröffnete ein Geschäft für Schilder und Plakate. Und er machte Nacht für Nacht Musik, worin er eine der wenigen Chancen für einen jungen Schwarzen sah, viel Geld zu verdienen. Immerhin verdiente er jetzt so viel, daß er ein Haus für die Familie mieten und sich ein Auto leisten konnte. Da Ellington bei der Abschlußprüfung an der High School durchgefallen war und somit über kein Abschlußzeugnis verfügte, das ihm irgendeine andere interessante Laufbahn eröffnet hätte, setzte er ab nun ganz auf die Musik. Somit schlug er denselben Weg ein wie andere intelligente Schwarze: Fletcher Henderson, Claude Hopkins oder Don Redman.

Duke Ellington hatte bereits mit Otto Hardwicke (Alt- und Sopransaxophon), Arthur Whetsol (Trompete), Sonny Greer (Schlagzeug) und Elmer Snowden (Gitarre) erste Erfahrungen in der Jazz-Improvisation gesammelt. Diese jungen Leute waren musikalisch weitgehend ungeschult. Inwieweit sie Noten lesen konnten, ist nicht feststellbar. Natürlich sammelten sie die ersten

Jazz-Schallplatten. Sie spielten zum Tanz und bei Empfängen die aktuellen Ragtime-Schlager. Und da Übung bekanntlich den Meister macht, stieg mit der Zeit die Qualität ihrer Darbietungen. Doch in Washington, das wußten die jungen Leute, war eine wirkliche Musikerkarriere nicht möglich. Dazu mußte man nach New York, dem Mekka der Unterhaltungsindustrie, gehen. 1923 arbeiteten Duke Ellington, Otto Hardwicke und Sonny Greer im Orchester des schwarzen Klarinettisten Wilbur Sweatman endlich im Lafayette Theatre in Harlem. Und hier sammelte der Duke reiche Erfahrungen. Nach seinem Engagement streunte er durch die Clubs und lernte die großen Pianisten seiner Zeit – Willie „The Lion" Smith, James P. Johnson und Fats Waller – persönlich kennen. Jetzt ging alles Schlag auf Schlag: Nach einem kurzen Intermezzo in Washington trat Ellington ab 1923 mit den Washingtonians in New York auf. Der Banjo-Spieler Fred Guy stieß zur Band. Man spielte im Hollywood, dem späteren Kentucky Club, aus dem ein Radiosender regelmäßig live übertrug. Später bemerkte Duke Ellington einmal, daß sich im Kentucky Club der Stil seiner Musik sehr verändert habe. Der Trompeter Bubber Miley und der Posaunist Joe „Tricky Sam" Nanton kamen hinzu. Sie kreierten den „jungle style": Eine bestimmte rauhgepreßte Tonbildung („growl"-Effekt) erweckte Urwald-Assoziationen. Übrigens kam es 1925 zu den Schallplatten-Einspielungen „I'm Gonna Hang Around My Sugar" und „Trombone Blues".
1927 übersiedelte die Band in den Cotton Club. Dieses wichtige Engagement hatte Irving Mills eingefädelt. Auch aus diesem Lokal gab es Live-Übertragungen im Radio. Die Band wurde auf zwölf Mann erweitert. Damals war dieses Orchester bereits so gefragt, daß es beinahe täglich für verschiedene Plattenfirmen Aufnahmen machte. Für die eine Firma spielte man unter der Bezeichnung Jungle Band, für die nächste als Joe Turner And His Men, für die dritte als Sonny Greer And His Memphis Men und für die vierte als Harlem Feetwarmers. Ned E. Williams, der damals Presseagent mehrerer Night Clubs war, erinnert sich: „Wenn ich sagen sollte, daß ich bei meinem ersten Besuch von der Ellington Crew übermäßig beeindruckt gewesen wäre, müßte ich lügen. Die Band hatte ganz entschieden noch nicht die Form und die Politur von später erworben. Das ist ja auch natürlich. Und dann, später, kam jener Abend, als der ganze Blechsatz der Ellington-Band aufstand und einen so vertrackten und unglaublich ausgewogenen Chorus (Refrain, über den improvisiert wird) hinlegte, daß der

inzwischen gestorbene Eddie Duchin – im allgemeinen ein sehr gesetzter und würdiger Musiker – wirklich und buchstäblich in Ekstase unter den Tisch auf den Fußboden rollte." [67] Wichtige Kompositionen des Duke aus dieser Zeit sind „East St. Louis Toodle-O", „Black And Tan Fantasy" und „Creole Love Call". Immer mehr tragende Säulen des späteren Duke Ellington Orchestra stießen jetzt hinzu: Barney Bigard, Johnny Hodges, Freddie Jenkins, Cootie Williams und Juan Tizol. Und nach dem „jungle style" wurde 1931 mit „Mood Indigo" der „mood style" geschaffen, der eine traurige Blues-Stimmung vermittelt.

Als das Ellington-Orchester 1930 an der Westküste den Film „Check And Double Check" drehte, wurde es im Cotton Club von der Band des exzentrischen Sängers Cab Calloway abgelöst. Mittlerweile wurden die Plattenaufnahmen Ellingtons von „Solitude" und „Sophisticated Lady" große Erfolge in aller Welt. Diese internationale Resonanz bewog den Duke 1933 zu seiner ersten Europatournee. Natürlich kehrte Ellington immer wieder für kurze Zeit in den Cotton Club zurück. Dort gab sich nicht nur die Unterwelt bei Jazz und leichten Mädchen ein Stelldichein. Auch Igor Strawinsky, Leopold Stokowski, George Gershwin und Paul Whiteman kamen – vor allem, um das Duke Ellington Orchestra zu hören.

Auf einer Amerikatournee kam es zu einer historischen Begegnung von Duke Ellington mit einem damals 19jährigen jungen Mann namens Billy Strayhorn. Hier die Schilderung Strayhorns: „1934 hörte und sah ich zum erstenmal in Pittsburgh eine Vorstellung der Ellington-Band. Weder davor noch danach hat irgend etwas so tief in mein Leben eingegriffen. 1939 wurde ich sein Schützling, und so konnte ich näher dabei sein und mehr sehen … Ellington spielt Klavier, aber sein eigentliches Instrument ist seine Band. Jedes Mitglied seiner Band ist für ihn eine bestimmte Klangfarbe und eine bestimmte Skala von Gefühlen, die er mit anderen, gleich charakteristischen mischt, um etwas Drittes zu erzeugen, was ich den 'Ellington-Effekt' nennen möchte. Manchmal kommt diese Mischung auf dem Papier zustande, sehr oft auch direkt auf dem Podium. Ich habe ihn oft in der Mitte eines Stückes Stimmen austauschen sehen, weil der Mann und die Stimme nicht denselben Charakter hatten. Ellington geht es um den individuellen Musiker und um das, was geschieht, wenn alle Individuen ihre musikalischen Eigenarten zusammentun." [68] Billy Strayhorn war von 1939 bis zu seinem Tod 1967 Arrangeur und zweiter Pianist bei Duke Ellington.

122

In den dreißiger Jahren begann der Duke mit der Komposition größerer Werke, was bis dahin im Jazz absolut unüblich war: „Clarinet Lament" für Barney Bigard, „Echoes Of Harlem" für Cootie Williams, „Yearning For Love" für Lawrence Brown und „Trumpet In Spades" für Rex Stewart. Das waren im „konzertanten Stil" gehaltene Stücke, die den Solisten seines Orchesters gewidmet waren, während die kurzen Stücke, wie man sie vom Orchester Fletcher Henderson her gewohnt war, dem „Standard Stil" zuge- ordnet werden.

„Caravan" oder „I Let A Song Go Out Of My Heart" waren fröhliche Swing-Titel, die zur Popularität des Duke Ellington Orchestra viel beitru- gen. Von Billy Strayhorn kamen „Take The A Train", die Kennmelodie der Band für alle Zeit, „Lush Life", „Something To Live For" oder „Chelsea Bridge". Der Eintritt von so hervorragenden Solisten wie Jimmy Blanton (Baß) und Ben Webster (Tenorsaxophon) sowie die überaus produktive Zu- sammenarbeit Ellingtons mit Billy Strayhorn markieren um 1940 die größ- te Zeit dieses in der Geschichte des Jazz wohl bedeutendsten Orchesters.

Immer mehr konzentrierte sich der Duke nun auf die Komposition großer und teils komplizierter Werke. William Morris, sein neuer Agent, regte eines Tages eine Suite für die Aufführung in der Carnegie Hall an. Und am 23. Jänner 1943 wurde das knapp eine Stunde dauernde Werk „Black, Brown And Beige" über die Geschichte der Schwarzen in Amerika urauf- geführt. Weitere große Kompositionen wie „New World A-Comin'" oder „Perfume Suite" folgten.

„I'm Beginning To See The Light", „Overture To A Jam Session", „Esquire Swank" oder „Trumpet No End" waren beliebte Jazz-Stücke, die breitere Resonanz als „The Deep South Suite" oder „The Liberian Suite" und „Harlem Suite" fanden. Das zuletzt erwähnte Werk entstand übrigens im Auftrag des von Arturo Toscanini geleiteten NBC-Symphony Orchestra und wurde 1951 in der Metropolitan Opera vorgestellt. Personelle Verände- rungen in der Band und Probleme mit der Plattenfirma Capitol brachten das Duke Ellington Orchestra nun in eine Krise. Mit einem Mal war Count Basie beliebter. Aber in der zweiten Hälfte der fünfziger Jahre schaffte der Duke ein Comeback. Der Auftritt des Orchesters beim Newport Jazz Festi- val 1956 geriet zum Triumph. Bis an sein Lebensende tourte die Band von Duke Ellington rund um den Erdball – zeitweise mit so hervorragenden Solisten wie den Trompetern Cat Anderson, Willie Cook, Clark Terry und

Ray Nance sowie den Saxophonisten Johnny Hodges, Harry Carney, Jimmy Hamilton, Paul Gonsalves und Russell Procope. 1971 gastierte das Orchester auch in der Sowjetunion.

Neubearbeitungen der „Peer Gynt Suite" von Grieg und der „Nußknacker-Suite" von Tschaikowsky stießen zum Teil auf harsche Kritik der Fachpresse. Die Produktivität von Duke Ellington in seinen letzten 20 Lebensjahren war ungeheuer: Er komponierte geistliche Konzerte und große Werke wie „The New Orleans Suite", das Ballett „The River", „The Goutelas Suite" und – ganz zum Schluß, 1973 – seine „Togo Brava Suite".

Zum einen werden viele Titel aus dem Repertoire des Duke Ellington Orchestra („Rockin' In Rhythm", „Jungle Blues", „Cotton Tail", „Just Squeeze Me", „Ring Dem Bells" u. v. a.) unvergessen bleiben. Sie sind längst Jazz-Standards. Zum anderen – und das ist noch viel wesentlicher – liegt die Bedeutung Ellingtons, der kein großer Pianist war, darin, daß keiner wie er das Kollektiv eines Jazzorchesters formen konnte. Er saß hinter dem Piano, spielte lediglich ein paar kurze Überleitungen und gab seinen Solisten Einsätze. Ellington dirigierte sein Orchester gleichsam mit dem Klavier. Und vor allem perfektionierte er die großorchestrale Jazzmusik als Komponist – ob es sich um das 1937 geschriebene „Diminuendo And Crescendo In Blue", die Shakespeare-Suite „Such Sweet Thunder", „Murder In The Cathedral", „Far East Suite", „La Plus Belle Africaine" oder „Afro-Eurasian Eclipse" handelte. Duke Ellington näherte sich der europäischen sinfonischen Musik mit seiner Vorliebe für größere Formen an. In seinem Selbstverständnis – und da hatte er sicher recht – ist der amerikanische (zum Unterschied vom afrikanischen) Schwarze kulturell von der Welt der Weißen nicht weit entfernt.

Dieser vielfach, darunter von mehreren amerikanischen Präsidenten, von Universitäten und von Papst Paul VI., geehrte Musiker hat also zur Weiterentwicklung und Bereicherung des Jazz unendlich viel beigetragen. In seiner 1973 in New York erschienenen Autobiographie zog er am Ende seines dem Jazz gewidmeten Lebens folgende Bilanz: „Heute ist der Jazz eine internationale, in allen Teilen der Welt auf fast allen denkbaren Instrumenten gespielte Musikform, die so außergewöhnlich viele Varianten hervorgebracht hat, daß das einzig verbleibende Element wohl nur noch die rhythmische Vitalität ist." [69]

Seit 1959 kümmert sich die Duke Ellington Society um die Pflege seines

124

Werkes. Das Orchester wurde nach dem Tod des Duke von seinem Sohn Mercer Ellington bis zu dessen Ableben im Februar 1996 weitergeführt.

Das Duke Ellington Orchestra war zu Lebzeiten seines Gründers und Leaders ein singulärer Klangkörper. Zwar hatte diese Band ihre größte Zeit in der Swing-Ära, doch sind in ihrem Spiel wesentlich mehr Einflüsse zu erkennen.
Viel präziser trifft das Etikett Swing auf das Count Basie Orchestra zu. Basie wurde auch – quasi als direktes Gegenüber von Benny Goodman – der „schwarze King Of Swing" genannt, eine Bezeichnung, die ursprünglich auf Chick Webb gemünzt war. Tatsächlich machte Basie sehr gute Plattenumsätze, wenngleich ein weißer Bandleader die Erfolge aller anderen, selbst den von Benny Goodman, in den Schatten stellte: Glenn Miller verkaufte nämlich 1941 von seiner Version des „Chattanooga Choo Choo" mehr als 1 Million Platten. Jedenfalls sollte auch Count Basie davon profitieren, daß die großen Zigarettenfirmen in den dreißiger Jahren um die beliebtesten Big Bands für die von ihnen gesponserten Radioprogramme buhlten.

William „Count" Basie (1904-1984)

war einer der populärsten Vertreter des Kansas City Jazz. Sein Vater war in Red Bank, New Jersey, Kutscher und Hausverwalter bei einem Richter. Die Mutter, die ihm den ersten Klavierunterricht erteilte, arbeitete als Wäscherin. Schon als Kind interessierte sich Basie für das Showbusineß – allerdings nicht für Musik, sondern für den Zirkus. Als er sich schließlich doch der Musik zuwandte, war er zunächst von den Harlem-Pianisten fasziniert. Bei Fats Waller erlernte er das Orgelspiel. Damals, Anfang der zwanziger Jahre, lebte Basie von Gelegenheitsengagements. Er arbeitete in New York in Vaudeville-Shows, spielte in Stummfilmkinos, trat gelegentlich mit den Orchestern von June Clark und Elmer Snowden auf oder begleitete die Blues-Sängerinnen Clara Smith und Maggie Jones.
Dann passierte etwas, das großen Einfluß auf die Musikerkarriere Basies haben sollte: Er war mit Gonzelle White And The Big Jazz Jamboree auf Tournee in einem Ort namens Tulsa. An einem heißen Tag gegen Mittag hörte der junge Pianist aus Red Bank auf einem Lastwagen an irgendeiner

Straßenecke die Blue Devils mit dem Trompeter Oran „Hot Lips" Page. Bandleader war der Bassist Walter Page, und der Sänger hieß Jimmy Rushing. Der Stil des Orchesters war stark am Blues orientiert. Von dieser ersten Big Band, die Basie gehört hatte, war er fasziniert. Und als ihm 1928 Walter Page die Möglichkeit eröffnete, sich den Blue Devils anzuschließen, da zögerte Basie keine Sekunde. Er trat in die populärste Lokalband von Oklahoma ein. Zu diesem Zeitpunkt nannte er sich übrigens bereits Count Basie, wie man seiner Autobiographie entnehmen kann. Der Schlagzeuger Jo Jones über dieses Orchester: „Die beste Band, die ich je im Leben gehört habe, waren Walter Pages Blue Devils. Page war der musikalische Vater von Basie, Rushing und Buster Smith, jenem Altsaxophonisten, der später der musikalische Vater von Charlie Parker werden sollte. Und schließlich war Page auch mein musikalischer Vater, denn ohne ihn hätte ich nicht gewußt, wie ich Schlagzeug spielen sollte. Zwei Jahre lang erklärte mir Page, wie ich phrasieren müßte. Er brachte mir bei, was man alles mit dem Rhythmus machen kann, indem man an unerwarteten Stellen plötzlich kräftige Akzente setzt. Mit einem Wort: Er zeigte mir das, was die Leute heutzutage Dropping Bombs nennen. Nun, diese Bomben sind ganz einfach die Akzente." [70]

Count Basie über sein nächstes Engagement: „Damals, zu Beginn der dreißiger Jahre, existierte in Kansas City eine Band, die mehr oder weniger die dortige Jazzszene beherrschte. Es war die Band des verstorbenen Bennie Moten. Diese Band war außerhalb von Kansas City nie sehr bekannt geworden, weil man in jenen Tagen noch nicht die Möglichkeit hatte, eine Band durch Radio, Schallplatten und Musicboxen im ganzen Land bekannt zu machen, und weil man sich damals eine Band, die in der Provinz spielte, auch in der Provinz anhören mußte. Ja, und dann platzten die Blue Devils, und einige von uns, darunter Page und Rushing, gingen zu Bennie. Ich spielte 'drittes Klavier' in der Band, Bennie war natürlich der Tastenfürst, und sein Bruder Buster spielte Klavier und Akkordeon." [71]

1935, die Band hatte gerade ein Engagement im Rainbow Ballroom in Denver, starb Bennie Moten auf dem Operationstisch. Nun begann die Laufbahn des Bandleaders Count Basie. Buster Moten war nämlich nicht in der Lage, das Werk Bennies fortzusetzen. Also gründete Basie mit einem Teil der Musiker der Moten-Band sein erstes eigenes Ensemble. Die Band spielte fast ein Jahr lang im Reno Club in Kansas City. John Hammond und

Benny Goodman sowie dessen Agent Willard Alexander wurden auf Count Basie aufmerksam. Sie ermöglichten Plattenaufnahmen für Decca unter der Bedingung einer Erweiterung des Orchesters. 1936 spielte die Band in New York, erweiterte sich auf 14 Mann und hatte im nächsten Jahr ein Engagement im Roseland. „One O'Clock Jump", bis zum Tode Basies seine Kennmelodie, wurde der erste große Plattenerfolg.

Das Markenzeichen des Count Basie Orchestra war die All American Rhythm Section. Sie bestand aus dem Bandleader am Piano, Freddie Green an der Gitarre, Walter Page am Baß und Jo Jones am Schlagzeug. In den dreißiger und vierziger Jahren hatte Basie so großartige Solisten wie Lester Young und Herschel Evans (Tenorsaxophon), Harry Edison und Buck Clayton (Trompete) oder Dicky Wells und Vic Dickenson (Posaune) in seiner Band. Später waren Buddy Tate, Chu Berry, Joe Newman, Jay Jay Johnson, Don Byas, Marshall Royal u. v. a. im Orchester. Gelegentlich trat Basie auch mit einer kleineren Formation, der Kansas City Seven, in Erscheinung.

Wenn man in den Annalen nachliest, wann denn eigentlich der Durchbruch des Count Basie Orchestra gelungen sei, stößt man auf das Datum 16. Jänner 1938. Nach dem legendären Carnegie Hall-Konzert mit Benny Goodman, an dem Basie teilgenommen hatte, kam es im Savoy in New York zu einer „big band battle" zwischen der Truppe des Count und dem Chick Webb Orchestra. Count Basie siegte mit seinen Mannen knapp. Ab diesem Tag war seine Big Band eine der gefragtesten in der Swing-Ära.

Während die weißen Orchester weitgehend durchkomponierte Stücke spielten, beschränkte sich der Count auf karge Arrangements, die zumeist von Eddie Durham stammten. Basie fiel schon damals durch sein äußerst sparsames Spiel am Piano auf. Er setzte nur wenige Akkorde der rechten Hand ein oder – um mit Freddie Green zu sprechen – „er ergänzte das, was fehlte" in der Rhythmusgruppe. Green sah in Basie den idealen Pianisten für eine Rhythmusgruppe, „weil er offenbar immer ganz genau weiß, wo ein Akzent hingehört und wann es besser ist, ganz einfach eine Pause zu machen. Auch wenn es darum geht, mit acht Takten Klavierbegleitung eine Band in Schwung zu bringen oder Solisten zu begleiten, ist Count so ziemlich der beste Pianist, den ich kenne. Unübertrefflich ist auch die Art, wie er am Ende seines Solos den Einstieg des nächsten Solisten vorbereitet. Er läßt den Weg offen." [72]

„Topsy", „Every Tub", „Sent For You Yesterday", „Blue And Sentimental", „Jumpin' At The Woodside", „Jive At Five" und „Tickle Toe" sind erfolgreiche Basie-Platten aus seiner großen Zeit, in der er auch mit Arrangeuren wie Jimmy Mundy, Chappie Willett und Buster Harding zusammenarbeitete. Doch auch „Lester Leaps In", „Going To Chicago", „Harvard Blues" und „Beaver Junction" sind zu erwähnen.

In den fünfziger Jahren, als Count Basie nach mehrjähriger Pause wieder ein großes Orchester hatte, spielte er u. a. „Shiny Stockings" und „April In Paris" sowie die Erfolgsnummern des Vokalisten Joe Williams, „Allright, Okay, You Win" und „Every Day I Have The Blues", ein.

Gegen Ende seines Lebens arbeitete Basie mit den Arrangeuren Quincy Jones, Sam Nestico und Chico O'Farrill. Vor allem aber nahm er vielbeachtete Alben mit großen Vokalisten wie Ella Fitzgerald, Frank Sinatra, Tony Bennett, Sammy Davis jun., Bing Crosby und Kay Starr auf. Auch mit dem Blues-Sänger Joe Turner sowie Eddie „Lockjaw" Davis, Joe Pass, Clark Terry, Benny Carter und Zoot Sims kam es zu Einspielungen mit kleineren Formationen.

Es gab nur eine schwarze Big Band, deren Bedeutung jene von Count Basie übertroffen hat: Das Duke Ellington Orchestra. Ein vital swingendes Spiel mit starker Anlehnung an den Blues – so kann man die Wirkung der Basie Band in wenigen Worten charakterisieren. Übrigens wird diese Tradition bis auf den heutigen Tag weiter gepflegt. Das Count Basie Orchestra existiert nach wie vor. Nach dem Tod seines Leaders wurde das Orchester zunächst vom Trompeter Thad Jones, dann vom Tenorsaxophonisten Frank Foster und zuletzt vom Posaunisten Grover Mitchell geleitet.

Aus den erfolgreichen Big Bands der dreißiger Jahre sind – von einzelnen Solisten gegründet – neue Orchester hervorgegangen. Vor allem aus der Band von Benny Goodman verabschiedeten sich drei seiner besten Leute, um eigene Orchester zu etablieren. Ich meine den Trompeter Harry James, den Schlagzeuger Gene Krupa und den Vibraphonisten Lionel Hampton.

Goodman hatte stets Probleme im Umgang mit seinen Musikern, viele sahen in ihm einen autoritären und unnahbaren Mann mit einer Tendenz zu Depressionen. Jedenfalls hatte er nicht –

wie etwa Duke Ellington – die Gabe, sein Orchester in den wesentlichen Positionen über Jahrzehnte zusammenzuhalten.

Harry James starb 1983, nachdem Gene Krupa bereits zehn Jahre zuvor einem Schlaganfall erlegen war. Lionel Hampton hingegen war bis in die zweite Hälfte der neunziger Jahre – trotz großer gesundheitlicher Probleme – „on the road". Seine Konzerte sind Kultveranstaltungen für Swing-Fans, schließlich ist „Hamp" der letzte Überlebende einer großen Ära des Jazz. Als er Ende Jänner 1996 nach einem Schlaganfall in New Yorks Tavern On The Green mit neuer Big Band ein Comeback feierte, da jubelten die Zeitungen – und das 70 Jahre nach dem Beginn seiner Laufbahn als Berufsmusiker!

Lionel Hampton

(Jahrgang 1908 steht in seinem Reisepaß, andere Quellen geben 1909 an) stammt aus Louisville in Kentucky, wuchs aber in Chicago auf. Hier spielte er in der Defender Boy's Band, ehe er 1928 in Kalifornien in die Band von Paul Howard ging. Damals war Hamp vor allem Schlagzeuger, erst später betätigte er sich auch als Pianist, Sänger und vor allem Vibraphonist. Einen ersten großen Einfluß auf Lionel Hampton übte Jimmy Bertrand aus, der Drummer des Erskine Tate Orchestra. Dieser Bertrand war ein begnadeter Showman und Publikumsliebling. Von ihm hat sich Hamp, der „Jazz-Entertainer", viel abgeschaut.

In den zwanziger Jahren spielte Lionel Hampton bei vielen Bands, darunter jenen von Eddie Barefield und Les Hite. Als Hamp mit Hite in Frank Sebastians Cotton Club an der Westküste gastierte, war auch der später bei Duke Ellington berühmt gewordene Posaunist Lawrence Brown in der Band. Nun passierte es, daß Louis Armstrong 1930 zum Orchester Les Hite stieß, und als man eines Tages in ein Plattenstudio ging, stand dort ein Vibraphon. Auf Betreiben von Armstrong spielte Lionel Hampton einige Passagen auf diesem damals sehr seltenen Instrument für die Plattenaufnahmen. Das war der Beginn seiner Weltkarriere als Vibraphonist.

Die nächste wichtige Zäsur kam 1936. Hampton trat im Paradise Night Club auf. John Hammond und Benny Goodman hatten von ihm gehört und kamen in das Lokal. Plötzlich ging Goodman auf die Bühne und jammte mit Hamp. An einem weiteren Abend brachte er Teddy Wilson (Piano) und

Gene Krupa (Schlagzeug) mit. Es kam so zum ersten Auftritt des Benny Goodman Quartet und auch zur ersten Platte dieser Formation mit dem Titel „Moonglow". Später folgten „Dinah", „Exactly Like You" und „Vibraphone Blues". Bei zwei dieser Titel war Lionel Hampton erstmals auch als Sänger zu hören. Nachdem er von 1932 bis 1936 eine eigene Band hatte, ging Hamp nun bis 1940 als Vibraphonist zu Benny Goodman. Dort spielte er gelegentlich auch Piano und – nach dem Abgang von Gene Krupa – Schlagzeug.

Danach gründete Lionel Hampton seine eigene Big Band, mit der er 1942 mit der Platte „Flying Home" einen Smash Hit landete. Auch die Einspielungen von „Hamp's Boogie Woogie", „Hey-Ba-Ba-Re-Bop", „How High The Moon" und „The Mess Is Here" machten dieses Orchester überaus populär. Der Stil dieser Band war vom Rhythm & Blues beeinflußt. Im Lauf der Jahrzehnte beschäftigte Lionel Hampton grandiose Musiker wie Dexter Gordon, Howard McGhee, Illinois Jacquet, Ernie Royal, Milt Buckner, Johnny Griffin, Art Farmer und Quincy Jones. Außerdem entdeckte er Dinah Washington. Mit seiner inzwischen verstorbenen Frau Gladys gründete er Plattenfirmen, beteiligte sich an sozialen Stiftungen und trat – trotz mehrerer Schlaganfälle – bis in die neunziger Jahre in Amerika und Europa auf. Seine Autobiographie brachte er gemeinsam mit James Haskins unter dem Titel „Hamp" im Amistad-Verlag New York 1989 auf den Markt. Die Bedeutung von Lionel Hampton liegt vor allem darin, daß er das Vibraphon in den Jazz eingeführt hat. Er ist der letzte aktive Musiker aus der großen Zeit des Swing und gleichzeitig der letzte „Jazz-Entertainer", wie etwa auch Louis Armstrong einer war.

Während Lionel Hampton mit seinem Orchester dank seiner Agilität und seines Showtalentes musikalisch bis in die Gegenwart „überlebt" hat, blieb die Bedeutung anderer Big Bands zeitlich begrenzt. Da gab es das Orchester des Tuba-Spielers und Saxophonisten Andy Kirk (1898-1992), der ein Schüler des Vaters von Paul Whiteman, Wilberforce, war. Die größte Zeit dieser Band war Mitte der dreißiger Jahre. Damals erregte sie Aufsehen mit einigen Blues- und Boogie-Aufnahmen. Andy Kirk, ab 1952 nach Auflösung seines Orchesters im Immobilienhandel tätig, dann Hotelmanager in New York und bis in die achtziger

Jahre Funktionär der Musikergewerkschaft, stand für den Kansas City Jazz, also für jenen Stil, dem sich auch Count Basie verpflichtet fühlte. Er war gekennzeichnet durch einen vorwärtstreibenden Rhythmus, swingende Riffs (ständig wiederkehrende rhythmische Phrasen von 2 oder 4 Takten zur Spannungssteigerung) und eine starke Orientierung am Blues. Diese Spielweise geht auf das Bennie Moten Orchestra zurück und wurde u. a. auch vom Pianisten Jay McShann gepflegt.

Und da war vor allem die Big Band des Multi-Instrumentalisten Jimmie Lunceford (1902-1947), der – wie Andy Kirk – beim Vater von Paul Whiteman sowie an der Fisk University und am New York City College Musik studiert hatte. Am erfolgreichsten war dieses Orchester zwischen 1934 und 1942. In diesen Jahren nannte man es in einem Atemzug mit den Big Bands von Goodman, Ellington und Basie. Die Arrangements kamen zumeist von Sy Oliver, der dann zu Tommy Dorsey wechselte. Und Luncefords Posaunist Trummy Young spielte ab 1952 bei den Louis Armstrong All Stars. Spezialität von Lunceford war der Bounce (federnde Rhythmik in mäßig schnellem Tempo). Berühmt war die Lunceford Big Band für die in der Swing-Ära so beliebten Showeinlagen. So warfen etwa die Trompeter ihre Instrumente in die Luft, klatschten in die Hände und fingen sie wieder auf. Jimmie Lunceford, der wie Andy Kirk eine schwarze Band hatte, beeinflußte vor allem zwei weiße Bandleader: Tommy Dorsey und Stan Kenton. Während Dorsey Unterhaltungsmusik machte, ging Kenton einen völlig konträren Weg und wurde einer der raren erfolgreichen Big Band Leader der Jazzmoderne.

Stan Kenton (1911-1979)

war ein Grenzgänger im Jazz. Er ist nicht direkt dem Swing zuzuordnen, wiewohl eine der Wurzeln der Musik dieses Bandleaders, den viele mit dem Begriff Progressive Jazz assoziieren, natürlich in dieser Ära liegt.

Wie so viele Jazzmusiker erhielt Kenton von seiner Mutter den ersten Klavierunterricht, schrieb 1928 sein erstes Arrangement und hatte 1934 ein Engagement bei Everett Hoagland, dann bei Gus Arnheim, Vido Musso und Johnny Scat Davis. 1940/41 gründete Stan Kenton sein erstes Orchester, das von der Big Band Jimmie Luncefords beeinflußt war. Für manche Jazzchronisten war das Lunceford Orchestra in der zweiten Hälfte der dreißiger Jahre eine der aufregendsten Swing Big Bands. Mit „Artistry In Rhythm" und „Eager Beaver" erregte Kenton Anfang der vierziger Jahre Aufsehen. Die Orchestrierung war eigenwillig sowie pompös, und mit dem Arrangeur Pete Rugolo, der bei Darius Milhaud Komposition studiert hatte, gewann Kenton nun einen Mann, der für weitere musikalische Experimente stand.

Progressive Jazz ist eigentlich auf Rugolo zurückzuführen. Mit der Sängerin June Christy sowie den Instrumentalisten Kai Winding (Posaune), Vido Musso (Tenorsaxophon), Eddie Safranski (Baß) und Shelly Manne (Schlagzeug) wurde die Kenton Band sehr populär. Die Phase des Progressive Jazz ging über in eine Orientierung an der Afro Cuban Music, was sich in Schallplatten wie „Peanut Vendor" oder „Machito" manifestierte. Ende der vierziger Jahre wurde diese Big Band aus ökonomischen Gründen – wie viele andere auch – aufgelöst.

Doch schon 1950 versuchte Stan Kenton aufs neue, ein großes Orchester zu betreiben. Jetzt hatte er sogar eine 40-Mann-Besetzung mit Holzbläsern, Streichern und verschiedenen Rhythmusinstrumenten. Unter den Arrangeuren in dieser Periode war Chico O'Farill, den wir schon von Count Basie her kennen.

Erst 1952/53 gab es wieder eine stärkere Hinwendung zum Swing, also zu jener Jazz-Epoche, in der Stan Kenton musikalisch aufgewachsen war. Musiker wie Zoot Sims, Richie Kamuca, Lee Konitz, Conte Candoli und Frank Rosolino waren in der Band. Die Einspielungen von „Bags And Baggage" und „Swing House" oder „Young Blood", arrangiert von Gerry Mulligan, stehen für diese Kenton-Jahre. In den sechziger Jahren spielte er mit seinem Neophonic Orchestra Werke von Komponisten, die im Sinn des "Third Stream" eine Verbindung von sinfonischer Musik und Jazz anstrebten.

Stan Kenton kam aus der Swing-Ära und wurde ein Pionier des Modern Jazz. Er hat sich um die Jazzerziehung in Amerika große Verdienste erworben, weil er gegen Ende seines Lebens viel Zeit in die Arbeit an den Universitäten investierte. Und er hat im Lauf der Jahre viele große Musiker des Jazz von Art Pepper, Stan Getz und Maynard Ferguson bis zur Sängerin Anita O'Day in seinem Orchester beheimatet und somit mitgeprägt. Der Versuch Kentons, Jazz und sinfonische Musik kompositorisch zu verbinden, blieb freilich unzulänglich. Kenton hat sein musikalisches Credo einmal so zum Ausdruck gebracht: „Jazz kann arrangiert sein, braucht keinen durchgehenden Rhythmus zu haben. Jazz kann in jeder Taktart geschrieben und in jedem Stil arrangiert sein. Man kann jede Form des Solos und der Klangfarbe anwenden – die Hauptsache ist nur, daß er das verbindende Gefühl der Wärme ausstrahlt, das von der Individualität des einzelnen Musikers kommt."[73]

Wie sehr Stan Kenton die nächste und übernächste Musikergeneration beeinflußt und damit zur Ausprägung des West Coast Jazz (Beschreibung der Spielweise in Los Angeles und San Francisco in den fünfziger Jahren, die auf Kansas City Jazz, Swing, Progressive Jazz und Cool zurückgeht) mit beigetragen hat, zeigt ein Zitat des Hornisten John Graas. Er hatte eine klassische Ausbildung bei Sergeji Kussewitzky erhalten und spielte im Indianapolis Symphony Orchestra sowie bei Claude Thornhill und war im Zweiten Weltkrieg Leiter einer US-Army-Band, ehe er 1949 bei Stan Kenton landete: „In Los Angeles und Umgebung hat der Jazz einen ganz anderen Rahmen. Es fing an, als verschiedene von uns bei Stan Kenton in der Band waren. Es war etwa 1950 oder so und wir kamen von seiner zweiten Konzert-Tournee zurück. Zu uns gehörten Shorty Rogers, Shelly Manne, Art Pepper, Bud Shank, Bob Cooper, Milt Bernhart, Bob Graettinger und ich. Ich weiß noch, als wir im Bus zurückfuhren, faßten wir alle den Entschluß, daß wir an der Küste bleiben und uns in Kalifornien niederlassen wollten."[74]
Doch nicht nur der Bandleader Stan Kenton wies mit seiner Musik in die aufkommende neue Zeit des Jazz. Auch Woody Herman muß in diesem Zusammenhang genannt werden. Beide sind Paradebeispiele für die fließenden stilistischen Grenzen im Jazz. Oder anders formuliert: In den Swing Big Bands waren hervorragende ältere Musiker aus der New Orleans- oder Chicago-Tradition mit jungen Kollegen vereint, die schon dabei waren, neue Spielweisen zu entwickeln. So ergab sich eine große musikalische Bandbreite, schließlich wollte im Kampf um die Publikumsgunst jedes Orchester einen eigenen und unverwechselba-

ren Sound bieten. Dazu kam, daß die Forcierung von Solisten in den Big Bands die Kreativität jener Musiker herausforderte, die zu mehr als zum bloßen Ensemblespiel in der Lage waren. Alles in allem war die Swing-Ära nicht nur die kommerziell erfolgreichste Periode in der Jazzgeschichte, sondern auch jene, in der unzählige große Talente gediehen, vom Geiger Stuff Smith (1909-1967) über den Zigeunergitarristen Django Reinhardt (1910-1953) – er war der einzige nicht-amerikanische Musiker, der damals Einfluß auf den amerikanischen Jazz ausübte – bis zum Pianogenie Art Tatum (1909-1956).

Woody Herman (1913-1987)

hat von seinem Vater Otto die Begeisterung für Musik und Showbusineß mitbekommen. Während Otto deutscher Herkunft war, kam Mutter Martha aus Polen. Schon mit acht Jahren trat Woody Herman in einer Kinderrevue auf. Diese Show wurde vom Manager eines Kinos in Milwaukee, Ed Weisfeldt, betreut. Zu dieser Zeit sang und tanzte der kleine Woody. Versuche, Klavier und Geige zu erlernen scheiterten, da sich der Bub für diese Instrumente nicht interessierte. Saxophon und Klarinette gefielen ihm weitaus besser.

Sein Entschluß, Jazzmusiker zu werden, fiel 1925. Woody war gerade zwölf Jahre alt. Die Eltern waren nicht sehr begeistert, sie hatten eher eine Theaterkarriere für ihren Sohn beabsichtigt gehabt. Doch Woody Herman ließ sich von seiner Entscheidung nicht mehr abbringen. Nach der St. John's Cathedral High School, wo er in der Schulband spielte, trat er bei Joey Lichter auf. Mit 18 Jahren wurde Woody als Tenorsaxophonist von Tom Gerun, der ein Unterhaltungsorchester leitete, engagiert. Alle zwölf Mann mußten allabendlich auch singen. Der Saxophonstil von Woody Herman, der sich damals an Coleman Hawkins orientierte, kam beim Publikum sehr gut an. Und 1934 wechselte er zum Orchester von Isham Jones. Hier spielte Woody mehrere Saxophone sowie Klarinette und sang.

Bandleader wurde Woody Herman nach Auflösung des Jones Orchestra 1936. Mit einigen anderen Mitgliedern gründete er die Gruppe The Band That Plays The Blues. Es gab Engagements im Roseland Ballroom in Manhattan, wo zu dieser Zeit auch das Count Basie Orchestra auftrat. „Woodchoppers's Ball" und „Blues On Parade" waren erste große Erfolge der

Woody Herman Band, aber auch „Blues In The Night" von Harold Arlen und Johnny Mercer wurde, 1941 aufgenommen, gut verkauft. Allmählich bevorzugte man die Bezeichnung Woody Herman Band gegenüber dem ursprünglichen Namen The Band That Plays The Blues. Und noch etwas: Bis 1943 hatte Woody Herman eine exzellente Trompeterin und Sängerin, Billie Rogers, in seinem Orchester. Ja, und auch mit Bing Crosby wurde eine Aufnahme gemacht. Das war „Deep In The Heart Of Texas".

Den Übergang zum Bebop markierte Woody Herman's First Herd, wie diese Band um 1944 hieß. Die Bezeichnung Herd (Herde) stammte von dem Journalisten George Simon, der sich selbst einen „verhinderten Sportreporter" nannte. Mit von der Partie waren Bill Shine, Flip Phillips, Ray Wetzel, Pete Candoli, Neal Hefti und Dick Munson. 1945 entstanden dann Aufnahmen von Louis Jordans „Caledonia" und von „Happiness Is Just A Thing Called Joe", „Goosey Gander", „Northwest Passage" sowie „I've Got The World On A String". Das Magazin „Down Beat" wählte Woody Herman's First Herd – die Band brach damals alle Zuschauerrekorde – zum besten Swing-Orchester des Jahres. 1945 kam es auch zur Zusammenarbeit mit Igor Strawinsky, der in New York für Woody Herman sein „Ebony Concerto" geschrieben hatte. Wie Hermans Autobiographie zu entnehmen ist, beliefen sich die Bruttoeinnahmen seines Orchesters 1946 auf 1 Million Dollar. So erwarb Woody Herman mit seiner Frau Charlotte von Humphrey Bogart und Lauren Bacall ein Haus am Hollywood Boulevard in Los Angeles. Kurz vor seinem Tod wäre Herman, wegen hoher Steuerschulden verarmt und schwerkrank, dort fast delogiert worden.

Von 1947 bis 1949 bestand seine Band The Second Herd, deren Kennzeichen der Saxophonsatz (drei Tenorsaxophone und ein Baritonsaxophon) war. „Four Brothers", ein von Jimmy Giuffre komponiertes Stück, wurde zum Stilmerkmal dieses Orchesters. Die erste Besetzung dieses Saxophonsatzes: Zoot Sims, Stan Getz, Herbie Stewart (Tenorsaxophon) und Serge Chaloff (Baritonsaxophon). Shorty Rogers schrieb, wie Herman später erzählte, „fantastische Bebop-Nummern" für The Second Herd, doch das Publikum ging nicht im selben Maße wie früher mit, da der Stil des Orchesters nicht so populär war. Woody Herman erklärte den kommerziellen Abstieg damit, daß Bebop erst Mitte der fünfziger Jahre bei den Menschen Gefallen gefunden habe.

Nach einem Intermezzo mit einem Sextett, dem vorübergehend auch der

Bassist Oscar Pettiford, der Schlagzeuger Shelly Manne und der Trompeter Red Rodney angehörten, formierte Woody Herman 1949/50 seine Third Herd, die bis Mitte der fünfziger Jahre existierte. Danach hatte er kleinere Gruppen, aber auch Big Bands, die Thundering Herds, mit denen er die ganze Welt bereiste. Immer wieder nahm er junge Musiker in seine Bands auf und integrierte zeitgenössische Elemente wie etwa den Cool Jazz in sein Spiel.

Woody Herman, der als Klarinettist stets im Schatten von Benny Goodman gestanden war, gehörte neben Duke Ellington und Count Basie zu den großen Big Band Leadern des Jazz. Sein finanzieller Ruin geht auf seinen Manager Abe Turchen zurück, den Woody Herman feuerte, als er von der Steuerbehörde erfahren hatte, daß für 1964, 1965 und 1966 die den Musikern laut ihren Lohnstreifen einbehaltenen Beträge nicht abgeführt worden seien. Die Steuernachzahlung samt Zinsen und Geldstrafe machte 1,6 Millionen Dollar aus!

In den vierziger Jahren – Amerika war in den Zweiten Weltkrieg gegen Hitler-Deutschland eingetreten – war der Höhepunkt der Swing-Bewegung überschritten. Es ist tatsächlich berechtigt, von einer Bewegung zu sprechen, denn die Begeisterung für Swing hatte in den dreißiger Jahren zur Gründung von Fanclubs und zur Herausbildung einer eigenen Sprache, einer speziellen Mode (die Mädchen trugen weiße Schuhe, kurze weiße Strümpfe, die „bobby socks", kurze meist weiße Faltenröcke, in denen man gut tanzen konnte, Blusen und Pullover) und spezieller Verhaltensweisen geführt. Cab Calloway veröffentlichte sogar ein Lexikon des „Swing-Slang". Musik und gesellschaftliche Trends verschmolzen in den dreißiger Jahren zur Swing-Bewegung. Später erlebten wir öfter ähnliches, etwa in den sechziger Jahren das Phänomen „Beatlemania". So wie in den sechziger Jahren war auch in den dreißiger Jahren bei der Jugend, die „Lindy Hop", „Suzie-Q", „Big Apple", „Pecking", „Trucking" oder „Shag" tanzte, der Protest gegen das Establishment mit im Spiel, wenn auch nicht ganz so stark ausgeprägt. Glenn Millers „American Patrol", Charlie Barnets „Pompton Turnpik", Jimmie Luncefords „For Dancers Only" oder Jimmy Dorseys „Green Eyes" waren Tagesschlager, mit denen sich eine ganze Generation identifizierte.

Nach 1945 hielten sich, wie gesagt, nur die allerbesten Big Bands aus der Swing-Ära. Wenn auch die großen Orchester – Mitte der dreißiger Jahre hatten sie meist 3 Trompeten, 2 Posaunen, 4 oder 5 Saxophone inklusive Klarinette und eine Rhythmusgruppe aus Piano, Gitarre, Baß und Schlagzeug – typisch für jene Zeit waren, so machten doch auch kleinere Ensembles Furore: das John Kirby Sextet, Count Basies Kansas City Six (Seven) sowie die kleineren Gruppen aus der Duke Ellington Big Band oder das Benny Goodman-Trio und -Quartett.

Warum ist die Swing-Ära, die um 1930 begonnen und einen ersten Höhepunkt mit der Gründung des Benny Goodman Orchestra in der Mitte des Jahrzehnts erlebt hatte, um 1945 zu Ende gegangen? Hierfür gab es viele Ursachen, von politisch-psychologischen (Zweiter Weltkrieg) über soziale (Untergang der Ballroom-Szene) bis zu gesellschaftlichen (in Amerika kam das neue Medium Fernsehen auf). Die Zeit war also wieder einmal reif für neue Strömungen im Jazz. Das „goldene Zeitalter des Jazz", wie die Swing-Ära oft genannt wird, kann man mit einer Duke Ellington-Komposition übertiteln: „It Don't Mean A Thing If Ain't Got That Swing". Der Swing hatte viele Wurzeln, darunter der Einfluß von Pianisten wie des eingangs porträtierten Fats Waller und die Breaks (meist zweitaktige Solophrase eines Solisten, während die Band schweigt) eines Louis Armstrong. Im Swing hob sich das Instrumentalsolo stärker von der Begleitung ab, Homophonie verdrängte polyphone Strukturen, die Big Bands verlangten nach Arrangements, und weiße Musiker wie Benny Goodman, Artie Shaw oder Woody Herman wurden erstmals neben schwarzen Kollegen zu gleichberechtigten musikalischen Trendsettern. Wie hat Woody Herman einmal gesagt: „In jeder Ära hatten wir so etwas wie Swing, Boogie-Woogie und so weiter gehabt. Und jedesmal hat es deswegen denselben Aufruhr gegeben wie jetzt. Gott sei Dank wird das alles vorübergehen. Aber die Musik, die wird bleiben." [75]

137

Bebop (1940-1950)

Das Aufkommen eines neuen Jazz-Stils am Beginn der vierziger Jahre war die Reaktion schwarzer Musiker auf den Swing, der in ihren Augen zu sehr ins Kommerzielle abgedriftet war. Natürlich gab es auch prominente weiße Bebop-Musiker. An der Wiege dieses Stils standen aber ausschließlich junge Schwarze. Möglicherweise hat bei ihnen auch eine Aversion gegen die Weißen psychologisch mitgespielt, die viele große Swing-Orchester dominiert hatten.

Aber bleiben wir bei den Fakten: Ursprünglich nannte man diesen Stil Re-bop oder – bezogen auf den Schlagzeuger Kenny Clarke – Klook-Mop. Laut der Sängerin Carmen McRae bekam Clarke nämlich den Spitznamen „Klook". Und manche seiner Trommelsoli, so McRae, hätten wie Klook-a-Mop geklungen. Eine andere Erklärung läuft darauf hinaus, die Scat-Silben „be" oder „re" und „bop", mit deren Hilfe die Musiker einander komplizierte Linien vorgesungen hätten, seien Pate für den Begriff Bebop gestanden. Eine weitere Erklärung bringt den amerikanischen Halbstarkenjargon ins Spiel, in dem man unter Bebop oder Bop eine Rauferei verstand. Der Trompeter Oran „Hot Lips" Page wiederum behauptete, das Wort Bop habe Fats Waller geprägt, als ein junger Musiker einmal bei ihm eingestiegen sei und nach ein paar Takten eine Pause eingelegt habe, um für einen seiner Bop-Läufe Kraft zu sammeln. Da habe ihm Fats Waller zugerufen, er möge mit dem dummen „Geboppe" aufhören und wie ein normaler Mensch spielen.

Jedenfalls begriffen sich die schwarzen Pioniere des Bebop als „ernste" Künstler und hatten mit Entertainment – zum Unter-

schied von den Swing-Musikern – wenig im Sinn. Es ging ihnen
um den Ausbruch aus Klischees und aus harmonischer Enge.
Die verminderte Quint wurde zu einem Stilmerkmal des Bebop,
der übrigens nicht von einer Gruppe gleichsam „absichtlich"
kreiert wurde. Vielmehr reifte das neue musikalische Konzept in
den Köpfen einander unbekannter junger Leute an verschiedenen Stellen der USA unkoordiniert heran. Sie spielten mit
schnellen Tempi und raffinierter Harmonik. Überflüssiges ließen
sie weg. Ihre Musik wirkte auf viele Jazzfreunde „rasend" und
„nervös". Der Modern Jazz war geboren und seit damals ist es
mit der Gleichsetzung von Jazz und Popmusik, wie sie in den
dreißiger Jahren gegeben war, vorbei. Mit ihrer ungewohnten
Melodieführung und Phrasierung, die jede Gleichmäßigkeit vermied, polarisierten die „Bopper" die gesamte Jazzwelt. Da zogen Traditionalisten mit dem Argument in die Schlacht, der Bebop sei das Ende des Jazz. Hugues Panassié (1912-1974), der
Gründer des Hot Club de France, schrieb: „Das Publikum hat
den Bebop aus dem selben Grund mit dem Jazz verwechselt wie
20 Jahre früher den 'kommerziellen' mit dem echten Jazz: das-
selbe Repertoire, die gleichen Instrumente. Andererseits ließen
die Anhänger dieser Musik, die festgestellt hatten, daß der Bebop dem Publikum weniger zusagte als Louis Armstrong, Duke
Ellington und andere große Jazzmusiker, immer häufiger den
etwas in Verruf geratenen Ausdruck 'Bebop' zugunsten der Bezeichnung 'moderner Jazz' fallen, die den doppelten Vorteil hatte, die neue unbeständige Musik durch eine sich als solide erwie-
sene Bezeichnung zu tarnen und außerdem durch die Hinzufü-
gung des Wortes 'modern' zu 'Jazz' der uneingeweihten Masse
weiszumachen, es handle sich um eine 'zeitgenössische' Musik,
wodurch der 'alte' Jazz zu einem Museumsstück herabgesetzt
und für 'überholt' erklärt wurde. Das Publikum wurde also
nochmals getäuscht. Die Folgen dieser von manchen seit Jahren
sorgfältig geförderten Verwechslung sind für den Jazz katastro-
phal. Denn, was immer man vom musikalischen Wert des Bebop
denken mag – und es fällt aus unserem Rahmen, ihn zu würdi-
gen, da er kein Jazz ist –, eines steht fest: Der Bebop besitzt kei-

nen der Reize des Jazz … Der 'progressive' Pseudo-Jazz stellt eigentlich keinen Progreß, keinen Fortschritt, sondern einen Rückschritt auf dem Gebiete der Musik dar. Er ist keineswegs eine Neuheit, sondern eine oft erbärmliche Nachahmung der europäischen Musik. Jene Musik, die sich 'avantgardistisch' nennt, hängt im Gegenteil am Schlepptau der europäischen Musik." [76] Damit hat Panassié in seine Verdammung des Bebop auch gleich den Cool Jazz mit einbezogen.

Wenn man über diese Zeilen heute den Kopf schüttelt, so muß man sich zum besseren Verständnis dieser Kontroverse doch ein paar Jahrzehnte zurückversetzen. Da stand einem losen Kreis von jungen Jazz-Rebellen das Gros des an New Orleans-Stil und Swing gewöhnten Fans gegenüber. Sie wußten mit den neuen Tönen zunächst nichts anzufangen. Übrigens konnten sich auch prominente Musiker mit diesem neuen Stil anfangs ganz und gar nicht anfreunden. Hugues Panassié wurde nicht müde, in seinem Kreuzzug gegen den Modern Jazz Buck Clayton („Der Bebop war nicht, ist nicht und wird niemals Jazz sein."/1953), Lionel Hampton („Laßt uns den Bebop und die Progressisten begraben – es lebe der Jazz!"/1953) oder Louis Armstrong („Der Bebop ist vielleicht Musik, aber kein Jazz."/1952) zu zitieren. Der Bebop war kompliziert, und viele Jazzfreunde waren an „einfache" Musik gewöhnt, weshalb nach dem Aufkommen des neuen Stils in aller Welt die Revival-Bewegung mit ihrer Rückbesinnung auf traditionellen Jazz großen Zulauf beim Publikum hatte – auch in Europa. Dennoch hat sich der Bebop durchgesetzt, und es ist interessant zu lesen, wie Count Basie viele Jahre später diese Zeit der Kontroverse beurteilte: „Komischerweise war es damals an der Tagesordnung, daß 15 von 20 Leuten diese neue Musik nicht verstehen konnten und nicht hören wollten. Heutzutage haben die Leute das Gefühl, ihnen fehlt etwas, wenn sie die Musik der Pioniere nicht überall hören können." [77] Und Earl Hines sagte: „Nein wirklich, von der Stellung, die der Bop innerhalb des modernen Jazz einnimmt, braucht man mich nicht zu überzeugen, denn damals, 1943, als ich in meiner Band Leute wie Dizzy Gillespie oder Bennie Green und Charlie Parker (er spielte in jenen Tagen Tenorsaxophon) hatte, machten sie schon genau dieselbe Art Musik. Sie nahmen ihre Sache sehr ernst. Sie trugen Übungsbücher mit sich herum und arbeiteten sie gemeinsam in der Garderobe durch, wenn wir in einem Theater engagiert waren. Charlie hatte ein Gehirn, das wie ein Fotoapparat funktionierte. Wenn wir ein neues Arrangement probten, überflog er seine Stimme einmal und wenn wir es das zweite Mal spielen wollten, dann konnte er die ganze Geschichte schon auswendig. Natürlich habe ich vor einem Musiker dieses Kalibers Respekt." [78]

Und wie hatte das alles begonnen?

Dizzy Gillespie: „Als ich anfing, wollte ich nur Swing spielen. Roy Eldridge war mein Mann. Ich habe immer nur versucht, genauso wie er zu spielen, aber ich habe es nie ganz geschafft und das hat mich dann jedesmal scheußlich irritiert. Also versuchte ich es einmal mit etwas anderem. Daraus hat sich dann das entwickelt, was als Bop bekannt geworden ist." [79]

Kenny Clarke über die Stimmung in Minton's Playhouse, einer Brutstätte des Bebop in New York: „Roy und Dizzy verwickelten sich bei Minton's oft in musikalische Zweikämpfe. Ich glaube, Roy war damals der Favorit. Die Leute verstanden besser, was Roy spielte. Im Laufe der Zeit fingen die Musiker an, auch das zu verstehen, was Dizzy spielte, und sie vergaßen Roy vollkommen – jedenfalls, soweit sie bei Minton's verkehrten." [80]

Charlie Parker: „Ich kann mich noch genau an den Abend erinnern. Es war im Dezember 1939, also noch vor meinem Engagement bei Monroe's. Ich jammte in einem mexikanischen Restaurant an der Seventh Avenue zwischen der 139. und 140. Straße. Nun waren mir die stereotypen Harmonien, die damals überall benutzt wurden, im Laufe der Zeit immer langweiliger geworden und ich dachte ununterbrochen darüber nach, daß es doch noch etwas anderes geben müßte. Ich konnte es manchmal hören, aber ich konnte es nicht spielen. Ja, und an dem Abend nahm ich mir 'Cherokee' vor und als ich darüber so nachdachte, merkte ich, daß ich all das, was ich gehört hatte, auch spielen konnte, wenn ich die höheren Intervalle eines Akkordes als

Melodielinie benutzte und dieser neuen Melodie auch neue, sinnvoll abgeleitete Akkordfolgen unterlegte. Da wurde ich lebendig." [81]

Wenn der Bebop auch der breiten Öffentlichkeit erst Mitte der vierziger Jahre bekannt wurde, so zeigt das Zitat von Charlie Parker doch, daß dieser Stil seine gedanklichen Wurzeln bei den Pionieren dieser Musik schon Jahre früher hatte. Wie bereits im Kapitel über den Blues erwähnt, orientierten sich viele Bebop-Musiker, die zum Teil in Kansas City und im Südwesten der USA aufgewachsen waren, wieder stärker an der Blues-Tradition. Und sie erneuerten mit ihrer Spielweise Standards, die auch im Swing geläufig waren, wie „How High The Moon", „I Got Rhythm", „Indiana", das von Charlie Parker angesprochene „Cherokee" oder „'S Wonderful". Der Beat der Bebop-Schlagzeuger unterschied sich vom gleichförmigen Beat im Swing durch neue Akzente und phantasievolle rhythmische Figuren. Er gestaltete sich überaus anregend für die Solisten. Oft verschwand die im Swing beliebte Gitarre aus der Rhythmusgruppe. Später kehrte sie als Soloinstrument, den Bläsern gleichberechtigt, zurück. Lennie Tristano, der weiße Cool Jazz-Pianist, hat diesen Stil einmal als „frisch, leicht und locker" gegenüber dem „heißen, schweren und lauten" Swing bezeichnet. Ein weiteres Merkmal war das Unisono-Spiel von zwei oder mehr Blasinstrumenten (z. B. Trompete und Saxophon) bei der Präsentation eines Themas am Beginn und am Ende eines Stücks.

Das Genie des Bebop war ohne Zweifel Charlie Parker. Arrigo Polillo nannte ihn den „Picasso der afro-amerikanischen Musik".

Charlie Parker (1920-1955)

stammte wie viele andere große Jazzmusiker aus Kansas City. Zum Zeitpunkt seiner Geburt waren nur 15 % der 500 000 Einwohner der Stadt Schwarze. Vater Charles Parker sen. war ein Sänger und Tänzer aus Memphis, Mutter Addie geb. Boyle eine Dienstbotin in Häusern gutsituierter Weißer. Charlie wurde in der Crispus Attucks Grammar School und danach in der Lincoln High School untergebracht, wo er in der Schulband spielte und sich eigentlich nur für die Musikkurse wirklich interessierte. Aus den

142

Bands dieser Lincoln High School waren viele prominente Jazzmusiker hervorgegangen, darunter Walter Page, der Chef der Blue Devils in Oklahoma, der Altsaxophonist Eli Logan und Lamar Wright, Kornettist des Bennie Moten Orchestra.

Zunächst bekam Charlie Parker ein Bariton-Horn, das sehr leicht zu spielen war. Dann kaufte ihm seine Mutter ein gebrauchtes Altsaxophon, das 1898 in Paris erzeugt worden war und sehr mangelhaft funktionierte. Als 4. Saxophonist spielte er in der Tanzband Deans Of Swing mit. Je mehr sich Charlie Parker auf die Musik konzentrierte, desto schlechter wurden seine Schulerfolge. Damals blühte die Nightclub-Szene in Kansas City. In all diesen Lokalen – im Reno, Sunset, Cherry Blossom, Subway, Greenleaf Gardens, Elmer Bean's Club, Novelty Club und Vanity Fair – gab es rund um die Uhr Boogie Woogie-Pianisten, Jazz-Combos und Big Bands zu hören. Und um 1935 waren viele große Saxophonisten in der Stadt. Ben Webster spielte das Tenorsaxophon in Andy Kirks Clouds Of Joy; Lester Young, einst bei den Blue Devils, arbeitete ebenso wie Herschel Evans im Reno Club, wo Count Basie nach dem Tod Bennie Motens dessen Band neu formierte; dazu kamen die Altsaxophonisten Buster Smith, genannt „Professor", Eddie Barefield, Tommy Douglas und Woody Walden. All diese schwarzen Musiker machten ungeheuren Eindruck auf Charlie. Ihnen wollte er nacheifern.

Charlie Parker über diese Phase seines Musikerlebens: „Ich stand sehr auf Lester. Er spielte so sauber und schön. Aber ich bin von Lester nicht beeinflußt worden. Ich wollte auf etwas ganz anderes hinaus als er." [82] Übrigens war eine von Charlies Lieblingsnummern der „One O'Clock Jump" in der Interpretation von Count Basie. Und wenn Lester Young im Reno Club zu seinem Solo ansetzte, spielte Charlie im Geist mit. Er war noch keine 20, als Charlie Parker sich an Marihuanazigaretten gewöhnte. Der erste Schritt zur Drogenabhängigkeit, die ihm zum Verhängnis werden sollte, war getan. Jede Nacht schlug er sich um die Ohren, schließlich begannen die „jam sessions" im Reno Club erst gegen 5 Uhr früh. In Lokalen wie diesem – die Besitzer waren meist Unterweltler – sog Charlie Parker den Kansas City Jazz in sich auf. Er selbst stieg zum erstenmal im High Hat Club in eine Session ein. Dieser Auftritt verlief ziemlich blamabel.

Nun erkannte er die Notwendigkeit, sich musikalisch weiterzubilden. Er wußte ja nichts von Tonleitern oder dem Harmoniesystem, das Generationen europäischer Musiker erarbeitet hatten. Da blieb natürlich für die Schule keine Zeit mehr. Seine ehemaligen Kameraden in der Lincoln High School standen mittlerweile bereits vor der Abschlußprüfung. Charlie Parker hingegen trat der Musikergewerkschaft bei und spielte im Greenleaf Gardens um 1 Dollar 25 pro Nacht. Und er heiratete seinen Kindheitsschwarm Rebecca. Das Mädchen war vier Jahre älter als Charlie und interessierte sich überhaupt nicht für das Nachtleben, in dem der Ehemann zu Hause war.

Die Manager und Produzenten John Hammond, Willard Alexander von der Music Corporation Of America, einer großen Agentur, und Joe Glaser, der Mann hinter Louis Armstrong, waren durch den Erfolg des Count Basie Orchestra auf den Kansas City Jazz aufmerksam geworden und kamen 1936 auf Talentsuche in die Stadt. Charlie Parker beobachtete das Geschehen und spielte in der Band von Tommy Douglas, einem der Lokalmatadore nach der Abwanderung von Count Basie. Von Douglas lernte Parker, der sich inzwischen um ein paar hundert Dollar ein neues Saxophon gekauft hatte, sehr viel. Bei einer Session im Reno Club mit dem Basie-Schlagzeuger Jo Jones blamierte sich Charlie Parker aber wieder einmal in der Öffentlichkeit.

Er ging nach Chicago und New York, wo er in Jimmy's Chicken Shack in Harlem als Küchengehilfe arbeitete. In diesem Lokal spielte der Pianist Art Tatum. Und wenn er beim Savoy Ballroom vorbeischaute, erlebte Charlie Parker das Chick Webb Orchestra. Arbeitszeit für Küchengehilfen war im Chicken Shack von Mitternacht bis 8 Uhr früh. Dafür gab es 9 Dollar pro Woche. Natürlich hielt es Charlie dort nicht lange aus. Sein nächstes Engagement als Saxophonist war im Parisien, einem Animierlokal mit Callgirls. 1939 war ein wichtiges Jahr für Charlie Parker. In Kansas City stellte nämlich der Pianist Jay McShann eine neue Band mit Unterstützung des Geschäftsmannes Walter Bales, der auch Count Basie gesponsert hatte, zusammen. Gene Ramey spielte Baß, Gus Johnson Schlagzeug und Walter Brown sang im Stil Jimmy Rushings. Gitarrist war Leonard „Lucky" Enois. Zu erwähnen sind noch die beiden Trompeter Orville „Piggy" Minor und Bernard „Buddy" Anderson, Posaunist Bud Gould, die Tenorsaxophonisten Bab Mabane und William J. Scott sowie John Jackson am Altsaxophon. Zweiter Altsaxophonist war Charlie Parker, der bei Jay McShann eine ähnliche Rolle spielte wie Lester Young bei Count Basie. Im folgenden Jahr wurde eine Reihe von Titeln für das Radio („Wichita Transcriptions") aufgenommen: „I Found A New Baby", „Body And Soul", „Honey-suckle Rose", „Lady Be Good", „Coquette" und „Moten Swing". Parker war eindeutig der beste Solist in dieser Band. Übrigens wurde er irgendwann 1941 auf einer Tournee mit der Jay McShann Band in Jackson in Mississippi gemeinsam mit Walter Brown verhaftet, weil die beiden nach der gesetzlichen Sperrstunde das Licht auf der Veranda ihrer Pension hatten brennen lassen. Man verprügelte Charlie Parker, den man in Musiker-kreisen „Bird" (Vogel) oder „Yardbird" (Hof-Vogel, Slangausdruck für einen eben eingezogenen Rekruten) nannte. Und zur Erinnerung an diese Begegnung mit der Polizei schrieb er die „Yardbird Suite". Für Parker offenbarte sich in diesem Ereignis der manifeste Rassismus im amerikanischen Süden. Für seine Generation schwarzer Jazzmusiker waren diese Zustände natürlich inakzeptabel. In Louis Armstrong sahen diese jungen Schwarzen einen Showman, der den Weißen gefallen wollte, einen „Uncle Tom". Der blinde Sänger Al Hibbler stieß zur Band und wurde ein guter Freund von Charlie Parker, der es liebte, ihn am Saxophon bei den Balladen „Blue Champagne" oder „Old Folks" zu begleiten. In New Orleans spielte die Jay McShann Band ein paar Nummern auf Platte ein. Vor allem „Confession' The Blues" mit dem Sänger Walter Brown wurde ein großer Erfolg. 500 000 verkaufte Exemplare waren sehr beachtlich für die frühen vierziger Jahre. Nicht ganz so erfolgreich war „Hootie Blues". Jay Mc-Shann hatte ja den Spitznamen „Hootie".

Im Jänner 1942 hatte die Jay McShann Band ihren ersten Auftritt im Savoy Ballroom in New York. Zweites Orchester an diesem Abend war jenes von Lucky Millinder mit Dizzy Gillespie als Trompeter und Sister Rosetta Tharpe als Sängerin. Nun wurde die Jazzwelt auf Charlie Parker, diesen 22jährigen Altsaxophonisten, aufmerksam. Vor allem seine Improvisationen über das Thema von „Cherokee" begeisterten Musikerkollegen wie den Schlagzeuger Sid Catlett, Bassist Chubby Jackson sowie die Trompeter Howard McGhee und Dizzy Gillespie. Die große Zeit der Big Bands neigte sich mittlerweile bereits dem Ende zu. Amerika war in den Zweiten Weltkrieg eingetreten, man erließ Reisebeschränkungen, und wehrpflichtige Musiker mußten sich registrieren lassen. Charlie Parker verließ 1942 die Jay Mc Shann Band und blieb in Harlem. Dem Militärdienst entkam er.
Jetzt begann die eigentliche Ausformung des Bebop in Minton's Playhouse. Dieses schäbige Lokal in der 118. Straße, benannt nach seinem

Eigentümer Henry Minton und gemanagt vom ehemaligen Armstrong-Saxophonisten Teddy Hill, hatte eine Hausband unter Leitung des Drummers Kenny „Klook" Clarke mit Thelonious Monk am Klavier. Immer wieder stiegen prominente Musiker, die auf Besuch im Club waren, ein. Minton's Playhouse wurde zu einer Attraktion in der New Yorker Szene – auch für Charlie Parker, der zumeist in Monroe's Uptown House auftrat, wo ihn Kenny Clarke und Thelonious Monk aufspürten. Parker war heruntergekommen, hatte kaum Geld zum Leben und war längst bei harten Drogen wie Heroin und Morphium gelandet. Eine zweite Ehe war zerbrochen, und ein Engagement im Earl Hines Orchestra war gleichsam die Rettung in letzter Minute. In dieser Band mußte Charlie Parker, wie schon erwähnt, Tenorsaxophon spielen. Dizzy Gillespie war auch in der Band und übte in der Freizeit gemeinsam mit Charlie Parker. Damals, 1943, stieß die Sängerin Sarah Vaughan zur Band, die mit Billy Eckstine auch einen männlichen Top-Vokalisten in ihren Reihen hatte. Parker begleitete Sarah Vaughan auf dem ungewohnten Tenorsaxophon bei „You Are My First Love". Letztlich zerbrach das Earl Hines Orchestra an der sich auftuenden Kluft zwischen traditionalistischen Musikern und Beboppern. Charlie Parker wurde Führer des Saxophonsatzes in einer neuen Band von Billy Eckstine, auf den noch ausführlicher eingegangen wird. Dizzy Gillespie war erster Trompeter, und Bennie Green führte den Posaunensatz an. In dieser Band fühlten sich die Avantgardisten wohl, doch Charlie Parker beging einige Disziplinlosigkeiten und sprang bald wieder ab.

The Street, einst Zentrum des Swing in New York, beheimatete 1944 in den verschiedenen Clubs Jazzgrößen wie Sidney Bechet, Coleman Hawkins, Art Tatum oder Fats Waller. Es war die Zeit der kleinen Formationen. Combos waren für die Lokalbesitzer eben wesentlich billiger als Big Bands. Charlie Parker spielte im Three Deuces, wo auch der Pianist Erroll Garner engagiert war, und nahm mit Clyde Hart (Piano), Jimmy Butts (Baß), Doc West (Schlagzeug) und Tony Grimes (Gesang) ein paar Platten auf, darunter „Red Cross" mit einem brillanten Solo am Altsaxophon und „Tiny's Tempo". Diese beiden Titel waren in jeder Jukebox zu hören und machten Parker populär.

Gemeinsam mit Dizzy Gillespie (Trompete) formte Charlie Parker nun jene kleine Band, die zum Kultensemble für Bebop-Fans wurde. Al Haig spielte Piano, Curly Russell Baß und Stan Levey Schlagzeug. Im Three Deuces bildete sich ihr berühmtes Repertoire heraus mit Nummern wie „Night In Tunisia", „Salt Peanuts" „Round About Midnight", „Swingmatism" oder „Anthropology". Die avantgardistische Jugend kam und war begeistert, die Kritiker allerdings verrissen die Musik von Parker und Gillespie.

Der Kreis junger Leute, die sich für Bebop begeisterten, wurde in den vierziger Jahren „Hipsters" genannt. In ihrem Selbstverständnis waren sie nicht bürgerlich, heute würde man sagen: sie waren anti-establishment orientiert. In ihrem vom Jazz geprägten Lebensgefühl wollten sie ganz einfach „dazugehören". So wie die Swing-Enthusiasten ein paar Jahre zuvor entwickelten sie ihre eigene Umgangssprache, ihre ganz spezielle Mode und neue Verhaltensweisen. Allerdings war die geringe Breitenwirkung der „Hipsters" in der Gesellschaft mit jener der Swing-Enthusiasten nicht zu vergleichen. Diese „Hipsters" erkoren Charlie Parker zu ihrem Idol. Der freilich wurde immer weniger mit seinem Ruhm fertig. Er aß übermäßig, trank Unmengen Alkohol, schlief mit jeder Frau, die ihm gefiel, und begann seinen Tag in der Regel erst am Abend. Charlie Parker kam von den Drogen nicht mehr los.

Und dennoch machte er Mitte der vierziger Jahre ganz exzellente Plattenaufnahmen, z. B. für Comet unter der Leitung von Red Norvo mit Teddy Wilson (Piano), Flip Phillips (Tenorsaxophon), Slam Stewart (Baß) und J. C. Heard (Schlagzeug). Oder für Savoy u. a. mit dem Schlagzeuger Max Roach und dem 19jährigen Trompeter Miles Davis. Savoy pries diese Einspielungen später als „Greatest Recording Session In Modern Jazz History" an. Darunter waren Titel wie „Billie's Bounce", „Now's The Time" und „Koko".

Als mit dem Ende des Zweiten Weltkriegs Rauschgiftrazzien dem Treiben im Umkreis der Street in New York ein Ende bereiteten, brachte ein aufregendes Sextett, bestehend aus Charlie Parker (Altsaxophon), Dizzy Gillespie (Trompete), Al Haig (Piano), Ray Brown (Baß), Stan Levey (Schlagzeug) und Milt „Bags" Jackson (Vibraphon) den Bebop in Billy Bergs Jazz-Bistro nach Hollywood an der Westküste. Hier an der Westküste stand Charlie Parker im Rahmen eines von Norman Granz organisierten Konzerts auch erstmals gemeinsam mit Lester Young auf einer Bühne.

Die Mitglieder des Sextetts flogen nach diesem Engagement zurück nach New York, nicht aber Charlie Parker. Er blieb in Kalifornien und machte den Club Finale zu einem neuen Zentrum des Bebop. Die Sessions in diesem Lokal im Jahr 1946 mit Musikern wie Stan Getz, Zoot Sims, Miles Davis, Red Rodney, Gerry Mulligan und Charlie Ventura sind in die Jazzgeschichte eingegangen.

Doch Charlie Parker, ausgezehrt durch Drogenexzesse und Alkoholismus, war physisch am Ende. Eine üble Rolle spielte sein Freund und Betreuer Dean Benedetti, der Parker laufend mit harten Drogen versorgte. Charlie Parker setzte eines Tages sein Hotelbett in Brand, brach zusammen und wurde von seinen Freunden in der psychiatrischen Abteilung eines Krankenhauses gefunden. In der Nervenanstalt von Camarillo erholte er sich, wurde entlassen und ging nach 16 Monaten in Kalifornien zurück nach New York.

Im Three Deuces spielte – alternierend mit dem Lennie Tristano Trio – das Charlie Parker Quintet mit dem Leader am Altsaxophon, Miles Davis an der Trompete, Duke Jordan am Piano, Tommy Potter am Baß und Max Roach am Schlagzeug. Jetzt war der Bebop auch beim breiteren Publikum halbwegs akzeptiert. Bei einem Konzert in der Carnegie Hall traten mit der Dizzy Gillespie Big Band und dem Charlie Parker Quintet die beiden beliebtesten Bebop-Gruppen auf. Gillespie und Parker spielten ein paar Nummern gemeinsam, ein illegaler Mitschnitt dieses denkwürdigen Konzerts erschien unter dem Titel „A Night At Carnegie Hall – Bird And Diz In Concert" auf dem Markt.

Einige der interessantesten Plattenaufnahmen Charlie Parkers kamen 1947 für die Firmen Dial und Savoy zustande. Doch 1949 wurde für eine Aufnahmesitzung in Manhattan eine einzigartige Band zusammengestellt, die die besten Musiker umfaßte: Dizzy Gillespie, Miles Davis und Fats Navarro (Trompete); Jay Jay Johnson und Kai Winding (Posaune); Buddy De Franco (Klarinette); Charlie Parker (Altsaxophon); Charlie Ventura (Tenorsaxophon); Ernie Caceres (Baritonsaxophon); Lennie Tristano (Piano); Billy Bauer (Gitarre); Eddie Safransky (Baß) und Shelly Manne (Schlagzeug). Pete Rugolo, der Stan Kenton-Arrangeur, hatte die musikalische Leitung. Metronome All Stars wurde diese Band genannt.

Charlie Parker war auf dem Höhepunkt seiner Popularität angelangt und nahm 1949 am Jazz Festival in Paris teil, wo es zu einer Begegnung mit dem französischen Philosophen Jean Paul Sartre kam. In New York spielte er mit einem Kammerorchester das Album „Charlie Parker With Strings" ein. Sogar ein neues großes Jazzlokal benannte man nach Charlie „Bird" Parker.

Es hieß Birdland (The Jazz Corner Of The World). Am Eröffnungsabend, dem 15. Dezember 1949, erfüllte er einen besonderen Wunsch eines Radiohörers und improvisierte über „White Christmas".

Plattenaufnahmen mit neuer Band, Konzertreisen nach Europa und immer wieder Drogenexzesse. Das war der Lebensrhythmus von Charlie Parker Anfang der fünfziger Jahre. Er spielte mit Red Rodney, Charles Mingus, Sonny Rollins, Bud Powell, Percy Heath und Philly Joe Jones. In diesen letzten Lebensjahren fand Parker in Baronin Pannonica de Koenigswarter, einer Schwester von Victor de Rothschild, Unterstützung. Ihre Suite im Hotel Stanhope auf der 5th Avenue war Treffpunkt der Jazzelite. Man nannte sie „Nica" oder „Jazz-Baroneß". Thelonious Monk hatte ihr sein „Pannonica" und Freddie Redd seine Komposition „Nica" gewidmet. Die Baronin setzte sich für Charlie Parker ein, der durch Intervention von Anwälten seine entzogene „cabaret card" zurückbekam und wieder in New York auftreten konnte. Doch schon waren neue Jazz-Sterne am Horizont, und der Ruhm des Charlie Parker, der 1954 mit dem Stan Kenton Orchestra auftrat, schien zu verblassen. Am 12. März 1955 starb Parker in der Hotel-Suite von Pannonica de Koenigswarter.

Charlie Parker war ein musikalischer Revolutionär. Das, was Louis Armstrong für den traditionellen Jazz war, bedeutete Charlie Parker für den modernen Jazz. Nach ihm spielten alle anders. Irgendwann gegen das Ende seiner Tage kam Charlie Parker die späte Einsicht: „Jeder Musiker, der sagt, daß er besser spielt, wenn er Marihuana raucht, Morphium spritzt oder säuft, ist ein ganz gemeiner Lügner. Wenn ich zuviel getrunken habe, kann ich nicht einmal die Finger richtig bewegen, geschweige denn, vernünftige Ideen spielen. Und zu der Zeit, als ich dem Zeug verfallen war, hatte ich vielleicht geglaubt, ich spielte besser. Aber wenn ich mir jetzt Platten von damals anhöre, weiß ich, daß ich schlechter gespielt habe. Es gibt unter den jungen Musikern ein paar Überschlaue, die glauben, man könne nur dann guten Jazz spielen, wenn man total voll ist. Sie sind glatt verrückt. Es ist nicht wahr. Ich weiß es, glaubt mir." [83]

Billy Eckstine über die Entstehung des Bebop: „Der moderne Jazz oder Bop war eine Neuformung altbekannter Dinge. Neue Akkorde und Harmoniefolgen entstanden. Bird darf das Verdienst für sich in Anspruch nehmen, die Sachen zum erstenmal gespielt zu haben. Dizzy hat es dann zu Papier gebracht. Und das ist der Punkt, den immer alle Leute durcheinanderbringen. Sie sagten: 'Bird war es' oder 'Dizzy war es' – aber es handelt sich um zwei grundverschiedene Dinge. Die ganze Schule hörte genau hin, wenn Bird etwas spielte. Alles, was er tat, war so spontan und unbewußt, daß er selbst es oft gar nicht merkte, wenn er einmal wieder ein klassisches Meisterwerk geschaffen hatte. Dizzy hingegen wußte ganz genau, was er tat. Er saß da, und alles, was er spielte, hatte Methode, war theoretisch fundiert. Er ist eben ein Mensch, aus dem man sehr schwer schlau wird. Und raffiniert ist er, müssen Sie wissen! Er ist einer der ausgekochtesten Burschen in der Branche. Er kennt sich in der Musik aus wie kein zweiter und weiß genau, wie der Hase läuft. So erklärt es sich auch, daß er nie etwas vergißt, was er einmal gehört hat. Er behält alles, auch wenn man glaubt, es sei zum einen Ohr hinein- und zum anderen wieder herausgegangen. Er merkt sich jeden Ton. Anschließend geht er nach Hause und tüftelt so lange herum, bis er die Zusammenhänge begriffen hat. So sind im Modern Jazz die Arrangements, die neuen Harmoniefolgen und ähnliche Dinge entstanden, für die Dizzy verantwortlich ist. Das muß man einfach zugeben." [84]

Und Coleman Hawkins über die aufregenden vierziger Jahre: „Die Leute sagen immer, wie neu und anders doch alles gewesen ist, was Monk und Bird und Dizzy damals spielten. Ich für meine Person kann dazu nur sagen: Was sie auch machten, das machten sie gut, und was sie auch spielten, das gefiel mir. Und es fiel mir nicht im geringsten schwer, bei ihnen einzusteigen. Dazu war ich in der Lage, weil ich so lange und gründlich Musik studiert hatte, nicht nur mein Horn, sondern auch Komposition, Arrangieren und alles das." [85]

„Dizzy" John Birks Gillespie (1917-1993)

war vom Temperament her völlig konträr zu Charlie Parker. Während Parker als schwierig und launisch, ja als aggressiv galt, war Gillespie zugänglich und humorvoll. Er fand sofort Kontakt zu seinem Publikum und war damit eine Art Wortführer des Bebop. Jedenfalls mobilisierte er weit mehr Sympathie als Charlie Parker. Die „Hipsters" ahmten sein Auftreten nach, indem sie wie Dizzy eine Baskenmütze trugen und eine Brille mit schwerer Fassung aufsetzten. Gillespie fiel es stets leicht, sich durchzusetzen, und er war der einzige Bebop-Pionier, der jahrelang eine Big Band zusammenhalten konnte. Schließlich blieb er auch nach dem Ende der Bebop-Ära bis in seine letzten Tage ein anerkannter und gefragter Solist auf der Trompete. Er, der sich an Roy Eldridge orientiert hatte, war in den vierziger Jahren der bedeutendste Trompeter nach Louis Armstrong. Count Basie hat gar einmal gemeint, Dizzy habe „75 Prozent des modernen Jazz geschaffen".

Gillespie stammte aus sehr bescheidenen Verhältnissen. Der Vater war Maurer und Amateurmusiker. Als letztes von neun Kindern kam Dizzy als John Birks Gillespie in Cheraw in South Carolina zur Welt. Der Vater brachte ihm bei, mehrere Instrumente nach dem Gehör zu spielen. Leider starb er, als Dizzy gerade zehn Jahre alt war. Erstmals wirkliches Interesse an der Musik zeigte der junge Mann 1921, also im Alter von nur vier Jahren.

Der Bub besuchte die Robert Smalls School. Die Mutter, die zu Lebzeiten des Vaters nicht arbeiten gegangen war, mußte nun den Familienunterhalt verdienen. Dizzy unterstützte sie durch Gelegenheitsarbeiten, wie Rasenmähen bei Nachbarn, so gut er konnte. In seinen Memoiren erwähnte er, daß er schon im Alter von acht Jahren den sozialen Unterschied zwischen Schwarzen und Weißen registriert hatte. Damals wurde er von einem Weißen als „Nigger" beschimpft und in eine Schlägerei verwickelt. Noch als Zögling der Robert Smalls School, etwa um 1930, machte er bei Minstrel-Shows mit – und zwar als Posaunist. Die jungen Leute traten auch außerhalb der Schule auf und spielten Stücke wie „I Can't Dance, I Got Ants In My Pants" und den „Limehouse Blues" oder Titel wie „Moonglow" und „Wild Goose Chase" aus dem Repertoire des Casa Loma Orchestra. Dizzy führte bei diesen Auftritten seine Spezialität, den Snake Hips-Tanz vor, bei dem er sich bis auf den Boden hinunterschlängelte, und bekam jedesmal ein paar Dollar zugeworfen. Jetzt widmete er sich schon dem Trompetenspiel, übte intensiv und erlernte das Notenlesen. Als Dizzy 15 war, fühlte er sich schon recht sicher auf dem Instrument. Seine Idole waren damals neben dem Trompeter Roy Eldridge der Tenorsaxophonist Chu Berry und der Posaunist Dickie Wells. Teddy Hills Band, die er in einer Radio-Livesendung aus dem Savoy Ballroom in New York gehört hatte, gefiel ihm ganz besonders gut. Im Sommer 1933 ging Dizzy zum Straßenbau, fühlte sich der schweren Arbeit aber nicht gewachsen und beschloß, Berufsmusiker zu werden. Er studierte am Laurinburg Institute Of Music und trat 1935 in Philadelphia in das Frank Fairfax Orchestra ein. Das war endlich der Big Band-Job, den er sich gewünscht hatte. Und hier bekam er auch den Spitznamen „Dizzy" (der Verwirrte), und zwar vom Trompeter Palmer „Fats" Davis. Bald spielte Dizzy Gillespie in dieser Band mit den beiden angesehenen Trompetern Charlie Shavers und Carl Warwick zusammen. Die „3 Musketiere" wurden sie genannt, wobei Dizzy oft während des Spielens aufstand und herumtanzte.

In Philadelphia war die Jazzszene in den dreißiger Jahren sehr rege. Dizzy Gillespie spielte mit Frank Fairfax im Club The Rafters, die Teddy Hill Band spielte im Lincoln Theatre und das Duke Ellington Orchestra im Nixon Grand. Schließlich wurde Dizzy von Lucky Millinder nach New York geholt und ging, wann immer er konnte, in den Savoy Ballroom. Dort spielte er gelegentlich mit Willie Bryant, Claude Hopkins und Chick Webb. Dabei lernte er den kubanischen Trompeter Mario Bauza kennen, der ihm die lateinamerikanischen Rhythmen näherbrachte.

1937 landete Dizzy Gillespie in der Band von Teddy Hill, mit dem er eine Europatournee unternahm und Roy Eldridge ersetzte. Sechs Wochen war die Truppe in Paris, vier in London sowie je zwei in Dublin und in Manchester. Das Programm hieß „Cotton Club Show". Dizzy verdiente auf der Tournee 70 Dollar pro Woche. Wieder zurück in den Staaten, engagierte Teddy Hill den Schlagzeuger Kenny Clarke, was der Band mit einem Schlag einen neuen Stil gab. Dieser Teddy Hill wurde später, wie erwähnt, Manager von Minton's Playhouse.

Dizzy Gillespie wechselte zuerst zu Edgar Hayes und dann zu Cab Calloway. Außerdem nahm er eine Platte mit der Lionel Hampton Band auf – mit Benny Carter am Altsaxophon; Chu Berry, Ben Webster und Coleman Hawkins am Tenorsaxophon; Charlie Christian an der Gitarre; Milt Hinton am Baß; Clyde Hart am Piano; Cozy Cole am Schlagzeug und Hampton am Vibraphon. Einer der Titel hieß „Hot Mallets". Mit Cab Calloway wurden später u. a. die Nummern „Bye Bye Blues", „Papa's In Bed With His Britches On", „Boo-Wah-Boo-Wah" und „Come On With The Come On" eingespielt. Nach eigener Einschätzung spielte Dizzy jetzt schon recht progressiv, von Bebop war aber noch keine Rede. In den folgenden Jahren ging er aber häufig zu den Sessions in Minton's Playhouse. Eine kleine Gruppe innerhalb der Calloway Band hieß The Cab Jivers. Neben Cozy Cole, Chu Berry und Danny Barker gehörte ihr Milt Hinton an, der sich erinnert: „Dizzy arbeitete an einer Erneuerung der harmonischen Struktur. Seine Musik war viel aufregender als die Chu Berrys. Sie war der Beginn einer neuen Richtung. Noch hatte Dizzy nicht genug Technik, um das, was ihm vorschwebte, auch wirklich spielen zu können. Es fehlte der letzte Schliff, und so manches blieb vorläufig noch im Versuch stecken. Aber ich verstand, was er vorhatte, und ich bewunderte ihn deshalb." [86]

So wie Charlie Parker entkam auch Dizzy Gillespie bei Ausbruch des Zweiten Weltkriegs dem Militärdienst, heiratete und verließ nach einem Streit mit Cab Calloway dessen Orchester. Bei den Sessions in Minton's Playhouse lernte Dizzy jetzt viel von Thelonious Monk. Später erzählte Gillespie, Monks Piano-Beitrag zum Bebop sei „harmonisch und spirituell" gewesen und Kenny Clarke habe „rhythmische Neuerungen" beigesteuert. Seine, Dizzys, eigenen Beiträge seien „lateinamerikanische Rhythmen, zusammen mit Harmonien" gewesen. Bekanntlich hatten nur Monk und Clarke einen fixen Job in der Hausband in Minton's Playhouse, Gillespie und Parker kamen bloß zu Sessions hin – oder sie spielten in Monroe's Uptown House.

Zwischendurch spielte Dizzy Gillespie 1941 bei Coleman Hawkins im Club Kelly's Stables, dann bei Benny Carter und bei Charlie Barnet, einem weißen Orchester. Wie wir gesehen haben, war es bis dahin – sieht man von Benny Goodman einmal ab – unüblich, daß schwarze Musiker in weißen Bands mitwirkten.

Damals, bei Charlie Barnet, entwickelte Dizzy die Gewohnheit, seine Trompete während des Spiels stets nach oben zu halten. Und er machte die Erfahrung, daß in weißen Bands wie dieser oder der von Boyd Raeburn alles standardisiert war. Ein neuer Musiker mußte an seiner Spielweise nicht viel ändern. Anders bei den schwarzen Bands, von denen jede ihren eigenen Sound hatte. Nächste Station von Dizzy Gillespie war ein schwarzes Orchester, nämlich das von Les Hite. Es folgten Engagements bei Claude Hopkins, Fess Williams, Calvin Jackson, Boyd Raeburn und Lucky Millinder, mit dem er u.a. den Titel „Little John Special" auf Platte aufnahm.

Dann, Ende 1942, kam die gemeinsame Zeit mit Charlie Parker im Earl Hines Orchestra. Dizzy beschrieb diese Band später als „besonders wunderbar". Er und Charlie Parker (am Tenorsaxophon) hätten einander gegenseitig inspiriert, erzählte Dizzy Gillespie über seinen neuen Freund.

Für ganze vier Wochen spielte Dizzy auf Empfehlung des Leadtrompeters Wallace Jones vom Ellington Orchestra als Ersatzmann in der Big Band des Duke. Bei einem Engagement im Capitol Theatre am Broadway war auch die Sängerin Lena Horne mit dabei. Die kurze Zeit bei Ellington war für Dizzy Gillespie „etwas völlig Neues", er mußte „alles erraten".

Einem Intermezzo bei John Kirby folgte der Eintritt in die neue Band Billy Eckstines. Für Dizzy war dieses Orchester schon deshalb „einmalig auf der ganzen Welt", weil es Bebop, den aktuellen Stil, spielte. Sieben Monate blieb Dizzy Gillespie als musikalischer Direktor bei Billy Eckstine, der das Nachfolgeproblem folgendermaßen löste: „Dizzy Gillespie verließ meine Band in Washington D.C., weil er seinen eigenen Haufen zusammenstellen wollte. Er kam an und sagte mir, ich sollte doch einmal in den Louisiana Club hinübergehen, wo Andy Kirk arbeitete, denn der hätte einen Trompeter in der Band, der Fats Navarro hieß: 'Hör' ihn Dir einmal an', sagte Dizzy, 'er ist das Letzte!' (Im Slang der Schwarzen haben Worte häufig die genau entgegengesetzte Bedeutung: „bad" heißt hier also nicht schlecht, sondern sehr gut). Also ging ich in den Club. Nun war Howard McGhee damals der Startrompeter von Kirk, und infolgedessen durfte Fats während der Bühnenshow nur ein Solo blasen, aber was er da im Hintergrund spielte, war wirklich das Letzte und ich sagte zu mir: 'Nicht uneben, könnte man wagen.' Ich überredete Fats, einmal bei mir vorbeizukommen und die Sache mit mir durchzusprechen, und ungefähr zwei Wochen danach nahm er Dizzys Platz ein. Und, glauben Sie mir, er füllte ihn aus, voll und ganz. Er spielte Dizzys Soli, nicht Note für Note, aber mit einem ähnlichen feeling und mit genausoviel swing." [87] Diese Schilderung beweist, daß Dizzy Gillespie damals schon ein stilbildender Trompeter war.

Gemeinsam mit dem Bassisten Oscar Pettiford gründete Dizzy 1944 eine Combo, der George Wallington am Klavier und Max Roach am Schlagzeug angehörten. Dann gesellte sich im Onyx Club der Tenorsaxophonist Don Byas hinzu. Charlie Parker war gerade in Kansas City und stand somit nicht zur Verfügung. Im Rückblick war diese Formation für Dizzy „der Beginn der Bebop-Ära und unser Durchbruch". Man spielte Standards, die

man so veränderte, daß sie das Publikum kaum erkannte: „Night And Day",
„How High The Moon", „Lover" oder „What Is This Thing Called Love".
„How High The Moon" hatte Dizzy Gillespie 1942 von Nat King Cole in
Kelly's Stables gelernt. Jetzt machte er daraus „Ornithology". Und aus
„What Is This Thing Called Love" wurde „Hot House". Nicht nur die har-
monischen, auch die rhythmischen Strukturen der Songs waren verändert
worden.

Eine seiner vielen Kompositionen, die damals geschrieben wurden, nannte
Dizzy „Bebop". Und nun stand das Wort Bebop auch zum erstenmal in der
Zeitung. Max Roach meinte einmal, als die neue Musik entstand, habe in
Minton's Playhouse niemand von Bebop gesprochen. Nicht die schwarzen
Musiker hätten das Wort Bebop erfunden, sondern die Weißen, die immer
„alles etikettieren" müssen. Tatsächlich kamen plötzlich immer häufiger
weiße Musiker wie Jimmy Dorsey in den Onyx Club, um den neuen Stil zu
hören.

Das Haus von Dizzy Gillespie in Harlem wurde zur „Zentrale unserer
modernen Musik". Ray Brown, Max Roach, Kinney Dorham, Thelonious
Monk und Miles Davis verbrachten hier viele Stunden, um sich von Dizzy
den Bebop erklären zu lassen. Es folgte die Formierung der ersten Dizzy
Gillespie Big Band 1945. Und dann kam die Zeit der gemeinsamen Combo
mit Charlie Parker im Three Deuces, von der an anderer Stelle schon erzählt wurde. Für Dizzy Gillespie hatte nun „unsere Musik den Höhepunkt
der Perfektion erreicht". Übrigens dementierte Dizzy in seinen Memoiren
„To Be Or Not To Bop" alle Gerüchte, wonach es damals zu dauernden
Spannungen, ja zu Feindseligkeiten zwischen ihm und Charlie Parker
gekommen sei. Parker sei „musikalisch die andere Seite meines Herzschla-
ges" und der Vibraphonist Milt Jackson „ein neuer Senkrechtstarter in unserer Musik" gewesen, schrieb Dizzy Gillespie über das Engagement des
Sextetts in Billy Bergs Jazz-Bistro in Hollywood.

Dann, in seiner neuen Big Band, gemanagt von Milt Shaw, hatte Dizzy Bud
Powell am Klavier und Max Roach am Schlagzeug. Aus diesem Orchester,
das bis 1950 existierte, sind viele grandiose Musiker hervorgegangen: Milt
Jackson und Ray Brown waren dabei, aber auch James Moody, Kenny
Clarke, Cecil Payne, Benny Harris, Jay Jay Johnson und Yusuf Lateef.
Zwei Europatourneen verliefen triumphal, und auch das schon in der Bio-
graphie von Charlie Parker erwähnte Konzert in der New Yorker Carnegie

Hall mehrte das Ansehen des Orchesters. Bei diesem Konzert 1947 wurden u. a. John Lewis' „Toccata For Trumpet And Orchestra", Tadd Damerons „Good Bait" und „Cubana Be, Cubana Bop" mit dem Conga-Drummer Chano Pozo aufgeführt. John Lewis, der als Pianist des Modern Jazz Quartet bekannt wurde, hatte Dizzy Gillespie 1946 durch Kenny Clarke kennengelernt.

Übrigens litt Dizzy Gillespie Ende der vierziger Jahre unter den vielen – zum Teil negativen – Klischees, die in den Medien über die Bebopper kolportiert wurden. Eines dieser Klischees, wonach die schwarzen Musiker fast alle harte Drogen nahmen, war allerdings nicht ganz falsch. Dizzy bekannte ein, selbst „Pot" geraucht oder mit Benzadrin experimentiert zu haben. Nie habe er jedoch daran gedacht, harte Drogen – wie etwa Charlie Parker es tat – zu konsumieren.

Dizzy Gillespie begeisterte sich für den Sänger Paul Robeson, in dem er einen Vorläufer von Martin Luther King und einen „politisch engagierten Künstler" sah. Während andere Musiker zu dieser Zeit der Kommunistischen Partei der USA sehr nahe standen, berichtete Dizzy, er habe sich nur zweimal als Streikposten zur Verfügung gestellt. Er und die anderen Bebopper verachteten die „Squares", die den vom Establishment diktierten Lebensstil inklusive der Kultur akzeptierten. Die Ansichten der „Squares" standen denen der „Hipsters" diametral entgegen.

1950 spürte Dizzy Gillespie, daß der Bebop aus der Mode gekommen war. Er löste seine Big Band, in der zum Schluß so bedeutende Saxophonisten wie Paul Gonsalves, John Coltrane und Jimmy Heath saßen, auf. Die Ära des Cool Jazz begann anzubrechen, und Gunther Schuller brachte den Begriff „Third Stream" in die Jazz-Diskussion ein. Damit meinte er einen „dritten Strom" zwischen Jazz und Klassik, zwischen E- und U-Musik. Dizzy Gillespie hatte damit nichts im Sinn. Er sagte dazu, es gebe nur *einen* Strom. Er sei immer in der Hauptströmung, im Mainstream, als Musiker tätig gewesen.

Nun spielte Dizzy gelegentlich mit Charlie Parker und dem für ihn zusammengestellten Streichorchester im Birdland, ging in den frühen fünfziger Jahren mit dem Stan Kenton Orchestra auf Tournee oder musizierte mit kleinen Gruppen. Die Plattenfirma Dee Gee Records wurde als eigenes Gillespie-Label gegründet. 1951 kam es in Detroit zur Aufnahme von „Tin Tin Deo", „We Love To Boogie" und ein paar Gesangsnummern, die Dizzy gemeinsam mit der Vokalistin Joe Carroll bestritt, wie „School Days" oder „Swing Low, Sweet Cadillac". Die Plattenfirma scheiterte und Dizzy Gillespie versuchte jetzt, durch komische Einlagen bei seinen Live-Auftritten beim Publikum besser anzukommen. Er war gewiß in einer künstlerischen und ökonomischen Krise. Also versuchte er sein Glück mit Rhythm & Blues.

In die Geschichte eingegangen ist ein Konzert, das 1953 unter Mitwirkung von Charlie Parker und Bud Powell in der Massey Hall in Toronto stattfand. Am Baß war Charles Mingus, der mit seinem privaten Magnetophon einen Mitschnitt anfertigte, der später auf Platte herauskam. Noch einen Vorfall von Bedeutung gibt es aus dem Jahr 1953 zu berichten: In einem Lokal namens Snookie, wo Dizzy Gillespie eines Abends engagiert war, verlor einer der anderen Musiker sein Gleichgewicht und fiel auf die abgestellte Trompete. Der Schalltrichter war verbogen und stand senkrecht in die Luft. Das Instrument hatte mit einem Mal einen viel weicheren Klang. In der Folge ließ sich Dizzy eine Spezialtrompete anfertigen, bei welcher der Schalltrichter in einem Winkel von 45 Grad angeschraubt war. Bis zu seinem Tod spielte er mit seinen berühmten aufgeblasenen Backen auf einem solchen Modell. Es wurde zu seinem Markenzeichen.

Charlie Parker war tot, und die Bebop-Epoche gehörte bereits der Jazzgeschichte an, da begann Dizzy Gillespie, dessen Anteil an diesem Stil nach Meinung des Impresarios Norman Granz gegenüber jenem von Bird unterschätzt wurde, im Sommer 1955 an der Lenox School Of Music zu unterrichten. Andere Lehrkräfte waren John Lewis, Milt Jackson, Max Roach und George Russell.

1961 wurde Dizzy Gillespie in die „Down Beat"-Hall Of Fame gewählt, und drei Jahre später bewarb er sich als unabhängiger Kandidat bei Präsidentschaftswahlen. Er arbeitete mit Lalo Schifrin, dem Pianisten, Arrangeur und Dirigenten, der Jahrzehnte später mit dem Projekt "Jazz Meets The Symphony" Aufsehen erregte, zusammen, hatte vorübergehend wieder Big Bands, trat in Filmen wie „The Hole" auf, empfing diverse Ehrungen und zeichnete sich bis zuletzt durch einen klaren Trompetenton mit großer Treffsicherheit in der Höhe aus. Seine wichtigsten Kompositionen, die in diesem Kapitel zum Teil schon angesprochen wurden, sind „Night In Tunisia", „Salt Peanuts", „Bebop", „Manteca" und „Con Alma". In seinen letzten Lebensjahren war Dizzy Gillespie Anhänger des Baha'i-Glaubens, der die Gleichheit aller Menschen lehrt und damit die Überlegenheit irgendeiner Rasse in Abrede stellt.

Mary Lou Williams über die New Yorker Jazzszene an der Schwelle von den dreißiger zu den vierziger Jahren: „Thelonious Monk und ein paar junge Musiker, die zu den gescheitesten ihrer Generation gehörten, beklagten sich immer wieder: 'Es hat gar keinen Sinn, daß wir uns so viel Mühe geben, etwas Neues zu machen. Wir haben ja doch nichts davon'. Und sie hatten ihre Gründe, wenn sie so etwas sagten. Im Musikgeschäft hatte es ein echtes Talent verdammt schwer. Jeder ist das Produkt seiner Publicity, und fast jeder kann berühmt werden, wenn er das Geld für den dazugehörigen Reklamerummel hat. Am Ende glaubt das Publikum doch, was es liest. Daher hat es das echte Talent oft schwer, sich durchzusetzen und in der Öffentlichkeit bekannt zu werden. Monk sagte jedenfalls: 'Wir machen eine Big Band auf. Wir kreieren eine ganz neue Musik. Wir bringen etwas, was sie uns nicht stehlen können, weil sie es nicht spielen können.' Mehr als ein Dutzend Leute waren an dem Gedanken interessiert, und die Band fing an, irgendwo im Parterre eines Hauses zu proben. Monk schrieb die Arrangements und später auch Bud Powell und, wenn ich mich nicht irre, Milt Jackson. Jeder trug etwas zu den Arrangements bei, und einige waren äußerst schwierig. Nicht einmal diese Könner kriegten sie immer richtig hin. Dann kam die übliche Geschichte. Man wurde hungrig, also mußte man sich irgendwo Arbeit suchen. Und jeder ging in eine andere Band. Monk besorgte sich einen Job in Minton's Playhouse, der Wiege des Bop, und nach Feierabend traf sich alles zum Jammen, und es dauerte nicht lange, und man konnte bei Minton's vor lauter Musikern und Instrumenten kaum zur Türe hineinkommen." [88]

Thelonious Monk (1917-1982)

wuchs in New York auf und hatte bald privaten Klavierunterricht. Seine Mutter, eine Sängerin, begleitete er in der Kirche, er trat bei Parties als Pianist auf und machte sich in der Jazzwelt bemerkbar, als er Anfang der vierziger Jahre mit Kenny Clarke zur Hausband in Minton's Playhouse gehörte. Mary Lou Williams, die große Pianistin, hat ihn in diesem Lokal gehört: „Als Thelonious Monk zum erstenmal im Minton's spielte, gab es nur wenige Musiker, die mit seinen Harmonien klarkamen. Charlie Christian, Kenny Clarke, Idrees Sulieman und noch ein paar andere waren die einzigen, die mit Monk zusammen spielen konnten." [89] Und der Schlagzeuger Kenny Clarke erzählte einmal: „Es war Teddy Hill, der Manager von Minton's Playhouse, der Monk fest engagiert hatte. Er hatte da ein sehr originelles System. Er engagierte die Musiker und machte dann immer den, den er für den verantwortungsbewußtesten hielt, zum Leiter der Combo. Monk und ich haben übrigens 'Epistrophy' zusammen geschrieben. Es war eine der ersten Original-Kompositionen des modernen Jazz." [90]

Monk war schon damals ein etwas schrulliger Einzelgänger. Musikerkollegen beschrieben ihn als infantilen Egozentriker und seltsamen Menschen mit eigenartigem Benehmen. Immer verfolgte der Pianist Thelonious Monk eigene Wege. Sein zweites Engagement neben jenem in Minton's Playhouse hatte er bei Coleman Hawkins im Yacht Club. Und ab 1947 spielte er für Blue Note ein paar Platten ein, die – mit Ausnahme des Kritikers Paul Bacon – durchwegs verrissen wurden. Diese mit verschiedenen Formationen eingespielten Aufnahmen mit unruhiger und spannungsgeladener Musik kamen nämlich zu einem Zeitpunkt auf den Markt, als bereits die sauberen Klänge des Cool Jazz in Mode waren.

Von 1951 bis 1957 waren ihm öffentliche Auftritte in New York polizeilich untersagt, weil man bei ihm Rauschgift im Auto gefunden hatte. Seine Frau verdiente in diesen Jahren ein bißchen Geld als Schneiderin und Angestellte, Monk selbst bekam bloß die Tantiemen für seine Platten. In diese Phase fielen einige Aufnahmen für das Label Swing, für Prestige und für Riverside.

Erst nach 1957 – dank der Baronin Nica de Koenigswarter kam Thelonious Monk wieder in den Besitz der „cabaret card" und konnte im Five Spot auftreten – kam es zu interessanten und auch erfolgreichen Plattenaufnahmen. In seinem Quartett spielte John Coltrane Tenor- und Sopransaxophon.

159

Monk schlug die Tasten mit flach ausgestreckten Fingern und fand erstmals breitere Anerkennung als Komponist und Instrumentalist. Gunther Schuller ortete eine Vorliebe Monks für Dissonanzen, weil dieser Schwierigkeiten habe, mit flachen Fingern große Intervalle zu greifen. Stets baute er die harmonische Struktur eines Stücks neu auf.

Bereits im Alter von 19 Jahren hatte Monk den Titel „Round About Midnight" (gemeinsam mit Cootie Williams) geschrieben. Es folgten viele andere Nummern wie „Crepuscule With Nellie", „Criss Cross", „Misterioso", „Evidence", „Straight, No Chaser", „Off Minor", „Blue Monk", „Well You Needn't", „Bemsha Swing", „Locomotive", „I Mean You", „Ruby My Dear", „Think Of One", „Thelonious" u.a.. Er schrieb auch die Musik zu dem französischen Film „Liaisons Dangereuses", trat in der TV-Show „The Sound Of Jazz" und im Film „Jazz On A Summer's Day" auf bzw. gastierte in Europa.

Johnny Griffin ersetzte John Coltrane 1958 im Quartett von Thelonious Monk, der nun auf dem Höhepunkt seines Schaffens angelangt war. Konzerte in der Town Hall (1959), in der Philharmonic Hall (1963) und in der Carnegie Hall (1964) brachten ihm Anerkennung bei Publikum und Kritik. Schließlich ersetzte Charlie Rouse Johnny Griffin, und 1964 widmete „Time" Thelonious Monk eine große Geschichte. Musikalisch kam aber jetzt nichts Neues mehr von Monk. Anfang der siebziger Jahre genoß er während einer von George Wein organisierten Tournee mit den „Giants Of Jazz" – außer Monk waren Dizzy Gillespie, Kai Winding, Sonny Stitt, Al McKibbon und Art Blakey mit dabei – die Zustimmung in Amerika und anderswo.

Das Spiel Thelonious Monks galt als richtungsweisend für den Jazz der sechziger Jahre. Insofern wirkte er weit über den Bebop hinaus, in den er dissonante Harmonien eingeführt hatte. So wurde Monk, der ursprünglich ein Swing-Musiker war, wovon seine Aufnahme von „Stompin' At The Savoy" (1941) mit Charlie Christian zeugt, zu einem der wichtigsten Exponenten des Modern Jazz.

Neben dem Gitarristen Charlie Christian gab es noch andere Swing-Musiker, die in den vierziger Jahren Wegbereiter des Bebop wurden: Der Trompeter Roy Eldridge wurde schon im Zusammenhang mit Dizzy Gillespie erwähnt, es sind aber auch

Johnny Griffin

Dave Brubeck, Gerry Mulligan †

Oscar Peterson

Lionel Hampton

Ray Brown, Barney Kessel

Benny Golson, Curtis Fuller

Jimmy Smith

Wynton Marsalis

James Morrison

Ella Fitzgerald †

Anita O' Day

B. B. King

Ray Charles

Tony Bennett

Betty Carter

Stephane Grappelli

Jean „Toots" Thielemans

Charles Lloyd

Clark Terry

Archie Shepp

Lester Bowie

Max Roach

Barrett Deems

Al Jarreau

Bobby McFerrin

Pharoah Sanders

Sonny Rollins

Terry Gibbs, Buddy de Franco

Ornette Coleman

Art Farmer

Freddie Hubbard

Cecil Taylor

Benny Green

Joe Henderson

Lee Konitz

Hans Koller, Phil Woods

Oscar Klein

Al Grey, Benny Carter

Donald Byrd

Tommy Flanagan

Manhattan Transfer

Modern Jazz Quartett
Bundespräsident Thomas Klestil

George Benson

John Scofield

Herbie Hancock

Michael & Randy Brecker

Herb Ellis, Red Mitchell

Wayne Shorter

Monti Alexander

George Shearing

Louie Bellson

Abdullah Ibrahim
Gerhard Randa
Joe Zawinul

Jimmy Witherspoon

der Tenorsaxophonist Lester Young, der Pianist Clyde Hart, der Bassist Jimmy Blanton und die Schlagzeuger Dave Tough sowie Jo Jones zu nennen. Vor allem Young und Christian steuerten ein neugewonnenes Verhältnis zu Rhythmus, Harmonik und Ton bei.

Die Rolle der Weißen bei der Ausformung des Bebop war lange Zeit umstritten. Heute kann man feststellen, daß natürlich schwarze Musiker wie Charlie Parker oder Dizzy Gillespie stilbildend waren, aber die Weißen Red Rodney (Trompete), Lee Konitz (Altsaxophon), George Wallington und Al Haig (Piano) sowie Stan Levey und Shelly Manne (Schlagzeug) müssen ebenso gewürdigt werden. Auch Terry Gibbs (Vibraphon) darf man nicht vergessen.

Für Leonard Feather besteht die größte Errungenschaft des Bebop darin, „daß er die Schleusen der Inspiration für eine ganze Musikergeneration geöffnet hat; er brach mit seiner neuen Palette melodischer, rhythmischer und tonaler Werte alte Schranken nieder; er war wegweisend zu einer Zeit, als nur sehr wenige Zuhörer sich um einen neuen Weg zu kümmern schienen. Der Bop lebt, und lange nachdem die Männer, die ihn geschaffen haben, von uns gegangen sind, werden uns ihre Platten an etwas erinnern, das während der großen Tage von Gillespie, Parker, Powell, Monk und all den anderen so schwer zu beweisen war: Daß sie einer Idee folgten, deren Zeit reif war". [91]

Bud Powell (1924-1966),

der Bruder von Richie Powell, einem Pianisten und Arrangeur, kam aus einer Musikerfamilie. Als Pianist spielte Bud Powell bei verschiedenen Bands in Coney Island, nahm an den berühmten Bebop-Sessions in Minton's Playhouse teil und arbeitete 1943/44 bei dem Trompeter Cootie Williams. Ursprünglich stand Powell unter dem Einfluß der Pianisten Art Tatum, Earl Hines und Billy Kyle. Auf einer Einspielung des „Blue Garden Blues", einer Version des „Royal Garden Blues", aus dem August 1944 mit der Band von Cootie Williams spielte er bereits unverkennbar Bebop.

Als Dizzy Gillespie 1943/44 seine Combo zusammenstellte, wollte er Bud Powell engagieren. Der Pianist Billy Taylor erinnert sich an diese Band:

„Sie bestand aus Dizzy, Bird, Don Byas, Max Roach und Oscar Pettiford. Der Pianist sollte Bud Powell sein, aber Bud spielte in Cootie Williams' Band und war noch minderjährig. Cootie war sein Vormund und wollte ihn nicht gehen lassen. Also spielte die Band am Premierenabend ohne Piano. Ich arbeitete damals in The Street zusammen mit Ben Webster und in den Pausen zwischen den Serien ging ich hinüber und stieg bei Dizzys Band ein. Ich rannte so lange hin und her, bis es Alexander, meinem Chef in den Three Deuces, zu bunt wurde und er mich kurzerhand an die Luft setzte. Übrigens wurde George Wallington schließlich der Pianist bei Dizzy." [(92)]

Ähnlich wie Charlie Parker war Bud Powell eine der vielen tragischen Musikerpersönlichkeiten des Bebop. 1945 in Philadelphia nach einer Sauforgie mit anschließendem Krawall erstmals verhaftet und in eine Pflegeanstalt in Long Island eingewiesen, trat bei Powell immer deutlicher eine schwere Geisteskrankheit zutage. Der Alkoholiker saß oft stundenlang schweigend da und starrte ins Leere. Er spielte mit John Kirby, Dizzy Gillespie, Allan Eager, Dexter Gordon, Jay Jay Johnson, Sonny Stitt und Kenny Clarke. In den Aufnahmen von „Fat Boy", „Webb City", „Epistrophy" und „Royal Roost" ist das sehr kraftvolle Klavierspiel Bud Powells deutlich zu erkennen. Charles Delaunay, der französische Jazzkritiker und – was ihn von Hugues Panassié unterschied – Bebop-Fan, hatte diese Einspielungen für die Plattenfirma Swing initiiert, um das Publikum in seiner Heimat mit dem neuen Stil vertraut zu machen. Das war Mitte der vierziger Jahre. Während man bei Earl Hines vom „Trompeten-Stil" in Anlehnung an Louis Armstrong gesprochen hatte, nannte man Bud Powells Spielweise am Klavier den „Saxophon-Stil". Dies deshalb, weil seine Musik eine Übertragung des Saxophons von Charlie Parker auf das Piano darstellte.

Powell verfügte über eine meisterhafte Technik, die vor allem bei schnellen Tempi zum Ausdruck kam. Sein Spiel war zumeist mitreißend, heftig und aufgeregt. Von seinem Vorbild Thelonious Monk unterschied ihn bald seine ungezügelte Erfindungskraft, aber auch seine mangelhafte Pflege der musikalischen Form. Mit Charlie Parker nahm er 1947 u. a. „Chasin' The Bird" und „Buzzy" auf. Und 1949 spielte er mit seinem Quintett, dem Fats Navarro an der Trompete und Sonny Rollins am Saxophon angehörten, für Blue Note u. a. „Wail", „Dance Of The Infidels", „Bouncin' With Bud" – alle drei Titel Eigenkompositionen – und Thelonious Monks „52nd Street Theme" auf. Aber Bud Powell machte auch vielbeachtete Trio-Aufnahmen,

z. B. von „Un Poco Loco", „Parisian Thoroughfare", „Celia", „Tempus Fugue – It" und „Hallucinations", „Tea For Two" oder „Sweet Georgia Brown".

Nach einer schweren Krise 1951 – Bud Powell wurde wegen Rauschgift-besitzes verhaftet und war zwei Jahre in Gefängnissen und in Spitälern, wo man Schizophrenie gepaart mit Drogensucht und Alkoholismus diagnosti-zierte – war seine große Zeit vorbei. Sein gesetzlicher Vormund war Oscar Goldstein, der das Birdland in New York betrieb, wo Powell noch gele-gentlich auftrat. Zwar entstanden noch Plattenaufnahmen, etwa von „Col-lard Green And Black Eye Peas", „Glass Enclosure" und „Sure Thing" für Blue Note oder später „Bud On Bach", „Duid Deed", „Cleopatra's Dream" und „Comin' Up", doch – abgesehen von einem recht gelungenen Auftritt mit Kenny Clarke, Oscar Pettiford und Coleman Hawkins beim Jazz-Festi-val Essen 1960 – bot der Pianist physisch ein Bild des Jammers. In Europa erkrankte Bud Powell 1963 überdies an einer schweren Tuberkulose. Nach seiner Rückkehr nach Amerika mit seinem Freund, dem jazzbegeisterten französischen Zeichner Francis Paudras, feierte man ihn noch ausgiebig im Birdland. Dann war Bud Powell ein paar Wochen bei Baronin Nica de Koenigswarter, zog nach Brooklyn und war für die Jazzwelt verschollen. Zwei Auftritte im März 1965 bei einem Konzert anläßlich des 10. Todes-tages von Charlie Parker in der Carnegie Hall und dann bei einem Auftritt mit Avantgarde-Musikern in der Town Hall markierten seinen Abschied aus der Musikszene.

Was von Bud Powell blieb, war die Begründung einer „Schule", ähnlich dem einst prägenden Einfluß eines Earl Hines oder Teddy Wilson. Horace Silver, Elmo Hope, Toshiko Akiyoshi, Barbara Carroll, Kenny Drew, Barry Harris, Red Garland und Wynton Kelly wurden ebenso wie viele andere Pianisten von Bud Powell beeinflußt.

In diesem Kapitel war viel von den Drogenproblemen schwarzer Bebop-Musiker die Rede. Fast alle Größen der vierziger Jahre waren davon betroffen, auch der Trompeter Fats Navarro, ge-nannt „Fat Girl". Carmen McRae berichtet: „Fats war ein Prachtkerl – ehe er mit dem Rauschgift anfing, meine ich. Er war freundlich zu allen Leuten und lachte immer. Sie nannten ihn Fat Girl, weil er wie eine Art Engel aussah, mit runden dicken Backen und einem gewaltigen Bauch. Und er war so jung! Er war noch in den Zwanzigern, als er starb. Ich hörte, er soll nur noch zwischen 50 und 55 Kilo gewogen haben. Und vorher wog er mindestens 85 Kilo." [93] Vielleicht gibt es einen direkten Zusammenhang zwischen der urwüchsigen Kraft des Bebop und den tragischen Existenzen eines Charlie Parker, Bud Powell, Fats Navarro und so vieler anderer. Sie waren von psychischen Krankheiten, Drogensucht und Alkoholismus gezeichnet, aber indem sie ihr persönliches Leid in ihre Kunst einbrachten, schufen sie den modernen Jazz.

Einer aus der Riege der großen Bebop-Musiker ist bis in unsere Tage hochaktiv: Der Schlagzeuger Max Roach. Und gerade in den neunziger Jahren besinnen sich viele neotraditionalistische Musiker wieder verstärkt auf den Bebop. Was als Rebellion gegen den Swing begonnen hatte, wurde zum anerkannten Teil der Jazzgeschichte. Dizzy Gillespie hat einmal gesagt, wenn eine Musik, die für ihre Zeit geschaffen worden ist, so lange lebe, dann müsse etwas sehr Bedeutendes an ihr sein. Die Rolle der Musik gehe Hand in Hand mit der Veränderung der Gesellschaft, mit sozialen Reformen. Die Musik müsse die Gesellschaft reflektieren. Die Musiker seien von dieser Gesellschaft abhängig, weil sie von ihr getragen werden, so einer der Pioniere des Bebop.

Cool Jazz (1950-1955)

Dieser Ende der vierziger Jahre entstandene Stil stellt eine Gegenreaktion auf den „nervösen" Bebop dar. Unter den Pionieren des Cool Jazz waren viele weiße Musiker, welche die formale Armut des Jazz durch Übernahme von Elementen der europäisch-sinfonischen Musik überwinden wollten. Schon in den zwanziger Jahren (Bix Beiderbecke, Bud Freeman, Frank Trumbauer) und in den dreißiger Jahren (Red Norvo, Lester Young, Andy Kirk) gab es eine „kühle" Spielweise. Jetzt ging es einer neuen Generation von Musikern darum, auf der Basis des Bebop eine Art „Kunstmusik" (Arrigo Polillo) zu schaffen. Vor allem weiße Musiker, die nicht in einem Schwarzen-Ghetto einer amerikanischen Großstadt aufgewachsen waren und daher mit dem Blues im Spiel eines Charlie Parker nicht allzuviel anfangen konnten, orientierten sich weit eher an Harmonik, Melodik und Rhythmik dieses Bebop-Pioniers.

Man muß sich die gesellschaftlichen Verhältnisse in Amerika um 1950 vergegenwärtigen: Die Nachkriegseuphorie war vorbei, das schon erwähnte Big Band-Sterben hatte sich infolge der ökonomischen Verhältnisse weiter fortgesetzt, The Street in New York beheimatete nun weit mehr Strip-Lokale als Jazz-Clubs, kurzum: Das Musikgeschäft war kaputt.

Den Schöpfern des Cool Jazz war es ein Anliegen, die vielen unter der Trademark Bebop eingeführten Neuerungen musikalisch zu vertiefen und auch gefälliger im Sinn von attraktiver für ein breiteres Publikum zu machen. Das Wort „cool" wurde übrigens Lester Young zugeschrieben und tauchte in Bebop-Kompositionen wie „Cool Blues" und „Cool Breeze" erstmals auf. Folglich stand diese Bezeichnung zunächst nicht für die „Kühle" des folgenden Cool Jazz. Vielmehr sollte „cool" die heiße Spielweise des Bebop charakterisieren. In der Zeitschrift „Metronome" schrieb Lennie Tristano 1947, der Bebop sei „cool". Erst die Weiterentwicklung des Bebop in Form des Cool Jazz brachte die für diesen Stil typische gelassene Musik, die sich durch eine nichtdynamische Schlagzeugbegleitung auszeichnete.

Lennie Tristano (1919-1978),

ein von Geburt an schwachsichtiger und im Alter von 28 Jahren total erblindeter Pianist aus Chicago, war eine Zentralfigur des Cool Jazz. So wie die meisten führenden Protagonisten dieser Spielweise absolvierte auch Tristano ein Hochschulstudium. Er inskribierte am American Conservatory Of Music in Chicago, spielte zunächst Cello, Klarinette und Saxophon und wirkte in einer Dixieland-Band sowie in einer Rumba-Kapelle mit, ehe er sich dem Klavier verschrieb. 1946 kam Tristano nach New York und gründete hier vorerst ein Trio, dem abwechselnd Chubby Jackson, Billy Bauer, Arnold Fishkin und Leonard Gaskin angehörten. 1949 wurde das Ensemble zu einem Sextett erweitert. Mit dabei waren jetzt der Schlagzeuger Mel Zednick und zwei Tristano-Schüler, die Saxophonisten Lee Konitz und Warne Marsh. Und 1951 eröffnete Lennie Tristano seine „New York School Of Music". Hier erfuhr der Cool Jazz seine musiktheoretische Untermauerung. Stets verstand sich Lennie Tristano vor allem auch als Musikpädagoge.

Der Sohn einer italienischen Einwandererfamilie hatte schon als Bub Gefallen am Jazz gefunden. Frühzeitig imitierte er Art Tatum. Später beeindruckte er den erwähnten Kreis von Musikern – den jungen Altsaxophonisten Lee Konitz und einige Mitglieder des Woody Herman Orchestra, eben den Gitarristen Billy Bauer und den Bassisten Chubby Jackson, aber auch Arnold Fishkin. Aus den Trio-Aufnahmen ist vor allem das gelungene „I Can't Get Started" zu nennen. Berühmte Beispiele der Lennie Tristano-Schule sind die späteren Einspielungen „Tautology", „Subconscious Lee", „Progression", „June", „Wow", „Crosscurrent", „Sax Of A Kind", „Marionette", „Institution", „Digression" und „Yesterdays". Diese Interpretationen waren durch große formale Strenge gekennzeichnet. Tristano und seine Mitstreiter schätzten das freizügige Improvisieren, die Intuition ihrer Musik wurde besonders betont. Die Konzertplakate trugen meist sogar den

Aufdruck „Lennie Tristano And His Intuitive Music". Manche Titel der Gruppen Tristanos bescherten dem Publikum so etwas wie eine Vorahnung auf den späteren Free Jazz.

Ab 1951, als Lennie Tristano noch „Pastime" und „Ju-Ju" für sein eigenes Label aufnahm, wurden seine öffentlichen Auftritte rarer. In seinem Lehrstudio in der 32. Straße in Manhattan gaben einander Vertreter des traditionellen Jazz wie Bud Freeman und Bob Wilber, Komponisten wie William Russo, der moderne Trompeter Don Ferrara, der Posaunist Willie Dennis, Altsaxophonist Phil Woods und der englische Pianist Ronnie Ball ein Stelldichein. Erst 1955 trat Tristano wieder auf – in einem chinesischen Restaurant in der 52. Straße, gemeinsam mit Lee Konitz und fallweise Kenny Clarke (Schlagzeug). In diesem Lokal namens Confucius wurden einige Nummern live mitgeschnitten, darunter „Turkish Mambo". Die Bänder erfuhren eine besondere – und in der Öffentlichkeit heftig umstrittene – Bearbeitung: Die Geschwindigkeit der Aufnahmen wurde erhöht, mehrere Klavierpartien übereinandergelegt und die Rhythmusgruppe separat dazugeschnitten. Schließlich mußte Tristano sein Handeln in „Down Beat" verteidigen. Zwei der besten Stücke auf dieser LP waren „Requiem", dem Andenken an seinen Freund Charlie Parker gewidmet, und „Line Up".

In der Folge trat Lennie Tristano erst Ende der fünfziger Jahre wieder öffentlich bei Konzerten und im Fernsehen auf. Im Sommer 1965 gastierte er erstmals in einigen europäischen Ländern als Solo-Pianist bei Festivals. 1968 gab er ein Konzert in Harrogate in England und 1969 war Tristano bei den Berliner Jazztagen. Er starb als einsamer und in Vergessenheit geratener Künstler. Die große Bedeutung dieses weißen Musikers liegt in der von ihm betriebenen Erweiterung der Harmonien, einer kontrapunktischen Satzgestaltung mit linearer Melodik, vor allem aber in der Einbeziehung der Atonalität.

So wie der Bebop etwa zur gleichen Zeit unabgesprochen von einander unbekannten Musikern an ganz verschiedenen Orten der USA entwickelt worden war, geschah es auch mit dem Cool Jazz. Man nannte die Protagonisten des neuen Stils „Coolsters". Da gab es neben der ausführlich beschriebenen Gruppe um Lennie Tristano in New York auch noch einen Kreis um den Multi-Instrumentalisten und Arrangeur Gene Roland, der ein Orchester mit 4 Tenorsaxophonisten, u. a. mit Stan Getz und Al Cohn, gründete. Und da war in San Francisco eine Gruppe um den Pianisten Dave Brubeck. Hier an der Westküste machte er erstmals von sich reden.

Dave Brubeck (Jahrgang 1920)

stammt aus Concord in Kalifornien. Er bekam den ersten Klavierunterricht von seiner Mutter, lernte Violoncello und war 1941/42 am College Of Pacific, wo er eine 12-Mann-Band leitete. Am Mills College in Oakland studierte er bei Darius Milhaud und später bei Arnold Schönberg.

So wie Lennie Tristano hat sich Brubeck früh eine enge Beziehung zur abendländischen Musiktradition, insbesondere zum Barock, erworben. Waren Tristanos Baßlinien kontrapunktisch im Sinne der Barockmusik, so integrierte Brubeck viele Elemente der europäischen Musik, nicht nur aus dem Barock, sondern bis hin zur Moderne, in sein Klavierspiel. Freilich entbrannten in der Jazzwelt bald heftige Kontroversen, ob das Spiel Brubecks „swinge".

1946 gründete Dave Brubeck ein Oktett, 1949 ein Trio und 1951 schließlich sein berühmtes Quartett mit Paul Desmond (Altsaxophon) und diversen Rhythmusgruppen, wobei vor allem Gene Wright (Baß) und Joe Morello (Schlagzeug) zu erwähnen sind. Von Paul Desmond stammt auch der Erfolgstitel „Take Five", ein Jazzthema im 5/4-Takt. Nach 1968 wurde Paul Desmond gelegentlich durch den Baritonsaxophonisten Gerry Mulligan ersetzt.

Bis in die zweite Hälfte der neunziger Jahre tourte Dave Brubeck mit einem neuen Quartett, dem u. a. Bill Smith (Klarinette) angehörte, oder mit seiner Familienband Two Generations Of Brubeck, die sich einer rock-betonteren Spielweise verpflichtet fühlt, um die Welt.

Paul Desmond über seine erste Begegnung mit Dave Brubeck: „Ich lernte Dave 1944 in San Francisco kennen, da war er Soldat. Wir fanden uns zu einer schnell improvisierten Session zusammen, fingen an, 'Blues in B' zu spielen, und der erste Akkord, den Dave auf dem Klavier anschlug, war ein G-Dur-Dreiklang. Da ich zu der Zeit noch nicht das Geringste von Polytonalität wußte, hielt ich ihn für komplett verrückt. Diese Theorie wurde damals durch seine äußere Erscheinung aufs glücklichste untermauert. Das Haar hing ihm wirr in die Stirn, er machte ein grimmiges Gesicht, haute auf das Klavier ein, als ob er es zermalmen wollte und sah dabei aus wie ein verdrossener Sioux-Indianer. Viel Geduld und pädagogisches Geschick waren notwendig, ehe ich mich eingehört hatte und schließlich zu verstehen begann, worauf er hinaus wollte. Seit der Zeit ist er für mich der Größte. Wenn Dave in Hochform ist, wird sein Spiel zu einem Erlebnis, das Herz und Verstand gleichermaßen aufs Tiefste bewegt. Dann wird es zur völlig freien, lebendigen Improvisation, in der man all die Eigenschaften finden kann, die ich in der Musik liebe – die Kraft und Stärke des einfachen Jazz, die komplexe Harmonik Bartoks und Milhauds, die Form und viel von der Würde Bachs und manchmal die lyrischen Romantizismen Rachmaninoffs. Sehen Sie, viele von uns zeitgenössischen Jazzmusikern bemühen sich um diese wertvollen Eigenschaften, die man bei bestimmten klassischen Komponisten findet. Aber wir entwickeln sie weiter und verschmelzen sie mit der Sprache des Jazz." [94]

Damit hat Paul Desmond überaus treffend die musikalischen Absichten von Dave Brubeck beschrieben. Vergessen wir nicht: In den fünfziger Jahren waren ja die Ideen Gunther Schullers en vogue, der den „Third Stream" als Synthese von Jazz und Klassik propagierte. Dave Brubeck, der u. a. eine „Fugue On Bop Themes", „Elementals" für Sinfonieorchester und Jazzband, das Ballett „Points On Jazz" und das weihnachtliche Chorspiel „La Fiesta De La Posada" schrieb, brachte 1960 das vielbeachtete Album „The New York Philharmonic With The Dave Brubeck Quartet Conducted By Leonard Bernstein" bei CBS heraus. Dave Brubeck über seine musikalischen Quellen: „Es war Milhaud, der mich in meinem Wunsch, Jazz zu spielen, bestärkte. Er meinte, der Jazz sei ein Ausdruck der amerikanischen Kultur. Und er sagte mir, ein Musiker, der in Amerika geboren ist, sollte vom Jazz beeinflußt sein." [95]

In New York fielen die Experimente einer Gruppe auf, der der kanadische Arrangeur Gil Evans und der Baritonsaxophonist Gerry Mulligan sowie der Trompeter Miles Davis und der Pianist John Lewis, zwei der wenigen schwarzen „Coolsters", angehörten. Die musikalischen Resultate der Arbeit dieses Kreises wurden bald gefeiert und quasi als Inkarnation des Cool Jazz betrachtet. Zentrum der Gruppe war die Wohnung von Gil Evans im Kellergeschoß eines Hauses in der 55. Straße in New York.

Gil Evans, der Arrangeur bei Claude Thornhill war und mit diesem einen auf dem Einsatz von Waldhorn und Tuba basierenden unverwechselbaren Sound geschaffen hatte, wollte etwas ganz Neues kreieren. Hierfür brauchte er höchstqualifizierte Solisten. Dazu zählten Gerry Mulligan und Lee Konitz aus dem Thornhill Orchestra ebenso wie die vom Bebop geprägten John Lewis und Miles Davis. Letzterer wurde in der zweiten Hälfte des 20. Jahrhunderts der wichtigste Neuerer im Jazz. Er spielte mit Charlie Parker in den vierziger Jahren Bebop, veränderte zu Beginn der fünfziger Jahre mit dem Cool Jazz die gesamte Szene, begründete Ende des Dezenniums die modale Improvisationsweise, setzte ein Jahrzehnt später mit dem Album „Bitches Brew" einen Markstein in Richtung Jazz Rock und wurde schließlich mit seinem „electric jazz" ein Popstar bei der Jugend.

Miles Davis (1926-1991)

stammte aus Alton in Illinois, 22 Meilen von East St. Louis entfernt. Sein Vater war ein erfolgreicher Zahnarzt. Somit kam Miles aus einer begüterten schwarzen Familie, was in den zwanziger Jahren Seltenheitswert hatte. Angeblich waren seine Vorfahren in der Zeit der Sklaverei Musiker. Wie Miles' Vater einmal erzählte, hätten sie klassische Musik in den Häusern der Plantagenbesitzer gespielt. In dieser schwarzen Familie gab es einen ausgeprägten Stolz, der auf Miles Davis stark abfärbte, und das Bestreben, den Rassismus in Amerika zu besiegen. Der Wohlstand der Familie des Zahnarztes Dr. Davis manifestierte sich u. a. darin, daß man Land kaufte und darauf eine Schweinefarm erbaute. Allerdings schützte die Zugehörigkeit seiner Familie zum wirtschaftlichen Establishment den kleinen Miles nicht vor rassistischen Angriffen („Nigger!") der weißen Umwelt.

Als Kind wurde Miles Davis von seinen Eltern mit klassischer Musik konfrontiert. Und doch weckten die wenigen Jazzplatten aus der Sammlung der Mutter schon früh sein Interesse für Jazz. Zum 13. Geburtstag schenkte Dr. Davis seinem Sohn eine Trompete und schickte ihn zum Musikpädagogen Elwood Buchanan, der früher die Trompete in der Band von Andy Kirk gespielt hatte. Buchanan selbst bevorzugte die Trompeter Bobby Hackett und Harold Baker. Er erkannte sogleich das große Talent von Miles Davis und förderte ihn mehr als andere Schüler. Und als Miles auf der High

School bei Musikwettbewerben ein paar Mal gegen minderbegabte weiße Buben unterlag, da erwuchs sein ungeheurer Ehrgeiz, „jeden Weißen mit meinem Horn an die Wand zu spielen".

Natürlich orientierte sich die High School Band an den gerade aktuellen großen Vorbildern, allen voran dem Count Basie Orchestra. Eines Tages hörte Miles Davis bei einer Session in St. Louis Clark Terry, der ab sofort die bisherigen Idole des jungen Mannes wie z. B. Harry James verdrängte. Der erste Job als Profimusiker war in einem Nightclub in Springfield. Für 100 Dollar pro Woche mußte Miles Davis mit seinen Kollegen Striptease-Tänzerinnen musikalisch begleiten. Das nächste Engagement war in Eddie Randalls Blue Devils in St. Louis. Und dann, nach dem High School-Abschluß, ging Miles zu Adam Lamberts Six Brown Cats, die modernen Swing spielten. Doch eigentlich war er dem Swing schon entrückt, wiewohl Miles Davis den Trompeter Roy Eldridge sehr verehrte.

Miles Davis interessierte sich für die Jazz-Avantgarde, wie sie das Billy Eckstine Orchestra mit Charlie Parker, Dizzy Gillespie, dem Tenorsaxophonisten Budd Johnson, dem Schlagzeuger Art Blakey und der Sängerin Sarah Vaughan repräsentierte. Zur ersten Live-Begegnung mit diesen Bebop-Pionieren sollte es im Sommer 1944 im Club Riviera in East St. Louis kommen. Miles stieg kurzerhand bei einem Set (Teil der Show) ein und blieb über Aufforderung von Dizzy Gillespie drei Wochen in dieser Band. Das Urteil von Billy Eckstine über das Trompetenspiel des Neulings war damals aber alles andere denn schmeichelhaft. Er attestierte Miles Davis schwere technische Mängel.

1944/45 inskribierte Davis an der Juilliard School Of Music. Das Studium in New York bot ihm die Möglichkeit, in den Lokalen in der 52nd Street des nachts mit seinen Idolen, allen voran Dizzy Gillespie und Charlie Parker, zu spielen. Die Hochburgen des Bebop waren zum Teil schon öfter erwähnte Lokale: Spotlight, Three Deuces, Kelly's Stables und Onyx. Eine Zeitlang wohnte Miles Davis bei Charlie Parker und mußte diesem oft Geld borgen, damit er sich Heroin kaufen konnte. Noch ein anderer Saxophonist hatte es Miles angetan: Coleman Hawkins, mit dem er häufig im Three Deuces auftrat – in jenem Lokal, in dem er im Herbst 1945 zwei Wochen als Mitglied der Charlie Parker Band gastierte.

Über die Zusammenarbeit von Miles Davis mit Charlie Parker Mitte der vierziger Jahre wurde im Kapitel „Bebop" bereits ausführlich berichtet.

Irgendwann ging es Miles auf die Nerven, mit dem physisch zerstörten Parker zusammenzuspielen. Das war in Los Angeles, wo Miles Davis im Orchester von Benny Carter engagiert war und danach spätnachts immer mit Charlie Parker jammte. Also ging er mit Billy Eckstine wieder nach New York. Ein Wiedersehen mit Parker gab es erst 1947 im Three Deuces. Damals kamen u. a. die Einspielungen „I Got Rhythm", „Indiana" und „Embraceable You" zustande. Und dann erfuhr Miles Davis mit dem Esquire New Star Award für Trompete die erste große Ehrung.

Jetzt aber zu der eingangs beschriebenen überaus produktiven Zusammenarbeit von Miles Davis mit Gil Evans. Die Kellerwohnung von Evans war so etwas wie ein Brutkasten des Cool Jazz. Das Miles Davis Capitol Orchestra wurde formiert und spielte zwei Wochen im Royal Roost, einem der führenden Bebop-Lokale in New York. In diesem Zusammenhang sei auf die Capitol-CD „Birth Of The Cool" verwiesen, die Aufnahmen aus den Jahren 1949 und 1950 mit Miles Davis (Trompete), Jay Jay Johnson oder Kai Winding (Posaune), Junior Collins, Sandy Siegelstein oder Gunther Schuller (French Horn), John Barber (Tuba), Lee Konitz (Altsaxophon), Gerry Mulligan (Baritonsaxophon), Al Haig oder John Lewis (Piano), Al McKibbon, Joe Shulman oder Nelson Boyd (Baß), Kenny Clarke oder Max Roach (Schlagzeug) sowie Kenny Hagwood (Gesang) beinhaltet. Der Spiritus rector dieser Band war Evans, der auch einige Stücke arrangiert hatte. Besonders hervorzuheben sind „Boplicity", „Moon Dreams", „Israel", „Jeru", „Venus De Milo", „Godchild" und „Roker". Das war eindeutig der Höhepunkt der kurzen Ära des Cool Jazz. Miles Davis freilich entwickelte sich weiter und war auch bei künftigen musikalischen Innovationen federführend.

Die Titel auf dem erwähnten Album „Birth Of The Cool", in mehreren Aufnahmesitzungen eingespielt, haben sich übrigens zunächst sehr schlecht verkauft. Und auch das Nonett von Miles Davis kam bei seinen Live-Auftritten, etwa im Clique Club in Harlem, beim Publikum gar nicht gut an. Das beweist, daß die Jazzfreunde anfangs mit dem Cool Jazz nicht viel im Sinn hatten – genauso wie ein paar Jahre zuvor mit dem Bebop. Heute ist „Birth Of The Cool" eine Kultplatte, die in keiner gutsortierten Jazzsammlung fehlen darf.

Erfolgreicher war der gemeinsame Auftritt von Miles Davis und Tadd Dameron, einem Pianisten und Arrangeur aus der Bebop-Tradition, beim

Pariser Jazz-Festival 1949. Damals, Ende der vierziger Jahre, wurde Davis, der so lange unter dem Einfluß von Charlie Parker gestanden war, rauschgiftsüchtig, wie der Saxophonist Dexter Gordon, selbst ein Junkie, offen ausplauderte. Einmal, auf einer Tournee mit Billy Eckstine, wurde Miles Davis sogar gemeinsam mit dem Schlagzeuger Art Blakey wegen Rauschgiftbesitzes verhaftet.

Während also Davis in einer schweren gesundheitlichen Krise steckte, entstand im Sommer 1950 der sogenannte West Coast Jazz, als der Impresario Gene Norman in Los Angeles eine Aufnahmesitzung mit einigen Mitgliedern des Stan Kenton Orchestra wie dem Schlagzeuger Shelly Manne, dem Hornisten John Graas, dem Klarinettisten und Saxophonisten Jimmy Giuffre, dem Altsaxophonisten Art Pepper und dem schwarzen Pianisten Hampton Hawes sowie dem Trompeter Shorty Rogers arrangierte. Capitol brachte das Album unter dem Titel „Modern Sounds By Shorty Rogers And His Giants" auf den Markt. Diese Platte zeigte eindrucksvoll die Sympathien der Kenton-Musiker für den Cool Jazz, wie ihn das Nonett von Miles Davis gespielt hatte. Aber die Aufmerksamkeit des Publikums wurde plötzlich auf diesen Kreis kalifornischer Musiker gelenkt. Im Hintergrund agierte Professor Wesley La Violette, der sich um die fundierte Ausbildung junger Jazzmusiker kümmerte. Der Plattenproduzent Lester Koenig unterstützte den West Coast Jazz dann ab 1952 mit seinem Label Contemporary. Schon im Kapitel „Swing" wurde auf die Bedeutung von Stan Kenton für die Ausprägung des West Coast Jazz hingewiesen, der sein Gewicht vermutlich nie bekommen hätte, wäre am Anfang nicht Gerry Mulligan im kalifornischen Jazz mit dabei gewesen. Doch davon später etwas mehr.

1951 spielte Miles Davis für Prestige gemeinsam mit Tenorsaxophonist Sonny Rollins, Altsaxophonist Jackie McLean und Schlagzeuger Art Blakey Titel wie „My Old Flame" ein und zeigte steigende rhythmische Aggressivität. Miles hatte seine Drogensucht auch zum Zeitpunkt des vom Disc Jockey Symphony Sid 1952 veranstalteten Konzerts mit ihm, Charlie Parker, Milt Jackson und der Sängerin Dinah Washington noch nicht überwunden. Schließlich holte ihn sein Vater heim nach East St. Louis, wo Dr. Davis seinem Sohn einen kurzen Gefängnisaufenthalt wegen Drogenkonsums bescherte. Wieder in New York, nahm Miles Davis mit Sonny Rollins und Charlie Parker sowie ein paar anderen gleichfalls süchtigen Musikern wie dem Schlagzeuger Philly Joe Jones wieder Platten auf. Erst 1954 war die Drogenkrise überwunden, was man aus einigen in diesem Jahr mit dem Pianisten Horace Silver, dem Bassisten Percy Heath und dem Schlagzeuger Art Blakey eingespielten Aufnahmen deutlich heraushören kann. Damals kam es auch zur Aufnahme des bluesorientierten Titels „Walkin'", was das Ende der eigentlichen Cool Jazz-Periode von Miles Davis und den Beginn seiner Hard Bop-Phase markierte, wie schon im Kapitel „Am Anfang war der Blues" erzählt wurde.

In seinem ganz persönlichen Rückblick meinte Miles Davis einmal, sein Quintett der fünfziger Jahre mit John Coltrane (Tenorsaxophon), Paul Chambers (Baß), Red Garland (Piano) und Philly Joe Jones (Schlagzeug) sei seine beste Band gewesen. Beim Newport Jazz Festival 1955 wurde Miles Davis – Master Of Ceremonies bei seinem Auftritt war kein Geringerer als Duke Ellington – vor allem wegen seines Solos in „Round About Midnight" stürmisch akklamiert. Sosehr auch die Mitglieder seines Quintetts mit Drogenproblemen kämpften, Miles blieb jetzt clean. Dafür ruinierte er sich 1956 für immer seine Stimmbänder, als er sich nach operativer Entfernung gutartiger Knotenbildungen nicht an den ärztlichen Rat hielt, während der nächsten Tage lediglich zu flüstern. Im selben Jahr entstanden 4 LPs für Prestige: „Cookin'", „Workin'", „Relaxin'" und „Steamin'".

Das erste Miles Davis-Album für Columbia, „Round About Midnight", kam 1957 heraus. Und für die LP „Miles Ahead" dirigierte Gil Evans ein 19-Mann-Orchester, das – wie das seinerzeitige Nonett – Tuba und Waldhorn enthielt. Miles Davis spielte darin mehr Flügelhorn als Trompete.

Sein Stil hatte sich nun gewandelt, er verwendete häufig Dämpfer, und sein Instrumentalton war raffinierter geworden, da gründete Miles Davis 1958 ein Sextett mit Julian „Cannonball" Adderley (Alt- und Sopransaxophon), John Coltrane, Paul Chambers, Red Garland und Philly Joe Jones. Die Alben „Porgy And Bess", „Milestones", „Kind Of Blue" und „Sketches Of Spain" entstanden. Und Miles Davis heiratete nach der Scheidung von seiner ersten Frau Irene ein zweites Mal, und zwar die junge Tänzerin Frances Taylor.

Es war die Zeit, da Miles Davis und John Coltrane zu einer neuen Improvisationsweise, „modal" genannt, übergingen. Sie improvisierten nicht mehr über wechselnde Grundakkorde eines Themas, sondern über eine „Skala". Damit leisteten sie einen Beitrag zur Entstehung des Free Jazz.

Die Zusammenarbeit mit Gil Evans wurde fortgesetzt, aber – sieht man von der 1962 entstandenen LP „Quiet Nights" ab – sie hatte ihren produktiven

Höhepunkt überschritten. Miles Davis spielte die Filmmusik zu Louis Malles „L'ascenseur pour l'echafaud" ein, wirkte in dem Streifen „Miles In Profile" mit, tourte durch Europa sowie Japan – und konnte sich mit der neuen Musik, genannt Free Jazz, wie sie der Saxophonist Ornette Coleman mit einem pianolosen Quartett im Five Spot Café spielte, nicht wirklich anfreunden. Im Lichte vieler rassistischer Anwürfe – 1959 war Miles Davis von weißen Polizisten auf offener Straße vor dem Birdland in New York verprügelt worden – artikulierte er jetzt öffentlich sein manifestes Unbehagen mit dem gesellschaftlichen Status der Schwarzen in den USA.

Ein erfolgreiches Comeback brachte Miles Davis die Gründung seines neuen Quintetts, das von 1964 bis 1968 mit Herbie Hancock (Piano), Wayne Shorter (Tenorsaxophon), Ron Carter (Baß) und Tony Williams (Schlagzeug) bestand. Dieses Ensemble spielte eine Musik, die sich dem Free Jazz annäherte. Allerdings stand Miles Davis mit seinem Postulat der „kontrollierten Freiheit" in Opposition zu den extremen Avantgardisten der sechziger Jahre. Mitte des Jahrzehnts war er der weltweit gefeierteste Jazzmusiker, auch wenn sich jetzt und später viele an seinem Benehmen auf der Bühne stießen: Miles Davis kehrte dem Publikum oft den Rücken zu und zeigte keinerlei Anstalten, sich für den Applaus zu bedanken. Kritiker verachtete er, und insbesondere die Weißen aus dieser Zunft mußten sich von ihm nachsagen lassen, keine Ahnung von afro-amerikanischer Musik zu haben. Auf den Ende der sechziger Jahre erschienenen Alben „ESP", „Miles Smiles", „Sorcerer", „Nefertiti", „Miles In The Sky", „Filles de Kilimanjaro" und „In A Silent Way" wurde die Annäherung von Miles Davis an die Rock-Musik erkennbar, die gerade mit den Beatles und den Rolling Stones eine ungeheure Beliebtheit bei der Jugend in aller Welt erreicht hatte. Davis verwendete elektrisch verstärkte Instrumente, die u. a. von den Pianisten Herbie Hancock, Chick Corea und Joe Zawinul sowie von den Gitarristen George Benson und John McLaughlin gespielt wurden. Mit seiner elektrisch verstärkten Trompete imitierte Miles Davis zeitgemäß den „jungle style" des Duke Ellington Orchestra. Das Album „Bitches Brew" wurde als Meisterwerk gefeiert. Innerhalb kurzer Zeit waren 500 000 Platten verkauft. Angeblich war Miles Davis nach Anhören von Zawinuls elektrischem Pianospiel bei dessen Hit „Mercy, Mercy, Mercy" mit der Cannonball Adderley Band auf die Idee gekommen, seine Musik zu „elektrifizieren". Zawinul wiederum meint, Wayne Shorter habe

Davis auf den neuen Weg gebracht. Und Miles Davis selbst deutete an, der Rock-Musiker Jimi Hendrix habe ihn dazu inspiriert.

Von 1975 bis 1981 lebte Davis krankheitsbedingt zurückgezogen. Dann, 1981, feierte er ein letztes Comeback auf dem New York Jazz Festival. Noch immer spielte er Jazz Rock – u. a. mit dem Gitarristen John Scofield, dem Elektrobassisten Marcus Miller und dem Schlagzeuger Al Foster. Dafür stehen die Alben „We Want Miles" (1982) und „Decoy" (1984).

In seiner letzten Schaffensperiode war Miles Davis, der nun auch Synthesizer spielte, von Jazzpuristen geächtet, weil sie seinem „electric jazz" nichts abgewinnen konnten (Arrigo Polillo: ... hat sich immer weiter vom Jazz entfernt und produzierte „grob effekthascherischen, langweiligen und unförmigen Rock"), aber vom jungen Rockpublikum gefeiert. Das ist deshalb bemerkenswert, weil Davis die Bezeichnung „Rock" als Kreation des weißen Mannes ablehnte. Es wurde schon mehrmals darauf hingewiesen, daß seit dem Swing die Zeit, da Jazz mit Popmusik identisch war, vorbei ist. Es gibt danach nur eine einzige personalisierte Ausnahme: Der späte Miles Davis war ein Popstar. Seine Musik wurde immer perkussiver, und er war der Ansicht, die Avantgarde habe sich zu weit von den volkstümlichen Wurzeln des Jazz entfernt. Die aktuelle Popmusik sei diesen Wurzeln viel näher als Cecil Taylor oder Archie Shepp. Und Miles Davis bediente sich auch des Materials aus der Popmusik, z. B. Michael Jacksons „Human Nature" oder Cindy Laupers „Time After Time". Er wollte ein Entertainer sein, ein breites Publikum unterhalten. Das wollte seinerzeit bekanntlich auch Louis Armstrong, der so viele Schlager bis hin zu „Hello Dolly" gesungen hat.

Und dennoch gab es wenige Wochen vor seinem Tod noch eine Rückkehr des Miles Davis zu seinen Wurzeln, dem Jazz. Beim Montreux Jazz Festival wurde am 8. Juli 1991 ein Konzert für CD und Video mitgeschnitten, das Miles Davis mit dem Gil Evans Orchestra und The George Gruntz Concert Band unter Leitung von Quincy Jones gab. Aufgeführt wurden einige klassische Gil Evans-Arrangements von „Boplicity" über „Maids Of Cadiz" bis zu Dave Brubecks „The Duke". Wer dieses berührende Videodokument ansieht, hat den Eindruck, der von schwerer Krankheit gezeichnete Miles Davis habe noch einmal, ein allerletztes Mal, die Musik spielen wollen, die er als Stil geprägt und die ihn als Solisten weltberühmt gemacht hat. Da war er noch einmal, dieser unverwechselbar traurige und vibratolose Trompetenton.

Von der großen Bedeutung des Baritonsaxophonisten Gerry Mulligan, der mit nahezu allen wichtigen Vertretern des Cool Jazz gespielt hat, war schon wiederholt die Rede. 1952 spielte Mulligan mit seinem pianolosen Quartett in einem Lokal namens The Haig in Los Angeles. Der Club war von Dick Bock, einem jazzbegeisterten jungen Mann, gegründet worden, der von der Musik Mulligans so angetan war, daß er das Plattenlabel Pacific Jazz etablierte und sogleich ein paar Aufnahmen mit dem Quartett einspielen ließ. Der einmalige Sound dieses Ensembles ergab sich aus dem Kontrast zwischen dem herben Baritonsaxophon Mulligans und dem weichen Klang der Trompete von Chet Baker.

Gerry Mulligan (1927-1996)

spielte ursprünglich neben dem Baritonsaxophon auch Sopransaxophon, Klarinette und Piano. Und einmal, in der Band von Gene Krupa um 1946, soll er gar Tenorsaxophon gespielt haben. Daß er in der Band von Claude Thornhill war, bevor Mulligan mit Miles Davis und Gil Evans zusammenarbeitete, wurde schon erzählt.

Anfang der fünfziger Jahre arrangierte Mulligan für Stan Kenton, ehe er das berühmte pianolose Quartett hatte, dem neben Chet Baker noch der Schlagzeuger Chico Hamilton und Bob Whitlock bzw. Carson Smith (Baß) angehörten. In der Folge wechselten die Besetzungen, und 1956 gründete Gerry Mulligan ein Sextett u. a. mit Jon Eardley (Trompete), Bob Brookmeyer (Posaune), Peck Morrison (Baß), Zoot Sims (Tenorsaxophon) und Dave Bailey (Schlagzeug).

Mulligan schrieb die Musik zu den Filmen „I Want To Live" und „The Subterraneans", trat in den fünfziger Jahren beim Newport Jazz Festival auf und unternahm eine „Jazz At The Philharmonic"-Tournee. 1958 gründete er mit Art Farmer (Trompete) sowie Bill Cow und Dave Bailey ein neues Quartett. 1960 hatte er eine 13 Mann-Big Band, spielte 1968-1972 mit Dave Brubeck, später mit Stan Getz und Clark Terry. Gerry Mulligan hat zahlreiche Titel komponiert bzw. arrangiert, wie „Bark For Barksdale", „Swing House", „Turnstile", „Line For Lyons", „Soft Shoe" oder „Western Re-union". Dieser Musiker, der aus dem Swing kam und den Cool Jazz mitprägte, erlangte als Arrangeur eine Bedeutung, die weit über diese Ära hin-

ausreicht. Als Solist war er bis an sein Lebensende als Vertreter des Mainstream (Hauptstrom des Jazz, der die Tradition wahrt und zeitgenössische
Strömungen einbezieht) weltweit gefragt.

Wie wir gesehen haben, waren viele der Bebop-Gruppen so
etwas wie Keimzellen für den Cool Jazz. Miles Davis kam aus
dem Kreis um Dizzy Gillespie und Charlie Parker. Ähnliches
gilt für den Pianisten John Lewis, den Schlagzeuger Kenny
Clarke, den Bassisten Percy Heath und den Vibraphonisten Milt
Jackson. Sie gründeten das Modern Jazz Quartet, das 1952 bei
einer Plattenaufnahme erstmals in Erscheinung trat und eines
der beliebtesten Ensembles der Cool Jazz-Ära wurde.

John Aaron Lewis (Jahrgang 1920)

ist der Kopf des Modern Jazz Quartet, das für kammermusikalischen Jazz
im Sinne einer verfeinerten Weiterentwicklung des Bebop steht. Lewis
erlernte ab 1927 das Klavierspiel und studierte dann bis 1942 an der University Of New Mexico Anthropologie und Musik. Pianist und Arrangeur
bei Dizzy Gillespie, dann bei Illinois Jacquet, Lester Young und Charlie
Parker sowie in Miles Davis' Capitol Band – das waren die nächsten Stationen seiner Karriere.
Ein Studium an der Manhattan School Of Music schloß Lewis 1953 mit
dem Magister Artium ab. Dort unterrichtete er später einige Zeit selbst
Musiktheorie und Klavier. Das Modern Jazz Quartet war nach seiner ersten, 1952 eingespielten, Platte ab 1954 als Konzertensemble weltweit unterwegs. 1955 nahm Connie Kay den Platz des Schlagzeugers Kenny Clarke ein, der in den neunziger Jahren starb. Seither wechseln die Drummer in
dieser Gruppe. Meist spielt das Modern Jazz Quartet seither mit Albert
Heath, dem Bruder von Percy, oder mit Mickey Roker am Schlagzeug.
Man kann die musikalische Konzeption des Modern Jazz Quartet als elegant umschreiben. Vom Blues bis zur Barockmusik prägten sie allen
Stücken ihren unverwechselbaren Interpretationsstil auf, diese vier Herren,
die allesamt auch als Musikpädagogen tätig waren oder noch sind. Im
wesentlichen bestand das Modern Jazz Quartet bis 1974, danach kam es
aber immer wieder – bis in die neunziger Jahre – für Tourneen zusammen.
1994 erschien eine CD „MJQ And Friends" zum 40jährigen Gründungs-

jubiläum der Band. Darauf sind u. a. als Gaststars Phil Woods, Wynton und Branford Marsalis, Illinois Jacquet, Harry „Sweets" Edison, Freddie Hubbard, Bobby McFerrin und Jimmy Heath, der zweite Bruder von Percy, zu hören.

John Lewis ging aber neben seiner Tätigkeit für das Modern Jazz Quartet auch stets seine eigenen Wege. 1954 begleitete er Ella Fitzgerald auf einer Tournee durch Amerika und Australien, schrieb die Musik zu Filmen („Odds Against Tomorrow" mit Harry Belafonte, „No Sun In Venice", „A Milanese Story" und „One Never Knows") sowie die Ballette „Original Sin" und „Three Little Feelings". „God Rest Ye Merry, Gentlemen" ist eine Komposition für Jazzquartett und Kammerorchester. In diesem Zusammenhang sind mehrere „Third Stream"-Kompositionen von John Lewis für ein großes Sinfonie- und Jazzensemble zu erwähnen, das sich Orchestra USA nannte. Dieses Ensemble führte neben den Werken von Lewis auch Kompositionen von Gunther Schuller, Gary McFarland und Harold Farberman auf.

John Lewis befaßte sich immer wieder mit der Barockmusik und nahm z. B. das Doppelalbum „The Bridge Game" auf, das auf Johann Sebastian Bachs „Wohltemperiertem Klavier" basierte. Mit dabei waren Joel Lester (Violine), Lois Martin und Scott Nickrenz (Viola), Howard Collins (Gitarre) und Marc Johnson (Baß). Ganz im Sinne des „Third Stream", der von Gunther Schuller in den fünfziger Jahren entfachten Bewegung, steht John Lewis für eine Verschmelzung von Jazz und klassischer Musik. Seine bekanntesten Einzelkompositionen sind „Django", „Afternoon In Paris", „Delaunay's Dilemma" und „Two Bass Hit". Von 1958 bis 1964 leitete er das Monterey Jazz Festival, 1966 wurde Lewis in den Board Of Trustees der Manhattan School Of Music berufen und 1977 übernahm er eine Professur am New York City College.

Für Arrigo Polillo ging eigentlich nur das Modern Jazz Quartet die am Höhepunkt des Cool Jazz in der ersten Hälfte der fünfziger Jahre aufgezeigte Richtung über Jahrzehnte weiter und spielte fortan „feierliche, friedliche und 'achtbare' Musik zum Entzücken des konservativen Publikums und der elitären Konzertbesucher der Alten Welt, für die der Jazz umso akzeptabler wird, je mehr er versucht, der europäischen klassischen Musik zu ähneln [96]".

Hard Bop (1955-1960)

Wieder einmal kam Mitte der fünfziger Jahre das Prinzip von Wirkung und Gegenwirkung in der Jazzentwicklung zum Tragen. Als Reaktion auf den Cool Jazz und den vor allem von Weißen kreierten West Coast Jazz formten an der Ostküste Schwarze den Hard Bop (East Coast Jazz). New York war das Zentrum dieser Bewegung, wiewohl viele der Protagonisten aus anderen Städten der USA wie Philadelphia oder Detroit kamen. Sie empfanden den West Coast Jazz und Cool Jazz als klassizistisch, erstarrt und langweilig. Ihre Musik zeichnete sich durch einen starken Bezug zum Bebop aus. Man kann es auch so formulieren: Sie spielten reinsten Bebop auf hohem instrumental-technischen Niveau. Die Besetzung der Hard Bop-Bands entspricht mit Trompete, Tenorsaxophon, Piano, Baß und Schlagzeug jener der Bebop-Formationen, wobei allerdings das Altsaxophon durch das Tenorsaxophon ersetzt worden ist. Es kam zu einer Intensivierung des Rhythmus und das Ergebnis war eine ungeheuer vitale Musik. Neben Max Roach tat sich ein Schlagzeuger aus Pittsburgh hervor.

Art Blakey (1919-1990)
nannte sich Abdullah Ibn Buhaina, lernte im Schulalter Klavier, spielte Schlagzeug bei Fletcher Henderson, Mary Lou Williams, Billy Eckstine, Lucky Millinder und Buddy DeFranco. Ab 1955 leitete er seine Jazz Messengers. Art Blakey gründete diese Band mit Horace Silver (Piano), Hank Mobley (Tenorsaxophon), Kenny Dorham (Trompete, Tenorsaxophon) und Doug Watkins (Flügelhorn). Bald wurden die Jazz Messengers zum Sextett erweitert. Aus dieser Band kamen im Lauf der Jahrzehnte zahlreiche große Talente wie die Trompeter Donald Byrd, Chuck Mangione, Woody Shaw, Wynton Marsalis, Terence Blanchard und Wallace Rooney; die Saxophoni-

sten Jackie McLean, Johnny Griffin, Benny Golson, Wayne Shorter, Bobby Watson und Branford Marsalis; der Posaunist Curtis Fuller; die Bassisten Wilbure Ware und Peter Washington sowie die Pianisten Bobby Timmons, Cedar Walton, Keith Jarrett, Mulgrew Miller und Benny Green.

Sehr intensiv befaßte sich Art Blakey mit dem Studium afrikanischer Rhythmen. In seinem Schlagzeugspiel pflegte er „einkreisende Afrikanismen", zu hören auf Alben wie „Drums On Fire", „Ritual", „Orgy In Rhythm" und „Holiday For Skins".

Werfen wir an dieser Stelle einen Blick auf Gesellschaft und Musikszene im Amerika Mitte der fünfziger Jahre. In der zeigenössischen Malerei hatte Jackson Pollock sein Werk abgeschlossen, James Dean und Marlon Brando waren die beliebtesten Filmschauspieler, und im Jazz standen einander zwei Lager gegenüber: Den Cool Jazz oder West Coast Jazz weiterführende Musiker, darunter viele Weiße (Dave Brubeck, Gerry Mulligan, Stan Getz) und den Hard Bop oder East Coast Jazz praktizierende Musiker, darunter vorwiegend Schwarze (Horace Silver, Lee Morgan, Sonny Rollins). Sie konzentrierten sich wieder mehr auf die Blues-Tradition. Blues und Gospel-Songs wurden stärker in den Jazz mit einbezogen – von Musikern wie Ray Charles, Milt Jackson und Horace Silver. Funk und Soul entstanden. Der Soul, der auf die Gospel-Songs zurückgeführt wird, wurde in den sechziger Jahren und der Funk, der eine Weiterentwicklung des Blues ist, in den siebziger Jahren populär.

In den fünfziger Jahren fand Rhythm & Blues großen Zulauf. Ein Disc Jockey namens Alan Freed erfand die Bezeichnung Rock'n Roll. Diese „weiße" Unterhaltungsmusik war eine Vermengung von Elementen des „schwarzen" Rhythm & Blues und der Country & Western Music. Der Titel „Rock Around The Clock" mit Bill Haley & The Comets war die Imitation einer Rhythm & Blues-Nummer und löste eine Massenhysterie ähnlich jener in der Swing-Ära 20 Jahre zuvor aus. Auch die große Zeit von Elvis Presley war angebrochen, der die Teenager in seinen Konzerten mit „Heartbreak Hotel", „Hound Dog" oder „Tutti Frutti" von den Sesseln riß. Diese Rock'n-Roll-Begeisterung vereinte weiße und schwarze Jugendliche in den USA. Neben Elvis Presley und Bill Haley machten auch schwarze Künstler wie Chuck Berry, Little Richard und Fats Domino Furore, die sich natürlich stärker als ihre weiße Kollegen auf Rhythm & Blues, also auf ihre musikalischen Wurzeln in Blues und Gospel-Songs, bezogen.

Im Hard Bop war es der Pianist Horace Silver, der einen Übergang von der ersten Bebop-Generation eines Bud Powell zu jungen schwarzen Musikern vollzog.

Horace Silver (Jahrgang 1928)

lernte Tenorsaxophon sowie Klavier und wurde von Stan Getz entdeckt, bei dem er von 1950 bis 1951 Piano spielte. Danach war er bei Art Blakey, Terry Gibbs, Coleman Hawkins, Oscar Pettiford, Bill Harris und Lester Young, ehe er eines der Gründungsmitglieder der Jazz Messengers wurde.

1956 stellte Horace Silver sein erstes eigenes Quintett mit Art Farmer, Hang Mobley, Doug Watkins und Art Taylor zusammen. In der Folge hatte er Musiker wie die Trompeter Blue Mitchell, Joe Gordon, Lee Morgan und Randy Brecker, die Tenorsaxophonisten Junior Cook, Joe Henderson, Mike Brecker, George Coleman und viele andere in seiner Band, die vorübergehend auch erweiterte Besetzungen aufwies. 1958 hatte das Horace Silver Quintet folgendes Aussehen: Der Leader spielte Piano, Blue Mitchell Trompete, Junior Cook Tenorsaxophon, Gene Taylor Baß und Louis Hayes Schlagzeug. Silver unternahm Tourneen nach Europa und Japan, spielte auf den großen Festivals (1964 in Antibes, 1968 in Newport) und hatte mittlerweile seine Band folgendermaßen umgestellt: Nun waren Randy Brecker (Trompete), Benny Maupin (Tenorsaxophon) und Billy Cobham (Schlagzeug) mit dabei. Anfang der achtziger Jahre gehörte dann der Tenorsaxophonist Eddie Harris zu seiner Band, die zu einem Quartett verkleinert worden war.

Immer wieder zog sich Horace Silver für eine gewisse Zeit zurück, um größere Projekte zu realisieren ("Silver 'n' Brass", Silver 'n' Voices"). Er war der erste Pianist, dessen Spiel als funky (Rückbesinnung auf Blues--Elemente) bezeichnet wurde. Für seine Innovation in Richtung Soul-Jazz sind die Alben "Six Pieces Of Silver", "Blowing The Blues Away" oder "Silver Blue" symptomatisch. Natürlich übte Horace Silver vor allem einen starken Einfluß auf junge Pianisten aus, aber er schuf auch viele Kompositionen, die zum Teil Inspirationen aus der religiösen Musik der

Schwarzen verarbeiteten. Ein Beispiel hiefür ist der Titel „The Preacher", der auf den Negro Spiritual „Show Me The Way To Go Home" zurückgeht. Andere Silver-Kompositionen sind „Nica's Dream", „May-Rey", „Opus De Funk", „Quicksilver", „Sister Sadie", „Ecorah", „Doodlin'", „Split Kick", „Room 608", „To Beat Or Not To Beat", „Horace-Scope", „Cape Verdean Blues", „The Jody Grind" oder „Message From The Maestro". Seine bei Blue Note erschienenen LPs „Six Pieces Of Silver", „Blowing The Blues Away" und „Silver's Blue" belegen eindrucksvoll die stilprägende Spielweise dieses Hard Bop-Pianisten.

Die drei einflußreichsten Gruppen im Hard Bop waren Art Blakeys Jazz Messengers, das Horace Silver Quintet sowie das Ensemble des Trompeters Clifford Brown und des Schlagzeugers Max Roach.

Clifford Brown (1930-1956)
studierte auf dem Maryland State College Jazz-Harmonielehre und Musiktheorie, Trompete, Klavier, Vibraphon und Baß. Ende der vierziger Jahre hatte er Gelegenheitsengagements bei Miles Davis und Fats Navarro. Der Trompeter Fats Navarro wurde das große Vorbild von Clifford Brown.
Anfang der fünfziger Jahre hatte Brown ein Engagement in der Rhythm & Blues-Band von Chris Powell, war 1953 bei Tadd Dameron und ging mit Lionel Hampton auf eine Deutschlandtournee. Danach spielte er bei Art Blakey und ab 1954 zusammen mit Max Roach. Das Ensemble, das bis zum Tod von Clifford Brown im Jahr 1956 existierte, sah so aus: Clifford Brown (Trompete), Harold Land oder Sonny Rollins (Tenorsaxophon), George Morrow (Baß) und Richie Powell (Schlagzeug).
Clifford Brown, der im Alter von bloß 26 Jahren bei einem Autounfall ums Leben kam, hatte den Höhepunkt seines Schaffens wohl noch gar nicht erreicht, und doch prägte er mehrere Generationen von Trompetern. Vor allem Donald Byrd, Lee Morgan und Booker Little standen unter seinem Einfluß, aber auch der virtuose Freddie Hubbard. Auch das Spiel von Benny Bailey, Thad Jones und Wynton Marsalis geht auf Clifford Brown zurück.

Es war eine ungeheuer aufregende Zeit im Jazz, und die Neuerungen wurden vornehmlich in New York in die musikalische Praxis umgesetzt. Da war der Schlagzeuger Elvin Jones, der bis dahin unbekannte Rhythmen von komplexen Strukturen spielte. Und da war vor allem Sonny Rollins, der das Tenorsaxophon so fulminant in der Band von Clifford Brown und Max Roach spielte.

Walter Theodore „Sonny" Rollins (Jahrgang 1930)

spielte zunächst während der High School-Zeit in New York Altsaxophon, wechselte 1947 unter dem Einfluß von Coleman Hawkins zum Tenorsaxophon und nahm seine ersten Schallplatten im Alter von 19 Jahren mit Babs Gonzales (Gesang), Jay Jay Johnson (Posaune) und Bud Powell (Piano) auf. Rollins wuchs im Sugar Hill-Bezirk, dem zu dieser Zeit vornehmsten Teil Harlems auf. Hier wohnten so angesehene Jazzmusiker wie Nat King Cole, Andy Kirk, Don Redman und Coleman Hawkins. Die Rollins waren eine schwarze Mittelklassefamilie. Der Vater leitete einen Offiziersklub der U. S. Navy in Annapolis, die Mutter war Hausangestellte bei wohlhabenden weißen Familien. Beide Elternteile waren musikalisch. Die von den westindischen Jungferninseln stammende Mutter konfrontierte den Buben schon früh mit Calypsos und karibischen Melodien, der Vater spielte Klarinette. Alle Kinder der Rollins erhielten eine musikalische Ausbildung. Die beiden älteren Geschwister besuchten die Music And Art High School. Während der Bruder ein Angebot, als Geiger zum Pittsburgh Symphony Orchestra zu gehen, ausschlug und Arzt wurde und auch die Schwester sich auf die abendländische Musik konzentrierte, waren die Interessen von Sonny, der schon im Alter von acht Jahren Klavierstunden erhalten hatte, ganz bei der schwarzen Populärkultur Harlems. Mindestens einmal pro Woche ging er in das Apollo Theatre und erlebte dort Duke Ellington, Count Basie, Fletcher Henderson, Lionel Hampton und all die anderen Stars des Jazz. Bei einem Onkel hörte Sonny Rollins Blues-Platten mit Lonnie Johnson und Arthur „Big Boy" Crudup, aber auch Schellacks mit Louis Jordan, dem Leader der Tympany Five. Der Sänger und Altsaxophonist Jordan spielte Rhythm & Blues, hatte 1946 mit seiner Komposition „Choo Choo Ch'Boogie", aber auch mit „Caledonia" großen Erfolg. Er war ein begnadeter Showman und ein Wegbereiter des Rock'n Roll. Das erste Saxophon erhielt Sonny Rollins übrigens im Alter von zwölf Jahren von seiner Mutter.

In den ersten Plattenaufnahmen von Sonny Rollins ist etwas von der Tonfülle Coleman Hawkins', der Phrasierung Lester Youngs und der Harmonik

Charlie Parkers zu spüren. Aus dem Kreis der damals gefragten Pianisten imponierten Sonny Rollins vor allem Bud Powell und Thelonious Monk. 1950, Sonny Rollins war mittlerweile Profimusiker und spielte im 845 Club in der Bronx, lud ihn Miles Davis ein, in seine Band einzutreten. Da Rollins aber wegen Drogenbesitzes für zehn Monate ins Gefängnis mußte, konnte er das verlockende Angebot nicht annehmen. Doch Miles Davis übte eine so faszinierende Wirkung auf Sonny Rollins aus, daß die beiden 1951 gemeinsam Plattenaufnahmen für Prestige machten. Das war, wie gesagt, die Periode der Drogensucht des Miles Davis. Und genau zu jener Zeit war auch Sonny Rollins vom Heroin abhängig. In den Jahren bis 1955 war er mehrmals im Krankenhaus und im Gefängnis. Ende 1954 schließlich meldete er sich freiwillig zu einem viereinhalbmonatigen „detoxification program" in einem Spital in Lexington im Bundesstaat Kentucky an. 1955 wurde Sonny Rollins geheilt entlassen. Zu diesem Zeitpunkt war Charlie Parker, mit dem er 1953 Plattenaufnahmen gemacht hatte, schon tot.

Später erzählte Sonny Rollins, er habe seine Sucht überwunden, weil er in die Musik seine Zeit und seine Energie habe investieren können. Er übersiedelte nach der Entlassung aus dem Krankenhaus nach Chicago, wo er zunächst in einem Büro und einer Fabrik niedere Arbeiten, einem Hausmeister vergleichbar, verrichtete. Dann belud er Lastwagen, weil ihn schwere körperliche Arbeit reizte. Daneben besuchte er im Rahmen seiner finanziellen Möglichkeiten die Universität und erweiterte seine musikalischen Kenntnisse.

Erst Ende 1955 kehrte Sonny Rollins ins Musikgeschäft zurück. Das kam so: Das Max Roach-Clifford Brown Quintet spielte im Bee Hive an der South Side Chicagos. Der Tenorsaxophonist Harold Land mußte plötzlich heim nach Kalifornien, wo seine Frau ein Kind erwartete. Max Roach fragte den ihm bekannten Rollins, ob er nicht einspringen wolle. Das Doppelalbum „Live At The Bee Hive" geriet so überzeugend, daß Sonny Rollins mit der Band nach New York weiterzog. 18 Monate spielte er in diesem Ensemble, und in dieser Zeit wurde er zum führenden Tenorsaxophonisten des Hard Bop.

Demètre Ioakimidis urteilte, daß Rollins als Mitglied des Max Roach–Clifford Brown Quintet seinen Ton am Tenorsaxophon bereichert und gedämpft habe. Weiters habe er die Kontrolle der Stärkegrade verbessert und ihren Umfang ausgedehnt. Schließlich habe er sein Spiel in rhythmischer Hinsicht unter dem Einfluß von Max Roach verfeinert. Am 2. Mai 1956 schrieb Nat Hentoff in „Down Beat", derzeit swinge kein Tenorist sicherer als Sonny Rollins.

Im Mai und Juni 1956 wurden die Alben „Tenor Madness" und „Saxophone Colossus" eingespielt. Der Titel „Blue Seven" aus „Saxophon Colossus" wurde das Thema einer tiefschürfenden Analyse von Gunther Schuller. Und 1957 kam die LP „Way Out West" für Contemporary zustande. Übrigens lernte Sonny Rollins in der Zeit bei Max Roach und Clifford Brown an einem Pazifikstrand an der Westküste die beiden Free Jazz-Pioniere Ornette Coleman und Don Cherry kennen. Es war die Phase im Leben des Sonny Rollins, in der er fernab des Quintetts damit experimentierte, mit möglichst wenigen Begleitern – z. B. mit Ray Brown am Baß und Shelly Manne am Schlagzeug – zu musizieren. „Body And Soul" nahm er ohne Rhythmusbegleitung auf. Und er setzte sich kompositorisch mit der Heimat seiner Mutter, der Karibik, auseinander. „St. Thomas" war sein erster Calypso. Mit Thelonious Monk („Brilliant Corners", „Misterioso") wurden ebenso interessante Platten eingespielt wie mit Max Roach, der das Quintett nach dem Tod von Clifford Brown weiterführte. Mit Roach etwa spielte Rollins einige Jazz-Walzer ein. Nachdem er das Quintett verlassen hatte, leitete Sonny Rollins eigene kleine Formationen. Dazwischen spielte er kurz bei Miles Davis, der John Coltrane entlassen hatte. Auf der LP „A Night At The Village Vanguard" ist Rollins mit den Bassisten Donald Bailey und Wilbur Ware sowie den Schlagzeugern Pete LaRoca und Elvin Jones zu hören. Auch für Norman Granz nahm er mit Dizzy Gillespie und Sonny Stitt Platten auf. Besonders bemerkenswert aber war 1958 die Einspielung der „Freedom Suite" mit Bassist Oscar Pettiford und Drummer Max Roach. Dieses Stück stellt eine Solidarisierung von Sonny Rollins mit der Bürgerrechtsbewegung unter Martin Luther King dar. Die Fachwelt bescheinigte ihm, freie Improvisation und Komposition zu einem homogenen Ganzen vereint zu haben. Diese „Freedom Suite" gliedert sich in fünf Teile mit verschiedenen Themen und Tempi.

So erfolgreich und populär Sonny Rollins mittlerweile auch war, er litt unter Depressionen und spielte wiederholt in öffentlichen Aussagen mit der Idee eines Rückzugs aus dem Musikgeschäft. Das tat er auch nach einer das Publikum begeisternden Europatournee Anfang 1959. Zwei Jahre hörte man nichts von Rollins, der mit seiner weißen Ehefrau Lucille in zweiter Ehe in einer gepflegten Wohnung an der Lower East Side von Manhatten logierte. Übrigens verzichtete er damals auf ein Telefon, um von der Umwelt abgeschieden in Ruhe sein musiktheoretisches Wissen zu erweitern. Er nahm Klavierstunden, absolvierte Harmonielehre- und Kontrapunktkurse bzw. übte intensiv mit dem Saxophon. Außerdem verordnete sich Sonny Rollins ein strenges Fitneßprogramm und hörte mit Alkohol- und Nikotinkonsum völlig auf. Er bekehrte sich zur Lehre der Rosenkreuzer, las Bücher und ordnete sein ganzes Leben geistig neu.

Als er beim Saxophonüben während eines Spaziergangs auf der Williamsburgh Bridge in der Nähe seiner Wohnung von dem Journalisten Ralph Berton entdeckt wurde, der daraufhin einen Artikel über Sonny Rollins im „New Yorker" veröffentlichte, schien die Zeit für ein Comeback gekommen. In der Periode der inneren Emigration hatte Rollins nur mit wenigen Musikern Kontakt gehalten, darunter Steve Lacy und John Coltrane oder Ornette Coleman. Gelegentlich hatte er sich bei Besuchen in Jazzclubs über die aktuellen Trends, insbesondere den aufkommenden Free Jazz, informiert. Ansonsten aber beschäftigte er sich mit Philosophie und Religion. Das Ehepaar Rollins lebte von Plattentantiemen, einem Vorschuß der Urheberrechtsgesellschaft BMI und Lucilles Gehalt als Chefsekretärin. Im November 1961 war es dann soweit: Sonny Rollins präsentierte in der Jazz Gallery in Greenwich Village sein neues Quartett mit Jim Hall (Gitarre), Bob Cranshaw (Baß) und Walter Perkins (Schlagzeug).

Das erste Album nach der Rückkehr auf die Szene hieß „The Bridge" und wurde 1962 produziert. Das Label RCA hatte Sonny Rollins einen Plattenvertrag mit der Garantiesumme von 90 000 Dollar für fünf LPs in zwei Jahren gegeben – ein Beweis dafür, daß sich der Medienrummel um das Comeback gelohnt hatte. Die zweite Platte bei RCA nannte sich „What's New?" und offenbarte Bossa Nova-Einflüsse. Allerdings hörte man auf dem Album „Our Man In Jazz" einen völlig neuen Rollins. Auf dieser LP wurden Titel wie „Oleo" und „Doxy" von dem in der Jazz Gallery vorgestellten Quartett gespielt, wobei aber nun der Trompeter Don Cherry hinzukam und am Schlagzeug Walter Perkins durch Billy Higgins ersetzt wurde. Cherry und Higgins waren Weggefährten von Ornette Coleman. Allerdings versuchte diese Formation nicht eine Imitation der Spielweise Colemans, sondern Rollins machte sich, wie sein Biograph Peter Niklas Wilson bemerkt, „ihre Flexibilität für seine eigenen Zwecke zunutze".

1963 folgte eine Japan-Tournee, auf der Sonny Rollins mit Haarschnitt nach Mohikanerart die Journalisten mit seinem Interesse am Zen-Buddhismus verblüffte. Immer schon wollte er anders als die anderen sein, was auch sein Benehmen bei Live-Auftritten – Rollins liebte es, mit geschlossenen Augen

Saxophon spielend zwischen den Tischen der Clubs zu wandeln – zeigte. 1964 erschien die letzte Sonny Rollins-Platte bei RCA („The Standard Sonny Rollins"), und er wechselte zum Label Impulse. Er komponierte die Musik zum englischen Film „Alfie" mit Michael Caine. Die Tonaufnahmen erfolgten 1966 mit einem Ensemble unter Leitung von Oliver Nelson. In den sechziger Jahren gastierte Sonny Rollins mehrmals in Europa und erntete mit dem Album „East Broadway Run Down" viel Lob. In der Nummer „Blessing In Disguise" praktizierte Sonny Rollins mit den John Coltrane-Mitstreitern Jimmy Garrison (Baß) und Elvin Jones (Schlagzeug) die thematische Improvisation anhand des Riffs aus Lionel Hamptons „Hey-Ba-Ba-Re-Bop". Um die Mitte der sechziger Jahre war Sonny Rollins einer der gefragtesten Jazzmusiker. 1965 sah man ihn beim Jazz Fest Berlin und 1966 beim Konzert „Titans Of The Tenor" gemeinsam mit John Coltrane und Coleman Hawkins. Auf das Hoch folgte zwei Jahre später ein Tief. Der Konsum von Aufputschmitteln beeinträchtigte Rollins' Gesundheit, und die Engagements wurden aufgrund seiner hohen Gagenforderungen immer rarer. Schließlich waren beim Publikum jetzt Beat und Rock schon mehr gefragt als Jazz. Zu allem Überdruß bekam Sonny Rollins auch noch chronische Zahnprobleme wegen seines harten Saxophon-Ansatzes. 1968 während seiner zweiten Japantournee besuchte Rollins die Schule des Zen-Meisters Oki und fuhr anschließend nach Indien, wo er fünf Monate hindurch Meditation betrieb. Wieder zurück in den USA, konstatierte Sonny Rollins überaus unerfreuliche Zustände im Musikgeschäft, absolvierte ein paar Auftritte in Clubs, ging 1968 mit der Pianistin Mary Lou Williams auf Tournee nach Dänemark – und zog sich wieder zurück. Von Oktober 1969 bis Juni 1971 hörte die Musikwelt nichts von ihm.

Erstmals trat er beim Jazzfestival im norwegischen Kongsberg mit skandinavischer Rhythmusgruppe wieder auf. Und erst im März 1972 hatte ihn das amerikanische Publikum wieder. Mit Al Dailey (Piano), Larry Ridley (Baß) und David Lee (Schlagzeug) spielte Sonny Rollins zwei Wochen lang im Village Vanguard in New York, wo man Rekordbesuch verzeichnete. Und im Juli 1972 erschien die LP „Next Album" mit einem neuen Quartett. Darauf spielt Rollins Sopransaxophon und setzt sich mit der Rockmusik auseinander. Seither gehören Fusion-Nummern (Verschmelzung von Rock-Rhythmen mit Jazz-Interpretationen) zu seinem Repertoire, was seine Anhängerschaft übrigens gespalten hat.

Es gäbe noch so viel aus dem Leben dieses geheimnisvollen Mannes und genialen Musikers zu erzählen: Daß er 1985 im New Yorker Museum Of Modern Art sein erstes Konzert als unbegleiteter Saxophonsolist gab oder daß 1986 in Japan sein „Concerto For Tenor Saxophone And Symphony Orchestra" uraufgeführt und 1986 von Robert Mugge der Film „Saxophone Colossus" gedreht wurde. Künstlerische Innovation, geistige Krisen und totale Rückzüge ins Privatleben – dieser Lebensrhythmus prägt die Existenz von Sonny Rollins bis zuletzt. Als Hard Bop-Musiker verfügt er über einen voluminösen und rauhen Ton auf dem Tenorsaxophon, das er total beherrscht. Beeinflußt von Sonny Stitt, Dexter Gordon und natürlich Charlie Parker war er in den fünfziger Jahren ein begnadeter Improvisator und Vorläufer des Free Jazz. Und er schrieb Jazz-Standards wie „Blues Waltz", „Valse Hot", „Airegin", „Pent Up House" oder „Paul's Pal". Einer der Höhepunkte in der Nach-Hard Bop-Ära war gewiß seine Tournee mit den Milestone All Stars mit Pianist McCoy Tyner, Bassist Ron Carter und Drummer Al Foster 1978.

Einer der ganz Großen am Altsaxophon im Hard Bop war der schon bei Miles Davis im Kapitel „Cool Jazz" kurz erwähnte Julian „Cannonball" Adderley, der sich – wie nicht anders zu erwarten – stark an Charlie Parker orientierte. Sein Bruder Nat Adderley war übrigens als Trompeter gleichfalls sehr gefragt. John Coltrane war – neben Sonny Rollins – gemeinsam mit Johnny Griffin, Benny Golson und Hank Mobley unter den beliebtesten Tenorsaxophonisten. Aus Detroit kamen der Gitarrist Kenny Burrell und der weiße Baritonsaxophonist Pepper Adams nach New York, in das Mekka des Hard Bop.
Diese vor allem von schwarzen Musikern gepflegte Spielweise steht in direktem Zusammenhang zu den brisanten gesellschaftlichen Ereignissen, die sich Ende der fünfziger Jahre in den USA zugetragen haben, nämlich die Formierung der Bürgerrechtsbewegung unter Pastor Martin Luther King, dem Oberhaupt einer Baptistengemeinde in Montgomery, aufgrund der Diskriminierung Schwarzer im Bundesstaat Alabama. Im November 1956 erklärte der Oberste Gerichtshof die Rassentrennung in den Bussen von Montgomery für verfassungswidrig und dennoch ging die Diskriminierung weiter. Gegen diese Entwicklung protestier-

ten nicht nur schwarze Jazzmusiker, sondern auch weiße Litera-
ten wie Jack Kerouac, Allen Ginsberg, Lawrence Ferlinghetti und
Gregory Corso. Sie waren Vertreter der „Beat-Generation" (eine
Generation, die sich an den Ungerechtigkeiten in der Welt stieß).
Die „Beatniks" entstammten meist der amerikanischen Mittel-
klasse und waren Pazifisten. Ihr Idol war Allen Ginsberg, der
1955 in San Francisco erstmals sein Gedicht „Howl" (Aufschrei)
vortrug. Dieses Gedicht wurde zum Manifest einer Generation.
Diese Generation tendierte ebenso wie „Hipsters" und „Boppers"
zum Rauschgiftkonsum, aber nicht zu harten Drogen wie Heroin,
sondern zu Marihuana, das später durch das gefährliche LSD
abgelöst wurde. Und sie flüchtete in religiöse Mystik, z. B. – wie
Sonny Rollins – in den Zen-Buddhismus. San Francisco wurde
zur Hochburg der „Beat-Generation". Hier lasen die Dichter der
Avantgarde zu Jazz-Rhythmen, was in Mitteleuropa bald unter
dem Motto „Jazz und Lyrik" praktiziert werden sollte. Freilich
war das lediglich die Sache einer intellektuellen Minderheit, die
sich ganz dem Jazz hingab.
Die Schwarzen hatten sich erhoben und waren nicht mehr
gewillt, sich mit gesellschaftlicher Diskriminierung – welcher
Art auch immer – abzufinden. Die letzten Jazzclubs in Harlem –
darunter das Savoy und Jimmy Ryan's sperrten zu – und das
Apollo Theatre stellte sein Programm auf Rhythm & Blues um.
Der kommerzielle Niedergang der Jazzclubs in New York hatte
mit dem Rassenkonflikt zu tun, als dessen Folge viele Weiße
sich nicht mehr in die Night Clubs in Harlem trauten.
1958 drehte John Cassavetes den Streifen „Shadows" (Schatten), wozu Charles Mingus die Musik beisteuerte. Cassavetes
behauptete, mit diesem Streifen eine „filmische Improvisation"
realisiert zu haben. Der improvisierte Jazz spielte in diesem
Werk eine große Rolle. Dieser Charles Mingus war – neben
George Russell, einem schwarzen Komponisten, der ein Musik-
system unter der Bezeichnung „Lydian Concept Of Tonal
Organization" ausgearbeitet hatte – ein Musiker, der versuchte,
die gegensätzlichen Vorstellungen von Cool Jazz und Hard Bop
zu harmonisieren. Das geschah in „Jazz Workshops".

Charles Mingus (1922-1979)

war mit Oscar Pettiford und Ray Brown einer der drei großen Bassisten nach Jimmy Blanton. Aber auch als Bandleader erlangte Mingus große Bedeutung. Er ist das personalisierte Bindeglied zwischen dem Bebop der vierziger Jahre und dem Free Jazz der sechziger Jahre. Insofern ist sein Wirken nicht pauschal irgendeiner Richtung zuzuordnen, so wie dies auch bei Duke Ellington nicht möglich ist.

Mingus war ein sehr schwieriger und exhibitionistischer Mensch. In seiner 1971 erschienenen Autobiographie bezeichnete er sich als „noch weniger als ein Unterdrückter" und verwies auf seinen „rassistischen" Vater. In Nogales in Arizona geboren, verbrachte Charles Mingus seine Kindheit in Watts, einem von Schwarzen bewohnten Vorort von Los Angeles. Der Vater war Maurer, die Mutter hat er nie richtig kennen gelernt, weil sie ein paar Monate nach seiner Geburt starb. Zwei Schwestern waren Musikerinnen, ein Stiefbruder spielte Gitarre mit Vorliebe für spanische Musik. Charles befaßte sich zunächst mit Gesang und Posaune und kam über das Cello zum Baß. Buddy Collette hatte ihn dazu ermutigt, sich dem Kontrabaß zuzuwenden. Seine Lehrer waren Red Callender und Herman Reinschagen von der New York Philharmonic.

Seine ersten Engagements hatte Charles Mingus im Tanzorchester von Lee Young, dem Bruder von Lester Young. 1941 bis 1943 spielte er bei Louis Armstrong, dann bei Barney Bigard, dem Gitarristen Alvino Rey, den Brüdern Russell, Illinois Jacquet, 1946 bis 1948 bei Lionel Hampton, später mit dem Gitarristen Tal Farlow im Red Norvo Trio.

Schließlich ging Charles Mingus nach New York, hatte eine Zeitlang einen untergeordneten Posten auf einem Postamt und wurde 1951 von Charlie Parker zum Komponieren ermuntert. Im Jahr darauf startete er mit Max Roach das Plattenlabel Debut. Diese Firma brachte, wie bereits erwähnt, u. a. einen vielbeachteten Mitschnitt eines Konzerts vom Mai 1953 in Toronto mit Charlie Parker (Altsaxophon), Dizzy Gillespie (Trompete), Bud Powell (Piano), Charles Mingus (Baß) und Max Roach (Schlagzeug) heraus. Daneben spielte Mingus zahlreiche Titel für andere Marken ein.

Er förderte schwarze und weiße Avantgardemusiker in seinen „Jazz Workshops", die dann „Composers Workshops" und in der Folge „Jazz Composers Workshops" hießen. Sprecher dieser Bewegung war der Kritiker Bill Coss. Zu dieser Gruppe gehörten: Teo Macero und John La Porta (Saxophon); Wally Cirillo und Mal Waldron (Piano); Eddie Bert, Kai Winding, Jay Jay Johnson und Willie Dennis (Posaune); Teddy Charles (Vibraphon); Thad Jones (Trompete), aber gelegentlich auch John Lewis und Kenny Clarke. Die ersten Konzerte fanden 1953 statt. Dieser Kreis hatte sich dem musikalischen Experiment verschrieben, Mingus selbst war ein glühender Anhänger Duke Ellingtons. Für ein paar Plattenaufnahmen stellte er ein Quartett mit den vier Posaunisten Jay Jay Johnson, Kai Winding, Willie Dennis und Bennie Green zusammen.

Das erste kompositorische Meisterwerk von Charles Mingus war „Pithecanthropus erectus", eine viersätzige Suite über die Entwicklung des Menschen. Um die Mitte der fünfziger Jahre entstanden Live-Mitschnitte der Nummern „A Foggy Day" und „Haitian Fight Song" aus dem Café Bohemia. Mingus schrieb seine Eigenkompositionen nicht Note für Note nieder, sondern erklärte sie seinen Musikern verbal. Damit zog er den besonderen Stil jedes Solisten in Betracht. Diese Praxis ähnelte der seines Vorbilds Duke Ellington, allerdings ließ Mingus stets der in New Orleans vor Jahrzehnten praktizierten Kollektivimprovisation breiten Raum. Übrigens gibt es unzählige Einspielungen von Charles Mingus mit Stücken aus dem Ellington-Repertoire („Take The A Train", „I Got It Bad", „Things Ain't What They Used To Be"). Auch die religiöse Musik der Schwarzen übte einen großen Einfluß auf sein Schaffen aus.

Mingus, wie gesagt, war ein schwieriger Mensch, hatte häufig Probleme mit Musikern – 1963 wurde er wegen eines gegen den Posaunisten Jimmy Knepper gerichteten Faustschlags verurteilt – sowie Managern und Produzenten. Sein bester Freund war Dannie Richmond, der 1957 sein ständiger Drummer wurde. Mit ihm fuhr er nach dem Scheitern seiner Ehe in die mexikanische Grenzstadt Tijuana. Sie regte ihn zur Komposition „Tijuana Moods" an, die 1957 in New York eingespielt, aber erst 1962 veröffentlicht wurde. Auf das Jahr 1959 gehen einige seiner berühmtesten Kompositionen („Mingus, Ah Um" und „Mingus Dynasty") zurück. Work Songs, frühen New Orleans Jazz, Swing und Modern Jazz – all das verband Charles Mingus, der geniale Arrangeur, ganz im Geist Duke Ellingtons zu emotionsgeladener Musik.

Er präsentierte neue Solisten wie den Trompeter Ted Curson oder den Multi-Instrumentalisten Eric Dolphy (ab 1960) und spielte auf den Festivals in aller Welt. Eines seiner besten Alben war „Charles Mingus Presents Charles Mingus", auf dem es in der Nummer „What Love" das berühmte Duett zwischen

Baß (Mingus) und Saxophon (Dolphy) zu hören gibt. Auch auf dem Album „Pre-Bird" des Jahres 1961, erschienen bei Mercury, gab es höchst interessante Einspielungen wie etwa „Passions Of A Man" und „Hog Callin' Blues" mit Roland Kirk am Saxophon. In diesem Jahr nahm Charles Mingus gemeinsam mit Dave Brubeck an den Dreharbeiten zu dem Film „All Night Long" teil. Bei Impulse erschien die Mingus-Suite „The Black Saint And The Sinner Lady", die oft mit dem Ellington-Opus „Black, Brown And Beige" verglichen wurde. Mitte der sechziger Jahre fiel Charles Mingus mit der Komposition „Meditations On Integration" auf, die im September 1964 mit einer 12 Mann-Band in Monterey vorgestellt wurde.

Wieder gründete Mingus, der allen Plattenproduzenten mißtraute, ein eigenes Label unter seinem Namen, was kommerziell ein Totalflop wurde. Und da er aufgrund seines Jähzorns auch kaum noch Engagements in Clubs bekam, zog Charles Mingus schwer verschuldet nach Kalifornien. Erst 1969 zeigte er sich wieder mit einem Sextett in der Öffentlichkeit. Das Ballett „The Mingus Dances", das auf neun seiner Stücke basiert, wurde von der Alvin Ailey Dance Company im New York City Center uraufgeführt. Aus seinen letzten Kompositionen stach „Let My Children Hear Music" hervor. Im Charles Mingus Quintet der Jahre 1974 bis 1976 waren so bedeutende Solisten wie der Tenorsaxophonist George Adams und der Pianist Don Pullen. Mingus kam noch zweimal nach Europa, wo das Publikum u. a. zwei seiner besten Kompositionen, „Duke Ellingtons Sound Of Love" und „Sue's Changes", zu hören bekam.

Die Bedeutung von Charles Mingus liegt darin, daß er in Kenntnis der Tradition des Jazz (er spielte mit Louis Armstrong und Kid Ory) in den fünfziger und sechziger Jahren mit seinen Gruppen ein Wegbereiter des Free Jazz wurde. Seine Kollektivimprovisationen hatten Vorbildcharakter für die Avantgarde.

Um 1960 befand sich Amerika in einem großen gesellschaftlichen Umbruch. Eine demokratische Linke hatte sich formiert, die Bürgerrechtsbewegung war erstarkt, die Studentenbewegung stellte traditionelle Autoritäten in Frage, das bisherige Wertesystem geriet ins Wanken, und all das spiegelte sich im Jazz wider.

Free Jazz (1960-1970)

Das, was um 1960 im Jazz geschah, kann am ehesten mit dem Aufkommen des Bebop vor genau 20 Jahren als Reaktion schwarzer Musiker auf den aus ihrer Sicht „kommerzialisierten" Swing verglichen werden. Nun waren es wieder vorwiegend schwarze Musiker, die zu Neuem aufbrachen, weil sie den bis dahin gespielten Jazz in Klischees erstarrt sahen. Diese junge Musikergeneration wandte sich von der Tonalität ab, die ihnen ausgereizt schien, in Richtung „Durchbruch in den Raum der freien Tonalität bis hin zur Atonalität." (Joachim-Ernst Berendt). Im Kapitel „Cool Jazz" wurde darauf hingewiesen, daß der Pianist Lennie Tristano und seine Mitstreiter auf das freizügige Improvisieren setzten und die Intuition ihrer Musik ganz besonders betonten. Das war in der zweiten Hälfte der vierziger Jahre und wies bereits auf den jetzt aktuellen Weg des Jazz hin.

Man kann die unter dem Begriff Free Jazz – der weniger als ein umschriebener Stil denn vielmehr als „Freiheit der Wahl zwischen einer quasi grenzenlosen Zahl von Alternativen begriffen wird und nicht nur als eine bloße Auflehnung gegen die Tradition" (Ekkehard Jost) – subsumierten Neuerungen kurz so zusammenfassen: Die Musiker zeigen ein geändertes Selbstverständnis und interessieren sich wesentlich stärker für gesamtgesellschaftliche Anliegen. Tradierte Regeln werden in Frage gestellt, nicht aber total negiert. Das spontane Aufeinanderhören und Aufeinanderreagieren innerhalb des Ensembles wird wichtiger, d. h. die Rollenverteilung zwischen Solist und Begleitmusiker tritt zurück. Die Kollektivimprovisation ersetzt weitgehend das Solo – ähnlich der Praxis im alten New Orleans. Die freie

Tonalität, von vielen als Atonalität empfunden, hat weniger mit der abstrakten Atonalität in der modernen sinfonischen Musik seit etwa 1920 zu tun als vielmehr mit der harmonischen Ungebundenheit in den Wurzeln des Jazz (Work Songs, Blues). Hinzu kommt die Möglichkeit, die Klangfarbe als improvisatorisches Gestaltungsmittel einzusetzen, also a-melodisch zu spielen, sowie eine neue rhythmische Konzeption aufgrund der Auflösung von Metrum, Beat und Symmetrie. Die im Jazz immer schon wichtige Intensität wird bis hin zur kollektiven Ekstase gesteigert und das Geräusch als Bereicherung der Klangwelt empfunden. Besonders wichtig ist die Öffnung des Jazz zu allen Musikkulturen, vor allem jenen der dritten Welt, was die Integration völlig neuer musikalischer Elemente ermöglicht.

Vereinfacht gesagt, kann man feststellen, daß das Prinzip des Free Jazz – ursprünglich nannte man diese Musik auch New Thing – in der freien Improvisation besteht. Jeder Interpret ist gleichsam sein eigener Komponist und improvisiert spontan. Auf das Überraschungsmoment kommt es an und nicht mehr auf ein Thema im Sinne eines Chorus mit festgelegter Harmonienfolge und vorgegebenem Beat als Improvisationsgrundlage.

Das war insofern eine völlige Abkehr vom Jazz der fünfziger Jahre, als der Hard Bop schwarzer Musiker wie Art Blakey, Horace Silver und Clifford Brown im wesentlichen eine Rückbesinnung auf den Bebop bzw. eine Vitalisierung desselben war. Und weiße Musiker wie Dave Brubeck, Gerry Mulligan, Stan Kenton und Jimmy Giuffre arbeiteten ebenso wie John Lewis mit seinem Modern Jazz Quartet an einer weiteren Intellektualisierung oder Europäisierung des Jazz. Diese Musikergeneration hatte Respekt vor ästhetischen Kriterien und stand voll in der Tradition, welcher auch immer. Mit all diesen Traditionen wurde nun von den Protagonisten des Free Jazz, die stets auf der Suche nach neuen Ideen waren, radikal gebrochen. Dieser neue „schwarze" Jazz drückte musikalisch den Zorn über gesellschaftliche Diskriminierung aus. Viele Musiker, die in New York den Free Jazz hervorbrachten, sahen darin eine Art politisch-musikalisches Ventil, ein künstlerisches Kampfmittel der

Unterdrückten gegen die Mächtigen in Staat, Gesellschaft und Politik, aber auch in der Musikindustrie. Auf diesen gesellschaftspolitischen Aspekt wird am Ende dieses Kapitels noch ausführlicher eingegangen.

Im Kapitel „Hard Bop" wurde über die 1956 von Charles Mingus eingespielte Komposition „Pithecanthropus erectus" berichtet. Diese expressionistische Musik, die von Zeitgenossen als kreischend, schrill und wirr empfunden worden ist, gilt als Vorbote des Free Jazz. Einer der ersten Vertreter des Free Jazz wurde just in diesem Jahr 1956 Berufsmusiker in New York.

Cecil Percival Taylor (Jahrgang 1933)

studierte am New York College Of Music und am New England Conservatory in Boston. Während des Studiums spielte er mit Oran „Hot Lips" Page, Lawrence Brown und Johnny Hodges. Mitte der fünfziger Jahre gründete Taylor ein eigenes Quartett mit Steve Lacy (Sopransaxophon), Buell Neidlinger (Baß) und Dennis Charles (Schlagzeug). Diese Band spielte 1956 im Five Spot „eine perkussive, von großer Energie belebte Musik". Wie Arrigo Polillo berichtet, schien sie „dazu bestimmt zu sein, sich in eine atonale Richtung zu entwickeln".

1957 nahm Taylor am Newport Jazz Festival teil und präsentierte die erste LP unter dem Titel „Jazz Advance". Ab 1960 hatte er den Altsaxophonisten Archie Shepp in seinem Ensemble. Er sollte bald einer der wichtigsten Avantgardisten werden. Um 1962 traf Taylor auf den Tenor- und Sopransaxophonisten Albert Ayler. Bis in die siebziger Jahre gehörten Musiker wie die Schlagzeuger Sunny Murray und Andrew Cyrille, die Bassisten Henry Grimes und Alan Silva, die Trompeter Ted Curson, Bill Dixon, Eddie Gales und Mike Mantler sowie der Saxophonist Sam Rivers der Band an.

Dem erwähnten Premierenalbum folgten die Platten „Looking Ahead", „In Transition", „Coltrane Time", „The World Of Cecil Taylor" und „New York Rhythm & Blues". Danach, 1962, kamen die Trio-Alben „Innovations" und „What's New" auf den Markt. Schließlich wirkte Cecil Taylor bei der Gil Evans-Produktion „Into The Hot" mit und brachte das in Kopenhagen entstandene Album „Live At The Café Montmartre" heraus. Seine bedeutendsten Einspielungen der sechziger Jahre erschienen 1966 und betitelten sich „Conquistator" und „Unit Structures".

Der wichtigste Partner von Cecil Taylor ab 1960 war der Altsaxophonist Jimmy Lyons. 1964/65 war Taylor unter den Gründern der Jazz Composer's Guild. Zu jener Zeit gab es nur wenige Auftrittsmöglichkeiten für diesen Pianisten. In Clubs, Museen und Universitäten sowie auf einer Europatournee 1969 präsentierte er seine Musik. Seither ist Cecil Taylor immer wieder in Europa zu hören, etwa auf dem Bank Austria Jazz Fest Wien 1995.

Erst Anfang der siebziger Jahre wurde die Musik Taylors, insbesondere der innovatorische Charakter seines Schaffens, anerkannt. Er bekam jetzt Lehraufträge an der University Of Wisconsin, am Antioch College und am Glassboro State College. Solo-Alben wie „Indent", „Solo", „Silent Tongues", „Air Above Mountains", „Fly! Fly! Fly!" und „Garden" markierten einen neuen Abschnitt im Wirken von Cecil Taylor. Dazu kamen Duett-Alben wie „Embraced" mit Mary Lou Williams, „Historic Concerts" mit Max Roach und „The Joy Of Flying" mit Tony Williams.

Zwischen Mitte der siebziger und Mitte der achtziger Jahre war Cecil Taylor überaus produktiv. 1976 erschienen „Dark To Themselves" und „Cecil Taylor", 1978 „Live In The Black Forest" und „Three Phases Unit", 1980 „It Is The Brewing Luminous" und 1981 „Calling It The 8th". 1984/85 veröffentlichte er die mit einem elf Mitglieder zählenden amerikanisch-europäischen Orchester eingespielte LP „Sliding Quadrants". Taylor nannte diese Produktion „Music From Two Continents". 1979 schrieb Cecil Taylor das Ballett „Tetra Stomp: Eatin' Rain In Space" für Michail Baryschnikow und Heather Watts. In den siebziger und achtziger Jahren erlangte seine Gruppe Cecil Taylor Unit mit Sam Rivers, Jimmy Lyons, Andrew Cyrille und Alan Silva große Bedeutung im zeitgenössischen Jazz.

Wo lagen nun die musikalischen Wurzeln dieses Pianisten, der für Steve Lacy „der im Hintergrund wirkende Führer des Jazz" war und den Joe Zawinul den „einzig wirklichen Erfinder eines Jazz-Klavierstils seit Art Tatum" nannte? Ursprünglich bezog sich Cecil Taylor auf die weißen Pianisten Lennie Tristano und Dave Brubeck, dann auf Horace Silver, aber auch auf die Klaviermusik von Bartok, Strawinsky und Messiaen. Seine Absicht war es, die Techniken der europäischen Komponisten nutzbar zu machen, „sie mit der traditionellen Musik des amerikanischen Negers zu verschmelzen und auf diese Weise neue Energie zu schaffen". Neben Horace Silver nannte Taylor die schwarzen Musiker Duke Ellington, Miles Davis, Fats Waller und Thelonious Monk als seine Vorbilder aus der Welt des Jazz. Cecil Taylor sagte einmal, in seiner Musik habe er „den Rhythmus melodisiert und die Melodieinstrumente rhythmisiert". Für ihn sei „das Klavier nichts als eine Trommel mit 88 Tasten, und die Saiten seien dazu da, um sie anzuschlagen, damit die musikalischen Strukturen sich immer weiter aufbauen, aber im vertikalen, nicht im horizontalen Sinne. Mit anderen Worten: Für jeden Ton, der angeschlagen wird, sollte es eine ganze Anzahl von Vibrationen geben, die zu hören sein müssen".

Cecil Taylor aus New York war die eine zentrale Persönlichkeit am Beginn des Free Jazz, die andere war Ornette Coleman aus dem texanischen Fort Worth. 1958 in Los Angeles entdeckt, übersiedelte Coleman nach New York, an seiner Seite der Trompeter Don Cherry. Wie kaum ein Musiker in der bisherigen Jazzgeschichte polarisierte Ornette Coleman Fachwelt und Publikum um 1960. Viele Kritiker unterstellten ihm, gar nicht zu wissen, was er tue. Und die wenigen Anhänger, die er damals hatte, sahen in Coleman den wichtigsten Erneuerer des Jazz seit Charlie Parker. Der Pianist Paul Bley meinte einmal, Ornette Coleman habe unter Nichtbeachtung des Aufbaus der Chorusse den improvisierenden Musikern die Möglichkeit gegeben, „zu atmen, wann sie wollen, zu denken, was sie wollen, und sich nach ihrem Geschmack um den harmonischen Verlauf wenig oder viel zu kümmern."

Ornette Coleman (Jahrgang 1930)

wurde von Charles Mingus einmal bescheinigt, seine Musik klinge „wie organisierte Unordnung oder wie falsch richtig spielen". Für Gunther Schuller hat Colemans Spiel „eine tiefe innere Logik", und Shelly Manne sagte, er mache „irgend etwas mit seinen Stücken, das einen nicht nur die Melodielinie, sondern gleichzeitig unzählige Durchführungsmöglichkeiten hören läßt".

Coleman begann mit 14 Jahren Altsaxophon zu spielen, lernte mit 16 Jahren als Autodidakt Tenorsaxophon und wirkte zunächst in Rhythm & Blues-Gruppen in seiner texanischen Heimat mit. Sein erster Bandleader war der Sänger und Gitarrist Pee Wee Crayton. Und der erste musikalische Bezugspunkt Colemans war die Tradition des Folk Blues.

230

Als Kind einer armen Familie – die Mutter war Näherin, der Vater starb früh – trat Ornette Coleman zumeist in Spielhöllen auf, wo er Grimassen schnitt, das Saxophon nach oben richtete und sich beim Musizieren verrenkte. Er versuchte, den Stil von Big Jay McNeely und Arnett Cobb nachzuahmen. Ein Mann namens Red Connors machte ihn mit den aktuellen Bebop-Platten bekannt. Dann ging Ornette Coleman mit einer der letzten Minstrel-Shows auf Tournee durch den Süden und Südwesten der USA.

Schon früh erfuhr Coleman viele Demütigungen. Als er mit einem Rhythm & Blues-Ensemble unter Leitung von Clarence Samuels in Baton Rouge in Louisiana gastierte, wurde er von Leuten, denen seine Musik mißfiel, verprügelt. Das Saxophon wurde bei diesem Überfall zertrümmert, und Ornette Coleman mußte in New Orleans beim Klarinettisten Melvin Lassiter Zuflucht suchen, der ihm das Altsaxophon seines Bruders zur Verfügung stellte.

Später erzählte Coleman, was Don Cherry und er in der Folge spielten, habe er 1949 mit Lassiter geblasen. Da seine Musik aber keinen Anklang fand und Engagements ausblieben, mußte Ornette Coleman, um wirtschaftlich zu überleben, Gelegenheitsjobs annehmen. Schließlich nahm ihn sein alter Arbeitgeber Pee Wee Crayton in seinem Orchester nach Los Angeles mit.

Die ersten Musikerkollegen, mit denen sich Ornette Coleman in Kalifornien anfreundete, waren der Schlagzeuger Eddie Blackwell, der Trompeter Bobby Bradford und der Saxophonist James Clay. Letzterer machte ihn mit einem jungen Trompeter aus Oklahoma namens Don Cherry bekannt. Doch die ökonomische Situation war für Coleman in Los Angeles zunächst nicht besser als in New Orleans. Nur sporadisch bekam er Gelegenheit zu Live--Auftritten, z. B. in einem mexikanischen Lokal, in dem Rhythm & Blues zum Tanz geboten wurde. Das damit verdiente Geld reichte natürlich nicht aus, die eigene Familie – Ornette Coleman war inzwischen mit Jayne verheiratet, und das Paar hatte ein kleines Kind – materiell mit dem Nötigsten zu versorgen. Also schlug er sich als Pförtner, Fahrstuhlfahrer in einem Kaufhaus und Babysitter durch. In dieser Zeit nützte er immerhin jede sich bietende Gelegenheit, um sein musiktheoretisches Wissen zu vertiefen. Zu seinem Freundeskreis stießen jetzt der Schlagzeuger Billy Higgins, der Bassist Don Payne und der Pianist Walter Norris. Man probte für die wenigen Engagements, die es gab, in einer Garage unter der Leitung von Don Cherry.

Der Bassist Red Mitchell war es, der Ornette Coleman mit dem Chef des Labels Contemporary, Lester Koenig, zusammenbrachte. Das Album „Something Else" war kein Erfolg. Ein zweites Album unter dem Titel „Tomorrow Is The Question" erschien ebenfalls bei dieser dem West Coast Jazz verschriebenen Plattenfirma. Im Hillcrest Club in Los Angeles hatte das Ornette Coleman Quartet 1959 das einzige Engagement des Jahres, und zwar für ganze sechs Wochen. Damals bestand die Band aus Ornette Coleman (Altsaxophon), Don Cherry (Trompete), Charlie Haden (Baß) und Billy Higgins (Schlagzeug).

Ein Wendepunkt in der Karriere Colemans wurde die vom Bassisten Percy Heath vermittelte Bekanntschaft mit dem Pianisten John Lewis, dem Leader des Modern Jazz Quartet. Es kam zum Kontakt mit dem Chef des Labels Atlantic, Nesuhi Ertegun, der einen Plattenvertrag offerierte und Coleman sowie Cherry ein Stipendium zum Besuch eines Seminars an der School Of Jazz in Lenox unter Leitung von John Lewis im Sommer 1959 verschaffte. Hier wurden einige wichtige Persönlichkeiten des Jazz auf Ornette Coleman aufmerksam. Und diejenigen, die sein Spiel verstanden, sahen in ihm sofort einen neuen Charlie Parker. Darunter war auch John Lewis.

Im Herbst 1959 spielte Ornette Coleman bei Atlantic die beiden Alben „The Shape Of Jazz To Come" und „Change Of The Century" ein, ging mit seinem Quartett nach New York und trat durch sechs Monate im Five Spot auf. Jetzt, 1960, nahm er die LP „Free Jazz" auf, eine 40 Minuten dauernde Kollektivimprovisation für ein Doppel-Quartett unter Mitwirkung der acht Musiker Ornette Coleman, Don Cherry, Scott La Faro, Billy Higgins, Eric Dolphy, Freddie Hubbard, Charlie Haden und Eddie Blackwell. Dieses Album, in dem die Möglichkeiten des freien Zusammenspiels, unbehindert von formalen Zwängen, in einer größeren Gruppe erprobt wurden, gab der aktuellen Jazzströmung der sechziger Jahre ihren Namen.

Mittlerweile waren Ornette Coleman und Don Cherry schon Geheimtips für Jazz-Avantgardisten. Zu mehr reichte es aber nicht, denn viele Kritiker und der größte Teil des Publikums konnten mit dieser neuen Musik nichts anfangen. Das Spektrum der Resonanz reichte von Ratlosigkeit bis zu offener Aversion. Angeblich soll im Five Spot eines Abends Dizzy Gillespie erschienen sein und die Mitglieder des Ornette Coleman Quartet angewidert gefragt haben, ob sie es mit ihrer Musik wirklich ernst meinten. Als dann das dritte Atlantic-Album, es hieß „This Is Our Music", mit einem neuen Ensemble, in dem Eddie Blackwell statt Billy Higgins Schlagzeug spielte, auf den Markt kam, wurde die Diskussion über den Free Jazz in der Öffentlichkeit noch kontroverser.

Coleman mit seinem weißen Plastik-Altsaxophon und Cherry mit seiner kleinen, zerbeulten Trompete ernteten nun für einige ihrer Aufnahmen wie „The Disguise", „Congeniality", „Ramblin'", „Tears" oder „Lonely Woman" Lob. Der Bann schien zumindest bei der Fachwelt gebrochen. Das Quartett trat beim Jazz-Festival in Monterey 1960 auf, Trompeter Don Cherry wurde durch Bobby Bradford ersetzt, und am Baß wechselten einander Scott La Faro, Jimmy Garrison und David Izenzon ab. 1962 gab Coleman ein Trio-Konzert mit Izenzon und Drummer Charles Moffett in der New York Town Hall. Dabei wurde auch eine Eigenkomposition im Stil der europäischen zeitgenössischen Musik aufgeführt.

Dann war Ornette Coleman bis 1965 verschwunden. Er lebte in einer Kellerwohnung, die ursprünglich ein Geschirrlager war, lernte das Geigen- und Trompetenspiel, lehnte konsequent jedes Arbeitsangebot ab und wurde schließlich wegen eines Zahlungsrückstands delogiert. Pläne, einen Club zu eröffnen oder einen Musikverlag zu gründen, konnten von dem geschäftsuntüchtigen Coleman nicht realisiert werden. Statt dessen schrieb er Kompositionen für Streichquartett und andere Kammerensembles. Seine wichtigsten sinfonischen Werke heißen übrigens „Skies Of America" und „Forms And Sounds". Die von Regisseur Conrad Rooks in Auftrag gegebene Musik für seinen avantgardistischen Film „Chappaqua" wurde zwar letztlich für den Streifen nicht verwendet, erschien aber auf dem Label CBS als „Chappaqua Suite"-Doppelalbum. Es spielte das Ornette Coleman Trio mit einem aus elf Musikern bestehenden Kammerensemble und Pharoah Sanders als Solist am Tenorsaxophon.

Das Comeback Mitte der sechziger Jahre geriet Ornette Coleman zum vollen Erfolg. 1965 feierte man sein Trio mit Bassist David Izenzon und Schlagzeuger Charles Moffet bei den Berliner Jazztagen. Auch die Auftritte in der Fairfield Hall in Croydon bei London, beim Jazz-Festival Lugano und in Stockholms Club Gyllene Cirkeln waren stürmisch umjubelt. Zwei Doppelalben („An Evening With Ornette Coleman" und „The Ornette Coleman Trio At The Golden Circle Stockholm") waren das bleibende Ergebnis dieser Europatournee, die Coleman ohne Inanspruchnahme eines

Agenten auf eigene Faust organisiert hatte. Er mißtraut nämlich grundsätzlich den Managern im Musikgeschäft.

Die späteren Plattenaufnahmen Ornette Colemans – „The Empty Foxhole", „New York Is Now", „Crisis", „Friends And Neighbours" oder „Science Fiction" – zeigten einen neuen Trend: Coleman, der einmal wieder mit Don Cherry zusammenarbeitete, dann den texanischen Tenorsaxophonisten Dewey Redman in seiner Band hatte oder mit der indischen Sängerin Asha Puthli kooperierte, stellte das kompositorische Element gegenüber dem improvisatorischen in den Vordergrund. Und Joachim-Ernst Berendt meinte einmal, selbst jene Kritiker, die Coleman als Improvisator ablehnten, würden „die Schönheit und Kompetenz seiner Kompositionen" anerkennen. Der Komponist Ornette Coleman, so Berendt, sei schneller akzeptiert worden als der Improvisator.

Ornette Coleman propagierte seine musikalischen Thesen als „harmolodisches System", bei dem jede Harmonie allein durch die melodische Linie bestimmt wird. Die musikalischen Gesetze müßten im ausübenden Musiker selbst liegen, nicht aber in von außen herangetragenen harmonischen Prinzipien.

Ab Mitte der siebziger Jahre verwendete Ornette Coleman elektrisch verstärkte Instrumente, spielte rockiger und erinnerte mit den Alben „Dancing In Your Head" und „Body Meta" an seine Anfänge in Rhythm & Blues-Bands. Coleman habe „die Sprache des Blues mit neuem Leben erfüllt und aufgefrischt", urteilt Tenorsaxophonist Archie Shepp. Ende der siebziger Jahre spielte Coleman gelegentlich mit dem von ihm entdeckten James „Blood" Ulmer (Gitarre) und Fred Williams (Baß). Außerdem befaßte er sich mit einer Komposition für 125 Musiker. Sie trug den Titel „The Oldest Language".

1980 brachte Ornette Coleman das Digital-Album „Fashion Face" mit der Gruppe Prime Time heraus. Und 1982 wurde die drei Jahre zuvor eingespielte LP „Of Human Feelings" bei einem „Down Beat"-Poll zur Platte des Jahres gekürt. 1984 führte Mercer Ellington bei einem Gedächtniskonzert für den Duke einige Kompositionen Colemans mit Big Band auf. Wieder zwei Jahre später lief im Public Theatre in New York der Film „Ornette: Made In America".

1986 erschien das Album „Song X", das Ornette Coleman mit dem Gitarristen Pat Metheney, dem Bassisten Charlie Haden sowie den beiden

Schlagzeugern Jack De Johnette und Denardo Coleman, seinem Sohn, aufgenommen hatte. Und mit einem Mal war Coleman – Jahrzehnte nach
Beginn der Free Jazz-Ära – wieder gefragt. Er gilt als Begründer des Free
Funk, den er mit seinen Prime Time Formationen pflegt. Die verschiedenen
Facetten im Schaffen des Ornette Coleman werden sehr gut auf dem 1987
erschienenen Doppelalbum „In All Languages" dokumentiert. Auf einer
Platte ist er mit seinem neuformierten Quartett (Cherry, Haden und Higgins) zu hören und auf der anderen mit Prime Time und Free Funk. 1995
kam dann die CD „Tone Dialing" mit Ornette Coleman & Prime Time auf
dem Label Harmolodic heraus.

Ornette Coleman hatte in mittelmäßigen Rhythm & Blues-Gruppen erste musikalische Erfahrungen gesammelt. Cecil Taylor
war ein Kenner der modernen europäischen Musik. Und John
Coltrane, der dritte und wahrscheinlich populärste Free Jazz-
Protagonist, kam aus dem Umkreis von Miles Davis, war von
Cool Jazz und Hard Bop geprägt, hatte aber auch eine Veranke-
rung im städtischen Rhythm & Blues. Diese drei Musiker, die
den Jazz bis herauf in die neunziger Jahre verändert haben, begannen unabhängig voneinander von verschiedenen Positionen
aus. Coleman und Taylor hatten es – nicht zuletzt aufgrund ihrer
Persönlichkeiten – wesentlich schwerer als Coltrane, sich durchzusetzen.

John Coltrane (1926-1967)

entstammte der kleinen Stadt Hamlet mit 35 000 Einwohnern in der Nähe
von High Point. Vater John Coltrane sen., ein Schneider, spielte in seiner
Freizeit Ukulele und Geige. Mit seiner Frau Alice wohnte er an der East
Side, dort wo die wohlhabenden Schwarzen lebten. Beider Sohn John
besuchte die erste öffentliche Schule High Points für schwarze Kinder.
Sonntags war er stets in der Kirche von Reverend Blair, dem Großvater
mütterlicherseits. John war zwölf Jahre alt, als der Vater, ein geselliger und
extrovertierter Mann, starb. Er hatte den ersten musikalischen Einfluß auf
seinen Sohn ausgeübt. Sein Lieblingslied, das er oft auf der Ukulele spielte und dazu sang, hieß „The Sweetheart Of Sigma Chi".
John Coltrane interessierte sich wie alle Buben seines Alters für Baseball

und schnelle Autos und liebte es, Radio zu hören. Auf diese Weise kam er mit der Musik von Jimmie Lunceford, Duke Ellington und Charlie Barnet in Kontakt. Diese Klänge waren neu für John Coltrane. Er war an die Spirituals gewöhnt, die er jeden Sonntagmorgen in der St. Stephen Methodists Episcopal Zion Church vernahm. Dienstags gab es in dieser Kirche den Musikunterricht durch Reverend Steele, der eine Community Band gegründet hatte. Die musikalischen Vorlieben Steeles gehörten weder der klassischen Musik, noch dem Jazz. Er mochte Spirituals und Marschmusik. Bei ihm erlernte John Coltrane die Grundbegriffe des Klarinettenspiels. Bald wurde er erster Klarinettist in der William Penn High School Band. Die Leitung dieses Ensembles hatte Grayce Yokley, eine Lehrerin für Musiktheorie und Klavier, inne. Jetzt beschäftigte sich John Coltrane auch mit dem Altsaxophon. Sein Lieblingssolist auf diesem Instrument war Johnny Hodges. Das erste Stück, das er auf dem Altsaxophon spielte, war „Tuxedo Junction".

Nach Abschluß der High School ging John Coltrane nach Philadelphia, wo er sein erstes Geld als Arbeiter in einer Zuckerraffinerie verdiente. Und er besuchte die Ornstein School Of Music, wo Mike Guerra für den Saxophonunterricht zuständig war. Hier erfuhr John Coltrane viel über dieses vom Belgier Joseph Adolphe Sax (1817-1894) erfundene und 1846 patentierte Instrument. Das in Amerika erst ab 1920 stärker eingesetzte Saxophon wurde erstmals 1905 im Orchester von Will Marion Cook verwendet. Glücklicherweise konnte Coltrane nach seiner Einberufung zur Marine 1945 weiterhin Musik machen. In Hawaii spielte er Klarinette in Tanzkapellen und übte nebenbei auf dem Saxophon.

Als Altsaxophonist trat John Coltrane nach seiner Rückkehr nach Philadelphia 1946 in eine Combo (kleines Jazzensemble von drei bis maximal acht Musikern) ein. Er spielte Rhythm & Blues. In der Jazzwelt waren Charlie Parker und Dizzy Gillespie inzwischen die Heroen des Bebop geworden. Die Saxophonisten Bill Barron und Benny Golson wurden enge Freunde Coltranes, der in den Bands von King Kolax und Joe Webb gastierte, mit dem Organisten Jimmy Smith auftrat oder die Sängerin Big Maybelle begleitete. In der Academy Of Music hörten Golson und Coltrane eines Abends live Charlie Parker und Gillespie. Vor allem Parker begeisterte die beiden so sehr, daß sie sich nach dem Konzert um Autogramme anstellten und ein paar Sätze mit ihrem Idol wechseln konnten.

1947 kam der texanische Altsaxophonist Eddie „Cleanhead" Vinson nach Philadelphia, um eine Band zusammenzustellen. Und er engagierte John Coltrane, der gerade mit dem Pianisten Red Garland in einer Gewerkschaftshalle übte. Allerdings mußte Coltrane bei Vinson Tenorsaxophon spielen, so wie Charlie Parker ein paar Jahre zuvor bei Earl Hines. Die Musik dieser Band bestand aus Rhythm & Blues und ein paar Bebop-Nummern. Später erzählte Coltrane, bei Eddie Vinson habe sich ihm „plötzlich ein größerer Bereich des Hörens" geöffnet. Er habe sich in dieser Periode mit allen bekannten Tenoristen auseinandergesetzt, „besonders mit Lester Young und seiner melodischen Phrasierung. Erst danach stieß ich auf Coleman Hawkins und war fasziniert von seinen Arpeggien und der Art, wie er spielte".

Dann lernte John Coltrane in der Band des Trompeters Mel Melvin die drei Heath-Brüder kennen: den Bassisten Percy, den Drummer Albert und den Saxophonisten Jimmy, der damals Alt spielte. Und als die Heath-Brüder ihre eigene Gruppe formten, da nahmen sie Coltrane als zweiten Altsaxophonisten mit. Schließlich wechselte John Coltrane gemeinsam mit Jimmy Heath in die Band des Trompeters Howard McGhee.

Als Mitglied der Big Band von Dizzy Gillespie ab 1950 wurde John Coltranes Interesse an östlicher Philosophie und Religion geweckt. Der Tenorsaxophonist Yusef Lateef, ein orthodoxer Moslem, der eigentlich William Evans hieß, legte ihm nahe, den Koran zu studieren. Übrigens war auch in dieser Band Jimmy Heath mit dabei. Einer der ersten Solo-Titel für John Coltrane war Thelonious Monks „Round About Midnight". Aufgrund seines intensiven Konsums von Süßigkeiten bekam Coltrane immer häufiger Probleme mit den Zähnen. Er hatte Angst vor dem Zahnarztbesuch und betäubte die Schmerzen lieber mit Whisky. Als Gillespie Anfang 1951 seine Big Band aus ökonomischen Gründen auflösen mußte und ein Sextett weiterführte, da behielt er Coltrane, der allerdings wieder Tenorsaxophon zu spielen hatte.

Nach ein paar Monaten kehrte John Coltrane nach Philadelphia zurück und wurde auf Empfehlung der ehemaligen Studenten Dizzy Gillespie und Percy Heath an der Granoff School Of Music aufgenommen. Dennis Sandole war sein Theorie- und Matthew Rastelli sein Saxophonlehrer. Coltrane konzentrierte sich voll auf das Tenorsaxophon, trat neben dem Studium gelegentlich in Clubs auf und las viel über Musik und Philosophie.

Vor allem interessierte er sich für die europäische Musik von Debussy, Ravel, Strawinsky und Bartok.

In den fünfziger Jahren entwickelte sich John Coltrane zum Alkoholiker – angeblich, um die Art von Musik zu vergessen, die er zum Bestreiten des Lebensunterhalts zu spielen gezwungen war. Das war Rhythm & Blues, garniert mit Show-Einlagen. 1952 ging Coltrane zu Earl Bostic, einem großen Altsaxophonisten. Mit 175 Dollar in der Woche war die Gage sehr gut, und John Coltrane fand in dem Pianisten Joe Knight einen Trinkkumpanen. Im darauffolgenden Jahr verfiel Coltrane auch noch dem Heroin.

Nun kam John Coltrane zu Johnny Hodges, der nach seinem Ausscheiden aus dem Duke Ellington Orchestra eine Band gegründet hatte. Hodges, ein hochangesehener Altsaxophonist, der ob seines kleinen Wuchses „Rabbit" genannt wurde, spielte mit ein paar Kollegen aus dem Ellington Orchestra wie Harold Baker (Trompete), Lawrence Brown (Posaune) oder Sonny Greer (Schlagzeug) nahezu ausschließlich Titel aus dem Repertoire des Duke. Und am Tenorsaxophon war John Coltrane. Von Hodges lernte er vor allem die Intonation. Die Gage war mit 250 Dollar pro Woche noch besser als bei Earl Bostic.

Seine Drogensucht führte bald zu seiner Entlassung aus der Band von Johnny Hodges. Man schrieb das Jahr 1955, das sowohl für Coltranes Berufs- wie Privatleben große Veränderungen brachte. Er heiratete nämlich die 29jährige Schönheit Naima und trat in das neue Miles Davis Quintet ein. In der ausführlichen Passage über Miles Davis im Kapitel „Cool Jazz" war davon zu lesen. Damals bekam Coltrane seinen Spitznamen „Trane", was ausdrücken sollte, daß er seine Kraft im Saxophonspiel geduldig aufbaute und die Geschwindigkeit immer mehr forcierte. Der aus einer armenischen Familie stammende Producer George Avakian von Columbia Records, der John Coltrane Ende 1955 gemeinsam mit Miles Davis im Bohemia traf, will sogleich „die Tiefe dieses Mannes und seine ausgeprägte Intelligenz" gespürt haben.

Nach der Zeit bei Miles Davis, wieder daheim in Philadelphia, befaßte sich John Coltrane intensiv mit Meditation. Er widmete sich der Religion und hörte mit dem Trinken und den Drogen auf. Nach seiner eigenen Schilderung über das Jahr 1957 erfuhr Coltrane „durch Gottes Gnade eine spirituelle Erweckung, die mich zu einem reicheren, volleren und produktiveren Leben führen sollte". Jetzt spielte er mit dem Thelonious Monk Quartet

238

im Five Spot. Neben Monk am Piano und Coltrane am Altsaxophon waren Wilbur Ware am Baß und Shadow Wilson am Schlagzeug mit dabei. Coltrane erzählte, er habe sich bei Monk angewöhnt, „lange Soli zu spielen. Ich wollte dadurch eine neue Solokonzeption finden. Schließlich war es so, daß ich so lange bei einer Phrase blieb, bis mir wirklich nichts mehr dazu einfiel".

John Coltrane erhielt einen Plattenvertrag beim Label Prestige, für das er Eigenkompositionen und Standards wie McCoy Tyners „The Believer" oder Cal Masseys „Nakatini Serenade" aufnahm. Und 1958 spielte Coltrane gemeinsam mit Miles Davis ein Album mit populären Nummern des französischen Komponisten Michel Legrand ein („Legrand Jazz"). Die unwiderruflich letzte Zusammenarbeit mit Miles Davis gab es bei einer Europatournee. Das Publikumsecho war oft – vor allem im Pariser Olympia – negativ. Die bald danach bei Atlantic erschienene LP „Giant Steps" kam hingegen sehr gut an. Eine der darauf aufscheinenden Eigenkompositionen war „Naima", die seiner Frau gewidmete Ballade. Die bislang erfolgreichste Einspielung sollte die Ende 1960 zustande gekommene Aufnahme von „My Favorite Things" werden. Dabei debütierte John Coltrane übrigens auf dem Sopransaxophon.

Das John Coltrane Quartet bestand neben dem Leader aus Steve Kuhn und später McCoy Tyner (Piano), Steve Davis (Baß) und Pete LaRoca (Schlagzeug), der zunächst durch Billy Higgins und dann durch Elvin Jones ersetzt wurde. Später gab es weitere Wechsel, u. a. wurden Reggie Workman, Art Davis und Jimmy Garrison Mitglieder des Ensembles. Gelegentlich verwendete John Coltrane Eric Dolphy als zweiten Bläser. 1961 kamen „Ole", „Africá/Brass" und „Impressions" heraus. Coltrane beschäftigte sich intensiv mit indischer Musik – und begann sich mit dem neuen Free Jazz auseinanderzusetzen. Gegen Mitte der sechziger Jahre bekam seine Musik einen religiös-rituellen Touch. „A Love Supreme", „Ascension", „Meditations" und „Om" erregten in der Jazzwelt großes Aufsehen. Coltrane experimentierte mit zwei Bassisten und zwei Schlagzeugern. 1965 wurde er beim „Down Beat"-Readers Poll zum 1. Tenorsaxophonisten gewählt. Außerdem verlieh man ihm dem Titel „Jazzman Of The Year".

Rashied Ali kam für Elvin Jones und Coltranes zweite Frau Alice McLeod für McCoy Tyner, Pharoah Sanders wurde zweiter Saxophonist. Über die 1966 mitgeschnittene Platte „Coltrane Live At The Village Vanguard" hieß es in „Down Beat", der Saxophonist habe sich beharrlich bemüht, „eine totale Abstraktion in der Musik zu erreichen".

Wenige Monate vor seinem Tod – John Coltrane erlag einem schweren Leberleiden – wurden Anfang 1967 die Alben „Expression" und „Interstellar Space" aufgenommen. Titel wie „Ogunde" und „To Be" nannte die Kritik „impressionistische Kammermusik". Die beiden erwähnten Platten erschienen übrigens erst nach dem Ableben dieses Saxophonisten, dessen modale Konzeptionen im Free Jazz Schule gemacht haben.

In seinen letzten Lebensmonaten förderte Coltrane junge Musiker wie den Saxophonisten Albert Ayler. Und er spielte im April 1967 bei der Eröffnung des Zentrums für afrikanische Kultur, einer Gründung des Percussionisten Babtundi Olatunji. Wie J. C. Thomas in seinem Buch „Chasin' The Trane" schreibt, sei John Coltrane „immer noch krank, übergewichtig und zerquält, von Proben und Aufnahmen erschöpft und in großer Sorge um seinen Gesundheitszustand und seine musikalische Zukunft" [97] erschienen. Mit Pharoah Sanders, Jimmy Garrison, Rashied Ali und seiner Frau Alice Coltrane spielte er Titel wie „Tunji", „Acknowledgement" aus „A Love Supreme", „Ogunde" und „My Favorite Things". Coltrane unterschrieb auch noch einen mit 40 000 Dollar pro Jahr bevorschußten Zweijahresvertrag beim Label Impulse. Für J. C. Thomas „war John Coltrane ein Mystiker, ein Musiker und ein Mensch, der das Leben seiner Mitmenschen veränderte, gewöhnlich zum Besseren". [98]

Die Musik John Coltranes lebte im Stil vieler Saxophonisten weiter, die – wie er – das Sopransaxophon übernahmen. Und seine modalen Konzeptionen wirkten im Jazz Rock weiter. Auch sein Mystizismus und seine Präferenz für die Musik aus anderen Kulturen fielen bei der nächsten Musikergeneration auf fruchtbaren Boden. McCoy Tyner, Elvin Jones, Alice Coltrane und Pharoah Sanders, Gato Barbieri und Wayne Shorter – sie alle beziehen sich in ihrem Schaffen auf John Coltrane.

Joachim-Ernst Berendt bemerkte einmal, wenn Ornette Coleman der „Phoenix" sei, dessen Musik von Anfang an vor uns gestanden sei, als sei sie „dem Haupte des Zeus entsprungen", dann sei John Coltrane der „Sisyphus" gewesen, „der den harten, kantigen Fels der Erkenntnis immer wieder von neuem bergan wälzen mußte".

An dieser Stelle noch ein paar Sätze zum gesellschaftspolitischen Aspekt des Free Jazz. Bekanntlich gab es in den sechziger
Jahren in den USA – nicht nur in Birmingham, Alabama – Ge-
waltakte gegen die schwarze Bevölkerung. Der Rassenhaß
flammte verstärkt auf. Im Mai 1963 bildete eine friedliche De-
monstration Schwarzer den Vorwand für Repressionsmaßnah-
men. Und im September kamen bei der Explosion einer Bombe
in einer Kirche vier schwarze Kinder ums Leben. Im selben Jahr
wurde der Bürgerrechtskämpfer Jackson Edgar Meavers ermordet. Im Juni 1963 sagte Präsident John F. Kennedy in einer Fern-
sehrede, jeder Amerikaner müsse das Recht haben, so behandelt
zu werden, wie er selbst behandelt werden möchte. Dies sei aber
nicht der Fall, so Kennedy: „Amerika muß als Land und als Volk
eine schwere moralische Krise bewältigen. Diese kann nicht
durch unterdrückende Polizeiaktionen gelöst, nicht den immer
erregter werdenden Straßendemonstrationen überlassen und
nicht durch Einzelmaßnahmen oder Gelegenheitsreden zum
Schweigen gebracht werden. Es ist an der Zeit, im Kongreß, in
den gesetzgebenden Organen, auf kommunaler Ebene und in
jeder Kundgebung des öffentlichen Lebens zu handeln."
Am 28. August 1963, dem 100. Jahrestag der Proklamation der
Sklavenbefreiung durch Lincoln, versammelten sich 250 000
Menschen, darunter 50 000 Weiße. Vor dem Lincoln-Denkmal
sang Mahalia Jackson „We Shall Overcome", und Martin Luther
King hielt seine berühmte Rede „Ich hatte einen Traum". Während er die Gewaltlosigkeit predigte, setzte Malcom X, der Führer der Black Muslims, auf bewaffneten Konflikt. Er glaubte
nicht an eine friedliche Lösung des Rassenproblems, solange die
politischen Institutionen blieben, wie sie waren.
Die Ermordung Präsident Kennedys, die bis in die neunziger
Jahre nicht aufgeklärt werden konnte, sorgte unter den Schwarzen für eine weitere Radikalisierung. Zwar unterzeichnete Präsident Lyndon B. Johnson am 2. Juli 1964 den von Kennedy vor-
bereiteten Civil Right Act, der den Schwarzen die Zuerkennung
ihrer Bürgerrechte formal bestätigte, doch in Harlem sowie in
den Ghettos von Rochester und Philadelphia brachen neue Un-

ruhen aus. An der Berkeley University begann – nicht zuletzt durch den Rassenkonflikt ausgelöst – die Studentenbewegung, und Malcolm X bemühte sich, die Probleme der Schwarzen in den USA durch Reisen nach Afrika und Nahost zu internationalisieren. Er stellte einen Zusammenhang zwischen der Situation seiner Brüder in Amerika und dem Befreiungskampf kolonialisierter Völker her. Schließlich wurde Malcolm X bei einer Versammlung in Harlem ermordet. Zu einem dritten Marsch auf die Stadt Montgomery in Alabama waren Ella Fitzgerald, Mahalia Jackson, Harry Belafonte, Sammy Davis jun. und James Baldwin gekommen. In vielen Regionen der USA kam es zu schweren Auseinandersetzungen. In Watts, einem von Schwarzen bewohnten Vorort von Los Angeles, gab es besonders blutige Gewalttaten. Jedenfalls galten die August-Unruhen mit 15tägigen Schießereien und Brandlegungen sowie 34 Toten als die bislang schwersten im amerikanischen Rassenkonflikt. Bei einem weiteren Marsch der Bürgerrechtsbewegung wurden die Demonstranten vom 25jährigen Stokeley Carmichael, dem Präsidenten des „Student Non-Violent Coordinary Committee" (SNCC), im Juni 1966 aufgefordert, die Parole „Black Power!" zu skandieren. Und im Oktober desselben Jahres wurde in Oakland in Kalifornien die Partei der „Black Panthers" gegründet. Huey Newton und Bobby Seale sahen die Rassendiskriminierung als direkte Folge des kapitalistischen Systems, das gestürzt werden müsse. Ihr Ziel war ein Klassenkampf.

Diesen Hintergrund muß man sich vergegenwärtigen, wenn man das Werden des Free Jazz in den sechziger Jahren verfolgt. Die jungen schwarzen Musiker sprachen nicht mehr vom Jazz, der in ihren Augen dazu da war, um die Weißen zu unterhalten. Sie nannten ihre Schöpfungen „free music" oder „black music". So kam es am 9. Mai 1965 in Chicago zur Gründung der „Association For The Advancement Of Creative Music" (AACM).

Richard Abrams, Steve McCall und Phil Cochran wollten die Förderung junger Musiker verbessern, Arbeits- und Übungsmöglichkeiten schaffen sowie einen Gratismusikunterricht für Ghetto-Jugendliche an der South Side von Chicago einführen.

Schließlich sollte das Image der Jazzmusiker verbessert werden. Diese Initiative brachte 1968 das Art Ensemble Of Chicago mit Roscoe Mitchell (Saxophon), Lester Bowie (Trompete), Malachi Favors (Baß) und bald auch Don Moye (Schlagzeug) hervor. Die jungen Avantgarde-Musiker spielten das, was sie „great black music" nannten. Sie waren stolz auf ihre Hautfarbe und betonten den afrikanischen Ursprung des Jazz.

Cecil Taylor, Ornette Coleman und John Coltrane hatten mit ihren ersten Free Jazz-Experimenten Ende der fünfziger Jahre zunächst bloß wiedergegeben, was sich an Konflikten unter der gesellschaftlichen Oberfläche Amerikas verbarg. Sie sahen sich noch nicht als musikalische Bannerträger einer Revolution. Erst später bezeichnete LeRoi Jones den Free Jazz als „die Musik der Gewehre, Kugeln und Flugzeuge, die Musik gegen die amerikanische Gesellschaft." Und Archie Shepp nannte sich in einem „Down Beat"-Artikel einen „antifaschistischen Künstler". Schließlich hatte sich die Eskalation der Gewalt im Amerika der sechziger Jahre immer weiter fortgesetzt bis hin zur Ermordung von Pastor Martin Luther King 1968.

Das weiße Publikum, das in den frühen fünfziger Jahren am Cool Jazz Gefallen gefunden hatte, konnte mit dem Free Jazz zunächst weit weniger anfangen als etwa mit der Vermischung von Jazz und Bossa Nova, wie sie der Tenorsaxophonist Stan Getz (1927-1991) ab 1962 propagierte. Damals erschien sein Album „Jazz Samba", das er gemeinsam mit dem Gitarristen Charlie Byrd aufgenommen hatte. Diese Platte löste die weltweite Bossa Nova-Welle aus. Auch der aus London stammende Pianist George Shearing fand mit seiner berühmt gewordenen Quintett-Besetzung (Klavier, Vibraphon, Gitarre, Baß und Schlagzeug) nicht nur in Europa, sondern auch in den USA Zulauf. Die New Yorker Clubs Village Vanguard, Half Note oder Village Gate engagierten vorwiegend Musiker, die für einen gewissen Publikumszustrom auch aus dem Kreis der wohlhabenden Weißen sorgten. Für die Free Jazzer war es oft leichter, mit einer Europatournee Geld zu verdienen, als in einem Club in New York unterzukommen.

Das wurde erst ab 1964 besser, als Bob Thiele für das Label Impulse und Bernard Stollman für ESP Plattenaufnahmen mit der Avantgarde organisierten. Unter dem Titel „October Revolution In Jazz" veranstaltete im Herbst dieses Jahres Bill Dixon ein kleines Festival im Kellergeschoß des Cellar Café. Dreitausend Leute kamen, um viele schwarze Musiker, aber auch weiße Künstler wie Jimmy Giuffre, den kanadischen Pianisten Paul Bley oder den Wiener Trompeter Mike Mantler zu hören. Ornette Coleman, der sich zu dieser Zeit infolge einer persönlichen Krise zurückgezogen hatte, war im Publikum. Der Kritiker Dan Morgenstern schrieb über das Festival in „Down Beat" einen wohlwollenden Artikel, warf aber die Frage auf, ob diese Musik noch Jazz sei, denn es sei „wenig von dem da, was wir als 'swing' zu erkennen gelernt haben".

Erst gegen Ende des Dezenniums fand der Free Jazz – nicht zuletzt durch Angehörige der nächsten Musikergeneration wie Carla Bleys Jazz Composer's Orchestra oder das Sun Ra Orchestra – in Amerika mehr Anhänger. Wie gesagt: Die beiden Zentren waren New York und Chicago. Und immer mehr Musiker wollten mit ihrer Musik politische Botschaften vorbringen: Archie Shepp („Poem For Malcolm"), Sunny Murray („Hommage To Africa"), Clifford Thornton („The Panther And The Lash") oder Eddie Gale („Ghetto Music"). Die Welle des Protests hatte mittlerweile große Teile auch der weißen Jugend Amerikas erfaßt, was u. a. zu heftigen Auseinandersetzungen um den Vietnamkrieg führte.

Jazz Rock oder Fusion (ab 1970)

Schon gegen Ende der sechziger Jahre setzte eine Entwicklung ein, die in der zweiten Hälfte der neunziger Jahre noch immer nicht abgeschlossen ist: Die Aufsplitterung des Jazzspektrums in verschiedene, zum Teil gleichzeitig aktuelle und auseinanderdriftende Strömungen.

Da waren Gruppen wie das beschriebene Art Ensemble Of Chicago mit ihrer „free music". Kammermusikalischen Jazz boten Oregon mit Ralph Towner (Piano, Gitarre), Paul McCandless (Oboe, Englischhorn) und Collin Walcott (Sitar, Tabla, Percussion) oder das Keith Jarrett Quartet. Dieser Pianist, der auch mit Miles Davis gespielt hatte, unterhielt ein amerikanisches Ensemble mit Dewey Redman (Saxophon), Charlie Haden (Baß) und Paul Motion (Schlagzeug). Und er hatte auch eine europäische Band mit Jan Garbarek (Saxophon), Palle Danielsson (Baß) und Jon Christensen (Schlagzeug).

Schließlich gab es nach dem beim breiten Publikum nicht besonders angekommenen Free Jazz-Experiment wieder eine stärkere Hinwendung zum Swing, personifiziert im Tenorsaxophonisten Scott Hamilton und im Trompeter Warren Vaché, vor allem aber zum Bebop. Auf den Hard Bop der fünfziger Jahre folgte jetzt der Neobop der siebziger Jahre. Die Ensembles der Saxophonisten Dexter Gordon, Cannonball Adderley und Phil Woods, der Trompeter Dizzy Gillespie und Woody Shaw, der Schlagzeuger Max Roach und Art Blakey sowie des Pianisten McCoy Tyner fanden starken Anklang. Und dann gab es Musiker, die aus ihren Free Jazz-Erfahrungen eine Art Free Bop schufen: Das waren die Saxophonisten Arthur Blythe, Oliver Lake und Julius Hemphill, aber auch der Schlagzeuger Barry Altschul.

Und neben den „alten" Big Bands von Duke Ellington, der 1974 starb, Count Basie und Lionel Hampton etablierten sich neue Orchester. Die Schlagzeuger Buddy Rich und Louie Bellson reisten ebenso wie der Trompeter Maynard Ferguson nach wie vor mit Big Bands um die Welt. Bis 1979 existierte ein Orchester des Trompeters Thad Jones und des Drummers Mel Lewis. Die Pianistin Toshiko Akiyoshi und der Tenorsaxophonist Lew Tabackin hatten gemeinsam ebenso eine Big Band wie der Schlagzeuger Kenny Clarke und der belgische Arrangeur Francy Boland. Einige der Orchester der siebziger Jahre machten frühzeitig Zugeständnisse an den Tagesgeschmack, indem sie Rock-Elemente in ihre Musik integrierten. In diesem Zusammenhang sind das Gil Evans Monday Night Orchestra, die Jaco Pastorius Big Band, Bob Moses und in Europa Peter Herbolzheimers Rhythm Combination & Brass sowie das vom Pianisten Wolfgang Dauner gegründete United Jazz & Rock Ensemble zu nennen.

Nach dem großen Erfolg des Miles Davis-Albums „Bitches Brew" (1970) entstanden zahlreiche Gruppen, die Jazz Rock oder Fusion („electric jazz") im eigentlichen Sinn des Wortes spielten. Vorläufer dieser Entwicklung waren in England die Graham Bond Organization, Cream und Collosseum. Und in Amerika wiesen in der zweiten Hälfte der sechziger Jahre das Gary Burton Quartet, die Gruppen des Gitarristen Larry Coryell, Tony Williams' erste Lifetime und das Charles Lloyd Quartet in Richtung Fusion. Unter den ersten Rockmusikern, die schon sehr früh Jazzelemente verwendeten, war neben Frank Zappa und Chicago eine Gruppe, die sich durch mehr als ein Jahrzehnt großer Beliebtheit erfreute.

Blood, Sweat & Tears (1967 gegründet)
basierten auf einer Idee des Schlagzeugers Bobby Colomby sowie des Keyboarders und Sängers Al Kooper. Die Gruppe praktizierte eine kommerziell erfolgreiche Synthese von Rock, Jazz, Blues und Klassikeinflüssen. Einer Rock-Rhythmusgruppe wurde ein Jazz-Bläsersatz gegenübergestellt. Der Band gehörten zeitweise die Trompeter Lew Soloff und

246

Randy Brecker, der Sänger David Clayton-Thomas, die Gitarristen Steve
Kahn und Mike Stern, der Bassist Jaco Pastorius und der Percussionist
Don Alias an.

Der Jazz Rock der siebziger Jahre muß in einem Zusammenhang
mit der Entwicklung der Popmusik in den sechziger Jahren gesehen werden. Da war die Studentenrevolte mit ihrem Höhepunkt
1968. Quasi als Begleitmusik dazu artikulierten weiße Folk-
Sänger wie Bob Dylan und Joan Baez in Amerika das Unbehagen der „Hippie"-Generation über Rassendiskriminierung,
Vietnamkrieg und – ganz allgemein – das Establishment, also
die bestehende Gesellschaftsordnung. Ihre Lieder nannte man
„Protest-Songs". Es gab jetzt nicht nur einen Konflikt zwischen
Schwarz und Weiß, sondern – von den USA ausgehend in aller
Welt – auch einen zwischen Jung und Alt.
Eine Subkultur, auch „Underground" genannt, war entstanden,
ideologisch unterlegt mit Thesen des Professor Marcuse. Die
junge Generation stand für gewaltlosen Protest. Ihre Musik war
der Rock mit Einflüssen aus der Folklore von weißem Country
& Western bis zum schwarzen Blues. Elemente des Rhythm &
Blues waren darin ebenso enthalten wie solche des daraus ent-
standenen Rock'n Roll. Neben Dylan und Baez etablierten sich
in den USA Pete Seeger, das Kingston Trio sowie Peter, Paul
And Mary. Weiße Einflüsse dominierten eindeutig, doch es gab
auch Jimi Hendrix, einen Schwarzen aus der Tradition des
Rhythm & Blues. Dieser 1970 im Alter von nur 23 Jahren ver-
mutlich an Heroin in London zugrunde gegangene Gitarrist und
Sänger aus Seattle hatte eine Beziehung zum Jazz. Seine Bedeutung als Kultfigur für eine ganze Generation – ähnlich jener, die
James Dean einmal hatte – reichte weit über seinen Todestag
hinaus. Der exzellente Instrumentalist soll gegen Ende seines
Lebens von der eintönigen Rockmusik genug gehabt haben.
Angeblich, so der Kritiker Bill Milkowski, wollte der Gitarrist,
der mit Roland Kirk und Tony Williams gespielt hatte, ein
Projekt mit Gil Evans realisieren. Dazu kam es freilich nicht
mehr. Für die Rock-Gitarre war Jimi Hendrix das, was in den

sechziger Jahren Wes Montgomery für die Jazz-Gitarre und B. B. King für die Blues-Gitarre bedeuteten. Er zeigte als ein Virtuose auf diesem Instrument, was man mit der verstärkten Gitarre musikalisch alles machen kann. Als Hendrix bei einem großen Pop-Festival im kalifornischen Monterey im Juni 1967 einen Riesenerfolg hatte, da waren auch die Sängerin Janis Joplin sowie die Bands Jefferson Airplane, Canned Heat und Big Brother And The Holding Company dabei.

Vor allem in der Musik und in der Selbstdarstellung von zwei Beat-Gruppen – ihre Art von Rockmusik nannte man Beat – erkannte sich die aufbegehrende Jugend der sechziger Jahre in aller Welt wieder: in den Beatles und in den Rolling Stones. Sie kamen aus Großbritannien, und plötzlich lag das Zentrum der Popmusik außerhalb der USA. Viele andere englische Gruppen von den Kinks bis zu den Hollies eroberten im Gefolge von Beatles und Rolling Stones den Weltmarkt, darunter eben auch den riesigen amerikanischen Markt. Sie nahmen in der Gunst des jungen Publikums den Platz der Rock'n Roll-Stars der fünfziger Jahre ein, und – ein Paradoxon, das es ähnlich in früheren Phasen der Jazzgeschichte gegeben hatte – das Big Busineß der Musikindustrie sollte ab nun über viele Jahre mit den aus der Subkulturszene hochgekommenen Pop-Helden der gegen das Establishment rebellierenden Jugend ein Riesengeschäft machen.

Viele Jazzmusiker der siebziger Jahre übernahmen von der Rockmusik die elektroakustische bzw. elektronische Verstärkung der Instrumente. Schon Mitte der sechziger Jahre hatten die Saxophonisten Sonny Stitt und Eddie Harris eine Ausrüstung namens „Varitone" benutzt. 1966, also nur wenige Monate vor seinem Tod, experimentierte auch John Coltrane damit. Er soll von den neuen Möglichkeiten, die sich daraus für das Saxophonspiel ergaben, begeistert gewesen sein. Allerdings wurde erst später ein Modell entwickelt, an das der Musiker sein eigenes Instrument anschließen konnte. Apropos Coltrane: Der Einfluß seiner Musik, seines Lebensstils und seiner Philosophie auf die Rock-Szene war groß. Der amerikanische Kritiker Frank

Kofsky schrieb einmal, John Coltrane sei für viele Rock-Fans für eine enge Verbindung zwischen Musik, Philosophie und Öffnung zu anderen Kulturen gestanden. Kofsky: „Für viele meiner Rockfreunde war John Coltrane identisch mit Jazz und obwohl sie sagten, sie 'haßten' Jazz, fügten sie gleich hinzu, sie liebten Coltrane." Jedenfalls wurde mit John Coltrane die Hinwendung zu afrikanischer und indischer Musik – Ravi Shankar war bei Jazz- und Rockmusikern ein gefragter Partner – assoziiert, aber man setzte sich auch mit Blues, Jazz, Folk und abendländischer Klassik sowie Moderne auseinander.

Schon Charlie Christian hatte einst bei Benny Goodman eine elektrisch verstärkte Gitarre benutzt, nun verwendeten Jazzmusiker aber Gitarren ohne Resonanzboden, wie sie von Rock-Interpreten gebraucht werden. Der verstärkte Baß, von Monk Montgomery, dem Bruder von Buddy und Wes, 1950 im Lionel Hampton Orchestra erstmals eingesetzt, wurde jetzt im Jazz immer häufiger. Auch die sich wieder steigender Bedeutung erfreuende Violine wurde verstärkt. Den großen Alten der Jazz-Geige wie Stephane Grappelli oder Joe Venuti eiferten junge Amerikaner wie Leroy Jenkins, Michael White und Sugarcane Harris sowie Europäer wie Jean-Luc Ponty aus Frankreich und Michal Urbaniak aus Polen nach. Die Flöte, im Jazz von Bud Shank, Buddy Collette, Frank Wess und anderen populär gemacht, wurde nun ganz nahe am Mikrofon gespielt, um eine wesentliche Verstärkung zu erreichen. Der Multi-Instrumentalist Rahsaan Roland Kirk praktizierte diese Spielweise.

Um 1970 herum gingen die Bestrebungen, Jazz und Rock miteinander zu vermengen, so weit, daß die New Yorker Zeitschrift „Jazz" ihren Titel in „Jazz & Pop" abänderte. Und auch „Down Beat" gab der Rockmusik Raum. Seit dem Woodstock-Festival 1969 gibt es die Open Air-Konzerte mit Rock-Stars für ein in Zigtausenden zu zählendes Publikum. Ursprünglich waren das Kultveranstaltungen im Sinne einer Verbrüderung der Hippie-Generation. Wie wir wissen, bedient sich mittlerweile auch die (Geschäfts-)Welt der Klassik – ich meine die Massenkonzerte der drei Tenöre Placido Domingo, Luciano Pavarotti und José

Carreras – der Idee der Open Airs. Jedenfalls ließen die Veranstalter der großen Jazzfestivals – beginnend mit jenem in Newport – nun Rock-Interpreten neben Jazzmusikern auftreten. Dieser Vergleich zeitgenössischer Popmusik mit der Jazz-Avantgarde ging, wie nicht anders zu erwarten, nur selten zugunsten der Jazzer aus.

Augenzeugen des Newport Jazzfestivals 1969 berichteten, daß die Free Jazz-Interpreten in den Ensembles von Sunny Murray und Sun Ra weder vom weißen noch vom schwarzen Publikum akklamiert wurden. Hingegen gab es stürmischen Jubel des gesamten Auditoriums für den Auftritt des Soul-Sängers James Brown. Die Free Jazzer waren ja in Europa stets beliebter als in Amerika, das nun neben Rock dem Funk und Soul, also Strömungen der Popmusik mit Wurzeln in Blues und Jazz, huldigte. Aretha Franklin wurde ein Topstar des Soul. Es ist ganz interessant, wie sie ihre musikalischen Quellen definiert. „Stil, Zeitgefühl und Rhythmus verdanke ich den Predigten meines Vaters", sagte die Tochter von Reverend C. L. Franklin einmal: „Ich fühle mich nicht als Jazzsängerin, obwohl viele Leute das behaupten. Was ich singe, liegt näher beim Rhythm & Blues und beim reinen Blues." Faktum ist: Schon als Begriff war Jazz beim Großteil der amerikanischen Jugend „out", um in der Terminologie dieser Generation zu bleiben. Rock, Funk und Soul hingegen waren „in".

In Europa war es leichter, eine Brücke zwischen Avantgarde-Jazz und Rock zu schlagen. Viele amerikanische Free Jazzer kamen deshalb nach Europa, vor allem nach Frankreich. Hier wurden sie auch mit Ideen und Techniken der abendländischen Avantgarde konfrontiert, die Musiker wie der Franzose und ehemalige Stockhausen-Mitarbeiter Michel Portal und der Deutsche Wolfgang Dauner einbrachten. Es kam auch zu gemeinsamen amerikanisch-europäischen Ensemblegründungen nach dem schon erwähnten Beispiel der Clarke-Boland-Big Band. Ich nenne nur die aus dem amerikanischen Altsaxophonisten Phil Woods und der European Rhythm Machine bestehende Band mit dem Schlagzeuger Daniel Humair und dem Pianisten George Gruntz, zwei Schweizern. Oder das aus dem englischen Saxophonisten John Surman sowie dem Bassisten Barre Phillips und dem Schlagzeuger Stu Martin, zwei Amerikanern, gebildete Trio. Der Stellenwert der europäischen Musiker im internationalen Jazz ist seit dem Ende der sechziger Jahre deutlich gestiegen. An dieser Stelle sei an Friedrich Guldas Eurojazz Orchestra mit Musikern aus aller Welt verwiesen.

Auch in Amerika, wo der Jazz gegenüber der Rockmusik beim jungen Publikum so klar im Hintertreffen war, konnten sich nun europäische Musiker stärker durchsetzen. Unter den stilbildenden Interpreten des Jazz Rock – diese Musik war nicht zuletzt der Versuch, durch Übernahme von Rock-Elementen wieder junges Publikum für den Jazz einzunehmen – befand sich auch ein Österreicher aus Wien-Erdberg.

Josef „Joe" Zawinul (Jahrgang 1932)

spielte mit fünf Jahren Akkordeon, studierte am Konservatorium in Wien Violine, Klavier und ab dem 12. Lebensjahr im Zuge der kriegsbedingten Evakuierung bei Privatlehrern Klavier. Der Sproß einer Familie mit ungarischen, tschechischen und Sinti-Vorfahren wuchs bei seinem Großvater in der Nähe Wiens auf. Seine ersten musikalischen Einflüsse waren die österreichische Volksmusik, das Wienerlied und Zigeunerweisen.

Der Film „Stormy Weather" konfrontierte Joe Zawinul mit dem Jazz, und 1951 spielte er als 19jähriger in einem Trio Klavier. 1952 ging er zum Saxophonisten Hans Koller, danach trat er auch in Deutschland und Frankreich auf – u. a. mit Roland Kovac, dem Pianisten Friedrich Gulda, dem Klarinettisten Fatty George und der Vibraphonistin Vera Auer, einer Großnichte des Violinvirtuosen Leopold Auer. Unter den Partnern Zawinuls in den fünfziger Jahren waren aber auch Horst Winter und Johannes Fehring. Ab 1954 spielte er auch Baßtrompete.

Die Begeisterung für den Jazz bewog Zawinul dazu, sich als Pianist bei einem „Down Beat"-Wettbewerb um ein Stipendium in Berkeley zu bewerben. Das war 1959. Tatsächlich hatte Joe Zawinul Erfolg, blieb aber nur kurz in Berkeley. Statt dessen trat er einen Job im Maynard Ferguson Orchestra an und arbeitete später bei Slide Hampton. Ab 1959 begleitete Zawinul die Sängerin Dinah Washington zwei Jahre lang am Piano.

Nach einem Intermezzo bei Harry „Sweets" Edison und Joe Williams landete Joe Zawinul 1961 beim Cannonball Adderley Quintet. Bis 1970 blieb er in diesem Ensemble, mit dem er Tourneen durch die USA, den Fernen Osten, Japan und Europa unternahm. 1963 gab es einen Auftritt beim Newport Jazz Festival mit Roy Haynes, Wendell Marshall, Clark Terry und Zoot Sims. Aber Joe Zawinul war mittlerweile nicht nur ein angesehener Pianist, er schrieb auch Arrangements für die Brüder Adderley und Nancy Wilson bzw. komponierte eine Reihe von Titeln, die zu Jazz-Standards wurden: „Mercy, Mercy, Mercy", „Birdland" (diese Komposition aus dem Jahr 1976 ist das einzige Musikstück, das Grammies in drei Dekaden gewonnen hat: in den siebziger Jahren in der Aufnahme von Weather Report, in den achtziger Jahren in der von Manhattan Transfer und in den neunziger Jahren in jener von Quincy Jones), „Scotch And Water", „Midnight Mood", „Country Preacher", „In A Silent Way" und „Pharah's Dance". Neben Plattenaufnahmen mit dem Cannonball Adderley Quintet machte Zawinul in den sechziger Jahren diverse Einspielungen mit Dinah Washington, Slide Hampton, Yusef Lateef, Coleman Hawkins, Clark Terry, Ben Webster, Charlie Rouse, Oliver Nelson, Thad Jones, Jay Jay Johnson, Curtis Fuller und Friedrich Gulda.

1969/70 war Joe Zawinul bei der Produktion von vier Miles Davis-Alben dabei: „In A Silent Way", „Bitches Brew", „Live Evil" und „Big Fun". Er war einer der Begründer der Strömung, die Jazz Rock oder Fusion genannt wird. Als erster Musiker spielte Zawinul elektrische Instrumente ständig im Jazz-Kontext. Übrigens gewann er 22 Jahre hindurch ohne Unterbrechung den „Down Beat"-Poll als bester Keyboard-Spieler.

Und 1971 formte Zawinul gemeinsam mit dem Tenorsaxophonisten Wayne Shorter die Gruppe Weather Report, die bis 1985 bestand und eines der wichtigsten Fusion-Ensembles war. Mitglieder waren u. a. die Bassisten Miroslav Vitous, Alphonso Johnson und Jaco Pastorius; die Schlagzeuger Alphonse Mouzon, Victor Bailey, Eric Gravat, Daryl Brown, Alex Acuna und Peter Erskine sowie die Percussionisten Airto Moreira und Dom Um Romao. Für Schallplattenaufnahmen setzte Zawinul auch Tony Williams und Steve Gadd ein.

Zawinuls musikalische Wurzeln liegen im Bebop, sein Stammlokal in den sechziger Jahren in New York war das nach Charlie „Bird" Parker benannte Birdland, dem er ja auch seine vielleicht kommerziell erfolgreichste

Komposition gewidmet hat. An die enge Verbindung Joe Zawinuls zur Tradition des Jazz muß im Zusammenhang mit den heftigen Kontroversen rund um Weather Report – nach einem Verriß der Platte „Mr. Gone" gab es 1979 in „Down Beat" monatelange Pro- und Contra-Veröffentlichungen – erinnert werden.

Die Bedeutung Joe Zawinuls als Keyboardspieler übertraf schon in der Weather Report-Ära die jener Musiker, die in den sechziger Jahren mit dem Synthesizer (ein vom Amerikaner Robert A. Moog entwickeltes Instrument, das ab 1957 eingesetzt wurde und Töne elektroakustisch oder elektronisch reproduzieren kann) gearbeitet hatten: Paul Bley, Richard Teitelbaum, Sun Ra und Wolfgang Dauner. Übrigens hat als einer der ersten Jimmy Smith die elektronische Orgel verwendet, Ray Charles setzte bei der Aufnahme seines Hits „What'd I Say" 1959 als erster das elektrische Piano ein.

Die Alben „Weather Report" (1971), „I Sing The Body Electric" (1972), „Sweetnighter" (1973), „Mysterious Traveller" (1974), „Tale Spinnin'" (1975), „Black Market" (1976), „Heavy Weather" (1977), „Havana Jam", „Mr. Gone" und „8.30" (1978), „Night Passage" (1980), „Weather Report" (1982), „Procession" (1983), „Domino Theory" (1984) und „This Is This" (1985) dokumentieren die Entwicklung dieses Ensembles von der Gründung bis zur Auflösung. Diese Platten erreichten hohe Verkaufszahlen, die Gruppe Weather Report und ihre Solisten gewannen mehrere Jazz-Polls (Abstimmungen unter Lesern von Jazz-Zeitschriften wie z. B. „Down Beat"). Das Ensemble wurde in jedem der 15 Jahre seines Bestehens als beste Band ausgezeichnet.

1985/86 trat Joe Zawinul bei diversen Jazzfestivals solo auf und produzierte das Album „Di-a-lects", ehe er 1987 seine neue Gruppe Weather Update mit Victor Bailey und Peter Erskine vorstellte. 1992 schließlich formte er sein Zawinul Syndicate, mit dem er seither in Amerika und Europa großen Erfolg bei einem großteils jungen Publikum hat. Bisher erschienen die Alben „Immigrants", „Black Water", „Lost Tribes" und „My People".

Joe Zawinul war ursprünglich von den Pianisten George Shearing und Nat King Cole beeinflußt. Über sein Synthesizer-Spiel sagt er: „Ich bringe ihn dazu, so zu klingen, wie es mir gefällt, nicht so, wie es in der Maschine ist. Der Sound der Natur – daran bin ich interessiert." Und über seine Erfahrungen als Jazzmusiker in Amerika: „Miles ist der Vater, und wir sind seine

Söhne. Aber selbst, wenn man klein ist und auf Vaters Schultern steht, kann man weiter blicken als er. So ist es auch mit uns, und ich hoffe, daß ich eines Tages selbst viele Söhne habe."

Die wichtigsten anderen „Söhne" des Miles Davis im Hinblick auf Jazz Rock oder Fusion sind neben dem Schlagzeuger Tony Williams die Pianisten Herbie Hancock und Chick Corea sowie der Gitarrist John McLaughlin. Sein Mahavishnu Orchestra galt vielen in den siebziger Jahren als *die* Kultband des Jazz Rock.

John McLaughlin (Jahrgang 1942)

stammt aus Kirk Sandell im englischen Yorkshire. Das Kind aus einer Musikerfamilie hatte ab dem neunten Lebensjahr Klavierstunden und lernte mit zwölf Jahren unter dem Einfluß von Django Reinhardt und Tal Farlow, aber auch von Big Bill Broonzy und Muddy Waters, Gitarre. Ende der fünfziger Jahre hatte McLaughlin erste öffentliche Auftritte mit Pete Deuchar. 1963 kam es zu ersten Plattenaufnahmen mit Graham Bond. Dann spielte er mit Herbie Goines, Jack Bruce, Ginger Baker, John Hiseman, Georgie Fame, Brian Auger und Eric Clapton.

John McLaughlin, ein intellektueller Musiker, fühlte sich Ende der sechziger Jahre vom Free Jazz angesprochen. Damals spielte er mit Dave Holland, Gordon Beck und Gunter Hampel. 1969 nahm McLaughlin mit John Surman sein erstes eigenes Album auf, ehe er in die USA übersiedelte. In Amerika schloß er sich Tony Williams' Lifetime an. Mit dieser Gruppe spielte er die Platten „Emergency" und „Turn It Over" ein. Über die erste Zusammenarbeit mit Miles Davis für die Produktion einiger Alben, darunter „Bitches Brew", 1969/70 wurde schon berichtet. Noch einmal, nämlich 1985, kooperierten John McLaughlin und Miles Davis. Damals wurde das Album „You're Under Arrest" eingespielt. Die LPs „Devotion" (1970) mit dem Organisten Larry Young und dem Schlagzeuger Billy Rich sowie „My Goal's Beyond", ein Soloalbum, brachten ihm den Ruf des herausragenden Gitarristen seiner Zeit ein .

1971 gründete John McLaughlin das Mahavishnu Orchestra, im selben Jahr, als Joe Zawinul seine Gruppe Weather Report formte. Nach Studien bei Guru Sri Chinmoy hatte er den Namen Mahavishnu angenommen. Jan Hammer war am Keyboard, Rick Laird am Baß, Billy Cobham am Schlagzeug und Jerry Goodman spielte Violine. Mit dieser Formation entstanden die drei Alben „Inner Mounting Flame", „Birds Of Fire" und „Between Nothingness & Eternity".

Das zweite Mahavishnu Orchestra existierte nur ein Jahr lang. Mit dabei war der Geiger Jean-Luc Ponty. 1974 kam es zur Einspielung der LP „Apocalypse" mit dem London Symphony Orchestra. Erst 1984/85 trat John McLaughlin mit einem neuen Mahavishnu Orchestra auf.

1973 kooperierte er mit Carlos Santana bei der Produktion des Albums „Love, Devotion & Surrender", dann arbeitete er mit einem Streichquartett und hatte von 1976 bis 1978 seine Gruppe „Shakti". In dieser Band mit indischen Musikern spielte John McLaughlin ausschließlich akustische Gitarre. In den Jahren seither trat er mit wechselnden Partnern in Erscheinung. Mit Chick Corea und Stanley Clarke entstand 1978 die LP „Electric Guitarist" und 1979 mit der One Truth Band das Album „Electric Dreams". Mit Jaco Pastorius am Baß und Tony Williams am Schlagzeug hatte John McLaughlin ein Trio, und Anfang der achtziger Jahre gab er Konzerte mit den Gitarristen-Kollegen Larry Coryell, Paco de Lucia und Al Di-Meola. Es erschienen die Alben „Friday Night In San Francisco" und „Passion, Grace & Fire". Bei Festivals konnte man ihn in den achtziger Jahren u. a. mit Jonas Hellborg (Baß), Bill Evans (Saxophon) und Dan Gottlieb (Schlagzeug) hören. Beim Bank Austria Jazz Fest Wien 1995 in der Staatsoper war John McLaughlin mit seinen Free Spirits – mit Dennis Chambers und Joey DeFrancesco – vertreten. Und 1996 brachte er die CD "The Promise" u. a. mit Don Alias, Jeff Beck, Michael Brecker, Al Di-Meola, Paco De Lucia und David Sandborn auf den Markt.

In seinem Gitarrespiel finden sich nicht nur Einflüsse von Free Jazz und Rock, sondern auch von Bebop, Blues, indischer Musik, Flamenco und abendländischer Tradition, worüber John McLaughlin einmal sagte: „Wir verschmelzen sie zu einer Form, die einfach sie selbst ist, diese Synthese. Für mich ist das earth music. Indien ist Teil meiner Heimat auf diesem Planeten, geistig ganz wie körperlich. Afrika, Amerika ebenso."

Ein weiterer Musiker aus dem Umfeld von Miles Davis, der sich dem Jazz Rock widmete, war der Pianist Herbie Hancock. Als Mitglied des Miles Davis Quintet musizierte er gemeinsam mit Wayne Shorter, Tony Williams und Ron Carter.

255

Herbert Jeffrey „Herbie" Hancock (Jahrgang 1940)

entstammt einer musikalischen Familie in Chicago. Ab dem siebenten Lebensjahr hatte er Klavierunterricht, und bereits als Elfjähriger trat er mit dem Chicago Symphony Orchestra auf. 1960 ging Herbie Hancock mit Donald Byrd nach New York und spielte mit diesem das Album „Takin' Off" ein. Die Hancock-Komposition „Watermelon Man" aus dieser Platte wurde von Mongo Santamaria zu einem Hit gemacht. In der Folge arbeitete Herbie Hancock mit Phil Woods, Eric Dolphy, Clark Terry, Kenny Dorham und Oliver Nelson. Mitte der sechziger Jahre war er fixes Mitglied des Miles Davis Quintet, doch auch später spielte er noch mit diesem Trompeter. Daneben machte er mit einer Reihe eigener Alben wie „Empyrean Isles" (1964), „Maiden Voyage" (1965) und „Speak Like A Child" (1968) auf seine solistischen Qualitäten aufmerksam.

Nach dem Abschied vom Miles Davis Quintet hatte Herbie Hancock diverse Bands, denen u. a. Joe Henderson, Bennie Maupin, Julian Priester, Eddie Handerson und Billy Hart angehörten. Die Anfang der siebziger Jahre eingespielten Platten hießen „Fat Albert Rotunda" (1970), „Mwandishi" (1971), „Crossings" und „Sextant" (1973).

Die Hinwendung Herbie Hancocks zum Jazz Rock war schon früher deutlich geworden, jetzt wurde das 1973 mit einem Quintett veröffentlichte Album „Headhunters" zu einem Megaseller. Die Jazzwelt freilich goutierte so manche Aktivität Hancocks in den siebziger Jahren ganz und gar nicht. Man nannte ihn einen „Elektronik-Jongleur" und stieß sich an seinen der Popwelt abgeschauten und als peinlich empfundenen Bühnenauftritten. Auch seine Filmmusik zu dem Streifen „Ein Mann sieht rot" wurde verrissen. Übrigens schuf er auch den Soundtrack zu Antonionis „Blow Up" und „Round Midnight" mit Dexter Gordon.

In den frühen achtziger Jahren erschien das Funk-Album „Future Shock" mit der Instrumentalnummer „Rockit", die 1983 auf dem ersten Platz der internationalen Hitparaden landete und ein Beitrag zur Entstehung des Hip Hop war.

Aber Herbie Hancock tauschte immer wieder den Synthesizer gegen das akustische Piano ein und kehrte zum Jazz zurück. Mit seiner V.S.O.P. Band trat er 1976 beim Newport Jazz Festival auf, wo die LP „Live Under The Sky" eingespielt wurde, 1977 gab Hancock einen Soloabend bei den Berliner Jazztagen und 1978/79 folgten Duo-Konzerte mit Chick Corea.

Hievon gibt es zwei Alben: „An Evening With H. H. And C. C." und „In Concert". Im Trio mit Ron Carter (Baß) und Tony Williams (Schlagzeug) oder im Quartett mit Wynton Marsalis (Trompete) präsentierte er sich in den achtziger Jahren als Jazzpianist. 1985 kam dann das Duo-Album „Village Life" mit dem Kora-Spieler Foday Musa Suso auf den Markt.

Doch auch hinsichtlich des verwendeten Materials bleibt Herbie Hancock ein Gratwanderer. Auf seiner 1996 erschienenen CD „The New Standard" mit Jack DeJohnette, John Scofield, Dave Holland, Michael Brecker und Don Alias präsentierte er Interpretationen von Songs aus der aktuellen Popwelt, z. B. von Peter Gabriel und Prince.

Es besteht kein Zweifel, daß Herbie Hancock in allem, was er am Synthesizer oder am akustischen Klavier unternimmt, auf der schwarzen Tradition von Blues und Gospel aufbaut. Miles Davis soll einmal gesagt haben: „Es haut mich um, dazusitzen und meinem Pianisten zuzuhören." Und Oscar Peterson bescheinigte seinem Pianistenkollegen Hancock einen „großen linear-harmonischen Sinn der Gestaltung."

Auch jene, die dem 1972 zum Buddhismus übergetretenen Musiker dessen Eskapaden früherer Jahre als Ausflug in die Rockwelt mit zweitrangigen Musikern übelnehmen, können sein phänomenales Talent nicht in Abrede stellen.

Der letzte der führenden Fusion-Musiker der siebziger Jahre, der hier porträtiert werden soll, ist ebenso wie Herbie Hancock ein Virtuose am Synthesizer und am akustischen Piano. Dieser Mann aus Chelsea im amerikanischen Bundesstaat Massachusetts ist für Michael Cuscuna der „meistdiskutierte Jazzpianist der heutigen Szene".

Armando Anthony „Chick" Corea (Jahrgang 1941)

begann im Alter von sechs Jahren, Klavier zu üben. Er erhielt eine klassische Ausbildung und spielte früh mit seinem Vater, einem Dixieland-Musiker. Erste Engagements als Profimusiker hatte Chick Corea ab 1960 beim Trompeter Billy May – dieser hatte seinerzeit in den dreißiger Jahren bei Charlie Barnet den Titel „Cherokee" arrangiert und Anfang der vierziger Jahre bei Glenn Miller gespielt – und Warren Covington. 1961 kam Chick Corea zu Mongo Santamaria, dem kubanischen Latin-Percussionisten, von dem schon bei Herbie Hancock die Rede war. Die nächsten Stationen waren die Ensembles von Willie Bobo, Blue Mitchell, Herbie Mann und Stan Getz.

1969 folgte er auf Vermittlung von Tony Williams bei Miles Davis dem Pianisten Herbie Hancock nach. Damals begann Chick Corea mit dem Synthesizer zu arbeiten. Daneben hatte er seine eigene Gruppe Circle mit Anthony Braxton (Saxophon), Dave Holland (Baß) und Barry Altschul (Schlagzeug). Sein Album „Tones For Joan's Bones" mit Woody Shaw (Trompete), Joe Farrell (Flöte), Steve Swallow (Baß) und Joe Chambers (Schlagzeug) fand Ende der sechziger Jahre ein sehr positives Echo bei Publikum und Fachwelt.

1970 kam Chick Corea mit Circle nach Europa, wo die Einspielung „Paris Concert" entstand. Und dann, nach Auflösung dieser Band, nahm er für ECM die beiden Klassik-inspirierten Alben „Piano Improvisations" auf. 1972 kam es zur Gründung der Gruppe Return To Forever mit Joe Farrell (Saxophon), Stanley Clarke (Baß), Airto Moreira (Percussion) und Flora Purim (Gesang). Diese Band erlangte bald große Popularität, wenngleich die Besetzung rund um Corea und Clarke bis Ende der siebziger Jahre mehrmals wechselte. Die Bedeutung von Return To Forever entspricht im Jazz Rock jener von Weather Report oder dem Mahavishnu Orchestra. Diese Gruppe brachte elektronisch verstärkte Fusion Music, aber auch kammermusikalischen Jazz Rock mit Free Jazz-Einflüssen. Mitte der siebziger Jahre erfuhr Chick Corea zahlreiche Ehrungen: Ab 1975 wurde er von „Down Beat" als bester E-Pianist mehrere Jahre hindurch ausgezeichnet, nachdem ihn das Magazin schon 1973 zum besten Komponisten gekürt hatte. 1977 war Corea im „Down Beat"-Poll gleich in zwölf Kategorien vertreten. Dazu kamen in diesem Jahr zwei Grammies.

Ende 1977 entstand die Plattenaufnahme von Chick Coreas Suite „The Mad Hatter". Das war die zweite Suite dieses Pianisten. Die erste hieß „Suite For Hot Band" und war für Woody Herman komponiert worden. Es folgten Tourneen und die Zusammenarbeit mit Herbie Hancock.

In den achtziger Jahren erschien das Album „Delphi One", Soloauftritte wurden in Amerika und Europa absolviert, Musik für Filme und TV-Produktionen geschrieben. Nun arbeitete Chick Corea mit Keith Jarrett, John McLaughlin, Friedrich Gulda, Nicolas Economou und dem Flötisten Steve Kujala zusammen.

Corea hatte verschiedene Bands mit Musikern wie Joe Henderson, Michael Brecker, Gary Burton, Roy Haynes u. a. 1985 gründete er eine neue Electric Band. Einige wesentliche Chick Corea-Alben aus den achtziger Jahren sind „Trio Music" (1982), „Touchstone", „Children's Songs" und „Lyric Suite For Sextet" (1984), „Septet" und „The Chick Corea Electric Band" (1986).

In den neunziger Jahren ist Chick Corea sowohl mit seiner Electric Band als auch als Solointerpret am akustischen Piano unterwegs. Als seine wichtigsten Einflüsse nennt der Komponist moderner Jazz-Standards wie „La Fiesta", „Spain" und „Litha" Bud Powell, McCoy Tyner, Duke Ellington und Miles Davis.

Zu Beginn dieses Kapitels wurde darauf hingewiesen, daß in den siebziger Jahren viele unterschiedliche Strömungen in der Jazzwelt begonnen haben. Der Neobop eines Phil Woods war Vorbote des Klassizismus, bei John McLaughlin – er gebrauchte den Begriff „earth music" – und anderen fing das an, was heute Weltmusik genannt wird, Herbie Hancock setzte mit „Rockit" einen Schritt in Richtung Hip Hop, dazu kam die Tendenz zu Soloauftritten und die verstärkte Auseinandersetzung mit der Klassik nicht nur bei Chick Corea, sondern etwa auch bei Keith Jarrett.

In bezug auf die Zusammenarbeit Chick Coreas mit Friedrich Gulda muß auf das 1984 erschienene Album, das der Dirigent Nikolaus Harnoncourt mit den beiden Pianisten und dem Concertgebouw Orchestra Amsterdam eingespielt hat, hingewiesen werden. Darauf gibt es neben Kompositionen von Corea und Gulda das „Konzert für zwei Klaviere und Orchester Nr. 10 Es-dur", KV 365, von Wolfgang Amadeus Mozart zu hören.

Und Keith Jarrett, der 1975 sein legendäres „Köln Concert" auf Platte herausgebracht hatte, machte 1988 Aufnahmen von Johann Sebastian Bachs „Wohltemperiertem Klavier". Übrigens hatte sich auch, wie erwähnt, John Lewis mit diesem Werk befaßt.

Die vorangegangene Ära des Free Jazz war so etwas wie eine Befreiung der Jazzmusiker von den Fesseln der eigenen Tradition. Danach, ab den siebziger Jahren, war alles möglich. Und zum Teil waren es dieselben Musikerpersönlichkeiten, die einmal in der Gruppe lauten Jazz Rock, dann wieder Kammermusik als Solist am akustischen Instrument brachten. Afrikanische, indische, lateinamerikanische Einflüsse gab es ebenso wie die direkte Hinwendung zur europäischen Klassik. Als Beispiel sei Keith Jarrett erwähnt: Er hat nicht nur im engen Sinn des Wortes Klassik gespielt, sondern in seinen Jazzimprovisationen immer wieder indirekt Einflüsse aus der abendländischen Musik, z. B. von Schumann, Chopin, Debussy oder Schubert, verarbeitet.

Karl Lippegaus hat einmal festgestellt, Jazz und Rock seien Teile eines größeren Zusammenhangs, strenggenommen seien beides lediglich Bezeichnungen für formale Erscheinungsformen. Nachdem die musikalisch avancierte Rockmusik der späten sechziger Jahre zum überwiegenden Teil „in den Sackgassen des Kommerz ein unrühmliches Ende gefunden hatte", habe sich ein großer Teil des Rockpublikums dem neuen Jazz zugewandt. Dieser neue Jazz, so Lippegaus, habe nichts von der „Qualität Jazz" einbüßen müssen, um ein breiteres Publikum zu erreichen – er habe nur breiter, umfassender, eklektischer werden müssen.

Weltmusik, Rap und Hip Hop (ab 1980)

Der Begriff Weltmusik wurde erstmals 1906 vom Musikwissenschaftler Georg Capellen gebraucht. Was den Jazz betrifft, so ist das Interesse amerikanischer Musiker an den Kulturen anderer Länder nicht neu. Ebensowenig das Interesse von Künstlern in Europa, Afrika oder Asien am amerikanischen Jazz. In den vorangegangenen Kapiteln wurden bereits viele Beispiele angeführt. Hier nur einige wenige: Der Trompeter Dizzy Gillespie engagierte den kubanischen Conga-Drummer Chano Pozo und bewirkte mit der Einspielung von „Cubano Be, Cubano Bop" eine Rückbesinnung auf afro-kubanische Rhythmik. Stan Getz lernte den Bossa Nova durch Charlie Byrd kennen und verarbeitete in seiner Musik Elemente der brasilianischen Samba. Auch Antonio Carlos Jobim, mit seinen Kompositionen „Desafinado" und „The Girl From Ipanema" einer der Väter der Bossa Nova-Bewegung, brachte viel aus seiner brasilianischen Heimat in den Jazz ein. Aus Südafrika sind der Pianist Abdullah Ibrahim alias Dollar Brand und die Sängerin Miriam Makeba zu nennen, die mit dem Trompeter Hugh Masakela verheiratet war. Sie vereinen Jazzfeeling mit südafrikanischer Volksmusik. John Coltrane wiederum beschäftigte sich wie viele seiner amerikanischen Kollegen intensiv mit indischer Musik. Andere amerikanische Jazzmusiker, wie Dave Brubeck, John Lewis oder Cecil Taylor, interessierten sich früh für europäische Klassik und Moderne oder konzentrierten sich auf balinesische Musik, wie das Beispiel Don Cherrys zeigt. Und in den siebziger Jahren stieg der Stellenwert europäischer Musiker, die natürlich ihre persönliche Erfahrungen mit der abendländischen Kultur in den Jazz einbrachten.

In den achtziger Jahren beschleunigte sich der Prozeß der Integration ganz unterschiedlicher Einflüsse unter dem Dach des zeitgenössischen Jazz weiter. Musiker wie der Perkussionist Nana Vasconcelos, der Saxophonist Charlie Mariano, der Bassist David Friesen, der Oud-Spieler Rabih Abou-Khalil, der Trompeter Jon Hassell oder der Schlagzeuger Mark Nauseef müssen in diesem Zusammenhang erwähnt werden. Sie stehen für das Bestreben, kulturelle Barrieren in der Suche nach Gemeinsamkeit zu überwinden. Der aus Heidelberg stammende und in New York lebende Vibraphonist und Pianist Karlhanns Berger (Jahrgang 1953) hat den Jazz einmal als „die klassische Musik der Zukunft" und „erste wirkliche Weltmusik" bezeichnet. Freilich hat sich die Utopie früherer Jahre nicht erfüllt, wonach Weltmusik in Zukunft die ausschließliche Form improvisierter Musik sein werde. Und doch ist in den neunziger Jahren nahezu jeder Jazzmusiker mehr oder weniger von der Idee der Weltmusik beeinflußt. Heute geht es allerdings weniger um die Verschmelzung als vielmehr um die Verarbeitung von Elementen ethnischer Musik.

Tony Scott (Jahrgang 1921),

mit bürgerlichem Namen Anthony Sciacca, hat als Klarinettist, Saxophonist, Pianist und Komponist den Jazz in Asien popularisiert. Ursprünglich vom Bebop geprägt, entwickelte er sich zu einem der führenden Avantgardisten der siebziger und achtziger Jahre in bezug auf die Weltmusik. Nach dem Studium an der Juilliard School leitete Tony Scott von 1942 bis 1945 eine Band in der US-Army und besuchte danach die Contemporary School Of Music. Bis in die fünfziger Jahre arbeitete er u. a. mit Ben Webster, Buddy Rich, Art Tatum, Duke Ellington, Claude Thornhill, Billie Holiday, Charlie Parker, Thelonious Monk und Dizzy Gillespie.

1955 war Scott, der eine Reihe von Jazz-Polls Anfang der fünfziger Jahre gewonnen hatte, Leiter der Harry Belafonte-Band. Mit eigener Gruppe spielte er 1957 das Album „Scott's Flying" ein. Jetzt besuchte Tony Scott Europa, auch den kommunistischen Osten, und Afrika. 1959, als sich in Amerika die Periode des Free Jazz ankündigte, ging Scott ins ferne Asien und begründete dies später so: „Erst starben meine Freunde, dann starb die

Klarinette, danach der Jazz. Ich hasse Beerdigungen, deshalb ging ich." Bis 1965 lebte Tony Scott in Japan, Korea, Indonesien, Malaysia, Singapur, Thailand, Kambodscha, Vietnam, Siam, Hongkong, Bali und Taiwan mit jungen Musikern zusammen. Er fungierte als Botschafter des Jazz und brachte seinen Partnern, die aus der lokalen Volksmusik kamen, die afroamerikanische Musik nahe. Scott war ein Lehrer und organisierte die ersten Jazzfestivals in Asien, ließ sich aber auch selbst von der dortigen Musikkultur inspirieren.

In Amerika feierte der brillante Klarinettist beim Newport Jazz Festival 1965 ein Comeback, ehe er mit Collin Walcott Afrika und Europa bereiste. 1967 stellte er bei den Berliner Jazztagen die Indonesian All Stars vor, mit denen er die LP „Djanger Bali" einspielte. In den siebziger Jahren lebte er in Italien, wo er u. a. mit dem Pianisten Romano Mussolini, dem Sohn des Duce, der auch mit dem in Wien beliebten Trompeter Oscar Klein ein paar Platten aufnahm, kooperierte. 1981 hörte man Tony Scott mit Jay McShann in London, und 1984 erschien „Diary Of A Jazz Man", eine bebilderte Autobiographie. Zu seinen bekanntesten Alben zählt „African Bird – Come Back Mother Africa" (1981). Als einen Pionier der Weltmusik im Jazz weisen ihn auch seine Aufnahmen „Music For Zen Meditation" (1964), „Music For Yoga Meditation" (1968) und „Music For Voodoo Meditation" (1972) aus.

Von einem Trompeter war im Kapitel „Free Jazz" schon recht ausführlich die Rede: Don Cherry. Auch er war unter den ersten amerikanischen Musikern, die sich für das Weltmusik-Konzept interessierten.

Donald E. „Don" Cherry (1936-1995)

aus Oklahoma City begann an der High School mit der Trompetenausbildung. Das war in Los Angeles, wo der Schwarze indianischer Abstammung aufwuchs. Später besuchte er die Lenox School Of Jazz. Ehe er Mitglied des Ornette Coleman Quartet wurde, hatte Don Cherry Engagements bei Red Mitchell, Dexter Gordon und Wardell Gray. Er spielte mit allen wichtigen Musikern seiner Zeit von John Coltrane, Sonny Rollins, Steve Lacy, Archie Shepp, Albert Ayler und Gary Peacock bis zu Sunny Murray. Ab Mitte der sechziger Jahre lebte Cherry großteils in Europa, erst in

Frankreich und dann mit seiner Ehefrau Moki in Schweden. Mit Karlhanns Berger, Gato Barbieri, Jean François Jenny-Clark und Aldo Romano gründete er 1965 in Paris ein Quartett und spielte „Complete Communion", „Symphony For Improvisers" und „Togetherness" ein. Nebenbei war Don Cherry Gastsolist bei George Russell, spielte mit Giorgio Gaslini in Mailand und mit Pharoah Sanders in New York, trat 1967 beim Newport Jazz Festival auf und ging nach Asien.

Für das breite Jazzpublikum offensichtlich wurde bei Don Cherry die Idee der Weltmusik in seiner bei den Berliner Jazztagen 1968 aufgeführten Komposition „Eternal Rhythm", in welcher der Einfluß balinesischer Musik zu erkennen ist. Es folgten Aufführungen von „Whole Earth Catalogue" 1970 in Baden-Baden und von „Humus" 1971 in Donaueschingen.

Immer wieder zog es den ruhelosen Wanderer zwischen den Erdteilen nach Afrika und Asien. In der zweiten Hälfte der siebziger Jahre nahm er mit dem Free Jazzer Dewey Redman und Charlie Haden die Platten „Don Cherry" und „Old And New Dreams" auf. Aber er spielte auch mit den Weltmusik-Exponenten Nana Vasconcelos und Collin Walcott 1978 „Grazing Dreams" und 1983 „Codona I-III" ein. Mit Lou Reed nahm er 1978 „The Bells" auf. Cherry arbeitete im Umfeld von Rock, Punk und Reggae (Musik der armen Mulatten in den Städten Jamaikas, die Rhythm & Blues-Elemente ebenso wie Einflüsse des auf den karibischen Inseln gepflegten Calypso vereinigt) und kooperierte mit der Gruppe Rip & Panic sowie seiner Stieftochter Neneh Cherry. In Chicago trat er mit der an afrikanischer Musik orientierten Mandingo Griot Society und in Paris mit dem Inder Lateef Khan auf. Das Album „Playing" wurde 1982 beim Kritiker-Poll von „Down Beat" zur „Platte des Jahres" gekürt.

Anfang der sechziger Jahre war Don Cherry durch seine in B gestimmte Pocket Trumpet aufgefallen, als er den Free Jazz mitprägte. Später verfolgte er vor allem in vielen Eigenkompositionen immer mehr das Weltmusik-Konzept. Karlhanns Berger zu Don Cherrys Befassung mit indischer, arabischer, balinesischer und südamerikanischer Musik: „Cherry ist das musikalische Gedächtnis der Welt. Er kann beliebige Idiome in einen Klang verwandeln, den jeder spielen kann." Wie viele andere amerikanische Jazzmusiker seiner Generation wurde Don Cherry übrigens praktizierender Buddhist.

Auch ein dritter Mitbegründer der Weltmusik-Idee im Jazz wurde an früherer Stelle schon oft erwähnt: Der Saxophonist und Flötist Yusef Lateef, der so wie Don Cherry häufig in Europa war.

Yusef Lateef (Jahrgang 1921)

aus Chattanooga, Tennessee, absolvierte diverse Universitätsstudien und war einer der ersten Jazzmusiker mit Interesse an afrikanischer, orientalischer und fernöstlicher Musikkultur. Er hatte am Altsaxophon begonnen und wechselte in der High School in Detroit zum Tenorsaxophon.

Die ersten Engagements hatte Lateef bei Lucky Millinder, Oran „Hot Lips" Page, Roy Eldridge und Dizzy Gillespie, dessen Auseinandersetzung mit afro-kubanischen Rhythmen ihn beeinflußte. Er, der, wie gesagt, mit bürgerlichem Namen William Evans hieß, konvertierte zum Islam, nannte sich ab nun Yusef Lateef und begann sich für die Musik des Nahen Osten zu interessieren.

Lateef arbeitete sowohl mit einer eigenen Band als auch mit Donald Byrd, Paul Chambers, Kenny Burrell und Barry Harris. Vor allem aber studierte Lateef in den fünfziger Jahren an der Wayne University und beim Stockhausen-Schüler Allen Kimbler Zwölftonmusik.

1956 konzentrierte sich Yusef Lateef, von Kenny Burrell dazu animiert, auf die Flöte und stellte sich auf den Platten „Morning" und „Jazz For Thinkers" mit einem eigenen Quintett vor, dem u. a. der Pianist Hugh Lawson und der Posaunist Curtis Fuller angehörten. Seine Präferenz für Exotisches ist auf „Eastern Sounds" zu hören. Immer an musikalischer Weiterbildung interessiert, nahm Lateef 1958 Oboen-Unterricht bei Ronald Odemark vom Detroit Symphony Orchestra und studierte Flöte bei Harold Jones. Dann, Anfang der sechziger Jahre, spielte er bei Charles Mingus, Babtundi Olantunji und Cannonball Adderley. Das Album „Round The World" aus dem Jahr 1964 stellte eine Collage aus Jazz, Folklore und Walzer dar.

In den sechziger Jahren konzentrierte sich Yusef Lateef wieder auf das Tenorsaxophon, betätigte sich als Kunstmaler, schloß sein Studium an der Manhattan School Of Music ab, wo er dann bis 1977 selbst unterrichtete. Übrigens erwarb er auch den Doktorgrad der Erziehungswissenschaft an der University Of Massachusetts. Lateef brachte die Platte „The Blue Yusef Lateef" heraus und nahm 1971 mit dem Kölner Radio-Orchester seine

„Suite 16" auf, ein Werk für Quartett und Sinfonieorchester, das verschiedene Musikstile integriert. Ende der siebziger Jahre besann er sich plötzlich auf den Jazz früherer Zeiten, bevorzugte einfache Phrasen und erhielt für sein Album „In A Temple Garden" (1979) mit eigenen Kompositionen wie „Spyro Gyra's Garden" vom Magazin „Down Beat" die Bestbewertung. Mit afrikanischen Musikern nahm Lateef 1985 in Lagos, wo er mehrere Jahre unterrichtet hatte, die LP „In Nigeria" auf.

Yusef Lateef war stets ein musikalischer Einzelgänger, keiner Jazzstilrichtung eindeutig zuzuordnen. Als Oboespieler war er einer der ganz wenigen, der dieses Instrument im Jazz einsetzte. Apropos Jazz: Dieses Wort mochte er nicht sehr. Für ihn war es zu trivial. Lateef: „Ich mache autophysiopsychic music – das heißt Musik, die aus meinem physischen, geistigen, spirituellen und intellektuellen Ich entsteht. Musik muß diese Balance haben, sonst ist sie keine geglückte Organisation der Klänge."

Eine der bedeutenden Jazz-Persönlichkeiten, die mit dem Begriff Weltmusik assoziiert werden, kommt aus Europa, aus der Schweiz. George Gruntz ist einer der vielseitigsten Musiker des zeitgenössischen Jazz.

George Gruntz (Jahrgang 1932)

stammt aus Basel, studierte am Konservatorium in Zürich, gewann in den fünfziger Jahren mehrere Preise und spielte als Amateur 1958 mit Louis Armstrong. Er nahm mit der International Youth Band am Newport Jazzfestival teil. Zu diesem Zeitpunkt war Gruntz als Arrangeur für Radio Basel tätig. Berufsmusiker wurde er erst 1963. Jetzt arbeitete Gruntz nicht nur mit den Jazz-Avantgardisten Roland Kirk und Don Cherry, sondern auch mit den angesehenen Komponisten Rolf Liebermann, Earl Brown und Hans Werner Henze zusammen. Übrigens begleitete er 1963 als Bandleader und Pianist die Sängerin Helen Merrill auf einer Japantournee. Seine erste Filmmusik („Seelische Grausamkeit") komponierte Gruntz 1962, es folgten 1967 „Tätowierung", 1971 „Das falsche Gewicht" und 1973 „Steppenwolf".

George Gruntz, von dem die Jazzsuite „My Wailin' Lady" und Dutzende Kompositionen im Bereich der E-Musik stammen, gehörte Ende der sechziger Jahre zu Phil Woods' European Rhythm Machine, mit der er das

266

Album „At The Montreux Jazz Festival" einspielte. Aber der musikalische Leiter des Zürcher Schauspielhauses schrieb auch die Bühnenmusik zu „Antonius und Cleopatra" und komponierte für das Württembergische Staatstheater Stuttgart sowie für das Wiener Burgtheater. 1966 präsentierte er in Berlin seine „Jazz Goes Baroque"-Synthesen, auf die 1974 das Album „ Eternal Baroque" folgte.

Das Interesse von Gruntz an fernen Kulturen erwies sich an einem von ihm 1966 arrangierten Treffen Basler Trommler mit Jazzmusikern, an der Begegnung mit schottischen Highland-Bands beim Monster Jazz Meeting 1974 in Zürich oder an der Interpretation der Musik zum Film „Noon In Tunesia" mit einem Quartett arabischer Beduinen 1972. Immer wieder stellte er spontan Ensembles mit Spitzensolisten zusammen: 1974 sein Piano Conclave u. a. mit Gordon Beck, Wolfgang Dauner, Jasper van t'Hof, Joachim Kühn, Adam Makowicz, Fritz Pauer, Martial Solal und Bobo Stenson; 1977 die Gruppe Percussion Profiles u. a. mit Jack De Johnette mit einem Auftritt auf dem Monterey Festival; 1980 ein Quintett mit dem Saxophonisten Christof Lauer. Mit seiner Concert Jazz Band absolvierte George Gruntz, der 1972 die künstlerische Leitung der Berliner Jazztage übernahm, mehrere Europatourneen. Dieser Band gehörten u. a. Ernst-Ludwig Petrowsky, Dino Saluzzi und Bob Moses an. Wichtige Alben dieser Großformation sind „Live At The Quartier Latin" (1980), „Live 82" und „Theatre". 1984 gab es auch ein Amerikagastspiel. Mitte der achtziger Jahre kooperierte George Gruntz mit den Mitgliedern des Swiss Jazz Pool und brachte sein Oratorium „The Holy Grail Of Jazz & Joy" beim Steirischen Herbst heraus.

George Gruntz ist einer von mehreren prominenten musikalischen Grenzgängern in Europa. In Österreich forderte schon in den fünfziger Jahren der klassische Klaviervirtuose Friedrich Gulda (Jahrgang 1930) „die Erweiterung der musikalischen Geographie". Anfangs unverstanden war Gulda durch Jahrzehnte ein Wegbereiter des Kulturaustausches in der Musik. Er arbeitete mit Jazzgruppen und philharmonischen Orchestern, gab gemischte Konzerte, schrieb viele am Jazz orientierte Kompositionen, z. B. „ Music For Four Soloists And Band", gründete in den sechziger Jahren sein Euro Jazz Orchestra und sagte einmal:

„Es stört mich, daß die wirklich moderne Musik, die afro-amerikanische, deren bester Teil der Jazz ist, aus unserem Konzertbetrieb beharrlich ausgeklammert wird." In den letzten Jahren setzte sich Friedrich Gulda auch mit der zeitgenössischen Popmusik auseinander und erwies sich aufs neue als Grenzüberschreiter.

Wenn eingangs vom gestiegenen Stellenwert europäischer Musiker im Jazz die Rede war, dann darf der in Wien lebende gebürtige Schweizer Mathias Rüegg (Jahrgang 1952) nicht vergessen werden. In den achtziger Jahren fand er mit seinem Vienna Art Orchestra auch in Amerika großen Anklang und wurde 1984 im Kritiker-Poll von „Down Beat" zum „Komponisten des Jahres" gewählt. Rüegg meinte über sein Konzept des großorchestralen Jazz: „Der Stil wie auch die Kompositionsphilosophie machen den europäischen Teil aus, auch einige der Klangkonstellationen entstammten der europäisch-klassischen Tradition. Aber insofern ist es amerikanischer Jazz, als das Geschriebene primär ein Vehikel zur Förderung des individuellen Ausdrucks der Solisten ist."

Die Weltmusik-Idee war Ausdruck des Eklektizismus im Jazz (aus verschiedenen Elementen zusammengesetzte neue Musik) in den siebziger und achtziger Jahren. Im vorangegangenen Kapitel wurde John McLaughlin mit dem Begriff „earth music" zitiert.

Nichts mit musikalischen Intellektualismen im Sinne hatten die Kids in den Schwarzen-Ghettos der amerikanischen Großstädte, die Ende der siebziger Jahre den Rap (to rap = klopfen) kreierten. Das rhythmische Sprechen zu einem tönenden Hintergrund wurde binnen kurzer Zeit zu einer Diskotheken-Kunst. Als erste Rap-Aufnahme gilt „Rapper's Delight" der Sugar Hill Gang (1979). Man kann die Wurzeln des Rap im Talking Blues des 19. Jahrhunderts vermuten. Gelegentlich geht es in den Texten um das Schicksal der Schwarzen, wobei auch zu politischen Aktionen aufgerufen wird. Bei der Hintergrundmusik spielt das Scratching (Praxis von Disc Jockeys, auf einem Plattenspieler eine Scheibe normal abzuspielen und auf einem zweiten den Plattenteller unter dem Tonabnehmer mit der Hand schnell hin und her zu bewegen, wodurch bestimmte Geräusche entstehen) eine Rolle. Auch Drum Box und Drum Computer werden eingesetzt. Auf die erste Rapper-Generation von Whodini, Grandmaster Flash & The Furious Five und Africa Bambaataa & The Jazzy Five folgte Mitte der achtziger Jahre eine zweite mit Public Enemy, Run-DMC, Mantronix und der weißen Gruppe Beastie Boys.

Die großstädtische Straßenkunst, die anfangs zum Rap dazugehörte, aber Mitte der achtziger Jahre wieder verschwand, hieß Breakdance (Electric Boogie, Smurf). Das war ein akrobatischer oder pantomimischer Einzeltanz, dargeboten zur Musik aus dem Ghettoblaster (tragbarer Stereokassettenrecorder oder CD-Player).

Aus dem Rap entwickelte sich der von schwarzen wie weißen Jugendlichen gepflegte Hip Hop, eine Tanzmusik zu Texten aus dem Milieu der unteren Schichten in den amerikanischen Großstädten. Statt des Plattenspielers wird ein Sampler verwendet. In den neunziger Jahren spricht man auch von Hip House in Anlehnung an den House Sound, der wiederum auf die Discothek The Warehouse in Chicago zurückgeht. Dieses Lokal gilt als Geburtsstätte dieser Dancefloor-Musik. Dort gab es nämlich einen Disc Jockey, der aus Soul, Rock, Disco-Aufnahmen und elektronischer Musik phantasievolle Collagen fabrizierte. Techno House meint den ausschließlichen Gebrauch von Computern und elektronischen Musikinstrumenten. Seit Beginn der neunziger Jahre versteht man unter Techno oder Tekkno eine kompromißlose elektronische Tanzmusik.

Zu Topstars des Hip Hop wurden MC Hammer, LL Cool J, Two Live Crew und das Trio De La Soul, das 1991 das Album „De La Soul Is Dead" herausbrachte. Hip Hop ist nicht Jazz, aber es gab und gibt zwischen dieser aktuell-populären Tanzmusik, die ursprünglich von schwarzen Kids hervorgebracht wurde, und der traditionellen afro-amerikanischen Musik Berührungspunkte. Einer wurde im Kapitel „Jazz Rock oder Fusion" erwähnt: die Produktion „Rockit", für die Herbie Hancock 1983 den New

Yorker Scratcher DST holte, was historisch gesehen ein Beitrag zur Entwicklung des Hip Hop war. In Großbritannien entwickelte sich in den achtziger Jahren eine Tanzmode, genannt Acid House oder Acid Jazz. Konventioneller Jazz zwischen Bebop und Cool Jazz wurde unter dem Begriff Acid Jazz verstanden. Anfang der neunziger Jahre war damit ein Jazz-Revival verbunden. Und in Amerika brachte das Hip Hop-Duo Gang Starr, bestehend aus DJ Premier und Rapper Guru, die Titel „Jazzmusic" und „It's A Jazz Thing" mit Saxophonist Branford Marsalis für den Soundtrack zu Spike Lees Film „Mo Better Blues" heraus. Miles Davis nahm kurz vor seinem Tod mit dem Rapper Easy Mo Bee noch eine Hip Hop-Platte auf. Gerhard Litterst befaßte sich 1995 in der Zeitschrift „Jazz Live" mit den Berührungspunkten von Jazz und Hip Hop, verwies ausführlich auf Gurus „Jazzmatazz" und schrieb: „Der britische Jazzgitarrist Ronnie Jordan (mit jamaikanischen Wurzeln), der auch auf Gurus 'Jazzmatazz' mitmischt, interpretierte 1991 den Miles Davis-Klassiker 'So What' in einer gekonnten Symbiose von Jazz, Hip Hop und Funk, die mühelos die britischen Pop-Charts erklomm. In seinen Alben 'The Antidote' (1992) und 'A Quiet Revolution' (1993, mit Guru und Dana Bryant) blieb er dieser Linie treu, glitt allerdings stellenweise auch in kitschigen Pop-Plüsch ab." Der Autor bezog sich auf den Hip Hop-Jazz-Trend auch in anderen Teilen der Welt und schloß mit der Feststellung: „Daß Hip Hop-Jazz so langlebig werden könnte wie der Rock Jazz der siebziger und der Funk Jazz der achtziger Jahre ist eher unwahrscheinlich. Für den Jazzmusiker dürfte das rhythmische Korsett des Hip Hop auf die Dauer zu eng sein, für den Hip Hopper der Jazz ohnehin nur gezügeltes Dekor." [99]

Hip Hop-Jazz wird so wie der Pop-Swing von Sade eine kurzlebige Mode bleiben. Jedenfalls ist er ein weiteres Beispiel für die Wechselwirkung von Jazz und Popmusik im 20. Jahrhundert.

Die Wiederentdeckung des großen Jazz-Erbes (Gegenwart)

Nach den seit Anfang der siebziger Jahre auseinanderstrebenden Strömungen im zeitgenössischen Jazz – den aus Fusion entstandenen Free Funk gibt es ebenso in den neunziger Jahren wie New Wave als Begegnung von Free Jazz mit Punk, experimentellem Rock oder Minimal Music neben Weltmusik – machte sich ab 1980 eine Rückbesinnung auf die Tradition verstärkt bemerkbar. Immer mehr junge Musiker suchten Halt in den verschiedenen erprobten Spielarten des Jazz. Sie begaben sich gleichsam „back to the roots", zurück zu den Wurzeln. Für Joachim-Ernst Berendt ist die Freiheit des Jazz der Gegenwart „die Freiheit der Wahl".

Da waren zunächst die Neoklassizisten (diesen Begriff hat der amerikanische Kritiker Gary Giddins als erster auf den Jazz angewandt), also aus dem Free Jazz kommende Musiker, die Elemente der Jazztradition verwendeten. 1979 brachte das Trio Air das Album „Air Love" und 1980 der Altsaxophonist Arthur Blythe die LP „In The Tradition" heraus. Zum Kreis der Neoklassizisten um David Murray wurden der Trompeter Lester Bowie, der Bassist Dave Holland, der Flötist James Newton und der Komponist Henry Threadgill in den achtziger Jahren gezählt.

David Murray (Jahrgang 1955)

lernte bei seiner Mutter, einer Pianistin, Tenorsaxophon und spielte zunächst in Rhythm & Blues-Gruppen in seiner Heimat Kalifornien. Dann studierte Murray bei Stanley Crouch am Ponoma College in Los Angeles. Dieser Schlagzeuger, Komponist und Publizist ist ein Cousin des Gospel-

271

sängers und Pianisten Andrae Crouch. 1966 hatte Stanley seine Laufbahn als Berufsmusiker bei dem Pianisten Raymond King gestartet. Anschließend arbeitete er in der Formation The Quartet, der auch David Murray und James Newton angehörten. Stanley Crouch komponierte 1974 die „Ellington Suite" und veröffentlichte 1970 den Lyrikband „Ain't No Ambulances For No Nigguhs Tonight". Von 1969 bis 1975 als Dozent für Dramen-, Literatur- und Jazzgeschichte am Claremont College, übersiedelte er schließlich nach New York. Hier lieferte der streitbare Crouch als Publizist den jazztheoretischen Überbau für den Klassizismus und wurde zum intellektuellen Mentor von Wynton Marsalis. Genau zehn Jahre älter als Murray, der vom Jazz Rock geprägt war, kam Crouch ursprünglich aus der Free Jazz-Szene.

David Murray hatte ab Mitte der siebziger Jahre in New York eigene Bands, spielte bei James „Blood" Ulmer Free Funk und arbeitete in der Folge mit dem Schlagzeuger Jack De Johnette sowie dem World Saxophone Quartet (mit Baritonsaxophonist Hamiett Bluiett und den beiden Altsaxophonisten Julius Hemphill sowie Oliver Lake) zusammen. Dann hatte Murray erst ein Quartett, später ein Oktett und ab 1984 eine Big Band. Als Saxophonist ist er vor allem von Paul Gonsalves, Albert Ayler, Ornette Coleman und Ben Webster beeinflußt.

Nicht zufällig erlebte die Musik Duke Ellingtons, die nicht einfach einem Stil zugeordnet werden kann, in den achtziger Jahren eine Renaissance. Schließlich agierten die jungen Musiker, die im Free Jazz begonnen hatten und nun die Jazztradition entdeckten, auch stilüberschreitend. Folglich stießen sie auf Ellington, der für die Verbindung von Innovation mit Tradition stand, und widmeten ihm viele Alben.

Eine zweite Gruppe junger Musiker, die ab Mitte der achtziger Jahre sehr stark an Bedeutung gewann, kam nicht aus dem Free Jazz, sondern aus dem Neobop. Diese Jazzklassizisten sehen im Bebop die Basis ihrer Musik, weshalb sie auf Charlie Parker, Dizzy Gillespie und andere Künstler dieser Ära zurückgreifen. Ihnen ist die gesamte Jazztradition bis herauf zum Free Jazz, der für manche aus diesem Kreis eine „Entgleisung" der Musikgeschichte war, wichtig. Und diese Musiker sind zumeist hervorragend ausgebildet, was ihnen gelegentlich den Vorwurf einträgt, sie spielten „akademischen", aber nicht „gelebten" Jazz.

Wynton Marsalis (Jahrgang 1962)

stammt aus einer angesehenen Musikerfamilie in New Orleans – Vater Ellis ist Pianist, Bruder Branford Saxophonist und Bruder Delfeayo Posaunist – und wurde zur Zentralfigur des Klassizismus. Für Gunther Schuller ist Marsalis „einer der besten Trompeter aller Zeiten". Und der Klassikvirtuose Maurice André pries seinen Kollegen gar als „den möglicherweise größten Trompeter". 1983 machte Wynton Marsalis Musikgeschichte, als ihm als erstem Künstler im selben Jahr ein Grammy in der Sparte Klassik und einer in der Sparte Jazz verliehen wurde. Und 1984 wiederholte sich das, als man Marsalis sowohl für die Jazz-LP „Hot House Flowers" als auch für eine Klassikeinspielung mit Barockwerken mit dem English Chamber Orchestra unter Raymond Leppard je einen Grammy zuerkannte. Als Wynton sechs Jahre alt war, bekam er vom Dixieland- und Swing-Trompeter Al Hirt seine erste Trompete geschenkt. Dieser weiße Musiker hatte ab 1940 am Cincinnati Conservatory studiert, ging dann mit den Big Bands von Jimmy und Tommy Dorsey sowie Ray McKinley auf Tournee, arbeitete bei einer Rundfunkstation und wirkte in Filmen wie „World By Night" oder „Rome Adventure" mit. Dann gründete er mit dem Klarinettisten Pete Fountain eine Band und eröffnete in seiner Heimatstadt New Orleans einen Club.

Die eigentliche musikalische Ausbildung von Wynton Marsalis begann erst mit zwölf Jahren, später hatte er Unterricht bei John Longo und besuchte Kurse in Tanglewood. Sehr früh zeigte sich, daß der junge Mann sich sowohl für Jazz wie für Klassik interessierte.

Wie schnell Marsalis das Trompetenspiel beherrschte, erwies sich erstmals für eine breitere Öffentlichkeit beim New Orleans Jazz And Heritage Festival 1978, als er gerade 16 Jahre war. In einer Pause bestieg er mit Brille und Trompete die Bühne im Festzelt und machte großen Eindruck. Zeugen dieses denkwürdigen Auftritts – Marsalis hatte erst vier Jahre zuvor seine Ausbildung begonnen – erzählen, er habe nach Art Dizzy Gillespies Kaskaden von Sechzehntelnoten in schwindelerregendem Tempo gespielt, um sofort nach dem Muster von Miles Davis mit gedrosselter Geschwindigkeit „cool" in den mittleren Tonlagen zu brillieren.

Die erste Praxis als Trompeter holte sich Wynton Marsalis bei den Marching Bands, Jazzgruppen und Funk-Ensembles, die es in den siebziger Jahren in New Orleans gab. Mit 18 besuchte er die Juilliard School in New York und trat in die Jazz Messengers des Schlagzeugers Art Blakey ein. Mit den früheren Miles Davis Sidemen Herbie Hancock (Piano), Ron Carter (Baß) und Tony Williams (Schlagzeug) war er auf Tournee. 1983 ersetzte er in der Gruppe V.S.O.P. Freddie Hubbard als Trompeter.

Als Klassikinterpret ist Wynton Marsalis anfangs mit dem New Orleans Philharmonic Orchestra und der Brooklyn Philharmonic aufgetreten. Marsalis ist ein stolzer Schwarzer, und deshalb ist es interessant, wie er seine intensive Beschäftigung mit der Klassik begründet: „Wissen Sie, es hängt uns da das Vorurteil an, wir Schwarzen könnten gar nicht richtig spielen."

Mit seiner Sympathie für die sinfonische Musik der Klassik und der Moderne steht Marsalis in der Tradition so prominenter Jazzmusiker wie Benny Goodman, John Lewis oder Keith Jarrett. Er hat mit vielen großen Orchestern von der New York Philharmonic über das Cleveland Orchestra bis zur Los Angeles Philharmonic gearbeitet. Die Partner am Dirigentenpult waren u. a. Michael Tilson Thomas, Lorin Maazel, Leonard Slatkin, Raymond Leppard, Herbert Blomstedt, Charles Dutoit und Robert Shaw oder André Previn. Auf dem Klassiksektor brachte er 1983 eine CD mit Werken von Joseph Haydn, Leopold Mozart und Johann Nepomuk Hummel heraus, 1986 erschien ein Album mit Stücken von Henri Tomasi und Andre Jolivet, 1987 eine CD „Carnaval", 1988 das Album „Baroque Music For Trumpets" und die CD „Portrait Of Wynton Marsalis". 1992 brachte er gemeinsam mit der Sopranistin Kathleen Battle die CD und das begleitende Video „Baroque Duet" mit Werken von Georg Friedrich Händel, Alessandro Scarlatti, Luca Antonio Predieri und Johann Sebastian Bach auf den Markt. Und 1993 erschien das mit der Pianistin Judith Lynn Stillman eingespielte Album „On The Twentieth Century …" u. a. mit Werken von Maurice Ravel, Arthur Honegger, Francis Poulenc, Leonard Bernstein und Paul Hindemith. Dann gibt es noch eine CD vom „Carnegie Hall Christmas Concert 1991" mit Wynton Marsalis, der Mezzosopranistin Frederica von Stade und der Sopranistin Kathleen Battle. Letztere war schon auf der Marsalis-CD „Crescent City Christmas Card" aus dem Jahr 1989 mit „Silent Night" vertreten. Ja, und dann existiert noch ein Mitschnitt auf CD und Video des „Concert For Planet Earth" in Rio de Janeiro 1992, als

Marsalis bei dem Titel „Aquarela Do Brasil" den Tenor Placido Domingo begleitete. An dieser Stelle sei erwähnt, daß auch Wyntons Bruder Branford außerordentlich vielseitig ist. Er spielt nicht nur Mainstream-Jazz und Hip Hop, sondern auch Werke der abendländischen Tradition (Debussy, Fauré, Rachmaninoff, Strawinsky und Mussorgsky), zu hören auf der 1986 herausgekommenen CD „Romances For Saxophone – Branford Marsalis, Soprano Saxophone". Andrew Litton dirigiert das English Chamber Orchestra.

Die ersten Jazzeinspielungen, auf denen Wynton Marsalis zu hören ist, sind diese: „First Recordings" mit Art Blakey's Jazz Messengers Live At Bubba's Jazz Restaurant, Fort Lauderdale, Florida, vom Oktober 1980 (1983) sowie die beiden CDs „Wynton Marsalis With Art Blakey's Jazz Messengers" (neuveröffentlicht 1992). Die folgende Aufzählung kann aus Platzgründen nicht vollzählig sein: „Think Of One" (1983), „Hot House Flowers" (1984), „Black Codes..." (1985), „I Mood" (1986), „Marsalis Standard Time 1" (1987), „The Majesty Of The Blues" (1989), „Marsalis Standard Time 3" (1990), „Marsalis Standard Time 2" sowie die 3 CDs der Serie „Soul Gestures In Southern Blue" (1991), „Resolution To Swing" und das 2-CD-Set „Citi Movement" (1993), das religiöse Jazzwerk „In This House On This Morning" auf 2 CDs (1994) und „Joe Cools Blues" (1995). Auf letzterer CD spielt Wynton Marsalis mit seinem Septett, fünf Titel steuert das Trio von Vater Ellis bei. Auf diesen Alben gibt es Jazz-standards ebenso wie – zum Teil in Form großer Kompositionen – eigene Werke von Wynton Marsalis zu hören. Eines seiner letzten größeren Werke, die Ballettmusik „Accent On The Offbeat", ist 1994 auf CD und Video her-ausgekommen. Das Video gibt die Uraufführung dieses Auftragswerks durch das New York City Ballet unter Leitung des Choreographen Peter Martins wieder.

Seit Beginn seiner Laufbahn besteht ein wesentlicher Aspekt – aber bei weitem nicht der einzige, wie böswillige Kritiker behaupten – seiner Arbeit in der Pflege der Jazztradition. Wynton Marsalis: „Bevor man versteht, was die Erweiterung einer Sache ist, muß man verstehen, was diese Sache eigentlich ist." Marsalis ist Leiter von „Jazz At The Lincoln Center" und bringt für seine Konzertreihe die interessantesten Musiker zusammen. In der Saison 1992/93 waren einige Schwerpunkte Duke Ellington, Charlie Parker und Thelonious Monk gewidmet. Bei seinem Sommerfestival „Classical Jazz" im August 1994 wirkten Roy Hargrove, ein hochtalentierter blutjunger Marsalis-Epigone an der Trompete, Gerry Mulligan, Art Farmer, Doc Cheatham, Marcus Roberts, Benny Golson, Curtis Fuller, Jim Hall, Jerome Richardson, Geoff Keezer, Ron Carter, Lewis Nash u. v. a. mit. Und die Konzertsaison 1994/95 stand im Zeichen von Louis Armstrong, dem großen Marsalis-Vorbild aus der Heimatstadt New Orleans. Flankiert werden diese Konzerte jährlich durch Filmvorführungen, Lesungen und Diskussionen. Nach dem Beispiel Leonard Bernsteins erklärt Marsalis in „Young People's Concerts" einem ganz jungen Publikum den alten und neuen Jazz. Das tut er mitunter auch mittels Video. 1985 präsentierte Wynton Marsalis auf Video „Trumpet Kings" des Jazz von Louis Armstrong bis Lester Bowie. Und 1988 kam das Video „Blues & Swing" mit Musik des Wynton Marsalis Quartet, aber auch mit musikpädagogischem Anschauungsunterricht auf den Markt.

Marsalis, dessen erstem Quintett 1981 auch Bruder Branford (Saxophon) und Kenny Kirkland (Piano) angehört haben, arbeitet in den neunziger Jahren verstärkt mit dem Lincoln Center Jazz Orchestra, einer Big Band. Von diesem Ensemble gibt es auch bereits mehrere CDs, u. a. „Portraits By Ellington" (1992) sowie „The Fire Of The Fundamentals" mit Stücken von Charlie Parker, Thelonious Monk oder John Coltrane und „They Came To Swing" (1994)mit Titeln von Billy Strayhorn, Duke Ellington, Earl Hines oder Wynton Marsalis. Mit diesem Lincoln Jazz Orchestra gastierte Marsalis beim Bank Austria Jazz Fest Wien 1995 in der Staatsoper.

Jetzt noch ein paar Anmerkungen zu den Beurteilungen, die Marsalis seitens der professionellen Kritik immer wieder erfährt: Wenngleich Einigkeit über die technische Perfektion, ja die Virtuosität dieses Trompeters besteht, begegnet man ihm manchmal mit dem vordergründigen Argument, er sei eine Art „Museumswärter" des Jazz. Faktum ist freilich, daß der Jazz nun schon rund 100 Jahre existiert, also eine eigene Tradition entwickelt hat. Naturgemäß sind sehr viele der stilbildenden Musiker längst tot. Es ist daher Bedarf an einer Pflege ihres Werkes gegeben. Oder sollte das musikalische Vermächtnis eines King Oliver, Count Basie und Dizzy Gillespie mit deren physischem Ableben der Vergessenheit anheimfallen? Eine Musikform, die in ihr zweites Jahrhundert eintritt, wird sich – logischerweise mehr als in der Frühzeit des Jazz – sowohl aus Innovation wie aus Pflege der eigenen Tradition Kraft zuführen und am Leben erhalten.

Wynton Marsalis, die Galionsfigur des Klassizismus der achtziger und neunziger Jahre, ist noch sehr jung. Wer weiß, ob wir ihn nicht eines Tages an der Spitze der Innovatoren wiederfinden werden …

Joachim-Ernst Berendt sieht in Marsalis' Spiel „eine grandiose Synthese vom Besten, was es in der Geschichte der Jazztrompete gegeben hat". Er „zitiert weniger, als daß er paraphrasiert – mit eigenen Gesten und eigenen Worten das umschreibend, verfeinernd und kultivierend, was andere – als Wahrheiten des Jazz – auf ebenso eigene Weise vor ihm gesagt haben." [100] Apropos Wahrheiten des Jazz, der bekanntlich aus der Begegnung zwischen afrikanischen und europäischen Einflüssen in Amerika vor 100 Jahren entstanden ist. Marsalis hat einmal gemeint, Schwarze liebten ihr Schwarzsein und Weiße ihr Weißsein: „Es wird keine Rache geben. Amerikaner sind Mischlinge. Ob wir uns nun hassen oder einander gleichgültig sind, das ist unsere Realität. Es ist die Realität der Jazzmusik, geboren im zu heißen, geräucherten Kessel voller Gumbo (beliebte Speise in Louisiana), der New Orleans heißt. Wo Kreolen, dunkelhäutige Neger, Weiße, Indianer und andere in einem Roux namens Blues gekocht wurden." [101]

Über diesen Wynton Marsalis hat Art Farmer, in Wien ansässiger Flumpet-Virtuose, gesagt: „Wynton ist ein äußerst einfallsreicher, kreativer Musiker, was manchmal von der phänomenalen Technik überdeckt wird." Und der Bassist Ron Carter sieht in Marsalis den „interessantesten jungen Musiker seit den sechziger Jahren". Lee Konitz, der große Saxophonist aus dem Lennie Tristano-Kreis, der mit Miles Davis und Stan Kenton gespielt hat, meint über die Doppelbegabung – Jazz und Klassik – dieses Trompeters: „Das, was Wynton Marsalis jetzt tut, ist sehr inspirierend, er verfügt über eine ganz spezielle Kraft, die ihm erlaubt, in beiden musikalischen Lagern zu arbeiten. Er inspiriert Komponisten dazu, für ihn zu schreiben, und zwar auf ausgefallene, originelle Weise, womit das Trompetenrepertoire auf dem sogenannten klassischen Musikgebiet erweitert wird. Zudem hat sich Marsalis zu einem respektablen Jazzimprovisator entwickelt, er wird zusehends besser. Bleibt zu hoffen, daß ihn sein Ego nicht dazu bringt, aus dem Fenster zu stürzen." [102]

Zu dem Kreis junger Musiker, die nicht etwa eins zu eins die Tradition nachspielen, sondern ihre durchaus eigenständige Interpretation bewußt auf der großen Tradition des Jazz aufbauen, zählen der Saxophonist Joshua Redman, der Trompeter Terence Blanchard, die Pianisten Benny Green und Mulgrew Miller sowie der Schlagzeuger Jeff Watts. Sie sind stolz auf das musikalische Erbe der Väter des Jazz, das nun – scheinbar zufällig gerade zum 100. Geburtstag der afro-amerikanischen Musik – für eine ganz neue Generation von Musikfreunden wieder belebt wird. An dieser Stelle noch eine Anmerkung: Während Wynton Marsalis das Lincoln Jazz Orchestra leitet, ist der Chef der Big Band eines anderen großen Hauses in New York gleichfalls ein aus dem Neobop kommender Trompeter. Ich meine Jon Faddis, den Leiter des Jazz Orchesters der Carnegie Hall.

Francis Davis, der eine profunde Abhandlung über den Jazz der letzten zehn Jahre geschrieben hat, kommt zu dem Schluß, in den vergangenen 25 Jahren, wenn nicht länger, sei der Jazz auf einer zeitweise quälenden Suche nach seinen eigenen Formen gewesen. Die Suche halte an. Die Vergangenheit sei eines der wenigen übriggebliebenen Refugien, auf die sich die jungen Musiker beziehen können. Davis sieht in diesem vordergründig traditionalistischen Trend selbst einen Aspekt der Postmoderne: „Bezeichnend ist, daß die jüngeren Musiker, die angeblich zu den Ursprüngen zurückkehren, größere Ensembles gründen, ausgedehntere Kompositionen schreiben und nicht nur die üblichen Variationen über hastig ausgedachte, feststehende Melodieteile spielen. Für ihre Inspiration greifen sie weit über den Bebop hinaus zurück. Für eine Musik, die sich immer selbst für ihr Kurzzeitgedächtnis zu rühmen schien, ist dies eine radikale, nicht reaktionäre Einstellung." [103]

Der Mainstream

Die Bezeichnung Mainstream (Hauptstrom) beschreibt den strömenden Charakter der Entwicklung des Jazz im letzten Jahrhundert. Als Begriff angeblich vom englischen Musikkritiker Stanley Dance erstmals verwendet und ursprünglich auf Swing-Interpreten bezogen, meint Mainstream folgendes: Musiker, die Mainstream-Jazz spielen, verbinden Tradition mit moderner Entwicklung. Jeder der beschriebenen Stile des Jazz basiert musikalisch auf dem, was vorher war, absorbiert die Tradition und bringt in Konfrontation mit dem „Zeitgeist des Jazz" Neues hervor. Man kann auch eine zeitliche Zuordnung treffen: New Orleans und Dixieland sind geprägt vom Geist der Jahrhundertwende und den Jahren vor dem Ersten Weltkrieg; Chicago steht für die „wilden zwanziger Jahre"; Swing für Entertainment in der Zeit der Sicherheit vor dem Zweiten Weltkrieg; Bebop meint die Hektik und Nervosität der vierziger Jahre im Zweiten Weltkrieg; der Cool Jazz bezeichnet eine neue Intellektualität, ein Sich-Abfinden mit kaltem Krieg und Atombombe; Hard Bop Protest; Free Jazz symbolisiert die Studentenrevolte; Jazz Rock kann man als fortschrittsgläubige Musik und den Jazz der achtziger und neunziger Jahre als Ausdruck des Zweifels an ungebremstem Fortschritt deuten. Wie gesagt: Jeder dieser Stile „strömt" aus der Tradition in die Zukunft des Jazz. Somit ist er ein musikalisches Bindeglied, das aktuelle Strömungen mit Früherem verbindet. Und jeder dieser Stile hinterläßt musikalische Spuren auch im zukünftigen Jazz.

Hatte man also zunächst das, was Norman Granz als „Jazz At The Philharmonic" produzierte, also Swing und Bebop vom

Feinsten, als Mainstream apostrophiert, so hat dieser Begriff längst eine Allgemeingültigkeit im Sinne obiger Definition erhalten. Er bezeichnet heute praktisch das gesamte musikalische Reservoir des Jazz. In den fünfziger Jahren galten Count Basie oder Coleman Hawkins als *die* Vertreter des Mainstream. Mittlerweile ist längst von neuen Mainstream-Generationen die Rede. Ein virtuoser Pianist aus Kanada galt und gilt als die Personifizierung des Mainstream-Jazz:

Oscar Emmanuel Peterson (Jahrgang 1925)

stammt aus Montreal. Er ist der legitime Nachfolger des genialen Art Tatum am Jazzpiano. Seine technische Brillanz ist von derartiger Breite, daß sie manchen Kritikern schon wieder suspekt ist. Oscars Vater Daniel Peterson war Schlafwagenschaffner und seine Mutter Kathleen Olivia geb. John eine aus der Karibik stammende Hausangestellte. Beide Elternteile waren sehr musikalisch, Kathleens Onkel Vance John, der bei einem Verkehrsunfall ums Leben kam, war Pianist. Übrigens war die ältere Schwester von Oscar Peterson, Daisy Peterson Sweeney, eine anerkannte Klavierlehrerin. Oscar Peterson wuchs als englischsprachiger Schwarzer in einer ausschließlich von Weißen bewohnten Stadt auf, in der die französische Sprache dominierte. Ende der vierziger Jahre waren von 13 Millionen Kanadiern 18 000 Schwarze. Religiös wurde er von der größten protestantischen Kirche des Landes, der United Church Of Canada, geprägt. Oscar war das vierte von fünf Kindern der Petersons. Alle fünf lernten übrigens ein Musikinstrument spielen. Im Fall von Oscar Peterson waren es sogar zwei Instrumente: Trompete und Klavier. Nach einer Tuberkulose, deretwegen Oscar mit sieben Jahren für 13 Monate in ein Spital mußte, war es infolge der Schwächung seiner Lungen freilich mit dem Trompetenspiel vorbei. Jetzt konzentrierte er sich so wie seine Brüder Chuck und Fred auf das Klavier. Glaubt man Oscar Peterson, dann war Fred – er starb 1934 an Tuberkulose, als er gerade 15 Jahre alt war – der beste Pianist der Familie.

Erstmals findet sich eine Beschreibung der Fähigkeiten von Oscar Peterson als Pianist 1944. Da war in einem Pressebericht der kanadischen Bahngesellschaft über ihre musizierenden Schaffnerfamilien von „88 Tasten, flinken Fingern und Gespür für Rhythmus" die Rede. Tatsächlich übte der Bub oft von 9 Uhr früh bis in den Abend. Die Petersons waren arme Leute, und Oscar kam zu seinem ersten High School-Tag mit gestopften Hosen. Mit neun Jahren spielte Oscar kleine Stücke wie den „Minutenwalzer", und erst der „Tiger Rag", dargeboten von Bruder Fred, machte ihn auf Jazz neugierig. Vorübergehend lernte er bei dem Pianisten Lou Hooper, sein leichter Anschlag und seine Technik überraschten diesen. Ein anderer Klavierlehrer war Paul Alexander de Marky, ein Ungar, der Oscar Peterson mit Chopin und Debussy konfrontierte, während ihm Hooper das in Harlem gespielte Jazz-Piano nahebrachte. Schon als Teenager war Peterson von seinem großen Vorbild Art Tatum überaus beeindruckt.

Am Ende seiner Mittelschulzeit war Oscar Peterson gemeinsam mit dem Trompeter Maynard Ferguson bei den Montreal High School Victory Serenaders. Und dann, Oscar war gerade 14, gewann er einen Amateurmusik-Wettbewerb. Neben 250 Dollar erhielt er eine wöchentliche Live-Sendung im lokalen Radiosender. Das Programm hieß „Fifteen Minutes' Piano Rambling". Und später, Oscar war 20, beschrieb die Zeitschrift „Maclean's" den jungen Pianisten schon als Meister des Swing.

In den vierziger Jahren gehörte Oscar Peterson – wieder gemeinsam mit Maynard Ferguson – dem Johnny Holmes Orchestra an. Übrigens war er der einzige Schwarze in dieser Band. Von nun an ging es mit seiner Karriere steil bergauf: 1949 Auftritt in der New Yorker Carnegie Hall, 1951 Gründung seines ersten Trios mit Ray Brown (Baß) und Irving Ashby (Gitarre), der dann durch Barney Kessel und Herb Ellis ersetzt wurde; 1955 Begleitung von Ella Fitzgerald auf einer Tournee durch England und Schottland; 1958 Ersatz der Gitarre durch das Schlagzeug (Gene Gamage, Ed Thigpen und später Louis Hayes, Bobby Durham, Martin Drew); 1959 Komposition der Filmmusik zu „Les Tricheurs" und Dozent an der School Of Music in New York. In den sechziger und siebziger Jahren nahm Oscar Peterson viele preisgekrönte Schallplatten – u. a. mit Count Basie – auf, spielte Solokonzerte, gründete in Toronto die Advanced School Of Contemporary Music und komponierte die „Canadiana Suite" (1964). Mit wechselnden Formationen (Trio oder Quartett) ist Peterson seither nahezu jährlich auch in Europa, zuletzt in den neunziger Jahren oft mit dem Bassisten Niels-Henning Orsted Pedersen und dem Gitarristen Lorne Lofsky. 1994 erschien die CD „Side By Side", auf der Oscar Peterson gemeinsam mit dem Geiger Itzhak Perlman sowie seinen alten Mitstreitern Herb Ellis (Gitarre) und Ray Brown (Baß) mit Grady Tate (Schlagzeug) Standards spielt. Und 1995 kam die CD „The More I See You" mit Peterson, Brown, Lofsky sowie Benny Carter (Altsaxophon), Clark Terry (Flügelhorn) und Lewis Nash (Schlagzeug) auf den Markt.

Oscar Peterson, der mit allen großen Persönlichkeiten des Jazz von Louis Armstrong bis Lester Young oder Coleman Hawkins Platten eingespielt hat, vereint in seinem Spiel (Stichwort: Mainstream) nicht nur Einflüsse des schon erwähnten Art Tatum, sondern auch von Nat King Cole, Earl Hines und George Shearing.

In den neunziger Jahren hatte Peterson gesundheitliche Probleme. Ein leichter Schlaganfall reduzierte die Einsatzfähigkeit seiner linken Hand. Er bekam Probleme mit dem Gehen, schränkte die Zahl seiner Live-Auftritte ein und veränderte seine Spielweise. Oscar Peterson zähmte seinen einst unbändigen Swing und brachte eine lyrisch-melancholische Komponente in seine Kunst ein.

Im Mainstream, den der geniale Oscar Peterson so gut symbolisiert, löst sich die Vielfalt des Jazz, das permanente Infragestellen dessen, was war, und das Suchen nach Neuem, musikalisch auf. Das hat bei Künstlern vom Schlage Petersons sehr viel mit Qualität zu tun. Und Qualität wiederum impliziert Können, was im Fall des Jazz – und das ist ein Unterschied zur sinfonischen Musik – nicht ausschließlich eine Angelegenheit der Technik und der Ratio, sondern vielmehr eine des Gefühls („feeling") ist.

The Great American Songbook

In den vorangegangenen Kapiteln sind viele Kompositionen erwähnt worden, die man Jazz-Evergreens nennen kann und die Teil des Great American Songbook sind. Diese Titel werden von jeder neuen Generation von Jazzmusikern – instrumental wie vokal – mit ihren zeitgemäßen Möglichkeiten und ihrem persönlichen „feeling" interpretiert.

Es gibt ein paar hundert solcher Kompositionen, die einen wesentlichen Teil dessen ausmachen, was wir Jazz nennen: W. C. Handys „St. Louis Blues" (1914), Fats Wallers „Honeysuckle Rose" (1929), Ray Nobles „Cherokee" (1938) und John W. Greens „Body And Soul" (1930) gehören ebenso dazu wie der Edgar Sampson/Chick Webb/Benny Goodman-Titel „Stompin' At The Savoy" (1936), der Traditional „When the Saints Go Marching In", Erroll Garners „Misty" (1954) oder Jimmy McHughs „I Can't Give You Anything But Love, Baby" (1927). All diese Kompositionen bieten Jazzmusikern und -sängern stets aufs neue die Grundlage für Improvisationen und Variationen. Die Schöpfer dieser Titel haben durch ihre Werke die Erfolgsgeschichte des Jazz – und Erfolg ist in diesem Zusammenhang durchaus kommerziell zu interpretieren – entscheidend mitgestaltet.

Duke Ellington allein hat Hunderte Kompositionen geschrieben, von denen viele Standards oder Jazz-Evergreens geworden sind: 1927 komponierte er mit dem Trompeter Bubber Miley „Black And Tan Fantasy" und „East St. Louis Toodle-O", 1928 „Creole Love Call", 1931 mit Irving Mills und Barney Bigard „Mood Indigo", 1932 „It Don't Mean A Thing If It Ain't Got That Swing", 1933 „Sophisticated Lady", 1934 „Solitude" und 1935 „In A Sentimental Mood". Die Liste kann beliebig fortgesetzt werden von „Caravan", 1937 mit Juan Tizol; über „Empty Ballroom Blues", 1938 mit Cootie Williams; bis zu „Prelude To A Kiss", 1938; oder „In A Mellow Tone", 1940. Ellington war sicher der wichtigste Jazzkomponist im eigentlichen Sinn des Wortes.

Doch es gab eine ganze Reihe von Komponisten, die nicht Jazzmusiker waren. Vielmehr schrieben sie Songs unter Verwendung von Jazzelementen. Das sind Schlager, die sich für eine Jazzinterpretation eignen.

„Swanee", „Do It Again", „Fascinatin' Rhythm", „Lady Be Good", „The Man I Love", „Somebody Loves Me", „Someone To Watch Over Me", „I've Got A Crush On You", „S'Wonderful", „Liza", „I Got Rhythm", „Embraceable You", „Summertime", „A Foggy Day", „I Can't Get Started", „Love Walked In", und „They Can't Take That Away From Me" – das ist nur eine kleine Auswahl der beliebtesten Melodien von George Gershwin. Unter den Interpreten seiner Songs finden sich neben Jazzmusikern wie Benny Goodman, Louis Armstrong, Ella Fitzgerald, Fats Waller, Sarah Vaughan, Artie Shaw oder Dizzy Gillespie auch Künstler wie Frank Sinatra, Fred Astaire, Judy Garland, Marilyn Monroe und Gene Kelly.

George Gershwin (1898-1937)

wurde in New York als Sohn des aus Rußland eingewanderten Geschäftsmannes Gersjovits geboren. 1910 begann sein Unterricht in Klavier und Musiktheorie bei Rubin Goldmark und Joseph Schillinger. Sein großes Interesse für populäre Musik führte dazu, daß Gershwin schon mit 16 Jahren in einem Musikverlag einschlägige Kompositionen begutachtete. In diesem Verlag Remick & Co. wurde er zum erstenmal mit Kompositionen von Jerome Kern und Irving Berlin konfrontiert. Der schon erwähnte Titel „Swanee" war übrigens 1916 sein erster Song, 1918 folgte die erste Revue und 1919 eine weitere unter dem Titel „La La Lucille". Meist schrieb Bruder Ira Gershwin die Texte zu seinen Melodien. Von Paul Whiteman, dem Meister des „sinfonischen Jazz", wurde George Gershwin 1924 zur „Rhapsody In Blue" inspiriert. 1925 entstand auf Anregung des Dirigenten Walter Damrosch das „Concerto In F", 1928 „An American In Paris", 1931 die

„Second Rhapsody", 1934 die „Cuban Overture" und 1935 die Oper „Porgy And Bess". In Wien traf George Gershwin mit Emmerich Kalman und in Paris mit Maurice Ravel, Igor Strawinsky, Francis Poulenc und Darius Milhaud zusammen. Das war 1928, als er eine Reise durch halb Europa unternahm. Die europäischen sinfonischen Komponisten haben Gershwin in seiner Arbeit beeinflußt, doch auch er hat seinen Gesprächspartnern Anregungen vermittelt. Später sollte das Werk Gershwins ferner Einfluß auf das Schaffen des Komponisten Leonard Bernstein haben. Auch er hat sowohl Elemente der sinfonischen Musik wie des Jazz verwendet.

„Let's Begin", „A Fine Romance", „All The Things You Are", „I'll Be Hard To Handle", „You Couldn't Be Cuter", „She Didn't Say 'Yes'", „ I'm Old Fashioned", „Remind Me", „The Way You Look Tonight", „Yesterdays", „Can't Help Lovin' Dat Man" und „Why Was I Born?" – das sind ein paar Kompositionen jenes Mannes, auf den Gershwin als junger Man im Musikverlag Remick & Co. stieß:

Jerome Kern (1885-1945)
studierte nicht nur am New York College Of Music, sondern auch in Deutschland. Er schrieb mehr als 60 Musicals, von deren erfolgreichstem, „Show Boat" aus dem Jahr 1927, André Previn (Piano), Mundell Lowe (Gitarre), Ray Brown (Baß) und Grady Tate (Schlagzeug) 1995 eine CD mit Jazzimprovisationen herausbrachten. „Smoke Gets In Your Eyes" oder „Ol' Man River" sind von nahezu allen führenden amerikanischen Entertainern aufgenommen worden. „Ol' Man River" ist ja ein Song aus „Show Boat". Gemeinsam mit seinem Librettisten Oscar Hammerstein II – er war in den zwanziger Jahren auch für George Gershwin und Richard Rodgers tätig – versuchte Jerome Kern, Schwarze nicht, wie dies bis dahin üblich war, auf der Bühne lächerlich zu machen, sondern ihre Problemwelt seriös darzustellen.

„Night And Day", „Begin The Beguine", „My Heart Belongs To Daddy", „In The Still Of The Night", „Easy To Love", „Miss Otis Regrets", „Let's Do It", „Friendship", „Don't Fence Me It", „From This Moment On", „Anything Goes", „Love For Sale",

„True Love", „All Of You" oder „What Is This Thing Called Love" – das ist unverkennbar Cole Porter. Mel Tormé, Annie Ross, Nat King Cole, Dinah Washington, Tony Bennett, Lena Horne, Bing Crosby, Ethel Waters, Billie Holiday, Maxine Sullivan und Bunny Berigan zählen zu den Cole Porter-Interpreten.

Cole Porter (1891-1964),

lernte Klavier und Geige, studierte in Yale und Harvard, beendete seine musikalische Ausbildung in Paris an der Schola Cantorum und begann 1928 für Broadway-Bühnen zu schreiben. Sein bekanntestes Musical ist „Kiss Me Kate" und sein Song „I Get A Kick Out Of You" wurde vor allem durch die Interpretation von Frank Sinatra weltberühmt.

„Alexander's Ragtime Band", „All By Myself", „Always", „Change Partners", „Cheek To Cheek", „Remember", „Puttin' On The Ritz", „The Song Is Ended", „Top Hat, White Tie And Tails", „Reaching For The Moon", „Isn't It A Lovely Day", „I'm Puttin' All My Eggs In One Basket", „Let's Face The Music And Dance" – diese Kompositionen sind von Irving Berlin.

Irving Berlin (1888-1989)

stammte aus Sibirien und kam 1893, also mit fünf Jahren, mit seinen Eltern nach Amerika. Nur zwei Jahre besuchte er hier die Schule, wurde mit 14 Jahren Zeitungsausträger und betätigte sich – so wie George Gershwin – als Gutachter für Unterhaltungsmusik (Song Plugger). Daneben trat Berlin als singender Kellner in New York auf und begann seine Komponistenlaufbahn 1909, um bereits zwei Jahre später in einen Musikverlag als Teilhaber einzusteigen. Er schrieb die Musik zu diversen Revuen, so z. B. für die „Ziegfeld Follies" von 1919 bis 1927. Doch damit nicht genug. Irving Berlin gründete eine Produktionsfirma, stellte Tournee-Ensembles zusammen und errichtete das Music Box Theatre. 1927 ging er nach Hollywood. Sein Debüt als Musical-Komponist erfolgte 1946 mit „Annie Get Your Gun". Schätzungsweise 900 Songs stammen von ihm.

All die großen Sänger des Jazz, aber auch die Entertainer, haben Irving Berlin-Melodien in ihrem Repertoire – von Ella Fitzgerald bis zu Fred Astaire. Nicht anders verhält es sich beim Komponisten der folgenden Songs: „Stardust", „Rockin' Chair", „Come Easy, Go Easy Love", „Ginger And Spice", „Sleepy Time Gal", „Lazy River", „Georgia On My Mind", „Washboard Blues", „Lazybones", „Snowball", „Judy", „So Tired", „Sing It Way Down Low" oder „Cosmics". Unter den Interpreten solcher und anderer Hoagy Carmichael-Kompositionen sind ganz besonders viele Jazzmusiker: Bix Beiderbecke, Tommy Dorsey, Benny Goodman, Bud Freeman, Joe Venuti, Jack Teagarden, Bubber Miley, Gene Krupa und Red Norvo, aber auch die Orchester Paul Whiteman und Jean Goldkette.

Hoagy Carmichael (1899-1981)
studierte zunächst bis 1926 an der University Of Indiana Jus, ehe er Pianist und Sänger wurde. Er hatte Engagements bei Jean Goldkette, Frank Trumbauer, den Brüdern Dorsey, Clarence Williams und Louis Armstrong. 1930 formte er seine erste Band mit vielen großen Jazzmusikern seiner Zeit wie Benny Goodman, Eddie Lang oder Pee Wee Russell. Aber auch als Sänger trat Carmichael auf, der 1946 seine Erinnerungen „The Stardust Road" und 1965 seine Autobiographie „Sometimes I Wonder" herausbrachte.

So wie Hoagy Carmichael schrieb auch Richard Rodgers eine Vielzahl von Songs, die im Jazz Bedeutung erlangt haben: „Bewitched", „Blue Moon", „Dancing On The Ceiling", „Have You Met Miss Jones", „Here In My Arms", „Isn't It Romantic?", „I've Got Five Dollars", „I Wish I Were In Love Again", „It Never Entered My Mind", „Johnny One Note", „Little Girl Blue", „Lover", „My Funny Valentine", „Spring Is Here", „ The Lady Is A Tramp", „There's A Small Hotel", „This Can't Be Love" oder „With A Song In My Heart".

Richard Rodgers (1902-1979)
studierte zunächst von 1919 bis 1921 an der Columbia University und dann bis 1923 am Institute Of Musical Art. Seine erfolgreichsten Musicals sind „Oklahoma" und „South Pacific". Rodgers zählt zu den kommerziell tüchtigsten Songwritern.

Der Komponist, von dem nun die Rede ist, war einer der bevor-
zugten Liederlieferanten von Ella Fitzgerald: „Blues In The
Night", „Let's Fall In Love", „Stormy Weather", „Between The
Devil And The Deep Blue Sea", „My Shining Hour", „Hooray
For Love", „That Old Black Magic", „I've Got The World On A
String", „When The Sun Comes Out", „Happiness Is A Thing
Called Joe", „It's Only A Paper Moon", „One For My Baby",
„Get Happy", „Over The Rainbow" oder „Out Of This World".
Ob Ella Fitzgerald oder Frank Sinatra sich an dieses Material
wagen, stets swingen die Melodien von Harold Arlen.

Harold Arlen (1905-1986)

hat als Pianist auf Flußdampfern und Clubs im Alter von 15 Jahren begon-
nen. 1925 ließ er sich in New York nieder und startete seine eigentliche
Karriere als Sänger und vor allem als Arrangeur. Arlen arbeitete mit dem
Textdichter Ted Koehler zusammen, schrieb Songs für die Cotton Club-
Revuen sowie für Bing Crosby, Danny Kaye, Fred Astaire, Ivie Anderson
und Ethel Waters. Mehrere Musicals und konzertante Werke hat Harold Ar-
len ebenso hinterlassen wie einige Schallplatten, die er als Sänger mit Joe
Venuti und Red Nichols aufgenommen hatte.

Der Textdichter Johnny Mercer („Day In – Day Out", „Skylarc",
„I Remember You") hat zum Great American Songbook ebenso
seinen Beitrag geleistet wie das musikalische Multitalent Leonard
Bernstein („Tonight", „Maria", „A Quiet Girl"). Die Bernstein-
Songs aus der „Westside Story" oder aus „Wonderful Town" haben vielen Jazzmusikern als Improvisationsvorlage gedient, darunter Oscar Peterson und Dave Brubeck. Das hat den Maestro,
wie ich aus mehreren Gesprächen mit ihm weiß, ganz besonders
gefreut. Und ich erinnere mich auch an einen Abend in den siebziger Jahren in Wien. Nach einem philharmonischen Konzert war
ich mit Bernsteins Freundeskreis zu einem nächtlichen Essen in
einem Innenstadtlokal. Es war schon nach Mitternacht, da setzte
sich Lenny hinter den verstimmten Flügel und improvisierte über
seine eigenen Musical-Melodien. Er war kein großer Jazzpianist,
aber er hatte zweifellos das Gefühl für diese Musik, das „feeling".

Stimmen des Jazz

Mitte der zwanziger Jahre – die Schallplatte hatte schon ihren Siegeszug angetreten – erkannten weiße Komponisten und clevere Produzenten ihre Chance. Eine schwarze Mittelschicht war im Entstehen, was aus kommerzieller Sicht einen Markt für Unterhaltungsmusik darstellte. Der Jazz, dieses musikalische Produkt der Begegnung von weißer und schwarzer Kulturtradition, befand sich schon auf dem Weg zu einer eigenständigen Kunstform.

Die Blues-Sängerin Bessie Smith war die erste schwarze Vokalistin, die von den neuen Marktchancen profitierte und das Medium Schallplatte zur Entfaltung ihrer Persönlichkeit voll nutzen konnte. Sie sowie Alberta Hunter, Eva Taylor und Ethel Waters beeinflußten mit ihrer Gesangskunst am stärksten die nun antretende erste Generation von Jazzvokalisten, wobei wir freilich sehen werden, daß die Grenze zum Popgesang fließend ist.

Irving Berlin hat noch früher als andere weiße Komponisten auf Jazzelemente zurückgegriffen. Seine vielleicht neben „White Christmas" – in der Interpretation von Bing Crosby ein Platten-Megaseller – erfolgreichste Nummer ist „Alexander's Ragtime Band" und stammt aus dem Jahr 1911. Dieser Schlager wurde so beliebt, daß man Berlin sogar als „Ragtime-König" feierte. Es war dies noch die große Zeit eines Al Jolson, der mit rußgeschwärztem Gesicht und aktionistischen Bühnenauftritten „Jazz-Neger" zu imitieren versuchte.

Die moderne Aufnahmetechnik nach Erfindung des Elektronenverstärkers revolutionierte ab 1925 die amerikanische Musikszene und begünstigte jene Sänger, die sich auf die neue Situation einstellten. Die Möglichkeiten der Aufnahme mittels elektrischem Mikrofon – z. B. leise Stimmen lauter zu machen – führten zu neuen Auswahlkriterien für Sänger seitens der Produzenten. Zu dieser Zeit kann man den Beginn des Jazzgesanges ansetzen, dessen Entwicklung bis in die Gegenwart anhand von Beispielen wichtiger Künstler geschildert wird. Louis Armstrong mit seinem 1926 bei der Aufnahme von „Heebie Jeebies" erstmals praktizierten Scat-Gesang, der vermutlich auf Cliff Edwards zurückgeht, und Bing Crosby waren die ersten Jazzvokalisten.

Bing Crosby

(die meisten Quellen nennen 1904 als Geburtsdatum, während Ken Twiss, der Präsident der Bing Crosby Historical Society, 1903 angibt-1977), der ältere Bruder des Bandleaders Bob Crosby, verließ die Schule, um Musiker zu werden. Irgendwann um 1926/27 fing er im Orchester Paul Whiteman gemeinsam mit Al Rinker und Harry Barris als Sänger bei den Rhythm Boys an. Irgendwie paßte sein Bariton zum „sinfonischen Jazz" Whitemans. In Crosbys Gesangsstil wurden Jazzelemente integriert, indem er das Rhythmusverständnis der großen Instrumentalsolisten jener Zeit, Armstrong und Beiderbecke, ebenso wie ihr Talent zur Improvisation übernahm. Dies ist bei den frühen Aufnahmen – „I'm Afraid Of You" (1928) und „Make Believe" (1928) – deutlich erkennbar. In der Einspielung von „Sweet Georgia Brown" des Jahres 1932 zeigte sich Bing Crosby als hochbegabter Scat-Sänger. Als erster aus der großen amerikanischen Entertainer-Generation arbeitete Crosby mit den besten Jazz Big Bands zusammen, etwa mit Duke Ellington. Später kooperierten auch Frank Sinatra und Sammy Davis jun. mit Basie oder Ellington. Eine wichtige Rolle bei der Perfektionierung des Gesangsstils von Bing Crosby spielte Mitte der dreißiger Jahre der Schallplattenproduzent Jack Kapp. Er ließ seine Vertragskünstler nämlich alle Genres – von Jazz über Country & Western bis zu Folk Songs – ausprobieren.

Bing Crosby, der auch mit Bix Beiderbecke, Frank Trumbauer, den Dorsey-Brüdern, Don Redman, Jack Teagarden, seinem Bruder Bob Crosby, Louis Jordan, Eddie Condon und natürlich mit Louis Armstrong Platten aufnahm, spielte 1957 mit „Bing With A Beat" ein besonders bemerkens-

wertes Album mit Bob Scobey und dessen Frisco Jazz Band ein. In einigen
der vielen Filme des überaus beliebten Schauspielers Bing Crosby wirkte
auch dessen Freund Louis Armstrong mit. Wer kennt nicht ihr Duett bei
der Cole Porter-Nummer „Now You Has Jazz" in dem Streifen „High Society" (1956)? Ein paar Jahre später, 1960, spielten die beiden das Album
„Bing And Satchmo" ein. Ihre im Lauf der Jahre zahlreichen gemeinsamen
Plattenaufnahmen, wie „Kiss To Build A Dream On" oder „Lazy Bones",
sind klassisches Jazz-Entertainment.

Apropos Jazz-Entertainment. Dieser Begriff trifft wohl auf keinen Musiker der zwanziger und dreißiger Jahre mehr zu als auf
einen singenden Bandleader aus Rochester, N. Y. Nach dem
Zweiten Weltkrieg trat er in Europa, z. B. in Wien an der Volks-
oper, als Sportin' Life in George Gershwins Oper „Porgy And
Bess" auf.

Cab Calloway (1907-1994)

sang mit dem Cotton Club Orchestra, ehe er mit den Alabamians nach
Chicago ging. Doch schon ein Jahr später kehrte er nach New York zurück
und übernahm die Missourians, aus denen 1930 das Cab Calloway Orchestra wurde. Bis in die späten achtziger Jahre tourte er mit seiner Big Band
rund um die Welt. Seine beste Zeit hatte dieses Orchester Ende der dreißiger und Anfang der vierziger Jahre. Die Trompeter Dizzy Gillespie und
Jonah Jones, die Posaunisten Tyree Glenn und Quentin Jackson, die Saxophonisten Ben Webster und Chu Berry sowie der Schlagzeuger Cozy Cole
waren Instrumentalsolisten der Extraklasse.
Als Sänger einer breiteren Öffentlichkeit bekannt wurde Cab Calloway
1931, als der Titel „Minnie The Moocher" zu einem Plattenverkaufshit mu-
tierte. Calloway wurde zum „Hi-De-Ho-Man". Er war ein perfekter Showman und schwang – im weißen Frack zu den heißen Rhythmen seiner Big-
band tanzend – quasi als singender Dirigent den Taktstock. Freilich war
sein exzessives Auftreten nicht jedermanns Sache. Vor allem Jazzpuristen,
welche die hohe Qualität von Instrumentalnummern des Calloway Orche-
stras wie „Moon Glow" oder „Ghost Of A Chance" durchaus anerkannten,
stießen sich an dieser Show. Cab Caloway ließ das Publikum in seinen
Konzerten im Chor „Hi-De-Ho" rufen, ähnlich wie Lionel Hampton sei-

nem Auditorium stets das berühmte „Hey-Ba-Ba-Re-Bop" abverlangte.
Wie auch immer: Calloways späte Auftritte bei europäischen Jazzfestivals
in der zweiten Hälfte der achtziger Jahren bewiesen, daß er auch als 80-
jähriger noch eine junge Generation begeistern konnte, die erst Jahrzehnte
nach seiner besten Zeit auf die Welt gekommen war.
Die Tochter von Cab Calloway ist ebenso Sängerin wie es seine Schwester
war. Blanche Calloway war in den zwanziger Jahren eine gefragte Sängerin
im schwarzen Showbusineß, allerdings wurde sie bald von ihrem Bruder
infolge des guten Managements von Irving Mills in der Beliebtheit geschlagen. Mills managte damals auch Duke Ellington.

Das Genie unter den Orchesterleitern, eben Duke Ellington,
setzte schon in den zwanziger Jahren die menschliche Stimme
als gegenüber den Instrumenten gleichberechtigten Teil der Big
Band ein, wie die Aufnahme von „Creole Love Call" (1927) mit
der Vokalistin Adelaide Hall zeigt. Die dreißiger Jahre waren
dann eine besonders gute Zeit für Sängerinnen.

Mildred Bailey (1907-1951)

kam durch ihren Bruder Al Rinker, einen der Rhythm Boys, 1929 zu Paul
Whiteman. Entscheidend war 1931 die von Jack Kapp initiierte Aufnahme
von vier Titeln Baileys mit dem Casa Loma Orchestra. Ihr größter Erfolg, den
sie ab 1932 mehrmals auf Platte aufnahm, sollte Hoagy Carmichaels „Rockin'
Chair" werden. 1933 folgten neun Einspielungen mit den Dorsey- Brüdern,
und nun brachte sie der Produzent John Hammond mit wichtigen schwarzen
Musikern wie Coleman Hawkins oder Johnny Hodges zusammen.
Schließlich heiratete Mildred Bailey in vierter Ehe den Vibraphonisten Red
Norvo. Er hatte am Xylophon bei Paul Whiteman begonnen. Norvo und
Bailey gründeten 1936 eine Big Band, und Eddie Sauter arrangierte meh-
rere gelungene Vokalaufnahmen wie etwa „Smoke Dreams" (1937). „Mr.
and Mrs. Swing" nannte man die beiden, und als die Ehe zerbrach, sang
Bailey mit Benny Goodman und Paul Barron, brachte 1950 in der Bing
Crosby-Show gemeinsam mit ihrem Gastgeber „I've Got The World On A
String" und trat im Jahr darauf ein allerletztes Mal mit Ralph Burns als
Begleiter auf. Mildred Bailey war noch keine Swing-Sängerin mit Vorliebe
für den 4/4-Takt, vielmehr orientierte sie sich stark an Bessie Smith.

Der Erfolg Mildred Baileys veranlaßte die Orchesterchefs nun, Sängerinnen zu engagieren. Was Helen Ward für Benny Goodman war, das war Ivie Anderson für Duke Ellington. Andersons erste Aufnahme war „It Don't Mean A Thing (If It Ain't Got That Swing)" im Jahr 1932. Bei Glenn Miller sang Marion Hutton und bei Artie Shaw ab 1938 Helen Forrest. Zuvor hatte Billie Holiday ein längeres Engagement bei Artie Shaw. Und auch bei Count Basie wurde Billie Holiday durch eine andere Sängerin ersetzt, durch Helen Humes. Übrigens hatte Basie damals einen im wahrsten Sinn des Wortes gewichtigen Sänger in seinem Orchester:

Jimmy Rushing (1903-1972)
lernte Violine und Klavier, ehe er ab 1925 als Sänger auftrat – zunächst bei Walter Page (1927/28), dann bei Bennie Moten (1929-1934) und schließlich ab 1935 bei Count Basie. Bis 1950 arbeitete Rushing mit der Basie-Band, bis ihn Joe Williams ablöste. Der aus Oklahoma stammende Jimmy Rushing war vom Texas-Blues geprägt und schuf in seiner Zeit bei Basie mit seinem Gesang eine Synthese von Blues und Swing. Man nannte seine Interpretation „Shout-Stil". Rushing schrieb auch die Texte zu „Baby Don't Tell On Me" (1939), „Good Morning Blues", „Blues In The Dark" (1939) und „Sent For You Yesterday". Nach seinem Ausscheiden bei Count Basie gründete er ein Septett, unternahm Festivaltourneen und kam 1958 mit Benny Goodman nach Europa. Mit Eddie Condon besuchte Rushing 1964 Australien und Japan. Bis zu seinem Tod trat er regelmäßig in Clubs wie z. B. im Blue Note in New York auf.

An Charisma und Publikumserfolg konnte sich in der zweiten Hälfte der dreißiger Jahre im Jazz-Gesang freilich niemand mit zwei Damen messen: Ella Fitzgerald und Billie Holiday. Jazz war mit Popmusik nahezu identisch. Es war die Zeit der aufkommenden Jukeboxes, in denen Jazzplatten angeboten wurden. Das war Swing, Jazz zum Tanzen. Immer schon hatte die Jazzkritik mit dem Mainstream ein Hühnchen zu rupfen, und so bekamen beide Damen, insbesondere Ella, oft zu hören und zu lesen, sie würden Schlager – etwa aus dem Great American

Songbook – singen, die ihrer nicht würdig wären. Das focht sie freilich ebensowenig an wie einen Louis Armstrong die Kritik an seiner „Hello Dolly"-Platte. Diese Kritik war auch Unsinn, denn die Genannten verfügten über die Gabe, durch ihre Jazzinterpretation auch ein simples Lied zu adeln, indem sie es als Vorlage für geniale Stimmimprovisationen benutzten.

Billie Holiday (1915-1959)

stammte aus Baltimore, wo sie – ähnlich wie Louis Armstrong ein paar Jahre früher in New Orleans – in einem Elendsviertel aufwuchs. So wie Armstrong machte sie eine große Karriere, doch zum Unterschied von ihm zerbrach die so oft verletzte Frau menschlich an ihrem Erfolg. Während Louis Armstrong als reicher Mann nach einem künstlerisch erfüllten Leben, in dem es immer kontinuierlich aufwärtsgegangen war, starb, kam Billie Holiday drogensüchtig im Krankenhaus um. Wer die Verfilmung ihres Lebens, „Lady Sings The Blues" mit Diana Ross, gesehen hat, weiß um das Schicksal dieser Frau.

Die Tochter eines Gitarristen wurde von ihrer Mutter, die sie im Alter von nur 13 Jahren zur Welt gebracht hatte, Eleonora genannt. Die Mutter, ein Dienstmädchen, heiratete den Vater erst drei Jahre nach der Geburt der Tochter. Die Ehe hielt nicht lange. Das kleine schwarze Mädchen genoß so gut wie keine Erziehung und mußte sehr früh Gelegenheitsarbeiten ausführen, um Geld zu verdienen. Dazu zählten auch Besorgungen für die Besitzerin eines Bordells in der unmittelbaren Nachbarschaft, wie sie sich später erinnerte: „Ich machte sonst für niemanden Botengänge, würde auch heute noch nicht auf den Gedanken kommen, meinen Koffer allein über die Straße zu tragen, aber für diese Frau lief ich herum, denn bei ihr durfte ich mir alle Platten von Bessie Smith und den 'Westend Blues' von Louis Armstrong anhören. Ich liebte diesen 'Westend Blues' und wunderte mich immer, warum Pops keine Worte dazu sang." [104] Mit zehn Jahren wurde Billie Holiday von einem Freund ihrer Mutter vergewaltigt, worauf sie in eine Erziehungsanstalt kam. Und als sie 15 war, wurde sie in Harlem wegen Prostitution verhaftet und in ein Frauengefängnis gesteckt.

Wieder in Freiheit, wollte sie Tanzgirl im Club Pod's & Jerry's werden, doch dort suchte man gerade eine Sängerin. Also sang Billie Holiday, wie sie sich nun nannte. Dieser Künstlername geht auf den Familiennamen ihres Vaters und den Vornamen der von ihr verehrten Schauspielerin Billie Dove zurück. Schon bald wurde sie von Musikerkollegen „Lady Day" genannt. „Lady", weil sie sich durch ihr Benehmen von anderen Frauen im Nachtgeschäft abhob, und „Day", weil sich „Lady Day" so ähnlich wie Holiday anhörte. Eines Nachts kam John Hammond, der einflußreiche Impresario jener Zeit, und vermittelte erste Plattenaufnahmen. Zunächst wurde der Titel „Your Mother's Son In Law" (1933) mit Benny Goodman eingespielt, dann folgten Aufnahmen mit Teddy Wilson.

In den nächsten Jahren war Billie Holiday Sängerin in zwei der beliebtesten Big Bands der Swing-Ära. „Ich habe eine Zeitlang in der Basie-Band gesungen, und Lester Young wohnte bei meiner Mutter und mir zu Hause. Ich gab ihm den Namen 'President', er nannte mich 'Lady', und meiner Mutter gab er den Namen 'Duchess'. Wir waren die Königliche Familie Harlems … Ja, er war der Präsident und ich war Vize-Präsident. Ich war wild auf sein Tenorspiel, machte keine Platte, wo er nicht mit drauf war. Er spielte Musik, wie ich sie gerne mochte, versuchte nicht, die Sängerin an die Wand zu drücken." [105] In der Tat ragen aus den insgesamt 350 Schallplattenaufnahmen von Billie Holiday jene mit dem Tenorsaxophonisten Lester Young heraus, und man kann sagen, daß in ihrem Gesang der Einfluß des Saxophons zu hören ist.

Dann kam ihr Engagement bei Artie Shaw. Es war damals für eine schwarze Sängerin sehr ungewöhnlich, mit einer rein weißen Band zu arbeiten. Und es sollte auch nicht gutgehen. Nach der schrecklichen Kindheit erlebte Billie Holiday nun weitere Demütigungen – nicht etwa durch die Musikerkollegen, sondern durch Diskriminierungen auf Reisen und in Lokalen. Schließlich hielt sie es nicht mehr aus und verließ das Orchester Artie Shaw. Diese Erlebnisse und das Scheitern einer Ehe verstärkten die Heroinsucht von Billie Holiday. Nach der Produktion des Films „New Orleans" mit Louis Armstrong 1946 machte sie eine Entziehungskur, doch schon im nächsten Jahr verhaftete man Billie Holiday wegen Rauschgiftbesitzes und steckte sie für ein paar Monate in ein Gefängnis in Alderson in West Virginia.

Und wieder versuchte sie, sich aus dem Dreck zu ziehen. Ein Comeback-Versuch in der New Yorker Carnegie Hall war erfolgreich, aber da die Behörden ihr den Arbeitsausweis („cabaret card"), der zum Auftreten in Nachtlokalen mit Alkoholausschank berechtigte, entzogen hatten, gab es in der ganzen Stadt kein Engagement für Billie Holiday. So mußte sie in anderen Städten auftreten oder mit Plattenaufnahmen und der Arbeit für das Radio vorliebnehmen. In San Francisco kam es zur nächsten Verhaftung, wieder wegen Rauschgiftbesitzes. Zu allem Überdruß ging auch noch ihr Manager John Levy mit ihrem Geld durch. Immerhin wurde Billie Holiday vom Gericht freigesprochen.

Jetzt, am Beginn der fünfziger Jahre, war Billie Holiday in Amerika längst eine Berühmtheit: Beim Jazzpublikum wegen ihrer gesanglichen Qualitäten und bei allen anderen aufgrund der von der Presse verbreiteten Skandalgeschichten. Carmen McRae: „Wenn Sie mich fragen, so ist Billie Holiday selbst ihr schlimmster Feind. Sie ist eine seltsame Frau und unberechenbar. Sie ist nur glücklich, gelöst und mit sich zufrieden, wenn sie singt. Bei Lady weiß man nie vorher, was passiert. Den einen Abend tut sie ihrem Publikum leid und jeder glaubt, sie sei fertig. Am nächsten Abend singt sie, daß einem Hören und Sehen vergeht." [106] Wenn nun auch Norman Granz helfend einsprang und Plattenaufnahmen vermittelte oder Leonard Feather die Europatournee 1954 organisierte, mit Billie Holiday ging es weiter bergab.

Nach der nächsten Verhaftung, übrigens gemeinsam mit ihrem zweiten Ehemann, trat sie 1957 noch in der TV-Sendung „The Sound Of Jazz" auf, nahm am Newport Jazz Festival teil und absolvierte 1958 eine zweite – weniger erfolgreiche – Europatournee. Zum Schluß war Mal Waldron ihr bevorzugter Begleiter am Klavier.

Historisch betrachtet gilt Billie Holiday als die erste eigentliche Jazzsängerin, schließlich war Bessie Smith eine Bluesinterpretin. Allerdings übte Bessie Smith, die sie schon als Mädchen in dem Bordell in der Nachbarschaft von der Platte gehört hatte, einen großen Einfluß nicht nur auf Mildred Bailey, sondern auch auf Billie Holiday aus. Stets bekannte sie ein, daß sie den Blues als eine wesentliche Inspiration betrachtete. Und doch hatte sie schon jene Gabe, welche die großen Jazzvokalisten auszeichnet.

Billie Holiday sagte einmal über ihre Auffassung von Gesang: „Ich glaube nicht, daß ich singe. Ich improvisiere mit meiner Stimme wie auf einem Instrument – wie Lester Young, Louis Armstrong oder sonst jemand, den ich bewundere. Es kommt alles, wie ich es fühle. Ich hasse es, ein Lied so zu singen, wie es auf dem Papier steht. Ich muß eine Melodie so ändern, daß sie zu mir paßt. Das ist alles, was ich weiß." [107] Diese Qualität ist

Billie Holiday nicht verlorengegangen, wohl aber war in den letzten Aufnahmen vor ihrem Tod vom Glanz ihrer Stimme aus früheren Jahren nichts mehr zu merken. Aus ihren vielen Platteneinspielungen, u. a. mit Louis Armstrong, Artie Shaw und Paul Whiteman, ragen „God Bless The Child", „Gloomy Sunday", „Trav'lin' Light", „Solitude", „A Sailboat In The Moonlight", „Am I Blue" und „All Of Me" heraus. Auch das Liebeslied „My Man" ist zu nennen, vor allem aber ihre Anklage gegen rassische Diskriminierung, „Strange Fruit" (1939).

Ganz anders, nämlich gut organisiert, geplant und kontrolliert verlief die Karriere von Ella Fitzgerald. Sie wurde u. a. von Leo Watson beeinflußt. In den dreißiger Jahren machte Watson als Scat-Sänger bei den Spirits Of Rhythm auf sich aufmerksam. Außerdem zeigte sich Ella nach eigenen Angaben durch Connee Boswell von den Boswell Sisters beeindruckt. Die Boswell Sisters waren für ihren Harmoniegesang bekannt und unternahmen 1933 und 1935 auch zwei Europatourneen. Nach Auflösung des Gesangstrios 1935 begann die an Kinderlähmung leidende Connee Boswell (1907-1976) eine Solokarriere im Rollstuhl.
Ella Fitzgerald war eine Swing-Sängerin, aber sie führte schon in die Ära des Bebop und leitete damit zu Sarah Vaughan, Carmen McRae und Betty Carter über. Carter gilt heute als ihre legitime Nachfolgerin. Ella Fitzgerald ist unter den Sängerinnen des Jazz allerdings eine singuläre Erscheinung, weil ihre stimmlichen Möglichkeiten unvergleichlich waren.
Wenn die Interpretation Billie Holidays eine besondere Tiefe aufwies, dann war an Ella Fitzgerald immer die ungeheure Spannweite ihrer Stimme besonders faszinierend.

Ella Fitzgerald (1918 – 1996)

wuchs als Tochter einer Wäscherin auf. Ihr Vater hatte die Mutter, die 1934 starb, verlassen. Schon bald zog Ella zu einer Tante. Eigentlich wollte sie – so wie Billie Holiday – Tänzerin werden, doch dann kam der Gesangs-Talentewettbewerb im Apollo Theatre in Harlem. Sie gewann einen Preis und wurde von Benny Carter an John Hammond und Fletcher Henderson weiterempfohlen. Man engagierte sie für Auftritte im Harlem Opera House, bis sie schließlich zu Chick Webb kam. Damals, Mitte der dreißiger Jahre, wurde der Grundstein für Ellas Erfolg gelegt. Ihre Einspielung „A Tisket, A Tasket" (1938) wurde ein Plattenhit. Häufig spielte man im Savoy, wo auch die Pianistin Mary Lou Williams vorbeikam: „Als ich ein paar Runden getanzt hatte, hörte ich plötzlich eine Stimme, die mir kalten Schauer über den Rücken jagte. Ich hatte nie gedacht, daß mir das passieren könnte. Ich rannte fast zum Podium, um herauszukriegen, wem diese Stimme gehört – und entdeckte ein reizend aussehendes dunkelhäutiges Mädchen, das ganz bescheiden dastand und das Allerletzte sang. Man sagte mir, ihr Name sei Ella Fitzgerald und Chick Webb habe sie bei einem Amateur-Wettbewerb im Apollo ausgegraben. Später erfuhr ich, Ella habe Chick nie vergessen, daß er ihr eine Chance gab, als die anderen ihr die kalte Schulter zeigten – jene anderen, die sie dann später, als der Erfolg kam, haben wollten" [108].

Die allererste Platte, die Ella mit Chick Webb aufnahm, war übrigens „Love And Kisses" (1935). Und bereits 1937 führte sie das Magazin „Down Beat" auf Platz 1 in der Rangliste der Swing-Sänger. Als Chick Webb, der sich rührend um das Mädchen gekümmert hatte, krank wurde und schließlich starb, da übernahm Ella Fitzgerald 1939 sein Orchester, das sie bis 1941 leitete.

Nun folgte ein Intermezzo als Solistin mit verschiedenen Begleitensembles wie den Delta Rhythm Boys, Eddie Heywood und den Ink Spots sowie eine erste Zusammenarbeit mit Louis Armstrong. 1945, als der Bebop gerade aufkam, war sie gemeinsam mit dem Dizzy Gillespie Orchestra in einer Show zu sehen. „Lady Be Good" und „Flying Home" sang sie in Scat-Versionen auf Platte.

Norman Granz wurde auf sie aufmerksam und schickte Ella, die 1948 in zweiter Ehe den Bassisten Ray Brown heiratete, mit „Jazz At The Philharmonic" auf Tournee. Granz war es, der Ella endgültig zu einem Weltstar machte. Bei den vielen Tourneen seither durch Europa, Japan und Lateinamerika hatte Ella Fitzgerald bis in die achtziger Jahre verschiedene großartige Pianisten als Begleiter: Oscar Peterson, Lou Levy, Paul Smith, Tommy Flanagan und Mike Wofford.

Ella wirkte in mehreren Filmen (u. a. „Pete Kelly's Blues"), in Fernsehshows (u. a. „Swing Into Spring") sowie bei allen großen Jazzfestivals in Amerika und Europa mit. Und sie nahm mit den Orchestern von Louis

Armstrong, Duke Ellington, Count Basie und Benny Goodman ebenso Platten auf wie mit dem Pianisten André Previn. Im Lauf der Zeit wurde aus der „First Lady Of Jazz" die „First Lady Of Song", weil Ella auf Anraten ihres Managers Norman Granz nun nach und nach all die populären Titel des Great American Songbook in ihr Repertoire aufnahm. Damit erreichte sie natürlich ein wesentlich größeres Publikum als bloß die eingeschworene Gemeinde der Jazzfans.

Aus ihren vielen umjubelten Live-Auftritten ragen zwei Konzerte heraus: Im Juli 1957 sang Ella Fitzgerald vor 20 000 Menschen mit einem Sinfonieorchester in der Hollywood Bowl in Los Angeles. Und im April 1958 gab sie an ihrem 40. Geburtstag einen Abend in Rom. Damals waren die Pianisten Oscar Peterson und Lou Levy, Gitarrist Herb Ellis, die Bassisten Ray Brown und Max Bennett sowie Schlagzeuger Gus Johnson mit dabei. Verve veröffentlichte einen Plattenmitschnitt.

Nun kam es auch zu einer Zusammenarbeit mit den Orchestern von Nelson Riddle, Frank DeVol, Billy May und Buddy Bregman. Ella wurde zu *dem* Tourneestar von Norman Granz. Ob sie in der Carnegie Hall in New York mit Duke Ellington oder im Wiener Konzerthaus mit Count Basie auftrat, das Publikum war immer und die Kritik fast immer überaus beeindruckt von ihrem Stimmvolumen, ihrer Improvisationsfreude beim Scat-Gesang und ihrem einzigartigen Rhythmusgefühl. Wenngleich Ella Fitzgerald auch als Balladensängerin Großes leistete, waren ihre zugkräftigsten Nummern doch „Mack The Knife", „How High The Moon", „Mr. Paganini", „Air Mail Special" oder „Stompin' At The Savoy".

Seit Beginn der siebziger Jahre hat Ella mit gesundheitlichen Problemen zu kämpfen. Zunächst hatte sie eine Augenerkrankung, dann eine schwere Herzoperation, und zuletzt mußten der Diabetikerin beide Beine amputiert werden. Übrigens gab es am 12. Februar 1990 in der Avery Fisher Hall in New York das denkwürdige Konzert „Hearts For Ella" zugunsten des American Heart Association's Ella Fitzgerald Research Fellowship Fund. Benny Carter, Lena Horne, Dizzy Gillespie, Joe Williams, Cab Calloway, George Shearing, André Previn, aber auch Jessye Norman traten auf. Bei einer Nummer, es war „Honeysuckle Rose", sang Ella mit. Im März desselben Jahres feierte sie noch einen Triumph in der Royal Albert Hall in London, und im August jubelten ihr 18 000 Menschen in der Hollywood Bowl in Los Angeles zu. Seit der Beinamputation lebt sie fernab des Showbusineß zurückgezogen in Los Angeles. Dank der unzähligen im Handel befindlichen Ella Fitzgerald-CDs gibt es seit ein paar Jahren eine regelrechte Renaissance für die große alte Dame des Jazz. Es interessiert sich nämlich eine neue Generation von Musikfreunden für die Kunst der Ella Fitzgerald, seit Wynton Marsalis samt Anhang den klassischen Jazz popularisiert. Ihr Scat-Gesang gilt als der beste seit Leo Watson und ihre Balladen-Interpretation als die gekonnteste seit Connee Boswell.

Ihren ersten Grammy Award erhielt Ella Fitzgerald 1958 für ihr Irving Berlin Songbook und ihren letzten 1990 für das Album „All That Jazz".

Es gibt keine Jazzsängerin nach Ella Fitzgerald und Billie Holiday, die nicht von den beiden beeinflußt worden wäre. Das gilt für Dinah Washington, Dakota Staton, Ernestine Anderson, Abbey Lincoln, Helen Merrill, Nina Simone und Nancy Wilson ebenso wie für Sheila Jordan, Dee Dee Bridgewater, Lauren Newton, Dianne Reeves, Diane Schuur, Diana Krall und vor allem für Cassandra Wilson, die eine New Yorker Zeitschrift die „Ella der neunziger Jahre" genannt hat.

Am häufigsten mit Ella Fitzgerald verglichen wurde freilich Sarah Vaughan (1924-1990). So wie Ella war sie bei einem Talente-Wettbewerb im Apollo Theatre in Harlem entdeckt worden. Sie verfügte über ein sehr großes Stimmvolumen und nahm in den vierziger Jahren an Plattenaufnahmen der ersten Garnitur der Bebop-Musiker teil, bevor sie eher kommerzielle Einspielungen herausbrachte.

Aus der Swing-Tradition, in der Ella Fitzgerald und Billie Holiday groß geworden waren, kam auch ein sehr begabter Jazzpianist, der einer der weltweit erfolgreichsten Jazz- und Popsänger wurde. Der Pianist Billy Taylor beschreibt das Talent dieses Mannes um die Mitte der vierziger Jahre so: „Jazz ist eine sehr persönliche Form des Musizierens. Jeder hat seinen eigenen Stil, wenn er ein guter Musiker ist. Ich denke da zum Beispiel an Nat Cole. Er war so angesehen, weil er eine persönliche Note hatte. Art Tatum konnte ihn in Grund und Boden spielen. Es kostete ihn ein Lächeln. Aber Nat hatte seine persönliche Note. Ich weiß noch, während einer Session setzte er sich nach Art ans Klavier und spielte ohne Rhythmusgruppe. Menschenskind, das war vielleicht gewagt! Aber Nat spielte die Sachen, die außer ihm keiner spielen kann, und er spielte sie gut. Typisch für seinen Stil ist, was er aus dem Blues macht. Das spielt ihm so leicht keiner nach." [109] Für das breite Publikum war er vor allem ein Schlagersänger, der gute und schlechte Platten machte, aber er kam eindeutig vom Jazz her. Jedenfalls war Nat King Cole wesentlich stärker vom Jazz geprägt als etwa sein Kollege Perry Como. Und doch schieden sich am Sänger Cole die Geister.

Nat „King" Cole

(nach Angaben seiner Biographin Leslie Gourse 1916, anderen Quellen zufolge 1917 oder 1919-1965) wuchs in Chicago auf, wo er Klavierunterricht genoß. Seine Berufslaufbahn als Musiker begann etwa 1935. Bruder Eddie, ein Bassist, stellte eine Gruppe namens Solid Swingers mit Nat am Klavier zusammen. Mitte 1936 spielte diese Band vier Titel auf Platte ein: „Honey Hush", „Thunder", „Bedtime" und „Stomping At The Panama". An dieser Stelle muß man jene Musiker erwähnen, die der junge Nat bis dahin gehört hatte und die ihn sehr beeindruckten: Jabbo Smith (Trompete), Jimmy Noone (Klarinette) und vor allem Earl „Fatha" Hines (Piano). Hines hatte damals ein Orchester im Grand Terrace Ballroom, und seine abendlichen Auftritte wurden oft im Radio übertragen. Nat versäumte keine dieser Sendungen. Aber Nat studierte bei Professor Thomas auch klassische Klavierwerke von Bach bis Rachmaninoff und lernte Notenlesen. Mit dem Gitarristen Les Paul war Nat um 1934 durch die Jazzclubs gezogen, um gemeinsam zu „jammen".

1938 gründete Nat King Cole mit Oscar Moore (Gitarre), der später durch Irving Ashby abgelöst wurde, bis dieser zu Oscar Peterson wechselte, und Wesley Prince (Baß), der 1943 durch Johnny Miller ersetzt wurde, sein erstes Trio. Wesley Prince kam aus der Band von Lionel Hampton, der damals gerade seine Gruppe aufgelöst hatte, um ganz zu Benny Goodman zu übersiedeln. Die Wochengage für das Trio – es nannte sich King Cole And His Swingsters – betrug 75 Dollar. Diese Besetzung, ein Trio ohne Schlagzeug, war für Oscar Petersons erste Gruppe das Vorbild. Zu dieser Zeit verehrte Nat neben Earl Hines auch schon Duke Ellington und Count

Basie. Er spielte vorwiegend in Kalifornien, meist in Los Angeles. Es waren dies jene Jahre, in denen Nat sich einen hervorragenden Ruf als Jazzpianist erwarb. Man verglich ihn sogar mit Teddy Wilson.

Während eines Engagements im Swanee Inn auf La Brea verlangte plötzlich ein Gast, Nat solle „Sweet Lorraine" singen. Seine Weigerung war sinnlos, denn der Besitzer des Clubs bestand darauf, daß Nat diesen Titel singe. Also geschah es, und ab nun sang Nat immer häufiger, um das Spiel des Jazztrios aufzulockern. Der Rest der Geschichte ist bekannt: Das samtige Timbre von Nat King Cole kam beim Publikum so gut an, daß er sich in späteren Jahren immer mehr auf das Singen konzentrierte. Es brachte ihm auch mehr Geld ein. Fast wäre Nat allerdings 1940 mit seiner Rhythmusgruppe in die neue Big Band von Lionel Hampton eingestiegen. In Chicago machte das Trio 1941 Schallplattenaufnahmen, wobei Nat die drei Gesangsnummern „Scotchin' With The Soda", „Babo" und „Slow Down" zum besten gab. Angeblich ist Nat King Cole bei einem Engagement in New York einmal für die erkrankte Billie Holiday als Sänger eingesprungen.

So richtig aufwärts in der Karriere von Nat ging es aber erst, als Carlos Gastel das Trio managte. Neue, für das Capitol Label aufgenommene Schallplatten wurden überaus erfolgreich. Gastel war ein lebenslustiger Mexikaner, der bis an das Lebensende von Nat dessen kommerzieller Betreuer blieb. „All For You", „Vom Vim Veedle", „Sweet Lorraine", „Straighten Up And Fly Right", „Gee, Baby, Ain't I Good To You" und „It's Only A Paper Moon" waren damals Nats bestverkaufte Platten. Freilich sollte der Jazz Nat King Cole nie ganz loslassen. Das blieb bis zu seinem Tod so. Er stand am Beginn der berühmten Konzertreihe „Jazz At The Philharmonic" im Sommer 1944. Zweifellos war Nat ungeachtet seiner Erfolge als Sänger bis gegen Ende der vierziger Jahre einer der bedeutendsten Jazzpianisten. Später trat er nur noch selten als Pianist auf. Als Sänger hingegen widmete er sich doch immer wieder auch jazzigem Material, und 1960 absolvierte er ein Gastspiel mit dem Quincy Jones Orchestra in Europa.

Die ganze Welt kennt Nat King Cole durch seine Popaufnahmen, seinen Filmauftritt in „St. Louis Blues" und vor allem durch seine Fernsehshow. 1956 bekam er nämlich als einer der ersten Schwarzen eine eigene TV-Sendung, die so populär wurde, daß man sie auch in Deutschland und Österreich ausstrahlte. Das Image des Popstars ist die eine Seite von Nats

302

Karriere, die andere betrifft seinen ungeheuren Einfluß auf Jazzpianisten wie Ahmad Jamal, Bill Evans und viele andere. Es ist übrigens interessant und auch typisch, wie unterschiedlich Presse und Musikerkollegen auf Nat King Coles Karriereplanung reagierten, aber damit war er kein Einzelfall. Die Kritiker warfen ihm sehr oft vor, kommerzielle Titel zu singen statt Jazzpiano zu spielen. Dagegen meinte Dizzy Gillespie, Nat sei immer ein Jazzsänger gewesen, gleichgültig welche Nummern er interpretiert habe. Tatsächlich war Nat King Cole ein typischer Exponent des Mainstream-Gesangs, und seine künstlerisch-kommerzielle Strategie machte ihn – bei aller von manchen konstatierten Fragwürdigkeit – neben Armstrong und Goodman nach dem Zweiten Weltkrieg zu einem der weltweit beliebtesten Jazzmusiker.

Nat King Cole konnte mit dem Bebop nicht viel anfangen. Diese Musik war ihm zu aggressiv, und er mokierte sich gelegentlich über den Lebenswandel und Drogenkonsum einiger Bebop-Exponenten. Mit Charlie Parker ist Cole nur einmal, das war 1946, zusammengetroffen. Die Meinung von puristischen Jazzkritikern, die nicht nur seinen Popgesang als peinlich, sondern auch sein Pianospiel als antiquiert bezeichneten, war ihm völlig gleichgültig. Vielmehr hatte er angesichts des aufkommenden Rock'n Roll Angst um die eigene Popularität als Sänger. In seinem letzten Lebensjahrzehnt gelangen ihm mit Nelson Riddle noch einige Alben, deren Qualität außer Streit steht.

„Mona Lisa", „Ramblin' Rose" und „Those Crazy Lazy Hazy Days Of Summer" – an diese Schlager und nicht an seine Jazzinterpretationen wie „Lush Life" (1949) dachten die meisten Menschen in aller Welt vermutlich, als sie aus den Medien 1965 vom Krebstod Nat King Coles erfuhren. An den Trauerfeierlichkeiten nahm die Prominenz der amerikanischen Musikwelt von Duke Ellington und Count Basie bis zu Cab Calloway, Nelson Riddle und Sammy Davis jun. teil. Die Erinnerung an Nat King Cole kam in vielen Zeugen der Grammy Award-Verleihung 1990 auf. Damals führte Natalie Cole die alte Ella Fitzgerald auf die Bühne, und gemeinsam sangen sie ein paar Takte aus „Straighten Up And Fly Right". Da erkannte die Musikwelt, daß das große Talent des Vaters in seiner attraktiven Tochter weiterlebt.

Während also der Bebop, der Aufbruch des modernen Jazz, am Sänger Nat King Cole spurlos vorbeiging, zeigten sich viele Vokalisten von diesem aufregend neuen Stil beeindruckt. Vor allem eine Gesangsgruppe, die Mel-Tones, machte Furore.

Mel Tormé (Jahrgang 1925)

stammt aus Chicago und ist in der Swing-Ära geprägt worden. Das ist eine von mehreren Parallelen zum Werdegang Nat King Coles, und doch ging Mel Tormé einen anderen, schwierigeren Weg. Als Kind hatte er Klavier und Schlagzeug gelernt, ehe er in den dreißiger Jahren beim Radio und Anfang der vierziger Jahre in der Band von Chico Marx arbeitete. Dort spielte Mel Tormé Schlagzeug und trat bereits als Sänger auf. 1943 wirkte er in dem Film „Higher And Higher" mit.

Die Gründung der Mel-Tones war ein Meilenstein. Dieses Ensemble galt in der Zeit des Bebop als bahnbrechend. Ein Jahrzehnt danach setzte Tormé wieder Maßstäbe. Er veröffentlichte eine Reihe von Plattenalben mit dem Arrangeur Marty Paich. Das Album „Mel Tormé Swings Shubert Alley" (1960) war beispielgebend für den Gesang im Cool Jazz.

Mel Tormé steht in der Tradition jener vom Jazz her kommenden Popsänger, die über die Gabe der Textinterpretation verfügen. Dazu zählt Frank Sinatra ebenso wie Billy Eckstine, aber wohl auch Louis Armstrong. Doch zwei Vorzüge zeichnen Tormé ganz besonders aus: seine schöne Stimme und seine große Improvisationsfähigkeit, die bei seinem Scat-Gesang zum Tragen kommt. Sein Umgang mit dem Rhythmus zeigt den Einfluß des Nat King Cole Trios, aber er weist auch auf seine Ausbildung als Schlagzeuger hin. Übrigens wurde Mel Tormé von Carlos Gastel, Coles Manager, zu Capitol gebracht. Die von ihm komponierte „California Suite" erschien ebenso auf Platte wie seine Titel „Christmas Song", „A Stranger In Town" oder „Born To Be Blue". Tormé nahm Schallplatten mit Artie Shaw, George Shearing, Cleo Laine, Gerry Mulligan und Buddy Rich auf.

Hatte in den dreißiger Jahren jede Big Band, die auf sich hielt, eine exzellente Sängerin, so brachten die vierziger Jahre die „Mode" männlicher Vokalisten bei den gefragtesten Big Bands. Zwei dieser Sänger waren Herb Jeffries und Billy Eckstine. Vor allem letzterer sollte große Bedeutung im modernen Jazz erlangen.

Billy Eckstine (Jahrgang 1914)

besuchte die Armstrong High School und die Howard University in Washington, ehe er 1939 als Trompeter und Sänger zu Earl Hines kam. Zu jener Zeit stand er in der Tradition des Country-Blues, wie seine Einspielungen „Stormy Monday" und „Jelly, Jelly" zeigen. Und obwohl Eckstine einmal sagte, er „hasse" den Blues, man könne damit „überhaupt nichts anfangen", ist eines seiner besten Alben – „Basie - Eckstine" (1959) – dem Blues gewidmet. 1944 verließ Eckstine das Orchester von Earl Hines. Er gründete seine eigene Big Band, die bis 1947 bestand und im Bebop eine wichtige Rolle spielte. In seinem Gesang baute Billy Eckstine auf den von Charlie Parker und Dizzy Gillespie in den Jazz eingeführten neuen harmonischen Ideen auf.

Übrigens war es Billy Eckstine, der Sarah Vaughan entdeckte und sie später in seinem Orchester groß herausbrachte. In dieser Big Band spielte zeitweise die führende Bebop-Garnitur: Dizzy Gillespie, Fats Navarro, Miles Davis, Kenny Dorham, Gene Ammons, Charlie Parker, Art Blakey, Tommy Potter und Dexter Gordon. Das Album „Billy Eckstine With Benny Carter" (1986) gilt als eine der besten Platten dieses Sängers mit der Stimme, die zwischen Bariton und Baß angesiedelt ist.

In diesem Kapitel sind schon viele Gesangsgruppen namentlich erwähnt worden: die Rhythm Boys mit Bing Crosby im Orchester Paul Whiteman, die Boswell Sisters oder die Mel-Tones. Für den modernen Jazz ist jedoch ein Vokalensemble besonders wichtig, das von 1958 bis 1964 existiert hat:

Lambert, Hendricks & Ross

bestand aus Dave Lambert (1917-1966), Jon Hendricks (Jahrgang 1921, heute als Solist tätig) und Annie Ross (Jahrgang 1930, trat in den achtziger Jahren wieder mit Jon Hendricks in Amerika auf). Ursprünglich bot diese Gesangsgruppe Vokalinterpretationen („Vokalisierungen") von Arrangements des Count Basie Orchestra. Damit erreichten die drei in den sechziger Jahren eine Popularität, die – wenn überhaupt – nur vergleichbar mit jener der Mills Brothers in früheren Zeiten war.

Dave Lambert hatte in den vierziger Jahren bei Gene Krupa gearbeitet und war einer der ersten Bebop-Sänger. Der ausgebildete Schlagzeuger kooperierte mit dem Sänger Buddy Stewart und nahm Bebop-Platten mit Red Rodney sowie Al Haig, Curley Russell und Stan Levey auf. 1953 traf Dave Lambert auf Jon Hendricks, der immer wieder Art Tatum und Charlie Parker als seine Vorbilder angibt, also Instrumentalsolisten und nicht Sänger. Bis dahin hatte Hendricks u. a. für Louis Jordan, den Rhythm & Blues-Star, gearbeitet. Erst als die Engländerin Annie Ross zu Lambert und Hendricks stieß, war das Team perfekt: Ross brachte eine hervorragende Stimme ein, Lambert war ein genialer Arrangeur und Hendricks der Texter.

In dem Album „Sing A Song Of Basie", in dem die drei das Orchester des Count stimmlich nachempfinden, kamen die Qualitäten von Lambert, Hendricks & Ross bereits voll zum Tragen. Es folgten weitere Alben wie „The Swingers", „The Best Of Lambert, Hendricks & Ross", „Lambert, Hendricks & Ross Sing Ellington" und „High Flying". Jon Hendricks schrieb Texte zu Kompositionen von Horace Silver und Joe Zawinul („Birdland") und arbeitete für die Gruppe Manhattan Transfer.

Der wichtige Beitrag von Mel Tormé für den modernen Jazzgesang bis hin zum Cool ist schon gewürdigt worden. Unter den stilbildenden Sängerinnen in dieser Phase muß insbesondere Anita O'Day erwähnt werden. Sie wird oft als die wichtigste weiße Jazzsängerin ihrer Generation bezeichnet.

Anita O'Day (Jahrgang 1919)

sang bereits als junges Mädchen in Lokalen in ihrer Heimatstadt Chicago. Dort kam sie mit Drogensucht und Verbrechen in hautnahen Kontakt: „Ich hatte es nicht leicht. Es war eine böse Zeit. Raus aus dem Krankenhaus nach der Operation! Dann das Gefühl, die ganze Geschichte fängt noch einmal von vorne an, als ich entlassen war, im Sunset Strip sang und hoffte, mich zu bewähren. Ja – und dann bin ich auf einmal im Frauenflügel des Kreisgefängnisses. Da wurde ich erzogen. Ich lernte viel Neues kennen – vor allem Verbrechen. Es gab Mädchen im Kreisgefängnis, die eine Radikalkur durchmachten, d. h. sie verringerten ihre Dosen nicht von Tag zu Tag, wie es üblich ist, sondern sie hörten auf einmal auf. Ich sah sie leiden." [110] Von der Band des Pianisten Max Miller wechselte Anita O'Day 1941 zu Gene Krupa, ging Mitte der vierziger Jahre zu Stan Kenton und kehrte 1946 zu Krupa zurück. Sie wirkte in den Filmen „The Gene Krupa Story" und „Jazz On A Summer's Day" mit. Ab 1959 – damals unternahm Anita O'Day eine Tournee mit Benny Goodman – war sie oft in Europa. Überhaupt war ihre kreativste Zeit in den fünfziger Jahren. Ihr Merkmal, aber auch das der von ihr beeinflußten Chris Connor und June Christy bestand darin, daß sie ohne Vibrato sang. „Song-Styling" nannte sie einmal ihre Art zu singen. Bei der Aufnahme von „Malaguena" (1947) wurde bereits die Fähigkeit von Anita O'Day deutlich, einen Titel unter Beibehaltung der Melodie textlos zu interpretieren. Sie singt gleichsam unberechenbar, indem sie ein Lied ständig verändert durch Tempowechsel und Improvisationen. Besonders bemerkenswert sind ihre Aufnahmen „How High The Moon" (1947), „Sweet Georgia Brown" (1956), aber auch „Tea For Two" und – begleitet von Oscar Peterson – „The Lady Is A Tramp".

Nicht nur June Christy und Chris Connor, auch Betty Roche – sie sang sowohl in den vierziger wie in den fünfziger Jahren vorübergehend bei Duke Ellington – stand im Einfluß von Anita O'Day. Man kann den Cool Jazz-Gesang gleichsetzen mit moderner Malerei. Dort, wo früher ein naturalistischer Effekt gesetzt wurde, wird von den Cool-Vokalisten bloß angedeutet.

Der Jazzgesang – es wurde schon am Beginn dieses Kapitels angemerkt – ist durch die Jahrzehnte mittels der technischen Hilfe des Mikrofons immer wieder weiterentwickelt worden. Wie hätten sich die Sänger auch ohne Mikrofon in der Ära der Big Bands mit deren prallem Sound akustisch bemerkbar machen können? Die Jazzvokalisten spielen eigentlich auf zwei Instrumenten gleichzeitig, indem sie ihre Stimme einsetzen und das Mikrofon verwenden. Die Wurzeln des Jazz wie Work Songs und Blues waren gesungene Musik, die Jazzsänger setzten dann ihre Stimme wie ein Instrument ein. Und viele große Instrumentalisten des Jazz, nicht nur Louis Armstrong, waren oder sind *auch* Sänger. An dieser Stelle seien nur George Benson (Gitarre), Chet Baker und Dizzy Gillespie (Trompete) sowie Grady Tate (Schlagzeug) angeführt. Aus all den Sängerinnen und Sängern der letzten Jahre wie Gil Scott-Heron, Tom Waits, Joe Lee Wilson, Flora Purim oder Tania Maria ragt ein Künstler heraus, der über scheinbar unbegrenzte stimmliche Möglichkeiten verfügt:

Bobby McFerrin (Jahrgang 1950)

hat in New York als Pianist angefangen. Entdeckt wurde er von Jon Hendricks, der sein großes Vorbild ist. Der Vater war übrigens Opernsänger, und McFerrin interessiert sich neben Jazz auch sehr für klassische Musik. Sein Gesang, wobei dieser Begriff hier zur Erklärung dessen, was Bobby McFerrin macht, nicht ausreicht, erinnert an die besten Zeiten von Al Jarreau. Dieser, gleichfalls hochbegabt, hat sich freilich immer mehr vom Jazz entfernt. 1982 fiel McFerrin durch seinen Auftritt beim Kool Jazz Festival New York, der nach dem Sponsor, einer Zigarettenfirma, benannten Nachfolgeveranstaltung des Newport Jazz Festivals, einer breiteren Öffentlichkeit auf. Beeinflußt von Instrumentalisten wie Herbie Hancock oder Ornette Coleman, kann Bobby McFerrin viel mehr als bloß „singen". Er setzt seinen ganzen Körper ein, um einen Sound zu erzeugen. McFerrin schreit, stampft, singt a-capella oder trommelt sich an die Brust. Er gibt Solokonzerte mit Improvisationen, tritt mit Trio auf und intoniert seinen Schlager „Don't Worry, Be Happy" oder bringt auf einer mit Yo-Yo Ma 1992 veröffentlichten CD Variationen über eigene Kompositionen wie über solche von keinen Geringeren als Vivaldi, Rachmaninoff oder Bach. In letzter Zeit betätigt sich McFerrin auch als Dirigent sinfonischer Werke.

Dieser Bobby McFerrin markiert eine Zäsur im Jazzgesang, nein: im jazzverwandten Gesang. Er geht völlig neue Wege und überschreitet somit die von Al Jarreau 10 oder 15 Jahre zuvor gesteckten Grenzen. Und doch baut auch er letztlich auf dem auf, was Bing Crosby und Louis Armstrong 1925 begonnen haben. Ich möchte es so formulieren: Bobby McFerrin hat alle Entwicklungen des Jazzgesangs in den letzten 70 Jahren verinnerlicht, in seiner Interpretation bündelt sich die bisherige Geschichte des Jazz.

Wenn ich dieses Kapitel mit Bing Crosby begonnen habe, so will ich es mit Frank Sinatra schließen. Dies nicht nur deshalb, weil Sinatra ein ganz exzellenter Jazzvokalist war, sondern weil er länger als alle anderen Kollegen höchste Qualität geboten hat. Wenn man einmal nach *dem* Entertainer des 20. Jahrhunderts fragen wird, kann die Antwort nur heißen: Frank Sinatra. So wie Bing

Crosby stand Sinatra für einen jazzverwandten Pop-Gesang, ja er war der personifizierte Vokal-Mainstream durch sechs Jahrzehnte.

Francis Albert Sinatra (Jahrgang 1915)

hat 1939 bei Harry James und James Dorsey gesungen. Zu James kam er durch einen Zufall. Zwischen zwei Auftritten im Paramount Theatre in New York hörte ihn der Trompeter, der kurz davor das Orchester Benny Goodman verlassen hatte, in einer Radiosendung. Harry James war gerade dabei, seine eigene Big Band zu formieren und suchte einen Sänger. Das Debüt von Sinatra bei den Music Makers des Harry James fand im Juni 1939 im Hippodrome Theatre in Baltimore statt. Seine ersten Schallplattenaufnahmen waren die Titel „From The Bottom Of My Heart" und „Melancholy Mood". Allerdings wurde der Name Sinatra damals noch gar nicht genannt. Das Orchester Harry James kam in der „Down Beat"-Umfrage immerhin auf Platz zwölf unter den Swing-Big Bands. Bemerkenswert war dann die Sinatra-Aufnahme von „All Or Nothing At All".

Doch schon zu Weihnachten 1939 fragte Tommy Dorsey bei Frank Sinatra an, ob er nicht als Nachfolger von Jack Leonard Sänger in seiner Band werden wolle. Und Sinatra wollte. Im Jänner 1940 stand er mit dem Tommy Dorsey Orchestra auf einer Bühne in Rockford in Illinois. Arrangeur dieser Big Band war Axel Stordahl und das Schlagzeug spielte Buddy Rich. Mit beiden entwickelte Sinatra eine lang anhaltende kollegiale Zusammenarbeit. Die Zeit bei Dorsey war für Frank Sinatra außerordentlich wichtig, und er versuchte, Dorseys Posaunenstil mit seiner Stimme zu imitieren, d. h. eine Note zu halten, indem er ohne Unterbrechung des Atemflusses durch die Mundwinkel einatmete. „I'll Never Smile Again" wurde ein großer Plattenerfolg für Sinatra, der auch als Filmschauspieler steigende Beliebtheit erlangte. Er überrundete erstmals sein Vorbild Bing Crosby in der Gunst des Publikums und machte sich als Balladensänger einen Namen. Axel Stordahl arrangierte für Sinatra „Night And Day", „The Night We Called It Day", „The Song Is You" und „Lamplighters Serenade".

Jetzt verließ Frank Sinatra, längst erfolgsverwöhnt, das Orchester Tommy Dorsey und begann eine Solokarriere. Als es zum Zerwürfnis mit Dorsey kam, hörte man erstmals gerüchteweise von einer Nähe Sinatras zur Mafia. Frank Sinatra, der Liebling der weiblichen Teenager, machte „People Will Say We're In Love" und „Sunday, Monday Or Always" zu Plattenhits. Er war ein Star. Seine weitere Biographie ist Cineasten, Freunden des gehobenen Entertainment und den Lesern der Klatschspalten in der Tagespresse gleichermaßen bekannt.

Frank Sinatra hat im Laufe der Jahrzehnte – so wie Ella Fitzgerald – besondere Aufmerksamkeit auf die Interpretation der populären Titel aus dem Great American Song Book gelegt. Er kam vom Jazz und ab den sechziger Jahren musizierte er wieder häufiger mit Big Bands, wie etwa mit Duke Ellington, Woody Herman oder Count Basie, mit dem er 1965 auch am Newport Jazz Festival teilnahm.

Sein letztes Album „LA Is My Lady" machte Sinatra mit einem großen Orchester unter der Leitung von Quincy Jones. Diesem Ensemble gehörten u. a. George Benson und Lionel Hampton an. Wieder einmal interpretierte „Ol' Blue Eyes" darauf „Mack The Knife". Irgendwie rundet dieses Album die Jazz-Pop-Karriere des Frank Sinatra ab. Er – der so viele Schlager wie „My Way" oder „Strangers In The Night" sang – ist zum Jazz zurückgekehrt.

Frank Sinatra war ein „Crooner" (ein Sänger, der seiner Interpretation durch ein Verhauchen der Stimme dicht am Mikrofon einen hohes Maß an Intimität verleiht) wie seinerzeit Bing Crosby und bis in unsere Tage Tony Bennett. Ob er mit kleiner Besetzung Saloon Songs darbot oder mit den Orchestern Don Costa, Nelson Riddle, Gordon Jenkins, Billy May oder Sy Oliver auftrat – immer swingte er. Und das ist bekanntlich nach wie vor ein wesentliches Merkmal der Jazzmusik. Über diese Begabung verfügten sicher auch andere große Persönlichkeiten des amerikanischen Showbusineß wie der Tänzer und Sänger Fred Astaire, der mit „Jazz At The Philharmonic" interessante Aufnahmen machte. Doch „The Voice" wird – in der Retrospektive erst recht – einzigartig bleiben. Übrigens wird die Crooner-Tradition Sinatras durch Harry Connick jun. (Jahrgang 1967) aus New Orleans fortgesetzt. Der hervorragende Pianist spielte als Kind in Dixieland-Bands auf der Bourbon Street, studierte bei Ellis Marsalis, am Konservatorium in Lenox und an der Loyola University. Sony baute ihn ab 1987 zu einem neuen Jazzstar ähnlich wie Wynton Marsalis auf. Harry Connick jun. wird gerne mit dem jungen Frank Sinatra oder mit Tony Bennett verglichen.

Von den ersten Festivals
zum Bank Austria Jazz Fest Wien

Es wurden schon die Namen wichtiger Managerpersönlichkeiten aus der Jazzgeschichte erwähnt: John Stark, der Scott Joplin zu einer Berühmtheit machte, oder Joe Glaser, der Mann hinter Louis Armstrong. Vor allem aber war ein Promotor unter den ersten, die im amerikanischen Jazz professionelles Musikmanagement betrieben:

John Hammond (1910-1987),
der Schwager von Benny Goodman, war ursprünglich selbst Musiker. Er lernte Violine und Klavier, besuchte zunächst die Hotchkiss High School in New England, dann von 1929 bis 1931 die Yale University. Hammond studierte an der Juilliard School Of Music und erwarb 1932 ein Theater. Dort brachte er Shows mit Luis Russell und Fletcher Henderson heraus und war nebenbei Jazz Disc Jockey im Radio. Ab Beginn der dreißiger Jahre war er in der Schallplattenindustrie tätig und förderte in fünf Jahrzehnten Künstler wie Billie Holiday, Count Basie, Lester Young, Teddy Wilson, Benny Carter, Benny Goodman, aber auch Bob Dylan oder Bruce Springsteen. Ab 1959 war Hammond Produktionschef bei Columbia Records in New York. Sein Großvater war General der Unionsstaaten im amerikanischen Bürgerkrieg und seine Mutter eine Großenkelin Cornelius Vanderbilts. Sein Interesse am Jazz ging auf einen Besuch in London zurück, wo er im Alter von zwölf Jahren in einem amerikanischen Orchester den Pianisten Arthur Schutt hörte. Später spielte Schutt bei Red Nichols. Der Autobiographie Hammonds ist zu entnehmen, daß er 1927 Nacht für Nacht die Clubs in Harlem besuchte, um schwarze Jazzmusiker und Bluessänger zu hören. In der Folge wurde er ein Anwalt der schwarzen Künstler und kämpfte für den Abbau rassistischer Schranken im Musikgeschäft. Hammond arbeitete als

Jazzkorrespondent für „The Grammophone" und „Melody Maker". Als ihm nach seinem 21. Geburtstag seine Erbschaft ausbezahlt wurde, war er mit einem Mal in der Lage, Jazzprojekte zu finanzieren. Er war eine schlanke Erscheinung, verabscheute Alkohol und galt als schüchtern, aber auch als arrogant. In seinen Artikeln förderte er „seine" Künstler, mit denen er Schallplatten produzierte. Jedenfalls nahm die Jazzwelt sein Urteil ernst, und dieser weiße Mann mit Kurzhaarschnitt aus bester Familie war damals eine singuläre Erscheinung in diesen Kreisen. Hammond war 1939 auch für die Programmgestaltung im Café Society verantwortlich. Besondere Bedeutung erlangte er ferner als Veranstalter der Konzertreihe „From Spirituals To Swing".

Zweifellos hat John Hammond vor allem in der Swing-Ära – mit Aufkommen des Bebop ging seine Bedeutung als Produzent zurück – viel für die Anerkennung des Jazz als Kunstform getan. Auf seiner Pionierarbeit baute ein Mann aus Los Angeles auf, der durch vier Jahrzehnte der führende Jazz-Impresario war:

Norman Granz (Jahrgang 1918)

besuchte gleichzeitig die University Of California und verdiente sich seinen Lebensunterhalt als kaufmännischer Angestellter. In ihrer Autobiographie „The Lady Sings The Blues" erzählt Billie Holiday, sie habe Granz Ende der dreißiger Jahre in Los Angeles als mittellosen Jazzfan kennengelernt. Noch 1944 war er Filmredakteur bei MGM und betreute die Produktion des Streifens „Jammin' The Blues". Zu dieser Zeit begann Norman Granz die Idee zu einer völlig neuartigen Konzertreihe in die Praxis umzusetzen: Unter dem Titel „Jazz At The Philharmonic" stellte er interessante Formationen zusammen und schickte sie auf Tourneen. Er wollte das Beste vom Besten an die exklusivsten Plätze bringen. Das erste Konzert fand am 2. Juli 1944 im Philharmonic Auditorium in Los Angeles statt. Das Publikum bekam den „Blues" mit Jay Jay Johnson (Posaune), Illinois Jacquet und Jack McVea (Tenorsaxophon), Nat King Cole (Piano), Les Paul (Gitarre), Johnny Miller (Baß) und Lee Young (Schlagzeug) zu hören. Granz war aber nicht nur ein genialer Organisator, sondern hatte auch eine Nase für neue Talente.

1947 hörte Norman Granz auf dem Weg zum Flughafen von Montreal im

Autoradio eines Taxis zufällig die Live-Übertragung eines Auftritts des damals in den USA völlig unbekannten Oscar Peterson aus einem Lokal namens Alberta Lounge. Er war so begeistert, daß er dem Fahrer die Anweisung gab, die Route zu ändern und ihn zur Alberta Lounge zu bringen. Das Treffen von Granz mit Peterson war der Beginn der beispiellosen internationalen Karriere des kanadischen Pianisten. Mit „Jazz At The Philharmonic" führte ihn Granz nämlich schnurstracks in die New Yorker Carnegie Hall, wo Oscar Peterson das Publikum auf Anhieb zu Begeisterungsstürmen hinriß.

Nach dem Zweiten Weltkrieg brachte Norman Granz all seine Stars in das jazzhungrige Europa. Er gründete eine eigene Schallplattenfirma, die unter den Etiketten Norgran und Clef Mitschnitte seiner Konzerte herausbrachte. So rechnete sich das ganze Unterfangen für die Musiker wie für Granz, denn er hatte schon frühzeitig einen Sinn für die Vermarktung seiner Jazz-Events. Charlie Parker, Duke Ellington, Count Basie, Dizzy Gillespie und vor allem Ella Fitzgerald – wie kein anderer trug Norman Granz zum künstlerischen wie kommerziellen Erfolg mindestens zweier Musikergenerationen bei. Nach Entdeckung des europäischen Marktes für den Jazz ließ er sein Plattenlabel Clef mit kontinentalen Firmen Kooperationsverträge schließen. Vor allem das Modern Jazz Quartet plazierte er in Europa, schließlich stand es wie kein anderes Ensemble für die Philosophie von Granz, dem hiesigen Publikum Jazz in Form eleganter Events in den Musiktempeln der Klassik anzubieten. Damit wollte er neue Schichten ansprechen, was ihm zweifellos gelang. Die „Jazz At The Philharmonic" - Konzerte hatten kammermusikalischen Charakter, und die Musiker mußten in ihrem Vertrag mit Norman Granz die Verpflichtung eingehen, im Smoking auf der Bühne zu erscheinen. Jetzt machte er den Jazz auch in Europa für das Establishment akzeptabel.

Um das Jahr 1950 produzierte Norman Granz Platten für fremde Labels, kaufte aber schon bald alle Rechte daran auf und gründete 1957 seine Firma Verve. Granz, der sich in Europa immer besonders wohl gefühlt hatte, ließ sich 1960 in der Schweiz nieder, verkaufte Verve und gründete 1973 mit Pablo ein neues Label. In den achtziger Jahren zog sich der passionierte Sammler moderner bildender Kunst aus dem Musikgeschäft zurück.

Wer mit Norman Granz verhandelte, hatte es mit einem harten Partner zu tun, der ganz genau um den Marktwert seiner Schützlinge Bescheid wußte.

Und er garantierte ihnen angemessene Gagen, was für Jazzmusiker in der Vergangenheit bei Gott keine Selbstverständlichkeit war. Granz war somit für seine Künstler ein sehr seriöser Partner. Ella Fitzgerald etwa, der sich Norman Granz stets ganz besonders verpflichtet gefühlt hatte, war in ihren letzten Lebensjahren aus Gesundheitsgründen zu keiner Tournee mehr in der Lage. Dank jahrzehntelanger solider Managementbetreuung durch Granz war für ihren Lebensabend gut vorgesorgt. Wie in früheren Kapiteln geschildert, sind einst große Jazzmusiker oft verlassen und verarmt elend zugrunde gegangen. Ein besonders drastisches Beispiel war King Oliver.

Die Jazzfestivals, wie wir sie weltweit seit den fünfziger Jahren kennen, wurden vom Pianisten und Manager George Wein „erfunden". Die Auftritte der Weltelite des Jazz von Louis Armstrong über Duke Ellington bis zu Gerry Mulligan in Newport in den fünfziger Jahren sind dank Film- und Plattenmitschnitten historische Dokumente. Der Name Newport fand sogar Eingang in viele Jazzkompositionen: „Swinging At Newport" heißt eine Nummer von Count Basie, von Buck Clayton stammt der „Newport Jump", und Duke Ellington schrieb gar eine „Newport Festival Suite". Es gab Tourneen unter dem Motto „Jazz From Newport" und Willis Conover machte in seiner Radiosendung „Music USA" via Stimme Amerikas den kleinen Badeort auch jenseits des Eisernen Vorhangs bekannt. Die großen internationalen Festivals sind:

Newport/Rhode Island: Das älteste Jazzfestival, gegründet 1954;
Montreux: Das Weltmusik-Festival, gegründet 1966;
Pori/Finnland: Das nördlichste Festival, gegründet 1969;
Nizza: Grande Parade du Jazz, gegründet 1974;
Den Haag: Das größte europäische Festival, gegründet 1975;
New Orleans: Das größte US-Festival, gegründet 1975;
Perugia: Das größte italienische Festival, gegründet 1977;
Antibes: Jazz im Pinienhain, gegründet 1978;
Paris: Das intellektuelle Festival, gegründet 1980.

Die modernen Jazzfestivals werden auf der Basis der Pionierarbeit, die George Wein vor mehr als 40 Jahren in Newport begonnen hat, programmatisch und organisatorisch gestaltet:

314

George Wein (Jahrgang 1925)

stammt aus Boston und erhielt zunächst bei der Mutter von Serge Chaloff und später bei Teddy Wilson Klavierunterricht. Während seines Studiums an der Boston University war Wein als Pianist in Clubs aktiv. Er trat mit Max Kaminsky, Edmond Hall, Wild Bill Davison, Bobby Hackett, Pee Wee Russell, Jo Jones, Vic Dickenson und Jimmy McPartland auf.

Mit Gründung des Newport Jazz Festivals 1954 setzte er einen Markstein in der Popularisierung des Jazz. George Wein wurde zum weltweit führenden Festivalpromotor. Er etablierte eine Vielzahl derartiger Großveranstaltungen wie etwa in French Lick, Toronto und Boston (1959), Cincinnati (1962), Pittsburgh (1964), Chicago (1965) und Austin (1966). Außerdem gründete Wein das Newport Folk Festival (1963) und veranstaltete ein World Jazz Festival in Japan (1964). Überdies schrieb er das erste Opern-Festival in Newport aus (1966). Ab den sechziger Jahren beteiligte sich George Wein an der Organisierung von Jazzfestivals in aller Welt und trat mit seinen Newport All Stars in wechselnder Besetzung bei Konzerten auf. 1972 wurde das Newport Jazz Festival nach New York verlegt.

Newport war ein Impuls, der andere zur Nachahmung anregte. Insbesondere in den USA entstand ein Jazzfestival nach dem anderen. Ende der fünfziger Jahre erregte das Festival im kalifornischen Monterey großes Aufsehen. Für die exzellente Programmierung sorgte kein Manager, sondern mit dem Pianisten des Modern Jazz Quartet, John Lewis, ein Musiker. Er begann damit, Kompositionsaufträge an bekannte Jazzmusiker zu vergeben, was eine Innovation in der jungen Festivalszene darstellte.

In Österreich, wo relativ früh damit begonnen wurde, Jazzfestivals auszurichten, kennen wir Mitte der neunziger Jahre zumindest vier überregional beachtete Veranstaltungen: Wien (Juli), Wiesen (Juli), Saalfelden (August) und Salzburg (November), wo 1996 erstmals ein dreitägiges Herbstfestival mit Stiegl als Hauptsponsor im großen Festspielhaus über die Bühne geht. Dazu kommen jährlich ein Jazz- Frühling und ein Jazz-Herbst in der Bundeshauptstadt mit Veranstaltungen in Konzerthaus, Musikverein und Clubs. Gewiß war die einschlägige Szene in Österreich nie zuvor derart rege. Im Gegensatz dazu ist in

Deutschland, wo die Jazztage in Berlin oder Essen früher wesentlich größer dimensioniert waren, die Entwicklung rückläufig.

Der Anfang wurde in Österreich 1969 gemacht, als zum erstenmal ein 8 Stunden-Jazzkonzert in der Wiener Stadthalle stattfand. Mitte der siebziger Jahre gab es schon Festivals in den Bundesländern, organisiert von Fritz Thom. Er ist der „Vater" der österreichischen Jazzfestivals. Von 1981 bis 1984 wurde im Audimax der Technischen Universität Wien und in den Sophiensälen jährlich ein Jazz-Frühling veranstaltet. Und 1987 fand erstmals ein Blue Danube Jazz Summit an verschiedenen Schauplätzen statt.

1991 „stand" dann das großstädtische Jazz Fest Wien. Nach einer Idee des Autors dieses Buches besorgten Fritz Thom und Heinz Krassnitzer die Organisation. Bürgermeister Dr. Helmut Zilk und Kulturstadträtin Dr. Ursula Pasterk gaben seitens der Stadtverwaltung Unterstützung. Zunächst lag der Veranstaltungsschwerpunkt im Messepalast, dem künftigen Museumsquartier. Und 1992 begann die erfolgreiche Zusammenarbeit mit der Serie „...off opera" der Bundestheater in der Staatsoper. Seit damals ist Bundestheater-Generalsekretär Dr. Georg Springer ein Motor des Jazz Festes Wien. Die Galas in der Staatsoper fanden – etwa ein halbes Jahrhundert nach dem denkwürdigen All American Jazz Concert im Metropolitan Opera House in New York – auf Anhieb große internationale Resonanz. Mit Konzertleisten im Volkstheater und im Messepalast wurden andere Standorte beibehalten bzw. neue etabliert:

Einen weiteren Sprung nach vorne brachte das Jahr 1995, als mit Generaldirektor Dkfm. Gerhard Randa eine langfristige Zusammenarbeit bei der Finanzierung dieser Großveranstaltung vereinbart wurde, die seither Bank Austria Jazz Fest Wien heißt. Den Ehrenschutz übernahm erstmals Bundespräsident Dr. Thomas Klestil und das Ehrenpräsidium Altbürgermeister Dr. Helmut Zilk. Mit Konzerthaus, Freudenau und Jazzland kamen weitere Veranstaltungsorte hinzu. Die Großveranstaltung wurde neu strukturiert, d. h. jedem der 7 Auftrittsorte wurde eine bestimmte Programmsparte zugeordnet:

    ...off opera – Great Performers in der Staatsoper
    Konzerthaus/Großer Saal – Tribute To The Masters
    Konzerthaus/Mozartsaal – Special Events
    Volkstheater – From Vienna To The World
    Freudenau – Open Air
    Arena/ Künstlerhaus – Japan! Now!
    Jazzland – Round Midnight

Anläßlich des Jubiläums „50 Jahre Zweite Republik" traten 26 österreichische Bands mit heimischen Musikern auf. Das war die größte Heerschau des österreichischen Jazz, angeführt von Joe Zawinul, die dem Publikum jemals geboten worden ist. Natürlich muß jedes Festival versuchen, einerseits mit populären Künstlern Publikum anzuziehen und andererseits neuen Stars eine Chance zu geben. Letzteres legitimiert öffentliche Förderung und Sponsoring, ersteres ist notwendig, um die hohen Gagen zahlen zu können. Das Bank Austria Jazz Fest Wien 1995 wollte alle Spielarten und musikalischen Randbereiche des Jazz vorstellen von seiner großen Tradition (Benny Carter) bis zu den aktuellen Ausformungen des Neotraditionalismus (Wynton Marsalis) und der Avantgarde (Cecil Taylor). Die Wurzeln der afro-amerikanischen Musik – Blues (B. B. King) und Gospel (Dr. Hayes & Cosmopolitan Church Of Prayer Choir) – hatten in diesem Programmangebot ebenso ihren Platz wie Entertainment (Manhattan Transfer), Soul (James Brown), Rock'n Roll (Chuck Berry), Hip Hop (Jazzmatazz) oder ein Blick auf die heißen Strömungen in der immer wichtiger werdenden Jazznation Japan (Tenko & Ikue Mori). Und all das zu erschwinglichen Eintrittspreisen – keine Karte über 1 000 Schilling – an den schönsten Schauplätzen, die Wien zu bieten hat. Mit 34 000 Besuchern verzeichnete das Festival, das medial von ORF, Kronen-Zeitung und News promotet wurde, einen neuen Publikumsrekord. Und die angesehene Fachzeitschrift „Jazz-Podium" brachte eine ausführliche Rezension, in der es hieß: „Österreichs größtes Jazzereignis scheint allen Ernstes an Kontur zu gewinnen. Der an sich löblichen Ankündigung, 'alle Spielarten und musikalischen Randbereiche des Jazz' vom Traditional Jazz bis zu (echter) Avantgarde präsentieren zu wollen, wurde erstmals tatsächlich entsprochen."

Für das Bank Austria Jazz Fest Wien 1996 konnten zusätzlich zu Stadtverwaltung und Großbank auch das Kunstministerium, die Wiener Städtische Versicherung, Lotto-Toto, die AUA u. a. als Unterstützer gewonnen werden. Wieder wurde eine Reihe neuer Akzente gesetzt, wie z. B. die Einbeziehung der bildenden Kunst im Kunstforum der Bank Austria oder die Umsetzung eines noch breiteren Marketingkonzepts gemeinsam mit der Großbank. Der Anspruch, die breite Palette dessen, was heute als Jazz oder jazzverwandte Musik gilt, zu präsentieren, blieb freilich gleich.

Die Clubs als alte und neue Heimat
des Jazz

In diesem Buch sind schon viele legendäre Clubs erwähnt worden, in denen sich Jazzhistorisches ereignet hat oder in denen sich neue Stilrichtungen ausgeprägt haben. Oft waren das miese Kaschemmen, bevölkert von lokaler Halb- und Unterwelt. Erinnern wir uns nur an die Honky Tonks in New Orleans. Besonderen Eindruck auf den jungen Louis Armstrong hat – wie man seiner Biographie „Mein Leben, mein New Orleans" entnehmen kann – das Brick House in Gretna im Bundesstaat Louisiana gemacht. Armstrong erzählt von einer besonders „üblen Spelunke", in der sich die Taglöhner von Deich- und Straßenbau getroffen haben. Jeden Samstag gab es Prügeleien unter Männern, die um die Gunst der Taxi-Girls stritten, sie „fummelten mit Revolver und Messer herum".

Oder halten wir uns noch einmal die Szene im Chicago der zwanziger Jahre vor Augen. Dort gab es das Lokal des ehemaligen Boxers Eddie Tancil. Er war, wie Jimmy McPartland berichtet, ein „rauher Bursche". Das war auch notwendig, denn Al Capone und seine Leute verkehrten bei Tancil. Eines Tages kamen sie, warfen alle Tische um und schlugen erst mit Flaschen und dann mit Schlagringen auf die Barkeeper ein, während die Band aufgefordert wurde, weiterzuspielen.

In New Yorks Stadtteil Harlem wiederum war der Rhythm Club ein bei den Musikern besonders beliebtes Lokal. Mezz Mezzrow sagt, daß man dort „zu jeder Tages- und Nachtzeit anrufen und einen Musiker engagieren" konnte. Oder der Cotton Club, wo die großen Orchester von Duke Ellington oder Cab Calloway Ende der zwanziger Jahre spielten. In der Swing-Ära wurde das

Savoy ein beliebter Treffpunkt, während in Kansas City der Subway Club für seine „jam sessions" berühmt war. Nach der Erzählung von Jo Jones gab es in Kansas City Lokale, „die machten nie zu". Hier konnte man „24 Stunden am Tag Musik hören". Einer der Clubs hieß Sunset. Der Barmixer war Joe Turner und während er die Gäste bediente, sang er – begleitet von Pete Johnson am Klavier – den Blues. Eines der besseren Lokale war das Cherry Blossom. Man schrieb 1934, die Prohibition war aufgehoben, es gab Whisky zu kaufen, und Coleman Hawkins trat hier auf.

Die Weiterentwicklung des Jazz, die Ausprägung neuer Stilrichtungen fand stets in den Clubs statt. Hier trafen spätnachts Musiker aus verschiedenen Bands zu „sessions" zusammen. Gleichsam im Labor der Clubs wurde das ausprobiert, was die Jazzfreunde später in den Konzertsälen als musikalische Innovation bejubelten.

Die Entstehung des Bebop ist z. B. untrennbar mit zwei Lokalen in New York verbunden. Da war einmal Minton's Playhouse im Hotel Cecil in Harlem. Bei den „sessions" von Dizzy Gillespie, Charlie Christian, Thelonious Monk, Charlie Parker, Joe Guy, Kenny Clarke und Harold „Doc" West hatte die aufregend neue Spielweise Premiere. Auch Monroe's Uptown House war ein beliebter Treffpunkt, ab 1949 dann aber vor allem Morris Levys Birdland zwischen der 52. und der 53. Straße. Dieses nach Charlie „Bird" Parker benannte Lokal – Joe Zawinuls berühmte Komposition „Birdland" ist ihm gewidmet – galt lange Zeit als „Jazz Corner Of The World". Die Stimmung dieser Zeit hat unübertroffen Jack Kerouac im April 1959 in einem Essay in „Escapade" unter dem Titel „Der Beginn des Bop" eingefangen.

Immer wieder waren Musiker unter den Gründern neuer Clubs. In New York etwa der Gitarrist Eddie Condon und in San Francisco der Posaunist Turk Murphy. In London eröffnete der Saxophonist Ronnie Scott 1959 seinen Club, in dem regelmäßig CDs und Live-Videos produziert werden.

In New York spielt heute täglich irgendein Top-Ensemble des Mainstream-Jazz im Blue Note, im Sweet Basil begeisterte der

1905 in Nashville, Tennessee, geborene Trompeter Doc Cheatham durch viele Jahre Woche für Woche beim Sonntags-Brunch
das internationale Publikum. Und auch das Village Vanguard ist
ein Treff der Jazzfreunde aus aller Welt. In Washington gibt es
die Blues Alley und in New Orleans die Preservation Hall. Diese
Lokale kennt „man", innovative neue Musik wird freilich an
anderen, immer wieder wechselnden Geheimtips, gespielt.
Im deutschsprachigen Raum ist Wien in den letzten Jahren zu
einem Jazz-Zentrum geworden. Das hat nicht nur mit dem
größten Festival Mitteleuropas, dem Bank Austria Jazz Fest
Wien, sondern auch mit einer besonders regen Clubszene zu
tun. Vor allem an drei Orten wird regelmäßig Jazz der Extraklasse geboten:
Im Reigen in Hietzing haben mehrere hundert Besucher Platz,
um das Ray Brown Trio, Archie Shepp oder Abdullah Ibrahim
zu hören. Programmiert von Heinz Krassnitzer bietet der Reigen
neben Bewährtem immer wieder Neues. So gab es hier im
Herbst 1995 einen phantastischen Auftritt der aufstrebenden
Sängerin Dianne Reeves, die stark an die junge Ella Fitzgerald
erinnert.
1993 etablierte der Chef des Vienna Art Orchestra, Mathias
Rüegg, in Gerhard Bronners ehemaliger Fledermaus-Bar, einem
Jugendstillokal in der Innenstadt, das Porgy & Bess. Um die
Jahrhundertwende hatte die Fledermaus, unter Leitung des
Architekten Josef Hoffmann von Gustav Klimt und Oskar Ko-
koschka gestaltet, die damalige aufregende Kulturszene Wiens
zu einem Gutteil beherbergt: Max Mell, Egon Friedell, Peter
Altenberg, Hermann Bahr und Roda Roda fanden hier ein Betä-
tigungsfeld für ihre avantgardistischen Bühnenexperimente.
Später, nach dem Zweiten Weltkrieg, war die Fledermaus ein
Zentrum der von Gerhard Bronner – gemeinsam mit Helmut
Qualtinger, Carl Merz, Louise Martini und Peter Wehle – geprägten Kabarettwelt. André Heller und Herwig Seeböck standen hier auf der Bühne, Marianne Mendt begründete in der Fledermaus den Austro-Pop. Und nun ist dieses Lokal als Porgy &
Bess „Zentrum für den Jazz abseits des Mainstream", so Mathias

Rüegg. Das Programm ist anspruchsvoll und bietet nicht bloß durchreisenden Musikern einen Tourneestop, sondern will spezielle Begegnungen realisieren – zwischen Musikern aus verschiedenen Ländern und aus unterschiedlichen Spielarten des Jazz. So stand etwa der österreichische Gitarrist Wolfgang Muthspiel – der zeitgenössische heimische Jazz ist ein besonderer Schwerpunkt im Porgy & Bess – den amerikanischen Musikern Don Alias und Larry Grennadier gegenüber. Oder Österreichs Karl Ratzer an der Gitarre musizierte mit Klaus Dickbauer am Saxophon. Der bisherige Erfolg gibt Mathias Rüegg recht: „Mittlerweile, glaube ich, ist das Porgy & Bess auf dem Weg zu einem Begegnungspunkt der Szene zu werden, auch für junge Musiker. Für die Jazzszene ist es von enormer Wichtigkeit, einen Ort zu haben, wo man sich trifft, und daß dieser Ort auch über ein bestimmtes Flair verfügt, über bestimmte Möglichkeiten und über Leute, die dahinter stehen. Ich behaupte jetzt einmal, es ist uns wahrscheinlich geglückt, daß es so etwas wieder gibt in Wien. Für mich persönlich war es immer wichtig, diese Dualität zwischen Einzelgängertum auf der einen und Gesellschaftlichem auf der anderen Seite zu verbinden. In der Saison September 1994 bis April 1995 gab es 279 Konzerte, die von 22 599 Gästen, im Schnitt 81 pro Konzert, besucht wurden. Die Konzerte teilten sich 118 einheimische Gruppen, 37 internationale Formationen und 42 Kooperationen von in- und ausländischen Musikern. Des weiteren gab es 29 Sessions und 53 Midnight Specials. Zu den Konzerten mit durchschnittlich 200 Besuchern gehörten Muthspiel/Liebman/Goodrick, Motian/Lovano/Frisell, Ratzer-Septett, Betty Carter, Don Byron, Otto Lechner Quartett und Otto Lechner Tentett, Erich Quartett, David Murray sowie Michel Portal und Trilok Gurtu."
Wieviel Bewegung in die Wiener Jazzszene gekommen ist, zeigt sich nicht nur an der erfreulichen Tatsache, daß das Konzerthaus für die Saison 1996/97 ein Jazz-Abonnement programmiert hat, sondern auch am Plan Joe Zawinuls, in seiner Heimatstadt einen Club Birdland zu eröffnen.

Das, was einst Fatty's Saloon war, also eine Heimat für die Wiener Mainstream-Fans, ist seit 1972 das Jazzland. Axel Melhardt, der Gründer und Betreiber dieses Lokals am Kai seit mehr als einem Vierteljahrhundert, hat mit dem Jazzland eine einzigartige Erfolgsstory geschrieben. Und das, obwohl er lange Zeit ohne Förderung oder Subvention auskommen mußte. Alle spielten sie hier bei Axel, die Legenden des Jazz, und sie taten es zu vergleichsweise geringen Gagen, faßt das Lokal doch bloß 150 Personen. Das Jazzland hatte sich nämlich bald in der internationalen Szene einen guten Namen gemacht, Axel Melhardt stand für kommerzielle Seriosität, und so wollten sie einfach gerne hierherkommen: Albert Nicholas, Ben Webster, Big Joe Williams, Doc Cheatham, Art Hodes, Wild Bill Davison, Teddy Wilson, Shelly Manne, Frank Rosolino, Eddie „Lockjaw" Davis aus dem Count Basie Orchestra und unzählige österreichische Musiker mehrerer Generationen. Immer wieder ereignen sich hier – rein zufällig – wahre Sternstunden. Als zum Beispiel Wynton Marsalis einmal für ein Konzert in der Stadt war und an einem freien Abend hörte, daß Art Farmer im Jazzland spiele, nahm er seine Trompete, ging ins „Land'l" und stieg beim Meister des Flumpet (Kombination aus Trompete und Flügelhorn) ein. An diesem Abend, bei der Begegnung von Marsalis mit Farmer, wurde übrigens die Idee zu einer Gala im Lincoln Center in New York geboren: Im August 1994 veranstaltete Wynton Marsalis dort ein Konzert mit vielen Größen des Jazz wie Benny Golson oder Gerry Mulligan unter dem Motto „A Tribute To Art Farmer". Seit geraumer Zeit hat sich Axel Melhardt das Ziel gesetzt, „rising stars" des internationalen Jazz seinem Publikum in der intimen Atmosphäre des Jazzland zu präsentieren, das 1995 erstmals auch Spielstätte des Bank Austria Jazz Festes Wien war. In diesem Zusammenhang sind besonders die Auftritte des jungen Pianisten Benny Green, von dem kein Geringerer als Oscar Peterson in höchsten Tönen schwärmt, zu erwähnen. Im Jazzland hat sich im Lauf der Zeit so viel ereignet – künstlerisch wie gesellschaftlich – ,und es hat so viele große Musiker beherbergt, daß Axel Melhardt zu Recht meinte, dies müsse in einer Chronik in Buchform festgehalten werden. Darin kann man so manche Anekdote rund um die Auftritte von Memphis Slim, Earl Hines, Max Kaminsky, Joe Newman, Oscar Klein, Louisiana Red, Warren Vaché oder Friedrich Gulda nachlesen.

Und man findet im Vorwort dieses Buches auch die folgenden Sätze von Hugo Portisch: „Alles im Jazz ist jung, wird immer jung bleiben. Jazz ist nichts Festgeschriebenes, nichts Unveränderliches, Jazz lebt und wie alles Leben verändert er sich unentwegt, von Generation zu Generation, von Musiker zu Musiker. Jeder spielt seinen eigenen Jazz, setzt seine Auffassung, sein Gemüt, seine Visionen in Musik um. Es gibt kaum einen stärkeren musikalischen Ausdruck für Individualismus, für die Sehnsucht nach Freiheit. So gibt es wohl auch keine andere Musikkategorie, die kraft ihrer selbst ein derartiges Bekenntnis zu Toleranz, gegenseitiger Achtung und Anerkennung ablegt wie der Jazz, der das Miteinander-Können, ja das Miteinander-Wollen voraussetzt. Der Jazz ist an verschiedenen Stellen der USA entstanden, aber er kam dahin aus allen Kontinenten. So ist seine Heimat die Welt. Sein Individualismus hat die Engstirnigen, die Kleingeistigen daher immer ebenso geschreckt wie die Diktatoren." [111]

Jazz – die musikalische Botschaft
der Freiheit

Ich will versuchen, die These von Hugo Portisch anhand des Umgangs der großen Diktatoren des 20. Jahrhunderts mit dem Jazz zu belegen. Der Sowjetkommunismus mit all seinen europäischen Satellitenregimen ist überwunden, nur in der Weltmacht China gibt es die „rote" Herrschaft noch. Dort, in China, ist es amerikanischen Jazz- und Bluesmusikern seit ein paar Jahren immerhin möglich, öffentlich aufzutreten. Als Zeichen einer gewissen kulturpolitischen Liberalisierung feierte in China etwa B. B. King in den neunziger Jahren große Erfolge beim Publikum. Wie sich der Sowjetkommunismus gegenüber dem Phänomen Jazz benommen hat, wird später ausführlicher behandelt. Zunächst soll die Praxis der Nazis, für die Jazz „entartete Kunst" war, einer näheren Betrachtung unterzogen werden.

Propagandaminister Joseph Goebbels hatte den Jazz als „amerikanische Nigger- und Judenmusik" verboten, und doch gab es Swing unter den Nazis. Freilich unter anderem Namen, denn die Begriffe Swing und Jazz waren bei den Machthabern verpönt. In der offiziellen Nazipropaganda wurde so argumentiert: „Was den undeutschen Jazz von zeitgemäßer deutscher Tanzmusik unterscheidet, sind die gleichen Merkmale, die auf dem ganzen Gebiete der Musik sich als zersetzend eingenistet haben. Es entspricht unserer rassischen Bedingtheit, daß wir eine Musik dann als schön und angenehm empfinden, wenn sie erstens eine Melodie enthält, zweitens harmonisch klingt und drittens klar instrumentiert ist. Mit dieser Feststellung scheiden also für unser deutsches Empfinden aus:

1. Stücke ohne Melodienführung, bei denen nur ein kurzes arm-seliges Schlagerthema lediglich rhythmisch weitergeführt und in phantasielosen Variationen zu Tode gehetzt wird, bis sich diese Musik am Schluß – übrigens durchaus logischerweise (!) in ein Fragezeichen auflöst.

2. Stücke, die statt den Hörer in harmonischem Zusammenklang zu erfreuen, ihn in atonalen Akkorden zerquälen, eine Musik, die entweder einer krankhaften Seelenverfassung entspringt, oder aber, wie es meistens der Fall ist, nur mit dem Verstande ergrübelt ist, um krampfhaft als Sensation aufzufallen. Sie stammt nie aus dem Herzen einer musikalischen Seele und kann deshalb nie den Weg zum Herzen des Hörers finden, sondern günstigstenfalls von volksfremden blasierten Snobs als 'interessant' empfunden werden.

3. Alle Stücke, die in ihrer Instrumentierung eine klare Tonbil-dung vermissen lassen, bei denen alle oder einzelne Instru-mente lediglich Geräusche machen, sei es nun, ob sie an quä-kende Kindertrompeten erinnern, wie insbesondere die gestopfte Jazztrompete, oder sei es das reichliche Handwerks-zeug der Schlagzeuger, soweit es nicht harmonisch abge-stimmt und diskret in die Begleitung eingefügt ist. Kennzeich-nend für den Jazz ist weiter das starke Hervortreten des Saxo-phons, das nicht als Orchesterstimme behandelt wird, um mit den anderen Instrumenten zusammen einen farbigen Wohl-klang zu ergeben, sondern aufdringlich allein die Melodie führt, während alle anderen Instrumente lediglich den Rhyth-mus betonen und hetzen. Eine solche Orchestrierung gibt der Tanzweise ein fratzenhaftes Gesicht. Sie sucht sich durch den Rhythmus einzuhämmern und systematisch jedes gesunde Gefühl für Wohllaut abzustumpfen." [112]

Antinationalsozialistisch eingestellte Jugendliche begannen sich schon allein deshalb für Jazz zu interessieren, weil ihn Hitler un-terdrücken wollte. Somit war das Interesse am Jazz in Deutsch-land damals auch ein politisches Bekenntnis im Sinne einer Opposition zur Naziherrschaft. Einer jener jungen Leute, die

1941 (!) den Hot Club Frankfurt gründeten, war der spätere Konzertveranstalter Horst Lippmann. In geschlossenen Zirkeln wie diesem spielte man aus dem Ausland beschaffte Jazzplatten von Louis Armstrong oder Benny Goodman. Es sind aber auch Fälle von hochrangigen SS-Männern bekannt geworden, die heimlich bei Freunden, die über Jazzplatten verfügten, diese Musik mit Wohlgefallen hörten. Und im KZ Theresienstadt gab es eine von Insassen gegründete Band namens Ghetto Swingers. Diese jüdischen Musiker spielten Swing und wurden von den Nazis zu Propagandazwecken benutzt. Gegenüber dem Ausland wollte man zeigen, wie gut es den KZ-Insassen gehe und welchen Freiraum sie hätten. Zu guter Letzt kamen die Mitglieder der Ghetto Swingers freilich nach Auschwitz, und ihr Klarinettist Fritz Weiss wurde vergast.

In der Zeit des Dritten Reichs hat der eine oder andere, dem dies möglich war, durch die Beschäftigung mit Jazz nicht nur sein Bewußtsein erweitert, was durchaus auch politisch zu verstehen war. Er konnte sogar zu einem Jazzexperten werden:

Dietrich Schulz-Köhn (Jahrgang 1912)

stammt aus Sonneberg in Thüringen, lernte Violine und Klavier sowie ab 1929 Schlagzeug. Am Konservatorium in Frankfurt am Main studierte er Posaune in der Jazzklasse von Mátyás Seiber (1932/33), war dann an der Universität Königsberg und erlebte 1936 in einem Londoner Studio eine Plattenaufnahme mit dem Zigeunergitarristen Django Reinhardt, nachdem er bereits im Jahr zuvor als Mitglied dem Hot Club de France beigetreten war. Bei Kriegsbeginn war Schulz-Köhn bei der Plattenfirma Telefunken angestellt, und da er mehrere Fremdsprachen beherrschte, wurde er Produzent für die Deutsche Grammophon, Elektrola und Brunswick. Unter dem Pseudonym „Swing Doc" schrieb er einen Zeitungsartikel. Schulz-Köhn wurde zur Luftwaffe eingezogen. Und jetzt traf er als Soldat der deutschen Wehrmacht wieder auf Django Reinhardt, der die Zeit der Okkupation Frankreichs mit Mut und Gelassenheit meisterte. In Paris wurde sogar ein Foto aufgenommen, das den Zigeuner Reinhardt – im Reich wurden die Zigeuner ja verfolgt – gemeinsam mit vier Schwarzen und Schulz-Köhn in Wehrmachtsuniform vor dem Lokal La Cigale im Jahr 1943 zeigt. Mit deutscher Sondergenehmigung durfte in Paris zu dieser Zeit Jazz gespielt werden. Die deutschen Soldaten kamen in die Clubs und waren von der Musik begeistert. Schulz-Köhn gab übrigens in den Kriegsjahren als Angehöriger der Wehrmacht sogar einen „Jazz-Newsletter" heraus. Nach Ende des Zweiten Weltkriegs war Dietrich Schulz-Köhn bei der Deutschen Grammophon, Jazzdozent an der Musikhochschule Köln, gestaltete Jazzsendungen im WDR, produzierte zwei Schallplatten über „Die Entwicklung des Jazz" und machte sich als Fachpublizist einen Namen.

Nicht nur in Deutschland nach Hitlers Machtergreifung, sondern auch in Österreich – und zwar schon in den zwanziger Jahren, also lange vor der Okkupation 1938 und der Umbenennung in „Ostmark" – galt in rechten deutschnationalen Kreisen die kulturelle Avantgarde als „von Juden und Negern beherrscht". Folglich begegnete man schwarzen Künstlern mit Vorurteilen. Diese Erfahrung mußte im Wien der späten zwanziger Jahre die Sängerin und Tänzerin Josephine Baker machen. Sie stammte aus St. Louis, kam sehr früh mit „La Revue Nègre" nicht nur nach Frankreich, sondern auch in andere europäische Länder. Später sollte sie zu einem Star der Folies Bergère werden. Schließlich nahm sie 1937 die französische Staatsbürgerschaft an und starb 1975. Die Baker war neben Elizabeth Welch und Adelaide Hall eine jener Künstlerinnen, welche die Tradition der schwarzen Musik für die gehobene weiße Gesellschaft Amerikas und Europas attraktiv machen wollten. In Wien wurde Josephine Baker jedenfalls bei ihrem Gastspiel, das groß angekündigt war, von rassistischen Hochschülern attackiert, und im Parlament debattierte man über ihren Auftritt als „Bedrohung für die Moral". Der kulturpolitische Rassismus der Nazis sollte in Österreich also durchaus auf fruchtbaren Boden fallen.
Doch hier gab es auch nach 1938 noch Musiker, die Jazz und Swing pflegten. Der Geiger Herbert Mytteis – im Kapitel „Als der Jazz Europa eroberte" fiel sein Name schon einmal – war einer von ihnen. Um 1943 spielte er mit dem Schlagzeuger Arthur Motta und anderen in einer Innenstadtbar in Wien. Sie gaben den Jazzstandards deutsche Titel – der „St. Louis Blues"

hieß z. B. „Sauerkraut" – ‚und somit konnten sie diese Nummern öffentlich aufführen. Deutsche Offiziere kamen in das Lokal und zeigten sich von der Musik sehr angetan.

Es ist übrigens interessant, daß nicht nur Dietrich Schulz-Köhn, sondern auch ein zweiter über die Grenzen Deutschlands hinaus bekannter Jazzpublizist im Dritten Reich „mit dem Jazz" zu leben verstand:

Joachim-Ernst Berendt (Jahrgang 1922)

war als deutscher Soldat in der Sowjetunion und gestaltete seine erste Jazz-Radiosendung während der Belagerung von Leningrad 1943. Wie er später erzählte, wußte sein Kommandant um seine große Swing-Plattensammlung und bat ihn, anläßlich eines Heimaturlaubs ein paar Platten mitzubringen. Dies deshalb, weil Swing „für die Kampfmoral gut" sei. So kam es also, daß Joachim-Ernst Berendt im Deutschen Soldatensender – auch für sowjetisches Publikum – mitten im Zweiten Weltkrieg die in der Heimat verbotene Musik spielte. Nach 1945 wurde Berendt Mitbegründer des Südwestfunks, dessen Jazzredaktion er bis 1987 leitete. Er gründete die Berliner Jazztage, produzierte die Plattenreihe „Jazz Meets The World", veröffentlichte mehr als 25 Fachbücher und unternahm Vortragsreisen zum Thema Jazz in alle Welt.

Das Radio hatte in den Kriegsjahren überhaupt eine große Bedeutung nicht nur als Kommunikationsmittel eines kriegführenden Landes zu seinen Soldaten an der Front, sondern auch als Propagandainstrument zum Zwecke der „Aufweichung" der Kampfmoral des Feindes. Und da spielte auf seiten der Alliierten der Swing aufgrund seiner weltweiten Popularität eine große Rolle. Glenn Miller, der bis zu seinem Tod im Dezember 1944 die American Band Of The Allied Expeditionary Force in Europa leitete, hatte noch am 30. Oktober seines letzten Lebensjahrs in London mit Ilse Weinberger kurze deutschsprachige Interviews aufgenommen. Diese Gespräche wurden von der BBC zwischen den Swing-Nummern ausgestrahlt. Adressaten waren Angehörige der deutschen Wehrmacht, von denen man annehmen konnte, sie würden sich für Jazz und Swing interessieren. Und wenn sie sich noch nicht dafür interessierten, dann wollten die Amerikaner und Engländer ihr Interesse wecken. Denn der Jazz stand für den American Way Of Life, für die Freiheit und für das Miteinander verschiedener Rassen – kurzum für das genaue Gegenteil dessen, was Adolf Hitler und sein Nationalsozialismus propagierten.

Keine Frage: Der Jazz war im Dritten Reich und in den von Hitlertruppen besetzten europäischen Ländern für sehr viele Menschen – darunter der schon erwähnte Horst Lippmann aus Frankfurt, der 1944 von der Gestapo „wegen des Abhörens ausländischer Sender und wegen Propaganda mit englischer und amerikanischer Jazzmusik" angeklagt wurde – ein Synonym für Freiheit. Man hörte Jazzplatten oder man spielte Jazzmusik – im Geheimen unter Inkaufnahme eines großen persönlichen Risikos oder öffentlich mit Billigung der Machthaber, wenn ihnen dies gerade in den politischen Kram paßte. Jedenfalls war der Jazz auch deshalb interessant, weil er offiziell verboten war. Nach der Befreiung durch die westlichen Alliierten wurde diese Musik dort, wo amerikanische, englische und französische Truppen hinkamen, zu einem wesentlichen kulturellen Element der neuen demokratischen Gesellschaften.

Komplizierter gestaltete sich das Verhältnis zwischen Staatsführung und Jazzszene in der Sowjetunion. Schließlich ging die Entwicklung der Sowjetunion parallel mit dem weltweiten Siegeszug des Jazz vonstatten. 1917 wurde der Jazz ja durch die ersten Schallplattenaufnahmen weltweit bekannt. In der Zeitung „Times Picayune" in New Orleans war damals von „wildem Klang und bedeutungslosem Lärm" die Rede, der auf unsichere Naturen einen „fast vergiftenden Effekt" habe. Zwei Jahre später erkannte Georg Barthelme in der „Kölnischen Zeitung" bereits, Jazz sei „eine Weltphilosophie und muß daher ernst genommen werden. Jazz ist der Ausdruck einer Kulturepoche". So widersprüchlich fielen die ersten Beurteilungen dieser neuen Musik aus. Die ersten Jazz-Schallplatten der Original Dixieland Jazz Band wurden am 26. Februar 1917 aufgenommen und wenige Tage später, am 7. März, veröffentlicht. Das war genau fünf Tage vor dem Staatsstreich in St. Petersburg.

Und am 7. November 1917 zwangen die Bolschewiken die provisorische Regierung zum Rücktritt. In Rußland wurde also zur gleichen Zeit der Sowjetkommunismus etabliert, da in Amerika das Zeitalter des Jazz mit der Verbreitung der ersten Schallplatten mit der neuen Musik begann.

Von Anfang an waren die Reaktionen der neuen Machthaber auf den Jazz zwiespältig. Sie schwankten zwischen totaler Ablehnung und Befürwortung. Einer der feurigsten Befürworter war „Prawda"-Herausgeber Karl Radek.

An dieser Stelle sei an den in Rußland erzogenen Bandleader Jean Goldkette erinnert und an den 32taktigen Swing-Schlager „Bei mir bist du schoen", ursprünglich ein russisch-jiddisches Lied von Jacob Jacobs und Sholom Secunda. Es war später, 1933, Teil der Show „Love, Honor & Behave" und wurde ein Welterfolg durch die Bearbeitung von Saul Chaplin und eine Schallplatte der Andrews Sisters. Das ist aber nur *ein* Bezugspunkt des Jazz zum alten Rußland. Ein anderer ist darin zu sehen, daß noch unter dem Zaren aus dem amerikanischen Süden kommend die musikalische Botschaft des Ragtime die Russen erreicht hatte. Selbst die Militärkapellen des Zaren Nikolaus II. spielten Ragtime. Wie bereits am Beginn dieses Buches dargestellt, begann der Jazz schon gegen 1920 Europa zu erobern. Jazz wurde auch hier die zeitgemäße Unterhaltungsmusik, und man konnte in Europa bald live das Benny Peyton Orchestra, die Southern Rag-a-Jazz-Band, das Original Orchestra oder Frank Guarentes Georgians hören. 1921 empfand Paul Hindemith die Musik des Orchesters Sam Wooding als „Offenbarung". Doch diese Welle des Jazz erreichte die Sowjetunion erst nach 1922. Schließlich hatte es von 1918 bis 1920 einen blutigen Bürgerkrieg gegeben, und man hatte andere Sorgen, als sich mit neuen musikalischen Strömungen auseinanderzusetzen. Überdies war das Land durch den Ersten Weltkrieg und die kommunistische Revolution weitgehend isoliert. Auch gab es einen akuten Mangel an Saxophonen und anderen für den Jazz wichtigen Instrumenten.

Der futuristische Dichter und Tänzer Walentin Parnach, Abkömmling einer jüdischen Familie in Südrußland, hörte im Juli

1921 im Pariser Trocadero die Louis Mitchell Jazz Kings, war begeistert und begann in seiner Heimat einen Werbefeldzug für die neue Musik aus Amerika. Ja, er gründete sogar eine Band, die aus Klavier, Banjo, Schlagzeug, Xylophon und 2 Violinen bestand: Das Erste Exzentrische Orchester der Russischen Sozialistischen Sowjetrepublik. Trotz Erfolgen beim Publikum blieb Parnach ein Einzelgänger, weil es in der Sowjetunion damals keine Jazzprogramme im Radio und auch keine Platten-Aufnahmestudios gab. Die Massen wußten also nichts vom Jazz oder, besser gesagt, von jener Musik, die Parnach Jazz nannte. Immerhin war die neue Musik nicht vom Staat geächtet. Ganz im Gegenteil: Sogar die Kommunistische Internationale engagierte Parnach zur Unterhaltung der ausländischen Gäste auf dem Kongreß zum 5. Jahrestag der Bolschewistischen Revolution im November 1922. Und der Theaterregisseur Wsewolod Meierhold verwendete Jazzelemente in seinen Produktionen, die im ganzen Land gezeigt wurden. Es war die Zeit der Neuen Ökonomischen Politik Lenins und das Regime zeigte sich tolerant.

1926 absolvierten die Chocolate Kiddies – 35 schwarze Jazzmusiker, Sänger und Tänzer aus Amerika – mit Bandleader Sam Wooding eine dreimonatige Tournee durch die Sowjetunion. Nach den Jahren, in denen Walentin Parnach mit einheimischen Musikern seine Jazzimitation propagiert hatte, bekamen die Menschen nun „echten" Jazz aus dessen Mutterland Amerika vorgesetzt. Während das Publikum großteils sehr angetan war, gab sich die sowjetische Fachwelt hinsichtlich des von Wooding praktizierten „sinfonischen Jazz" nach dem Muster von Paul Whiteman sehr zurückhaltend. Und die kommunistischen Zeitungen stießen sich an der „offenen Sexualität" der Tänzer. Sie bezeichneten Jazz als „unheilsamen Import". Nach dem Tod Lenins 1924 hatte sich ja viel geändert in der Sowjetunion, worüber manche in der Führung der KPdSU gar nicht froh waren. Nachtklubs waren aus dem Boden geschossen, und westlicher Lebensstil hatte sich breitgemacht. Der amerikanische Klarinettist Sidney Bechet war mit Benny Peytons Jazz Kings da gewesen, und der junge Leningrader Pianist Leopold Teplitski brachte von einer Amerika-Reise Schallplatten, einen Stoß Paul Whiteman-Arrangements und mehr als 40 Musikinstrumente mit. Er gründete eine Jazzband, die 1927 ihr erstes Konzert mit Werken von George Gershwin und Irving Berlin bestritt. Weitere Orchestergründungen z. B. von Boris Krupischew und Georgi Landsberg folgten.

Joseph Schillinger aus Charkow war im Rat der Leningrader Gesellschaft für moderne Musik und 1926 als Pianist sowie Komponist bereits etabliert. Er wurde zu einem eloquenten Fürsprecher des Jazz, wobei er nicht nur auf den musikalischen Gehalt, sondern auch auf seine gesellschaftspolitische Botschaft einging. Dies freilich trug ihm GPU-Verhöre ein und veranlaßte ihn zur Auswanderung nach New York, wo er Stammgast im Cotton Club wurde, mit Leopold Stokowski auftrat und 1949 sein Werk „Die mathematische Grundlage der Künste" herausbrachte. Schillinger erklärte die Wechselwirkung von Rhythmus und anderen musikalischen Elementen. Er beeinflußte ab seiner Ankunft in Amerika Benny Goodman, Tommy Dorsey, Eubie Blake und Glenn Miller, aber auch George Gershwin und nach dem Zweiten Weltkrieg Gerry Mulligan, Quincy Jones und John Lewis.

Die Repressionen gegen Schillinger waren das erste Anzeichen für eine neue, harte Haltung der KPdSU gegenüber „modernistischer" Kultur wie etwa Jazz. Josef Stalin war an der Macht, und er herrschte mit den Mitteln des Terrors. Man kann den Beginn der offiziellen Unterdrückung des Jazz in der Sowjetunion mit dem Jahr 1928 angeben. Einen Höhepunkt erreichte sie 1930.

Da aber in der Folge in Deutschland die Nazis den Jazz unter anderem wegen der Beteiligung jüdischer Musiker an seiner Entwicklung verboten hatten, wobei vor allem Benny Goodman immer wieder namentlich genannt wurde, nahmen kommunistische Kulturpolitiker in Moskau eine Gegenposition dazu ein. Man verteidigte die Beiträge von Juden – und damit auch von sowjetischen Bürgern wie Utesow, Tsfasman, Parnach oder Landsberg – zur Entwicklung des Jazz. Und man versuchte, den Jazz als proletarische Musik ideologisch zu vereinnahmen. Der Jazz war in der Sowjetunion vorübergehend rehabilitiert.

1933 berichtete die „New York Times" aus der Sowjetunion, jedes große Hotel in Moskau habe seine eigene Jazzband und der Jazz feiere nun nach Jahren des fast völligen Verbots ein triumphales Comeback im kommunistischen Weltreich. Das Wort Jazz erlangte in der Tat unter den Sowjetbürgern eine so große Popularität, daß es bei nahezu allen Anlässen benutzt wurde. Es gab „Theater-Jazz" ebenso wie „Zirkus-Jazz". Die beliebtesten sowjetischen Swing-Bands waren jene von Alexander Warlamow und Jakow Skomorowski. Es war dies die Zeit, in der führende kommunistische Funktionäre aus Staat und Partei die Möglichkeit zu Auslandsreisen hatten und von diesen Reisen amerikanische Jazzplatten mitbrachten. Der Diplomat und Dichter Sergej Kalbasew hatte in den dreißiger Jahren die größte Plattensammlung in Leningrad und spielte in seiner Wohnung Freunden die Musik von Ellington, Goodman und Henderson vor. Zwischen 1934 und 1936 gastierten das Berliner Orchester von Bobby Astor, die schwedische Band von Makki Berg, die Syncopaters von Stefan Weintraub, einem deutschen Juden, der von den Nazis aus Berlin vertrieben worden war, und das Prager Swing-Orchester des Antonin Ziegler in der Sowjetunion. General Woroschilow, ein Bolschewik seit 1904, wurde damals zum Fan der aus Amerika importierten Musik. Alexander Tsfasman und Leonid Utesow waren jetzt die populärsten sowjetischen Jazzmusiker. Sie traten ständig in Konzerten auf, bespielten Schallplatten und wirkten in Filmen mit. Und sie erwarben sich damit einen für die kommunistische Gesellschaft der Sowjetunion großen Wohlstand.
Nach 1936 wurde die Jazzszene „gesäubert". Man löste Bands auf und liquidierte Jazzmusiker in den Zwangslagern des Stalinismus. 1933 hatten die Sowjetunion und die USA diplomatische Beziehungen aufgenommen, was an sich eine Verbesserung der kulturellen Kontakte zur Folge hatte. Dennoch waren die Widerstände, auch von seiten konservativer sowjetischer Musiker, gegen den Jazz größer geworden. Im November 1936 schoß sich die „Iswestija" auf die Jazzkultur ein. Das Parteiorgan „Prawda" bezog eine gegensätzliche Haltung zur Regierungs-

zeitung. Im Zuge der Säuberungen wurden jedenfalls die Jazz-freunde Karl Radek, Leningrads Geheimpolizeichef Iwan Medwed und Iwan Kobakow aus ihren Positionen entfernt und vermutlich erschossen. Auch Walentin Parnach verschwand 1937. Tsfasman und Utesow blieben von den Repressalien verschont. Es kam zur Gründung des Staatlichen Jazzorchesters der UdSSR. Da es nicht gelungen war, den Jazz aus dem sowjetischen Kulturleben zu entfernen, wollte man diese Musik, die man in der politischen Führung natürlich als dekadent ansah, durch Orchestergründungen wie diese unter staatliche Kontrolle bringen. Man wollte einen „sowjetischen Jazz" schaffen und somit diese Musik als eindeutig proletarisch im kommunistisch-dialektischen Sinn definieren. Es war dies der zweite Versuch einer ideologischen Vereinnahmung des Jazz.

Als die Sowjetunion nach dem deutschen Angriff in den Zweiten Weltkrieg eintrat, entstanden viele Militär-Jazzbands in der Roten Armee. Sie hießen „Dschases". Gegen Kriegsende, man schrieb das Jahr 1944, häuften sich wieder die politisch motivierten Angriffe gegen den Jazz und seine Interpreten in der Sowjetunion. Doch schließlich gab es in diesem Krieg die Allianz zwischen der Sowjetunion und den USA. Und das bot dem sowjetischen Jazz Rückhalt. Man kann sogar von einer Amerikanisierung der sowjetischen Unterhaltungsmusik in dieser Zeit sprechen. Damals war Eddie Rosner, ein 1939 aus Polen eingewanderter Kornettist, der populärste Jazzmusiker in der Sowjetunion. Seine elegante Big Band spielte Stücke von Ellington und Goodman. Rosner war 1910 in Berlin als Sohn eines polnisch- jüdischen Schusters geboren worden. Als die Rote Armee gegen Kriegsende immer mehr Städte Mitteleuropas einnahm, da gab es stets Konzerte sowjetischer Jazzorchester mit Glenn Miller-Nummern wie „In The Mood" oder „Chattanooga ChooChoo". Und auch bei der großen Siegesfeier im Mai 1945 in Moskau wurde Jazzmusik geboten.

Doch Ende 1946 sollte sich die Stimmung für den Jazz radikal ändern. Die Allianz zwischen der Sowjetunion und den USA hatte sich im Sieg über das Dritte Reich verbraucht. Nun ging man auf Distanz, die Jahrzehnte des Kalten Kriegs brachen an. In dieser Situation bereitete es den sowjetischen Kulturbürokraten große Sorge, daß der Swing seit Kriegsende ganz Westeuropa erobert hatte. Man fürchtete eine weitere „Amerikanisierung", und zwar im politischen Sinn als direkte ideologische Gefahr für das kommunistische System. In diesen Jahren waren die von Leonard Feather produzierten „Music USA"-Programme, die von der Voice Of America in die Sowjetunion ausgestrahlt wurden, überaus beliebt:

Leonard Feather (1914-1994)
stammte aus London, war Pianist und Arrangeur, ehe er zu einem der bedeutendsten Jazzkritiker und Fachpublizisten wurde. Er war u. a. Korrespondent der „New York Amsterdam News" in Großbritannien und Presseagent von Duke Ellington. 1943 wurde Feather Redakteur bei der Zeitschrift „Esquire". Diese Zeitschrift veranstaltete 1944 das berühmte Esquire All American Jazz Concert im Metropolitan Opera House New York. Neben der Produktion der „Music USA"-Programme verfaßte er die „Encyclopedia Of Jazz" und viele andere Bücher, nahm Schallplatten auf und war ab 1959 Jazzredakteur des „Playboy".

In der Sowjetunion sah man in den Radioprogrammen der Voice Of America einen raffinierten Plan der Regierung in Washington zur kulturellen Unterwanderung. Es kam zu Verhaftungen sowjetischer Jazzmusiker, darunter auch von Eddie Rosner, der in das berüchtigte Gefängnis Lubjanka eingeliefert wurde. Alexander Tsfasman wurde als Direktor des Radio-Komitee-Orchesters 1947 entlassen, und das Staatliche Jazzorchester durfte keinen Jazz mehr spielen. Es hieß ab nun Varieté-Orchester. Man dehnte die Kampagne gegen den Jazz bald auch auf die modernen Tänze aus und hielt die kommunistischen Satellitenstaaten dazu an, diese Aktivitäten mitzutragen. Und dennoch überlebte der Jazz in der Sowjetunion ebenso wie in Polen, der DDR, Ungarn und den anderen kommunistischen Ländern Osteuropas. Im Westen aufgenommene Schallplatten wurden privat gehandelt und amerikanische Radioprogramme gehört. So wie es in der

NSDAP und der SS Jazzfans in hohen Rängen gab, waren auch unter sowjetischen Führungsleuten in Bürokratie, Armee und Geheimdienst – sogar in den Straflagern, den Gulags – Freunde dieser Musik anzutreffen. Allerdings wurde der Jazz jetzt, wenn überhaupt, dann eher in den nichtrussischen Republiken denn in Moskau gepflegt. In den baltischen Republiken Lettland, Litauen und Estland erinnerte man sich an Jazzensembles aus der Zwischenkriegszeit wie die Murphy-Band oder das Kurt Strobel-Orchester.

In Estland gab es übrigens schon sechs Jahre vor dem ersten Newport-Jazzfestival, also 1948, eine ähnliche Veranstaltung, ein großes Konzert mit Festivalcharakter. Wenn es Stalin auch nicht gelungen war, den Jazz in der Sowjetunion auszumerzen, so hatte die von ihm durchgezogene Kampagne doch zur Folge, daß die sowjetischen Musiker weit hinter den Entwicklungen und Trends im Westen „nachspielten".

1953 starb der Diktator Josef Stalin. Eine neue junge Generation von Sowjetbürgern bekannte sich jetzt öffentlich zum Jazz und brachte ein neues Musikpotential hervor. Diese Generation verlangte nach dem „neuen" Jazz, nach dem von Charlie Parker und Dizzy Gillespie entwickelten Bebop. Man entdeckte bisher unbekannte musikalische Emotionen und projizierte in den Bebop den eigenen Wunsch nach Freiheit. Die Voice Of America reagierte ab 1955 mit der Sendereihe „Jazz Club USA", die von Willis Conover moderiert wurde. Dieser Mann machte wie kein anderer in den folgenden Jahren den Jazz durch seine Radiosendungen im ganzen kommunistischen Osteuropa populär:

Willis Clark Conover (Jahrgang 1920)
gestaltete ab 1939 Radiosendungen über Jazz in Washington und New York. Ab den vierziger Jahren betätigte er sich nicht nur als Publizist und Produzent, sondern auch als Impresario und Konzertveranstalter.

Die Acht hieß eine Band, die sich am Bebop orientierte und in der Bassist Igor Berukschtis interessante junge Musiker um sich versammelte. Gegen den Protest alter Stalinisten erhielt der Jazz auf dem VI. Weltjugendfestival 1957 in Moskau eine Plattform vor 30 000 Gästen. Jetzt war der Bann gebrochen. Neue Big Bands entstanden, und Eddie Rosner, 1953 aus dem Gefangenenlager entlassen, gründete gleichfalls ein neues Orchester. 1976 starb Rosner in Berlin.

Es war dies jene Zeit, in der sich Amerika bemühte, seine bekanntesten Jazzmusiker quasi als musikalische Botschafter in die Sowjetunion zu entsenden. Natürlich dachte man in diesem Zusammenhang vor allem an Louis Armstrong. Das State Department organisierte für ihn eine Tournee. Im letzten Moment weigerte sich Armstrong jedoch, die Reise anzutreten, weil er für eine amerikanische Regierung, die den Freiheitskampf der Schwarzen unterdrücke, nicht auf eine Konzerttour gehen wollte. Somit war der erste Weltstar des Jazz, der nach langer Zeit in der Sowjetunion gastierte, Benny Goodman im Jahr 1962. Dabei kam es auch zu einer persönlichen Begegnung Goodmans mit dem „starken Mann" Nikita Chruschtschow. Doch schon bald nach der Goodman-Tournee, wahrscheinlich durch ihren Riesenerfolg beim sowjetischen Publikum im höchsten Maße alarmiert, äußerte sich Chruschtschow in scharfen Worten abfällig über Jazz und die gesamte moderne bildende Kunst. Wieder einmal war eine schwere Zeit für den sowjetischen Jazz angebrochen.

Nach Chruschtschows Ablöse durch Leonid Breschnew gab es ein kurzes „liberales" Interregnum, das vom Herbst 1964 bis 1967 währte. Bei den vielen Festivals, die in den sechziger Jahren in Osteuropa, darunter auch in der Sowjetunion stattfanden, waren Bands aus aller Welt zu Gast. In den Satellitenländern waren Auftritte von Gerry Mulligan oder Stan Getz keine Seltenheit mehr. In der Sowjetunion allerdings war erst 1966 mit Earl Hines wieder ein Jazzstar aus Amerika live zu hören. 1967 kam dann Charles Lloyd zum Jazzfestival nach Tallin. Das estische Fernsehen nahm alle Konzerte auf, Live-Mitschnitte erschienen auf Schallplatte. Und 1972 ehrte man mit Konzerten in Leningrad und Moskau Walentin Parnach für die ersten Jazzaktivitäten vor 50 Jahren in der jungen Sowjetunion.

Seither machen viele Jazzmusiker aus der früheren Sowjetunion, also den heutigen Nachfolge-Republiken, in der Welt von sich reden. Der Pianist Wjatscheslaw Ganelin wurde mit seinem Trio zu einem Vorreiter des Free Jazz in seiner Heimat. Die Intellektuellen betrachteten den Free Jazz als eine Art Gegenkultur in der Zeit der Stagnation bis zum Amtsantritt Michail Gorbatschows im Kreml. Jetzt erwachte das Interesse an der großen Geschichte des Jazz im eigenen Land, und 1985 erschien eine „Anthology Of Soviet Jazz". Das erwähnte Trio bestehend aus Wjatscheslaw Ganelin (Klavier und Gitarre), Wladimir Tschekasin (Posaune, Geige und Gesang) und Wladimir Tarasow (Schlagzeug) ist seit den siebziger Jahren regelmäßig in Amerika und Westeuropa zu hören. Und der Sohn einer Moskauer Pianistin, der in den Clubs seiner Heimatstadt ab 1963 mit Gästen wie Keith Jarrett oder Charles Lloyd spielte, ging 1973 in die USA zu Art Blakey: Der Trompeter Valery Ponomarev.

Der Sowjetkommunismus, der zum Zeitpunkt des Erscheinens der ersten Jazz-Schallplatte in Amerika 1917 angetreten war, die Welt zu verändern, mußte längst abdanken. Die populäre Kultur Amerikas mit dem Jazz als *der* Musik des 20. Jahrhunderts hingegen hat einen weltweiten Siegeszug angetreten und das Leben der Menschen auch in Europa langfristig gewiß mehr beeinflußt und verändert, als dies die politischen Thesen und Strukturen Lenins vermochten. Das kann man am Ende dieses Jahrhunderts gesichert behaupten – genug Stoff für ein anderes Buch, für eine Kulturgeschichte des Jazz.

Der Jazz in all seiner Vielfalt, mit all seinen dargestellten Stilen und scheinbaren Stilbrüchen, spiegelt musikalisch die verschiedenen Phasen der Geschichte der letzten 100 Jahre wider – nicht nur der Kulturgeschichte, auch der politischen Geschichte. Ja, der Jazz hat in der Kulturgeschichte, wie wir gesehen haben, sogar eine wichtige politische Rolle gespielt. Er ist oft totgesagt worden und doch stets lebendig geblieben. Und vor allem hat er sich von seiner Entstehung an bis heute seinen kritischen Ansatz bewahrt: Jazz ist noch immer das Infragestellen von Konformität und Bequemlichkeit jeder Art, er ist demokratische, wenn man will: anti-autoritäre Musik. Am Beginn des 20. Jahrhunderts, als der Jazz aus der afro-amerikanischen Folklore entstand, war er u. a. der musikalische Aufschrei einer unterdrückten Rasse. Und an der Schwelle zum 21. Jahrhundert artikulieren Jazzmusiker mit den künstlerischen Mitteln ihrer Zeit die Probleme ihrer Generation in einer sich rasant verändernden, aber noch immer nicht humanen Gesellschaft.

Index

Abba 54
Abou-Khalil, Rabih 262
Abrams, Richard 244
Acker, Bilk 92
Acuna, Alex 252
Adam Lamberts Six Brown Cats 203
Adams, George 445
Adams, Pepper 221
Adderley, Brüder 252
Adderley, Julian „Cannonball" 17,
62, 206, 221, 245, 265
Adderley, Nat 221
Africa Bambaataa & The Jazzy Five
269
Air, Trio 271
Akiyoshi, Toshiko 195, 246
Alabamians 291
Aldridge, Ira 49
Alexander, Monty *190*
Alexander, Willard 127, 144
Ali, Rashied 239-240
Alias, Don 247, 257, 322
Allen, Steve 117
Altenberg, Peter 321
Altschul, Barry 245, 258
American Band Of The Allied
Expeditionary Force 329
Ammons, Albert 53, 61, 305
Ammons, Gene 305
Anderson, Bernard „Buddy" 144
Anderson, Cat 123
Anderson, Ernestine 300
Anderson, Ivie 288, 293
Anderson, Marian 34-35, 70
André, Maurice 273
Andrews Sisters 331
Ansermet, Ernest 86
Arlen, Harold 135, 288
Armstrong, Louis 9-10, 13-16, 21,
38-39, 43, 45, 47-48, 50, 58, 64, 70,
74-75, 83-85, 90, 92-93, 98-105,
108-109, 114-115, 129-130, 139-
140, 144-145, 149, 151, 194, 208,
223, 266, 276, 282, 284, 287, 290-
291, 294-296, 298- 299, 304, 308,
311, 314, 319, 327, 338
Arnheim, Gus 131
Arnolds, Harry 48
Ashby, Irving 281, 301
Asmussen, Svend 48
Astaire, Fred 284, 287-288
Astor, Bobby 334
Auer, Leopold 251
Auer, Vera 251
Auger, Brian 254
Austin High School Gang 105, 114
Avakian, George 238
Ayler, Albert 228, 240, 263, 272

Bach, Johann Sebastian 26-27,
201, 211, 259, 274, 301, 308
Bacon, Paul 159
Baez, Joan 54, 247
Bahr, Hermann 321
Bailey, Benny 51, 215,
Bailey, Buster 45, 103, 106, 113
Bailey, Dave 209
Bailey, Donald 218
Bailey, Mildred 95, 115, 292-293,
296
Bailey, Victor 252-253
Baker, Chet 209, 307
Baker, Ginger 254
Baker, Harold 202, 238
Baker, Josephine 86, 328
Baldwin, James 242
Bales, Walter 144
Ball, Ronnie 199
Balliett, Whitney 36
Baquet, George 86
Barber, Chris 47, 92
Barber, John 204
Barbieri, Gato 240, 264
Barcelona, Danny 103

Barefield, Eddie 129, 143
Barker, Danny 80, 153
Barnet, Charlie 136, 153, 236, 257
Barris, Harry 290
Barron, Bill 236
Barron, Paul 292
Barthelme, Georg 330
Bartok, Bela 29, 31, 118, 201, 229, 238
Baryschnikow, Michail 229
Basie, William Bill „Count" 10, 16, 44, 61-62, 74, 108-110, 112, 117, 123, 125-128, 131-132, 136-137 140, 143-144, 151, 216, 246, 276, 280-281, 290, 293, 295, 299, 302-303, 305, 310-311, 313-314
Bastin, Harry 114
Battle, Kathleen 70, 274
Bauduc, Ray 88
Bauer, Billy 148, 198
Bauza, Mario 152
Beastie Boys 269
Beatles 53, 103, 207, 248
Bechet, Sidney 45-46, 48, 80, 86, 90, 92, 100, 146, 333
Beck, Gordon 254-255, 267
Beck, Jeff 255
Beethoven, Ludwig van 28, 30, 118
Behrmans, Martin 81
Beiderbecke, Leon Bismarck „Bix" 95, 98, 104-105, 114-115, 197, 287, 290
Belafonte, Harry 70, 211, 242, 262
Bellson, Louie *191,* 246
Benedetti, Dean 148
Bennett, Max 299
Bennett, Tony 128, *169,* 286, 310
Benson, George *185,* 207, 307, 310
Berendsohn, Doc 115
Berendt, Joachim-Ernst 35-36, 41, 71, 98, 105, 226, 234, 240, 271, 277, 329
Berg, Billy 155
Berg, Makki 334

Berger, Karlhanns 262, 264
Berigan, Bunny 116, 286
Berlin, Irving 28, 284, 286, 289, 333
Bernhart, Milt 133
Bernstein, Leonard 28-29, 64, 118, 201, 274, 276, 285, 288
Berry, Chu 58, 127, 151-153, 291
Berry, Chuck 53, 213, 317
Bert, Eddie 224
Berton, Ralph 219
Bertrand, Jimmy 129
Berukschtis, Igor 338
Big Brother And The Holding Company 248
Bigard, Barney 46, 84-85, 102, 106, 122-123, 223, 283
Bizet, Georges 28
Black Eagle Band 82
Blackwell, Eddie 231-233
Blake, Eubie 75, 333
Blakey, Art 18, 94, 160, 203, 205-206, 212,-215, 227, 245, 274-275, 305, 339
Blanchard, Terence 212, 278
Bland, Bobby 59
Blanton, Jimmy 123, 193, 223
Bley, Carla 244
Bley, Paul 230, 244, 253
Blomstedt, Herbert 274
Blood, Sweat & Tears 246
Bloomfield, Mike 63
Blue Devils 126, 143
Bluiett, Hamiet 272
Blythe, Arthur 245, 271
Bobo, Willie 258
Bock, Dick 209
Boguslawski 113
Bohländer, Carlo 33
Bohm, Carl 108
Boland, Francy 246
Bolden, Buddy (Charles) 76-77, 84, 86, 99
Bolton, Happy 98
Bond, Graham 254

Bostic, Earl 238
Boswell Sisters 297, 305
Boswell, Connee 48, 297, 300
Botsford, George 73
Bowie, Lester *173,* 243, 271, 276
Boyd, Nelson 204
Bradford, Bobby 231, 233
Brahms, Johannes 29-30, 118
Brando, Marlon 213
Brandt, Helmut 49
Braxton, Anthony 258
Brecker, Michael 255, 257, 259
Brecker, Mike *187,* 214
Brecker, Randy *187,* 214, 247
Bregman, Buddy 299
Breschnew, Leonid 338
Bridgewater, Dee Dee 300
Briggs, Pete 101
Bronner, Gerhard 321
Brooklyn Philharmonic 274
Brookmeyer, Bob 209
Brooks, Harvey 119
Broonzy, Big Bill 55, 254
Brown, Clifford 215-218, 227
Brown, Daryl 252
Brown, Earl 266
Brown, James 71, 250, 317
Brown, Jewel 103
Brown, Johnny 82
Brown, Lawrence 123, 129, 228, 238
Brown, Ray 147, 155, *163,* 218, 223, 281, 285, 298
Brown, Ruth 60
Brown, Tom „Red" 40, 87-89
Brown, Walter 144
Brown, Willie 56
Brubeck, Dave 27, 29, 37, *162,* 200-201, 208-209, 213, 225, 227, 229, 261, 288
Bruce, Jack 254
Bruckner, Anton 30
Bruel, Max 48
Brunies, George 89-90

Brunner, Peter 18, 22
Bryant, Willie 152
Buchanan, Elwood 202
Buckner, Milt 130
Buford, Lawson 106
Burdon, Eric 63
Burns, Ralph 292
Burns, Tito 48
Burrell , Kenny 221, 265
Burton, Gary 246, 259
Butterbeans And Susie 60
Butterfield, Paul 63
Butts, Jimmy 146
Byas, Don 46, 55, 127, 154, 194
Byrd, Charlie 243, 261
Byrd, Donald *183,* 212, 215, 256, 265
Byron, Don 32

Cab Jivers, The 153
Caceres, Ernie 148
Caine, Michael 220
Callender, Red 223
Calloway, Cab 44, 47, 70, 122, 136, 152-153, 291-292, 299, 303, 319,
Calloway, Blanche 292
Candoli, Conte 132
Candoli, Pete 135
Canned Heat 248
Cannon, Hughie 77
Capellen, Georg 261
Capone, Al 10, 97, 319, 459
Carey, Mutt 76
Carmichael, Hoagy 104, 115, 287, 292
Carmichael, Stokeley 242
Carney, Harry 117, 124
Carreras, José 250
Carroll, Barbara 195
Carroll, Joe 157
Carter, Benny 45-46, 48, 94, 112, 128, 152-153, *183,* 204, 282, 297, 299, 311, 317
Carter, Betty *169,* 298, 322

Carter, Ron 27, 207, 221, 255, 257, 274, 276-277
Caruso, Enrico 70
Casa Loma Band 49
Casa Loma Orchestra 105, 112, 115, 151, 292
Cassavetes, John 222
Catlett, Big Sid 102, 145
Cecil Taylor Unit 229
Celestin, Oscar 77, 100, 106
Chaloff, Serge 135, 315
Chambers, Dennis 255
Chambers, Elmer „Muffle Jaw" 94
Chambers, Joe 258
Chambers, Paul 206, 265
Chaplin, Saul 331
Charles, Dennis 228
Charles, Ray 53, 60, 71, *168,* 213, 253
Charles, Teddy 224
Chauvin, Louis 73
Cheatham, Doc 50, 276, 321, 323
Cherry, Don 218-219, 230-232, 234, 261, 263-264, 266
Cherry, Neneh 264
Chicago Symphony Orchestra 113, 256
Chinmoy, Guru Sri 254
Chocolate Kiddies 332
Chopin, Frederic 260, 281
Christensen, Jon 245
Christian, Charlie 116, 152, 159-160, 193, 249, 320
Christy, June 132, 307
Chruschtschow, Nikita 338
Circle 258
Cirillo, Wally 224
Clapton, Eric 56, 61, 63, 254
Clark, June 125
Clarke, Kenny 46, 138, 141, 146, 152-153, 155-156, 159, 194-195, 199, 204, 210, 224, 246, 320
Clarke, Stanley 255, 258
Clarke-Boland-Big Band 250

Clay, James 231
Clayton, Buck 127, 140, 314
Clayton-Thomas, David 247
Cleveland Orchestra 274
Clinkscales, Marietta 119
Clouds Of Joy 143
Cobb, Arnett 231
Cobham, Billy 214, 254
Cochran, Phil 242
Cocker, Joe 63
Cocteau, Jean 57
Cohen, Leonard 54
Cohn, Al 200
Cole, Nat King 16, 102-103, 155, 216, 253, 282, 286, 300-303, 304, 312
Cole, Cozy 102, 152-153, 291
Coleman, Bill 46
Coleman, Denardo 235
Coleman, George 214
Coleman, Ornette *178,* 207, 218-219, 230-235, 240, 243-244, 263, 272, 308
Collette, Buddy 223, 249
Collier, James Lincoln 38, 51, 91, 95, 98-99, 119
Collins, Howard 211
Collins, Junior 204
Collosseum 246
Colomby, Bobby 247
Coltrane, John 16, 62, 156, 159-160, 206, 218-220, 235-240, 243, 248-249, 261, 263, 276
Coltrane, Alice 240
Columbia Jazz Combo 29
Colyer, Ken 47, 92
Combelle, Alix 46
Como, Perry 301
Concert Jazz Band 267
Concertgebouw Orchestra Amsterdam 259
Condon, Eddie 106-107, 290, 293, 320

Conley, William Lee 55
Connick jun., Harry 310
Connor, Chris 307
Connors, Red 231
Conover, Willis Clark 314, 337
Cook, Junior 214
Cook, Will Marion 86, 236
Cook, Willie 123
Cooper, Bob 133
Copland 118
Corea, Chick 207, 254-256, 258-259
Corso, Gregory 222
Coryell, Larry 246, 255
Coss, Bill 223
Costa, Don 310
Cotton Club Orchestra 291
Covington, Warren 257
Cow, Bill 209
Cox, Ida 57
Cranshaw, Bob 219
Crayton, Pee Wee 230-231
Cream 53, 246
Creole Jazz Band 84, 100
Crosby, Bing 95, 102, 112, 128, 135, 286, 288-290, 292, 305, 308-310
Crosby, Bob 290
Crouch, Andrae 272
Crouch, Stanley 271-272
Crudup, Arthur „Big Boy" 216
Curson, Ted 224, 228
Cuscuna, Michael 257
Cyrille, Andrew 228-229

Dailey, Al 220
Dameron, Tadd 156, 204, 215
Damrosch, Walter 284
Dance, Stanley 279
Daneen, Charles S. 107
Daniels 81
Danielsson, Palle 245
Darensbourg, Joe 103
Darling, Wayne 51

Dauer, Alfons M. 34
Dauner, Wolfgang 246, 250, 253, 267
Davenport, Cow-Cow 61
Davis. Miles 11, 16, 39, 62, 147-148, 155, 201-210, 215, 217, 218, 221, 229, 235, 238-239, 245-246, 252, 254-255, 257-259, 270, 273-274, 277, 305
Davis jun., Sammy 16, 17, 72, 128, 242, 290, 303
Davis, Art 239
Davis, Eddie „Lockjaw" 128, 323
Davis, Francis 278
Davis, Gary 57
Davis, Johnny Scat 131
Davis, Palmer „Fats" 152
Davis, Steve 239
Davison, Wild Bill 91, 315, 323
De Franco, Buddy 148
De Johnette, Jack 235, 267, 272
De La Soul, Trio 269
Dean, James 213, 247
Deans Of Swing 143
Debussy, Claude 74, 118, 238, 260, 275, 281
Deems, Barrett 102, *174*
Deep Purple 53
Defender Boy's Band 129
DeFrancesco, Joey 255
DeFranco, Buddy *178,* 212
DeJohnette, Jack 62, 257
Delaunay, Charles 194
Delire, Jean 55
Delta Rhythm Boys 298
Dennis, Willie 199, 224
Denver Symphony Orchestra 95
Desmond, Paul 200-201
Detroit Symphony Orchestra 265
Deuchar, Pete 254
Deuvall, Roy 51
DeVol, Frank 299
Dewey, Lawrence 83
Di-Meola, Al 255
Diana Ross & The Supremes 54

Dickbauer, Klaus 322
Dickenson, Vic 127, 315
Dickerson, Carroll 101
Die Acht 338
Dixie Hummingbirds 69
Dixie Syncopaters 84
Dixon, Bill 228, 244
Dixon, Charles 94
Dixon, Willie 58
Dodds, Baby 101
Dodds, Johnny 43, 96, 101, 115
Dodds, Warren „Baby" 43
Dodge, Bobby 51
Dollar, Brand 261
Dolphy, Eric 62, 224, 232, 239, 256
Domingo, Placido 249, 275
Domino, Fats 53, 213
Dorham, Kenny 212, 256, 305
Dorham, Kinney 155
Dorsey, Jimmy 115, 137, 155, 309
Dorsey, Jimmy und Tommy 105,
112, 273, 287, 290, 292
Dorsey, Tommy 94, 131, 287, 309,
333
Douglas, Louis 50
Douglas, Tommy 143-144
Dove, Billie 295
Dr. Hayes & Cosmopolitan Church
Of Prayer Choir 317
Drew, Kenny 195
Drew, Martin 281
Drewo, Karl 17
Drifters 54
Duchin, Eddie 122
Dunn, Johnny 43
Dupree, „Champion" Jack 58
Durham, Bobby 281
Durham, Eddie 127
Dusens Eagle Band 82
Dutch Swing College Band 92
Dutoit, Charles 274
Dutrey, Honore 43
Dvorak, Antonin 30
Dylan, Bob 54, 247, 311

Eager, Allan 194
Eagle Band 83, 86
Eardley, Jon 209
Earth, Wind And Fire 54
Eckstine, Billy 146, 149, 154, 203-
205, 212, 304
Economou, Nicolas 258
Edison, Harry „Sweets" 127, 211, 252
Edwards, Cliff 290
Edwards, Eddie 88
Eldridge, Roy 16, 112, 141, 151-
152, 160, 203, 265
Electric Band 259
Elkhom Singers 59
Ellington, Duke 10, 13, 16, 30, 38,
44-45, 47, 50, 62, 69, 74, 86, 94,
108-109, 112, 115, 117-125, 129,
131, 136, 139, 154, *166,* 206, 216,
223-225, 229, 234, 236, 246, 259,
262, 272, 275-276, 283-284, 290,
292-293, 299, 302-303, 307, 310,
313-314, 319, 334-336
Ellington, Mercer 125, 234
Ellis, Herb *188,* 281, 299
English Chamber Orchestra 273
Enois, Leonard „Lucky" 144
Erich Quartett 322
Ericson, Rolf 48
Erskine Tate Orchestra 129
Erskine, Peter 252-253
Ertegun, Nesuhi 232
Erwin Lehn Orchester 49
Estes, Simon 70
Eureka Brass Band 77
Eurojazz Orchestra 251
European Rhythm Machine 250
Evans, Bill 255, 303
Evans, Gil 201-202, 204, 206, 208-
209, 228, 246-247
Evans, Herschel 127, 143
Evans, William 237, 265
Ewans, Kai 48
Excelsior Brass Band 79

Faddis, Jon 278
Fairfax, Frank 152
Fame, Georgie 254
Farberman, Harold 211
Farlow, Tal 223, 254
Farmer, Art 51, 130, *179,* 209, 214, 276-277, 323
Farrell, Joe 258
Fauré 275
Favors, Malachi 243
Fawkes, Wally 47
Feather, Leonard 193, 296, 336
Feetwarmers 49
Fehring, Johannes 51, 252
Ferguson, Maynard 132, 246, 251, 281
Ferlinghetti, Lawrence 222
Ferrara, Don 199
Finkelstein, S. 33
Fishkin, Arnold 198
Fisk Jubilee Singers 66
Fitzgerald, Ella 13, 16, 18, 60, 111, 128, 211, 242, 281, 284, 286-288, 293, 297-300, 303, 310, 313-314, 321
Five Blind Boys Of Mississippi 69
Five Pennies 115
Flanagan, Tommy *184,* 298
Fleck, Robert 30
Flemming, Herb 50
Forrest, Helen 293
Foster, Al 208, 221
Foster, Frank 128
Foster, Pops 83
Fountain, Pete 273
Four Tops 53
Foye, Hope 70
Frank Guarente's Georgians 331
Franklin, Aretha 53, 71, 250
Franklin, C. L. 250
Free Spirits 255
Freed, Alan 213
Freeman, Bud 105-106, 114-115, 197, 199, 287

Friar's Society Orchestra 89
Friedell, Egon 321
Friesen, David 262
Frisco Jazz Band 291
Frisell 322
Fritz, Johann 17
Fuller, Blind Boy 57
Fuller, Curtis *164,* 213, 252, 265, 276

Gabriel, Peter 257
Gadd, Steve 252
Gale, Eddie 244
Gales, Eddie 228
Gamage, Gene 281
Ganelin, Wjatscheslaw 339
Gang Starr 270
Garbarek, Jan *187,* 245
Garland, Judy 284
Garland, Red 195, 206, 237
Garner, Erroll 146
Garrison, Jimmy 220, 233, 239-240
Gaskin, Leonard 198
Gaslini, Giorgio 264
Gastel, Carlos 302, 304
George, Fatty 15, 92, 251
Georgians 47
Gershwin, George 28-29, 95, 122, 284-286, 291, 333
Gershwin, Ira 284
Gerun, Tom 134
Getz, Stan 16, 48, 116, 132, 135, 148, 200, 209, 213-214, 243, 258, 261, 338
Ghetto Swingers 327
Gibbs, Terry *178,* 193, 214
Gibson, Cleo 57
Giddins, Gary 271
Gillespie, „Dizzy" John Birks 11, 16, 18, 38, 140-141, 145-148, 150, 152-158, 160, 193-194, 196, 203, 210, 218, 223, 232, 236-237, 245, 261-262, 265, 272, 273, 276, 284, 291, 299, 303, 305, 307, 313, 320, 337

GilmoreI, Buddy 50
Ginsberg, Allen 222
Giuffre, Jimmy 205, 227,244
Glaser, Joe 102, 144, 311
Glenn, Tyree 291
Godowsky, Leopold 108
Goebbels, Joseph 325
Goines, Herbie 254
Golden Gate Quartet 70
Goldkette, Jean 95, 104-105, 287, 331
Goldmark, Rubin 284
Goldstein, Oscar 195
Golson, Benny *164,* 213, 221, 236, 276, 323
Gonella, Nat 46
Gonsalves, Paul 124, 156, 272
Gonzales, Babs 216
Gonzelle White And The Big Jazz Jamboree 125
Goodie, Frank „Big Boy" 46
Goodman, Benny 10, 13, 16, 18, 29-30, 44, 58, 74, 85, 94, 96, 106, 110-118, 125, 127-131, 136-137, 153, 249, 274, 283-284, 287, 292-293, 295, 299, 301, 303, 307, 309, 311, 327, 333-335, 338
Goodman, Harry 116
Goodman, Jerry 255
Goodrick 322
Gorbatschow, Michail 339
Gordon, Dexter 130, 194, 205, 221, 245, 256, 263, 305
Gordon, Joe 214
Gospelaires 69
Gottlieb, Dan 255
Gould, Bud 144
Gourse, Leslie 301
Graas, John 133, 205
Graettinger, Bob 133
Grandmaster Flash & The Furious Five 269
Grant, Henry 119
Granz, Norman 18, 147, 218, 279, 296, 298-299, 312-313

Grappelli, Stephane 46, *170,* 249
Gravat, Eric 252
Gray, Glen 105, 115
Gray, Wardell 116, 263
Greame Bells Australian Jazz Band 92
Green, Bennie 140, 146, 224
Green, Benny *180,* 213, 278, 323
Green, Freddie 127
Green, Guitar Slim 63
Green, John W. 283
Green, Long 94
Greer, Sonny 120-121, 238
Grennadier, Larry 322
Grey, Al *183*
Grieg, Edvard 124
Griffin, Johnny 39, 130, 160, *161,* 193, 213, 221
Grimes, Tony 146
Grimes, Henry 228
Grofé, Ferde 95
Gruntz, George 251, 266-267
Guerra, Mike 236
Guido von Arezzo 25
Gulda, Friedrich 15, 17, 51, 251-252, 253, 258-259, 267-268, 324
Gullin, Lars 48
Guns 'N' Roses 53
Gurtu, Trilok 322
Guy, Fred 121
Guy, Joe 320

Hackett, Bobby 202, 315
Haden, Charlie 232, 234-235, 245, 264
Hagwood, Kenny 204
Haig, Al 146-147, 193, 204, 306
Haley, Bill 53, 61, 213
Hall, Adelaide 50, 292, 328
Hall, Edmond 102, 315
Hall, Jim 219, 276
Halletz, Erwin 17
Hamilton, Chico 209
Hamilton, Jimmy 124

Hamilton, Scott 245
Hammer, Jan 254
Hammerstein, Oscar 285
Hammond, John 115, 126, 129, 144, 292, 295, 297, 311-312
Hampel, Gunter 254
Hampton, Lionel 15-16, 61, 116-117, 128-130, 140, 152, *163,* 215-216, 220, 223, 246, 291, 301-302, 310
Hampton, Slide 251
Hancock, Herbert Jeffrey „Herbie" *186,* 207, 254-259, 269, 274, 308
Händel, Georg Friedrich 26, 274
Handerson, Eddie 256
Handy, William Christopher 43, 53, 64, 76-77, 91, 93, 283
Handy, „Captain" John 92
Hardin, Lilian „Lil" 43, 100-101
Harding, Buster 128
Hardwicke, Otto 120-121
Hargrove, Roy 276
Harlem Feetwarmers 121
Harnoncourt, Nikolaus 259
Harper, Lee 51
Harris, Barry 195, 265
Harris, Benny 155
Harris, Bill 214
Harris, Eddie 214, 248
Harris, Sugarcane 249
Hart, Billy 256
Hart, Clyde 146, 152, 193
Haskins, James 130
Hasselgard, Stan 48
Hassell, Jon 262
Hawes, Hampton 205
Hawkins, Coleman 26, 37, 45-48, 94, 112, 115, 134, 146, 150, 152, 159, 1965 203, 214, 216, 220, 237, 252, 280, 282, 292, 320
Hayden, Scott 73
Haydn, Joseph 31, 274
Hayes, Edgar 152
Hayes, Louis 214, 281

Hayes, Roland 70
Haynes, Roy 252, 259
Heard, J. C. 147
Heath, Albert 211
Heath, Jimmy 38, 156, 210, 237
Heath, Percy 149, 206, 211, 232, 237
Heath, Ted 48, 50
Hefti, Neal 135
Hellborg, Jonas 255
Heller, André 321
Hemphill, Julius 245, 272
Henderson, Fletcher 10, 58, 93-95, 100, 102, 110, 116, 120, 123, 212, 216-217, 297, 311, 334
Henderson, Horace 95
Henderson, Joe *181,* 214, 256, 259
Hendricks, Barbara 70
Hendricks, Jon 305-306, 308
Hendrix, Jimi 53, 63, 208, 247
Hentoff, Nat 217
Henze, Hans Werner 266
Herbert, Mort 103
Herbolzheimer, Peter 246
Herman, Woody 15, 29, 44, 112, 133-137, 198, 258, 310
Heywood, Eddie 298
Hibbler, Al 145
Hicks, Garney 51
Higgins, Billy 219, 231-233, 235, 239
Hill, Bertha Chippie 57
Hill, Teddy 146, 152, 159
Hindemith, Paul 29, 31, 74, 274, 331
Hines, Earl „Fatha" 10, 69, 97, 101-102, 106, 140, 193-195, 237, 276, 282, 301-302, 305, 324, 338
Hinton, Milt 37, 152-153
Hiseman, John 254
Hite, Les 129, 153
Hoagland, Everett 131
Hodeir, André 46
Hodes, Art 91, 323
Hodges, Johnny 112, 117, 122, 124, 228, 236, 238, 292
Hoffmann, Josef 321

Holiday, Billie 262, 286, 293-297, 298, 300, 302, 311-312
Holland, Dave 254, 257-258, 271
Holler, Karl Heinz 33
Hollies 53, 248
Honegger, Arthur 274
Hooker, John Lee 57, 59-60
Hooper, Lou 281
Hope, Elmo 195
Hopkins, Claude 120, 152-153
Hopkins, Lightnin' 57
Hornbostel, E. M. von 33
Horne, Lena 45, 154, 286, 299
Hot Five 101, 103, 105
Hot Seven 101, 103, 105
House, Son 56
Howard, Paul 129
Howlin' Wolf 56
Hubbard, Freddie 179, 211, 215, 232, 274
Hucko, Peanuts 103
Hughes, Revela 93
Humair, Daniel 250
Humes, Helen 293
Hummel, Johann Nepomuk 274
Hunter, Alberta 57, 63, 289
Hurok, Sol 117
Hutton, Marion 293
Hylton, Jack 47, 50

Ibrahim, Abdullah (Dollar Brand) 191, 261, 321
Indianapolis Symphony Orchestra 133
Indonesian All Stars 263
Ink Spots 299
International Youth Band 266
Ioakimidis, Demètre 217
Ives, Charles 74
Izenzon, David 233

Jackson, Calvin 153
Jackson, Chubby 145, 198
Jackson, John 145

Jackson, Mahalia 35, 69-71
Jackson, Michael 54, 208
Jackson, Milt 71, 148, 155, 157-158, 205, 210, 213
Jackson, Quentin 291
Jackson, Tony 86
Jacobs, Jacob 331
Jacquet, Illinois 130, 211, 223, 312
Jamal, Ahmad 303
James, Elmore 56
James, Harry 16, 115-116, 128, 203, 309
Jarreau, Al 175, 308
Jarrett, Keith 213, 245, 258-260, 274, 339
Jazz Cardinals 83
Jazz Hounds 43
Jazz Messengers 212, 214, 274
Jazzmatazz 318
Jefferson Airplane 248
Jefferson, Blind Lemon 55
Jeffries, Herb 304
Jenkins, Freddie 122
Jenkins, Gordon 310
Jenkins, Leroy 249
Jenny-Clark, Jean François 264
Jobim, Antonio Carlos 261
Johnson, Alphonso 252
Johnson, Bill 43
Johnson, Budd 203
Johnson, Bunk 76, 79, 86
Johnson, Charlie 73
Johnson, Gus 144, 299
Johnson, James P. 43, 75, 108, 121
Johnson, Jay Jay 127, 148, 155, 192, 204, 216, 224, 252, 312
Johnson, Lonnie 216
Johnson, Lyndon B. 241
Johnson, Marc 211
Johnson, Pete 61, 320
Johnson, Robert 56
Johnson, Willie 70
Johnson, Willie „Bunk" 82
Jolivet, Andre 274

Jolson, Al   289
Jones, Elvin   216, 218, 220, 239-240
Jones, Harold   265
Jones, Isham   136
Jones, Jo 126-128, 144, 193, 315, 320
Jones, Jonah   291
Jones, Joseph   99
Jones, Le Roi   243
Jones, Maggie   125
Jones, Philly Joe   149, 205-206
Jones, Quincy   16, 128, 130, 208, 252, 302, 333
Jones, Richard M.   83
Jones, Thad   128, 215, 224, 246, 252
Jones, Wallace   154
Joplin, Janis   53, 63, 248
Joplin, Scott   64, 73-75, 311
Jordan, Duke   148
Jordan, Joe   74
Jordan, Louis   135, 216, 290, 306
Jordan, Ronnie   270
Jordan, Sheila   300
Jordanaires   70
Jost, Ekkehard   226
Jungle Band   121

Kahn, Steve   247
Kalbasew, Sergej   334
Kalman   285
Kaminsky, Max   315, 324
Kamuca, Richie   132
Kansas City Seven   127
Kansas City Six   137
Kapp, Jack   290, 292
Kassel, Art   114
Kay, Connie   210
Kaye, Danny   288
Keezer, Geoff   276
Kelly, Gene   284
Kelly, Grace   102
Kelly, Wynton   195
Kelsey, Bishop   71

Kennedy, John F.   241
Kenton, Stan   16, 30, 36, 131-133, 148-149, 156, 205, 209, 227, 277, 306
Keppard, Freddie   82-84, 86, 106
Kern, Jerome   28, 284-285
Kerouac, Jack   222, 320
Kershaw, Doug   54
Kessel, Barney   *163,* 281
Khan, Lateef   264
Kimbler, Allen   265
King, B. B.   59-60, 74, *168,* 248, 317, 325
King, Martin Luther   156, 218, 221, 241, 243
King, Raymond   272
Kingston Trio   247
Kinks   53, 248
Kirby, John   154, 194
Kirk, Andy   130-131, 143, 154, 197, 202, 216
Kirk, Roland   225, 247, 249, 266
Kirkland, Kenny   276
Klein, Oscar   *182,* 263, 324
Kleinschuster, Erich   51
Klestil, Thomas   *185,* 316
Klimt, Gustav   321
Knepper, Jimmy   224
Knight, Joe   238
Kobakow, Iwan   335
Koehler, Ted   288
Koenig, Lester   205, 232
Koenigswarter, Nica de 149, 159, 195
Kofsky, Frank   249
Kokoschka, Oskar   321
Kolax, King   236
Koller, Hans   17, 51, *182,* 251
Konitz, Lee   132, *181,* 193, 198-199, 202, 204, 277
Kooper, Al   246
Kovac, Roland   251
Krall, Diana   300
Krassnitzer, Heinz   18, 316, 321
Kregcyk, Rudy   51

Krenek, Ernst 29
Krupa, Gene 16, 116-117, 128-130, 209, 287, 305-306
Krupischew, Boris 333
Kühn, Joachim 267
Kuhn, Steve 239
Kujala, Steve 258
Kurt-Strobel-Orchester 337
Kussewitzky, Sergeji 133
Kyle, Billy 102, 193

La Faro, Scott 232-233
La Menthe, Ferdinand Joseph 79
La Porta, John 223
La Violette, Wesley 205
Lacy, Steve 219, 228-229, 263
Ladnier, Tommy 45, 48, 50, 58, 86
Laine, Cleo 60, 304
Laine, Jack „Papa" 40, 87
Laird, Rick 254
Lake, Oliver 245, 272
Lamb, Joseph 73
Lambert, Hendricks & Ross 305-306
Land, Harold 215, 217
Landford, William 70
Landsberg, Georgi 333
Lang, Eddie 95, 105, 287
Langer, Walter Richard 17
Lannigan, Jim 106
LaRoca, Pete 218, 239
LaRocca, Nick 43, 87-91, 96
Lassiter, Melvin 231
Lateef, Khan 264
Lateef, Yusef 155, 237, 252, 265-266
Lauer, Christof 267
Lauper, Cindy 208
Lawson, Hugh 265
Leadbelly 54-56
Led Zeppelin 53
Ledbetter, Huddie 55
Lee, David 220
Legrand, Michel 239
Lehar, Franz 28
Leigh, Mitch 28

Leoncavallo, Ruggiero 28
Leppard, Raymond 273-274
Lester, Joel 211
Levey, Stan 146-147, 193, 306
Levy, John 296
Levy, Lou 289-299
Levy, Morris 320
Lewis, George 77, 457
Lewis, Jerry Lee 53
Lewis, John 27, 92, 156-157, 201-202, 204, 210-211, 224, 227, 232, 261, 274, 315, 333
Lewis, Meade „Lux" 53, 61
Lewis, Mel 246
Lewis, Ted 113-115
Lichter, Joey 134
Lieben, Joachim 18
Liebermann, Rolf 266
Liebman 322
Lincoln, Abbey 300
Lippegaus, Karl 260
Lippmann, Horst 327, 330
Litterst, Gerhard 270
Little, Booker 215
Littleton, Humphrey 92
Litton, Andrew 275
Livingston, Fud 114
LL Cool J 269
Lloyd, Charles 172, 338-339
Loewe, Frederick 28
Lofsky, Lorne 281
Lofton, Cripple Clarence 61
Logan, Eli 143
Lomax, Alan 55, 80
Longo, John 273
Longstreet, Stephen 34
Lopez, Raymond 87
Los Angeles Philharmonic 274
Louisiana Red 58, 322
Loussier, Jacques 27
Lovano 322
Lowe, Mundell 285
Loyacano, Arnold 87
Lucia, Paco de 255

Lunceford, Jimmie 10, 131-132, 136, 236
Luter, Claude 45, 92
Lyons, Jimmy 229
Lyttelton, Humphrey 47

Maazel, Lorin 274
Mabane, Bab 144
Macero, Teo 223
Madness 54
Magnolia Band 83
Mahara Minstrels 64
Mahavishnu Orchestra 254-255, 258
Mahler, Gustav 30
Makeba, Miriam 261
Makowicz, Adam 267
Malle, Louis 207
Mangelsdorff, Albert 51
Mangiapane, Sherwood 88
Mangione, Chuck 212
Manhattan Transfer *184,* 252, 306, 317
Mann, Herbie 258
Manne, Shelly 132-133, 136, 148, 193, 205, 218, 230, 323
Mantler, Mike 228, 244
Mantronix 269
Marable, Fate 100
Marcuse 247
Mares, Paul Joseph 89, 97
Maria, Tania 307
Mariano, Charlie 262
Marky, Paul Alexander de 281
Marley, Bob 54
Marrero, Billy 82
Marrow, Esther „Queen " 71
Marsalis, Wynton 12, 29, 84, 91, *165,* 212, 215, 257, 271-278, 300, 310, 317, 323
Marsalis, Branford 211, 213, 270, 275
Marsalis, Ellis 310
Marsh, Warne 198
Marshall, Arthur 73
Marshall, Kaiser 94

Marshall, Wendell 251
Martin, Barry 92
Martin, Lois 211
Martin, Stu 251
Martini, Louise 321
Martins, Peter 275
Marx, Chico 304
Masakela, Hugh 261
Mascagni Pietro 28
Masman, Theo Uden 48
Massey, Cal 239
Matthews, Artie 73
Maupin, Bennie 214, 256
May, Billy 257, 299, 310
Mayall, John 54, 59
Maybelle, Big 236
MC Hammer 269
McCall, Steve 242
McCandless, Paul 245
McDermont, Galt 28
McFarland, Gary 211
McFerrin, Bobby *175,* 211, 308
McGhee, Brownie 57
McGhee, Howard 130, 145, 154, 237
McHugh, Jimmy 283
McKenzie, Red 95, 107
McKibbon, Al 160, 204
McKinley, Ray 273
McKinney's Cotton Pickers 110
McLaughlin, John 207, 254-255, 258-269
McLean, Jackie 205, 213
McLeod, Alice 239
McNeely, Big Jay 231
McPartland, Dick 106
McPartland, Jimmy 105, 114, 315, 319
McRae, Carmen 138, 195, 296-297
McShann, Jay 131, 144, 263
McVea, Jack 312
Meavers, Jackson Edgar 241
Medwed, Iwan 335
Meierhold, Wsewolod 332

353

Mel-Tones 304-305
Melhardt, Axel 323
Mell, Max 321
Mellor, Brothers 49
Melvin, Mel 237
Mendelssohn-Bartholdy, Felix 30
Mendt, Marianne 321
Mercer, Johnny 135, 288
Meroff, Benny 114
Merrill, Helen 266, 300
Merz, Carl 321
Messiaen, Olivier 229
Metheney, Pat 234
Metronome All Stars 148
Metronome Quintett 49
Mezzrow, Mezz 38, 46, 91, 97, 319
Middleton, Velma 102
Midway Gardens Orchestra 114
Miles, Isaac 98
Milestone All Stars 221
Miley, Bubber 115, 121, 283, 287
Milhaud, Darius 29, 31, 132, 200-201, 285
Milkowski, Bill 247
Miller, Glenn 13, 44, 112, 114, 125, 136, 257, 293, 329, 333, 335
Miller, Johnny 301, 312
Miller, Marc H. 98-99
Miller, Marcus 208
Miller, Max 306
Miller, Mulgrew 213, 278
Millinder, Lucky 70, 145, 152-153, 212, 265
Mills Brothers 47, 305
Mills, Irving 115, 121, 283, 292
Mingus, Charles 38, 62, 149, 157, 222-225, 230, 265
Minor, Orville „Piggy" 144
Minton, Henry 146
Missourians 291
Mitchell, Blue 214, 258
Mitchell, Grover 128

Mitchell, Red *188*, 232, 263
Mitchell, Roscoe 243
Mo Bee Easy 270
Mobley, Henry „Hank" 212, 214, 221
Modern Jazz Quartet 156, *185*, 210, 227, 232, 313
Moffett, Charles 233
Monk, Thelonious 11, 149, 153, 155, 158-160, 193-194, 216, 218, 229, 237, 239, 262, 275-276, 320
Monroe, Marilyn 284
Monteverdi, Claudio 26
Montgomery, Little Brother 61
Montgomery, Monk 249
Montgomery, Wes 248
Montreal High School Victory Serenaders 281
Moody, James 155
Moog, Robert A. 253
Moore, Oscar 301
Moreira, Airto 252, 258
Morello, Joe 200
Morgan, Lee 213-215
Morgenstern, Dan 244
Mori, Tenko & Ikue 317
MorrisI, William 123
Morrison, James *165*
Morrison, Jim 63
Morrison, Peck 209
Morrison, Van 63
Morrow, George 215
Morton, Jelly Roll 9, 43, 79-80, 89, 91, 96, 99
Moses, Bob 246, 267
Moten, Bennie 126, 143, 293
Moten, Buster 126
Motion, Paul 245, 322
Motorhead 53
Motta, Arthur 328
Mouzon, Alphonse 252
Moye, Don 243
Mozart, Leopold 274
Mozart, Wolfgang Amadeus 28-30, 118

Mugge, Robert 221
Mulligan, Gerry 48, 132, 148, *162,*
200-202, 204, 209, 213, 227, 276,
304, 314, 323, 333, 338
Mundy, Jimmy 128
Munson, Dick 135
Muranyi, Joe 103
Murphy, Turk 92, 320
Murray, David 271-272, 323
Murray, Sunny 228, 244, 250, 263
Murrow, Edward 102
Music Makers 309
Musso, Vido 131-132
Mussolini, Romano 263
Mussorgsky, Modest 28, 275
Muthspiel, Brüder 51
Muthspiel, Wolfgang 322
Mytteis, Herbert 50, 328

Nance, Ray 124
Nanton, Joe „Tricky Sam " 121
Nash, Lewis 276, 282
Nathanson, Wynn 117
Naura, Michael 49
Nauseef, Mark 262
Navarro, Fats 148, 154, 194-196,
215, 305
NBC-Symphony Orchestra 123
Neidlinger, Buell 228
Nelson, Louis 79, 86, 92
Nelson, Oliver 220, 252, 256
Neophonic Orchestra 132
Nestico, Sam 128
Neubrand, Heinz 17, 51
New Orleans Philharmonic
Orchestra 274
New Orleans Rhythm Kings 89, 97,
114
New Orleans Wanderers 96
New York Philharmonic 274
Newman, Joe 127, 324
Newport All Stars 315
Newton, Huey 242
Newton, James 271

Newton, Lauren 300
Nicholas, Albert 84, 89, 323
Nichols, Red 95, 115, 288, 311
Nickrenz, Scott 211
Nirvana 53
Noble, Ray 283
Noone, Jimmy 106, 113, 115, 301
Norman, Gene 205
Norman, Jessye 70, 299
Norris, Walter 231
Norvo, Red 95, 116, 147, 197, 223,
287, 292
Nubin, Rosetta 70

O'Brien, Floyd 106
O'Day, Anita 132, *167,* 306
O'Farrill, Chico 128, 132
Odemark, Ronald 265
Odetta 70
Offenbach, Jacques 28
Olantunji, Babtundi 240, 265
Oliver, Joe „King" 43, 80, 83-86,
90, 96, 100, 104, 106, 276, 314
Oliver, Sy 131, 310
Olympia Orchestra 82
One Truth Band 255
Onward Brass Band 77, 83
ORF-Big Band 51
Original Creole Jazz Band 43, 85
Original Dixieland Jass Band 88
Original Dixieland Jazz Band 40,
43, 46, 48, 88, 330
Original Orchestra 331
Ory, Edward „Kid" 43, 76, 83, 85-
86, 91, 99-101, 106, 225
Osterwald, Hazy 49
Otis, Johnny 63
Otto Lechner Quartett 322
Otto Lechner Tentett 322
Owens, Henry 70

Page, Oran „Hot Lips" 138, 228,
265
Page, Walter 126-127, 143, 293

Paich, Marty 304
Palestrina, Giovanni da 26
Palme, Jeff 50
Palmer „Fats" Davis 152
Panassié, Hugues 34, 106, 139-140, 194
Papa Bues Viking Jazz Band 49
Parker, Charlie „Bird 11, 36, 45, 62, 126, 140-150, 153-157, 193-195, 199, 202-205, 210, 216-217, 221, 223, 230, 232, 236, 252, 262, 272, 275-276, 303, 305-306, 313, 320, 337
Parnach, Walentin 332-333, 335, 339
Parnell, Jack 48
Pass, Joe 128
Pasterk Ursula 316
Pastor, Tony 72
Pastorius, Jaco 247, 252, 255
Patterson, Sam 74
Patton, Charl 56
Paudras, Francis 195
Pauer, Fritz 267
Paul, Les 301, 312
Pavarotti, Luciano 249
Payne, Cecil 155
Payne, Don 231
Peacock, Gary 263
Pedersen, Niels-Henning Orsted 281
Pepper, Art 132-133, 205
Percussion Profiles 267
Perez, Manuel 82-83
Perkins, Walter 219
Perlman, Itzhak 75, 281
Perry, Oliver „Doc" 119
Peter, Paul And Mary 247
Peterson, Oscar Emmanuel 16, 18, 27, 162, 257, 280-282, 288, 298-299, 301, 307, 313, 323
Petit, Buddy 79, 90, 99
Petrowsky, Ernst-Ludwig 267
Pettiford, Oscar 136, 154, 194-195, 214, 218, 223
Peyton, Bennie 45, 86

Pfarr, Christian 33
Pfeiffer, Bernard 46
Phillips, Barre 251
Phillips, Flip 135, 147
Picou, Alphonse 79
Pink Floyd 54
Pittsburgh Symphony Orchestra 216
Podolsky, Charles „Murph" 114
Police 53
Polillo, Arrigo 86, 142, 197, 208, 211, 228
Pollack, Ben 106, 114-115
Pollock, Jackson 213
Ponomarev, Valery 339
Ponty, Jean-Luc 249, 255
Portal, Michel 250, 322
Porter, Cole 28, 286, 291
Portisch, Hugo 324-325
Poston, Joe 106
Potter, Tommy 148, 3065
Poulenc, Francis 118, 274, 285
Powell, Bud 149, 155, 157-158, 193-195, 214-216, 223, 259
Powell, Chris 215
Powell, Richie 193, 215
Pozo, Chano 156, 261
Prager Swingorchester 334
Predieri, Luca Antonio 274
Premier, D.J. 270
Preservation Hall Jazz Band 92
Preßler, Franz (Fatty George) 15
Presley, Elvis 53, 213
Previn, André 30, 75, 274, 285, 299
Price, Sam 61
Pridgett, Malissa Nix 56
Priester, Julian 256
Prince 54, 257
Prince, Wesley 301
Procope, Russell 124
Provenzano, John A. 81
Public Enemy 54, 269
Puccini, Giacomo 28
Pullen, Don 225

Purim, Flora 258, 307
Puschnig, Wolfgang 51
Puthli, Asha 234

Qualtinger, Helmut 321
Quintet du Hot Club de France 46-47

Ra, Sun 38, 250, 253
Rabbit Foot Minstrels 56
Rachmaninoff 201, 275, 301, 308
Radek, Karl 335
Raeburn, Boyd 153
Rainey, Ma 56-57, 60, 70
Ramblers 48
Ramey, Gene 144
Randa, Gerhard *191,* 316
Rapper Guru 270
Rappolo, Leon 89, 115
Rastelli, Matthew 237
Ratzer, Karl 322
Ravel, Maurice 74, 104, 107, 238,
  275, 285
Red Hot Peppers 80
Red, Louisiana 58
Redd, Freddie 149
Redding, Otis 71
Redman, Dewey 234, 245, 264
Redman, Don 95, 120, 216, 290
Redman, Joshua 278
Reed, Lou 264
Reed, Jimmy 59
Reeves, Dianne 300, 321
Reinhardt, Django 46, 59, 134,
  254, 327
Reinschagen, Herman 223
Reliance Brass Band 40, 87
Rena, Kid 85
Renaud, Henri 46
Return To Forever 258
Reweliotty, André 45
Rey, Alvino 223
Rhythm & Blues-Band 215
Rhythm Boys 95, 290, 292, 305
Rich, Billy 254

Rich, Buddy 16, 246, 262, 304, 309
Richard, Little 53, 71, 213
Richards, Keith 56, 59
Richardson, Jerome 276
Richmond, Dannie 224
Riddle, Nelson 299, 303, 310
Ridley, Larry 220
Rimski-Korsakow, Nikolai 29
Rinker, Al 290, 292
Rip & Panic 264
Rivers, Sam 228-229
Roach, Max 147-148, 154-155,
  157, *174,* 194, 196, 204, 212, 215-
  218, 223, 229, 245
Roberts, Lucky 75
Roberts, Marcus 276
Robeson, Paul 70, 156
Robichaux, John 79
Roche, Betty 307
Roda Roda 321
Rodgers, Richard 28, 285, 287
Rodin, Gil 114
Rodney, Red 136, 148-149, 193, 306
Rogas, Henr 88
Rogers, Billie 136
Rogers, Shorty 133, 135, 205
Roker, Mickey 210
Roland, Gene 199
Rolling Stones 53, 56, 207, 248
Rollini, Arthur 95
Rollins, Walter Theodore „Sonny"
  149, *177,* 194, 205, 213, 215-222,
  263
Romano, Aldo 264
Romao, Dom Um 252
Rooks, Conrad 233
Rooney, Wallace 212
Rosner, Eddie 335-336, 338
Rosolino, Frank 132, 323
Ross, Annie 286, 305-306
Ross, Diana 294
Rossini, Gioacchino 28
Rothschild, Victor de 149
Rouse, Charlie 252

Roy, Harry 47
Royal, Ernie 130
Royal, Marshall 127
Rüegg, Mathias 51, 268, 321-322
Rugolo, Pete 132, 148
Run-DMC 269
Rush, Otis 58
Rushing, Jimmy 75, 126, 144, 293
Russell, Pee Wee 37, 104, 287, 315
Russell, Brüder 223
Russell, Curley 146, 306
Russell, George 157, 222, 264
Russell, Luis 102, 110, 311
Russo, William 199

Safranski, Eddie 132, 148
Saluzzi, Dino 268
Sampson, Edgar 111, 116-117, 283
Samuels, Clarence 231
Sandborn, David 255
Sanders, Pharoah 176, 233, 239-240, 264
Sandole, Dennis 237
Santamaria, Mongo 256-257,
Santana, Carlos 255
Sargeant, Winthrop 27
Sartre, Jean Paul 148
Satie, Erik 74
Sauter, Eddie 116, 292
Sax, Joseph Adolphe 236
Sbarbaro, Tony „Spargo" 88
Scarlatti, Alessandro 274
Schifrin, Lalo 157
Schifter, Günter 17
Schillinger, Joseph 284, 333
Schilperoort, Peter 92
Schmidt-Joos, Siegfried 34
Schoepp, Franz 113
Schönberg, Arnold 31, 104, 200
Schubert, Franz 30, 260
Schuller, Gunther 30, 74, 156, 160, 193, 201,204, 211, 218, 230, 273
Schulz, Klaus 15-17
Schulz-Köhn, Dietrich 327-329

Schumann, Robert 30, 260
Schutt, Arthur 311
Schütz, Heinrich 26
Schuur, Diane 300
Sciacca, Anthony 262
Scobey, Bob 291
Scofield, John 186, 208, 257
Scott, Arthur „Bud" 43
Scott, Bud 77, 106
Scott, Ronnie 48, 320
Scott, Tony 262-263
Scott, William J. 144
Scott-Heron, Gil 307
Scotty, Escudero 94
Seale, Bobby 242
Secunda, Sholom 331
Seeböck, Herwig 321
Seeger, Pete 54, 247
Seiber, Mátyás 327
Sex Pistols 53
Shank, Bud 133, 249
Shankar, Ravi 249
Shavers, Charlie 116, 152
Shaw, Artie 112, 137, 284, 293, 295, 297, 304
Shaw, Arvell 103
Shaw, Milt 155
Shaw, Robert 274
Shaw, Woody 212, 245, 258
Shearing George 190, 243, 253, 282, 299, 304
Shepp, Archie 38, 62, 173, 208, 228, 234, 243-244, 263, 321
Shields, Larry 88
Shine, Bill 135
Shines, Johnny 56
Shorter, Wayne 11, 189, 207, 213, 240, 252, 255
Shulman, Joe 204
Sid, Symphony ?? 205
Siegelstein, Sandy 204
Silva, Alan 228-229
Silver, Horace 71, 195, 206, 212-215, 227, 229, 306

Simon, George 135
Simone, Nina 300
Sims, Zoot 116, 128, 132, 135, 148, 2109 252
Sinatra, Frank 16, 102, 128, 189, 284, 286, 288, 290, 304, 308-310
Sissle Noble 45, 86
Skomorowski, Jakow 334
Slatkin, Leonard 274
Slim, Memphis 46, 59, 61, 324
Smith 61, 121, 254, 293
Smith Carson 209
Smith, Bessie 56, 58-59, 63, 70, 74, 101, 289, 292, 294, 296-297
Smith, Bill 200
Smith, Buster 126, 143
Smith, Clara 57, 125
Smith, Clarence „Pine Top" 60-61
Smith, Jabbo 301
Smith, Jimmy 63, *164*, 236, 253
Smith, Mamie 43, 119
Smith, Paul 298
Smith, Stuff 134
Smith, Willie „The Lion" 75-76, 121
Snowden, Elmer 120, 125
Solal, Martial 46, 267
Solid Swingers 301
Soloff, Lew 246
Souchon, Edmond 88
Soul Stirrers 69
Sousa, John Philip 44, 99
Southern Rag-a-Jazz-Band 331
Southern Syncopated Orchestra 86
Spanier, Muggsy 91, 96, 103
Spann, Otis 61
Spirits Of Rhythm 297
Spivey, Victoria 57
Spoerri, Bruno 49
Springer, Georg 316
Springsteen, Bruce 311
St. Cyr, Johnny 101
Staatliches Jazzorchester 335
Stacy, Jess 116
Stade, Frederica von 274

Stalin, Josef 333, 337
Stark, John 74, 311
Starr, Kay 128
Staton, Dakota 300
Steele, Reverend 236
Stenson, Bobo 267
Stern, Mike 247
Stewart, Buddy 306
Stewart, Herbie 135
Stewart, Rex 46, 12
Stewart, Slam 147
Stillman, Judith Lynn 274
Stitt, Sonny 160, 194, 218, 221, 248
Stokowski, Leopold 122, 333
Story, Sidney 80
Stordahl, Axel 309
Straight, Charles 104
Strauß, Johann 28
Strauss, Richard 28
Strawinsky, Igor 29, 31, 74, 104, 118, 122, 135, 229, 238, 275, 285
Strayhorn, Billy 122-123, 276
Streisand, Barbra 60
Styne, Jule 28
Sugar Hill Gang 268
Sulieman, Idrees 159
Sullivan, Maxine 286
Summer, Donna 54
Sun Ra Orchestra 244
Sunshine, Monty 92
Superior Orchestra 82
Surman, John 251, 254
Suso, Foday Musa 257
Swallow, Steve 258
Swanee Quintet 69
Sweatman, Wilbur 121
Swedish Radio Orchestra 48
Sykes, Roosevelt 61
Sylvester, James V. 113
Syncopated Orchestra 50
Syncopaters 334

T'Hof, Jasper van 267
Tabackin, Lew 246

Tachezi, Herbert 17
Tancil, Eddie 319
Tarasow, Wladimir 339
Tate, Buddy 127
Tate, Erskine 101, 108
Tate, Grady 281, 285, 307
Tatum, Art 109, 134, 144, 146, 193, 198, 229, 262, 281-282, 300, 306
Taylor, Art 214
Taylor, Billy 193, 301
Taylor, Cecil *180,* 208, 228-230, 235, 243, 261, 317
Taylor, Frances 206
Taylor, Gene 214
Taylor, Eva 289
Teagarden Jack 58, 102, 106, 114, 287, 290
Teddy Hill Band 152
Teitelbaum, Richard 253
Ten Years After 53
Teplitski, Leopold 333
Terry, Clark 123, 128, *172,* 203, 209, 252, 256, 282
Terry, Sonny 57
Teschemacher, Frank 105, 115
Tharpe, Sister Rosetta 35, 70, 145
Thiele, Bob 244
Thielmans, Jean „Toots" *171*
Thigpen, Ed 281
Third Herd 15, 136
Thom, Fritz 18, 316
Thomas 301
Thomas, Evan 82
Thomas, J. C. 240
Thomas, Michael Tilson 274
Thompson, Bill 107
Thompson, Edna 120
Thornhill, Claude 133, 202, 209, 262
Thornton, Clifford 244
Threadgill, Henry 271
Tilton, Martha 117
Timmons, Bobby 213
Tio jun., Lorenzo 77
Tio, Lorenzo senior und junior 86

Tischi'y 50
Tizol, Juan 122, 284
Tom Brown's Band From Dixieland 89
Tomasi, Henri 274
Tormé, Mel 286, 304, 306
Toscanini, Arturo 29, 123
Tough, Dave 106, 193
Towner, Ralph 245
Townsend, Pete 59
Tremble Kids 49
Tristano, Lennie 36, 148, 198-200, 226, 229, 277
Trumbauer, Frank 95, 104-105, 197, 287, 290
Tschaikowsky, Peter I. 30
Tschekasin, Wladimir 339
Tsfasman, Alexander 333-336
Turchen, Abe 136
Turner, Big Joe 61
Turner, Joe 128, 320
Turner, Tina 54
Turpin, Tom 73
Tuxedo Brass Band 77, 84, 100
Two Beat Stompers 49, 92
Two Live Crew 269
Tympany Five 216
Tyner, McCoy 221, 239-240, 245, 259

Ulanov, B. 33
Ulmer, James „Blood" 234, 272
United Jazz & Rock Ensemble 246
Urbaniak, Michal 249
Utesow 333-335
Utesow, Leonid 333-335

V.S.O.P 256, 274
Vaché, Warren 245, 324
Vanderbilt, Cornelius 311
Varieté-Orchester 336
Vasconcelos, Nana 262, 264
Vaughan, Sarah 146, 203, 284, 297, 300, 305

Vendome Theatre Orchestra 101
Ventura, Charlie 148
Venuti, Joe 95, 105, 249, 287-288
Verdi, Giuseppe 28
Vienna Art Orchestra 51, 268, 321,
Vinson, Eddie „Cleanhead" 237
Vitelle, George 88
Vitous, Miroslav 252
Vivaldi, Antonio 26, 308
Vries, Louis de 48

Wachler, Ingolf 48
Wagner, Richard 28
Waits, Tom 307
Walcott, Collin 245, 263-264
Walden, Woody 143
Waldron, Mal 224, 296
Walker, T-Bone 58, 63
Wallace, Sippie 58
Waller, Thomas „Fats" 38, 45, 47,
  50, 75, 108-109, 112, 115, 121,
  125, 137-138, 146, 229, 283-284
Wallington, George 154, 193-194
Walton, Cedar 213
Ward, Clara 70
Ward, Helen 117, 293
Ward-Singers 70
Ware, Wilbur 213, 218, 239
Warfield, Charlie 74
Warlamow, Alexander 334
Warwick, Carl 152
Washboard Serenaders 47
Washington, Dinah 130, 205, 251-
  252, 286, 300
Washington, Peter 213
Washingtonians 10
Waters, Ethel 57, 93, 286, 288-289
Waters, Muddy 56, 59, 254
Watkins, Doug 212, 214
Watson, Bobby 213
Watson, Leo 297, 300
Watters, Lu 92
Watts, Heather 229
Watts, Jeff 278

Weather Report 11, 252-253, 258
Weather Update 253
Webb, Chick 111, 125, 152, 283,
  298
Webb, Joe 236
Webb, William „Chick" 111
Webber, Andrew Lloyd 28
Weber, Carl Maria von 28, 30, 118
Webster, Ben 11, 123, 143, 152,
  194, 252, 262, 272, 291, 323
Wehle, Peter 321
Wein, George 193
Wein, George 160, 314-315
Weintraub, Stefan 334
Weisfeldt, Ed 134
Weiss, Fritz 327
Welch, Elizabeth 328
Wells, Dick 127
Wells, Dickie 151
Wells, Johnny 106
Wess, Frank 249
West, Doc 146
West, Harold „Doc" 320
Wettling George 97
Wetzel, Ray 135
Whetsol, Arthur 120
White, Bukka 57
White, Gonzelle 125
White, Josh 56
White, Lulu 81
White, Michael 249
Whiteman, Paul 95, 105, 122, 130-
  131, 284, 290, 292, 297, 305, 332-
  333
Whitlock, Bob 209
Whodini 269
Wiener Tanzorchester (WTO) 16
Wiggs, Johnny 88
Wilbe, Bob 199
Wilen, Barney 46
Willett Chappie 128
Williams, Joe 128, 252, 293, 299
Williams, Big Joe 57, 323
Williams, Clarence 58, 86, 287

Williams, Cootie 117, 122-123, 160, 193-194, 284
Williams, Fess 153
Williams, Fred 234
Williams, Mary Lou 109, 111, 158-159, 212, 220, 229, 298
Williams, Ned E. 122
Williams, Richard 35
Williams, Robert Pete 63
Williams, Spencer 81
Williams, Tony 207, 229, 246-248, 252, 254, 255-258, 274
Williamson Sunny Boy 56
Wilson, Arlandus 70
Wilson, Cassandra 300
Wilson, Joe Lee 307
Wilson, Nancy 252, 300
Wilson, Peter Niklas 219
Wilson, Shadow 239
Wilson, Teddy 38, 112, 116-117, 129, 195, 147, 295, 302, 311, 315, 323
Winding, Kai 132, 148, 160, 193, 204, 224
Winter Johnny 59
Winter, Horst 16, 51, 251
Witherspoon, Jimmy 58, *192*
Wofford, Mike 298

Woode, Jimmy 51
Wooding, Sam 50, 331-332
Woods, Phil *182*, 199, 211, 245, 250, 256, 259, 266
Workman, Reggie 239
World Saxophone Quartet 272
Wright, Gene 200
Wright, Lamar 143

Yancey, Jimmy 60
Yokley, Grayce 236
Young Lions 12
Young, Larry 254
Young, Lee 223, 312
Young, Lester 106, 112, 117, 127, 143-144, 147, 193, 197, 210, 214, 223, 237, 282, 295-296, 311
Young, Trummy 102, 131

Zappa, Frank 246
Zawinul, Joseph „Joe" 12, 15, 51, *191*, 207, 229, 251-254, 255, 306, 317, 320, 322
Zednick, Mel 198
Ziegler, Antonin 334
Zilk, Helmut 316
Zwingenberger, Axel 61

Quellenverzeichnis:

(1) „Das Jazz Buch" (Von New Orleans bis in die achtziger Jahre), Joachim-Ernst Berendt, überarbeitet und fortgeführt von Günther Huesman, Wolfgang Krüger Verlag, Frankfurt am Main, 1989.

(2) „Jazz erzählt" (Von New Orleans bis West Coast), Nat Shapiro und Nat Hentoff, dtv München, 1962, Lizenzausgabe der Nymphenburger Verlagsbuchhandlung GmbH., München.

(3) Reclams Jazzführer"; Carlo Bohländer, Karl Heinz Holler und Christian Pfarr; Philipp Reclam jun. Stuttgart, 3. Auflage, 1989.

(4) Ebenda

(5) „Jazz. Gesicht einer Musik", Siegfried Schmidt-Joos, Lizenzausgabe für den Bertelsmann Lesering mit Genehmigung des Helmut Kossodo Verlages, Genf.

(6) „Knaurs Jazz Lexikon", Stephen Longstreet und Alfons M Dauer, Droemersche Verlagsanstalt Th. Knaur Nachf. München-Zürich, 1957.

(7) „Die Geschichte des echten Jazz", Hugues Panassié, Signum Verlag, Gütersloh.

(8) „Die Story des Jazz" (Vom New Orleans zum Rock Jazz), herausgegeben von Joachim-Ernst Berendt, Deutsche Verlags-Anstalt, Stuttgart, 1975.

(9) „Die Legenden des Jazz" (Eine Hommage in Bildern), Richard Williams, HEEL-Verlag GmbH., Schindellegi, Schweiz, 1994, englische Originalausgabe Studio Editions, London, 1994.

(10) „Jazz erzählt", a. a. O.

(11) Ebenda

(12) Ebenda

(13) Ebenda.

(14) Ebenda.

(15) Ebenda.

(16) Ebenda.

(17) Ebenda.

(18) „Die Story des Jazz", a. a. O.

(19) Ebenda.

(20) Ebenda.

(21) Ebenda.

(22) Ebenda.

(23) Ebenda.

(24) Ebenda.

(25) Ebenda.

(26) Ebenda.

(27) Reclams Jazzführer", a. a. O.

(28) „Lexikon des Jazz", Jürgen Wölfer, Wilhelm Heyne Verlag, München, 1993.

(29) „All You Need Is Love" (Die großen Musikstile von Ragtime bis Rock), Tony Palmer, Hannibal Verlag, St. Andrä-Wördern, 1994.

(30) „Das Jazz Buch", a. a. O.

(31) „Jazz erzählt", a. a. O.

(32) Ebenda.

(33) „Negro Spirituals", herausgegeben von Janheinz Jahn, Fischer Bücherei, Frankfurt/Main und Hamburg, 1962.

(34) „Jazz erzählt", a. a. O.

(35) Ebenda.

(36) Ebenda.

(37) Ebenda.

(38) Ebenda.

(39) Ebenda.

(40) Ebenda.

(41) Ebenda.

(42) Ebenda.

(43) Ebenda.

(44) Ebenda.

(45) Ebenda.

(46) Ebenda.

(47) Ebenda.

(48) Ebenda.

(49) Ebenda.
(50) Ebenda.
(51) Ebenda.
(52) Ebenda.
(53) „Jazz. Gesicht einer Musik",
(54) „Jazz erzählt", a. a. O.
(55) Ebenda.
(54) Ebenda.
(55) Ebenda.
(56) Ebenda.
(57) Ebenda.
(58) Ebenda.
(59) Ebenda.
(60) Ebenda.
(61) Ebenda.
(62) Ebenda.
(63) Ebenda.
(64) Ebenda.
(65) Ebenda.
(66) Ebenda.
(67) Ebenda.
(68) Ebenda.
(69) „Autobiographie", Duke Ellington, Paul List Verlag KG, München, 1974.
(70) „Jazz erzählt", a. a. O.
(71) Ebenda.
(72) Ebenda.
(73) Ebenda.
(74) Ebenda.
(75) Ebenda.
(76) „Die Geschichte des echten Jazz", a. a. O.
(77) „Jazz erzählt", a. a. O.
(78) Ebenda.
(79) Ebenda.
(80) Ebenda.
(81) Ebenda.
(82) Ebenda.
(83) Ebenda.
(84) Ebenda.
(85) Ebenda.
(86) Ebenda.
(87) Ebenda.

(88) Ebenda.
(89) Ebenda.
(90) Ebenda.
(91) „Die Story des Jazz", a. a. O.
(92) „Jazz erzählt", a. a. O..
(93) Ebenda.
(94) Ebenda.
(95) Ebenda.
(96) „Jazz" (Geschichte und Persönlichkeiten der afro-amerikanischen Musik), Arrigo Polillo, Herwig Verlagsbuchhandlung, München-Berlin, 1975.
(97) „Chasin' The Trane" (Musik und Mystik von John Coltrane), J.C. Thomas, Hannibal Verlag, St. Andrä-Wördern, 1986.
(98) Ebenda.
(99) „Jazz Live", Zeitschrift, Jahrgang 1995, Gerhard Litterst.
(100) „Die Story des Jazz", a. a. O.
(101) „Sweet Swing Blues", Wynton Marsalis, Fotos von Frank Stewart, Hoffmann und Campe, Hamburg, 1995.
(102) Ebenda.
(103) „In The Moment" (Jazz der 80er Jahre), Francis Davis, Hannibal Verlag, St. Andrä-Wördern, 1989.
(104) „Jazz erzählt", a. a. O.
(105) Ebenda.
(106) Ebenda.
(107) Ebenda.
(108) Ebenda.
(109) Ebenda.
(110) Ebenda.
(111) „Geschichte und G'schichteln" (20 Jahre Jazzland), Axel Melhardt, Hot Club de Vienne, 1992.
(112) „Swing unter den Nazis", Mike Zwerin, Hannibal Verlag, St. Andrä-Wördern, 1988.

Wir danken den genannten Verlagen für die Abdruckerlaubnis.

Weiterführende Literatur

„Jazz-Lexikon", Martin Kunzler, Rowohlt Taschenbuch Verlag GmbH., Reinbek bei Hamburg, Oktober 1988.

„Lexikon des Jazz", Jürgen Wölfer, Wilhelm Heyne Verlag GmbH & Co.KG, München, 1993.

„Reclams Jazzführer", Carlo Bohländer, Karl Heinz Holler und Christian Pfarr, Phillipp Reclam jun. GmbH. & Co., Stuttgart, 1990.

„Die Geschichte des echten Jazz", Hugues Panassié, Signum Verlag, Gütersloh.

„I Got Rhythm" (40 Jazz-Evergreens und ihre Geschichte), Dietrich Schulz-Köhn, Wilhelm Heyne Verlag GmbH & Co.KG, München, 1990.

„Jazz – Gesicht einer Musik", Siegfried Schmidt-Joos, Lizenzausgabe für den Bertelsmann-Lesering mit Genehmigung des Helmut Kossodo Verlages, Genf.

„Jazz op. 3" (Die heimliche Liebe des Jazz zur europäischen Moderne), Wiener Musik Galerie/Ingrid Karl, Löcker Verlag, Wien-München, 1986.

„Jazz-Werkstatt International", Bert Noglik, Rowohlt Taschenbuch Verlag GmbH, Reinbek bei Hamburg, 1983.

„Black And Blue" (Literatur aus dem Jazz-Zeitalter), Suhrkamp Verlag, Frankfurt am Main, 1995.

„Jazz" (Geschichte und Persönlichkeiten der afro-amerikanischen Musik), Arrigo Polillo, Herwig Verlagsbuchhandlung, München-Berlin, 1975.

„Jazzfibel", Bruno Knobel, Schweizer Jugend-Verlag, Solothurn, 1962.

„Die Welt des Jazz", Jim Godbolt,

Karl Müller Verlag, Erlangen, 1993.

„Jazz", Ed van der Elsken, Nieswand Verlag, Kiel, 1992.

„The Jazz Scene", Charles Fox, Hamlyn Publishing Group Limited, London-New York-Sidney-Toronto, 1972.

„Die Legenden des Jazz" (Eine Hommage in Bildern), Richard Williams, Heel AG, Schindellegi, Schweiz, 1994.

„Jazz! Swinging Portraits", Peter Brunner und Johannes Kunz, Edition Christian Brandstätter, Wien, 1992.

„Knaurs Jazz Lexikon", Stephen Longstreet und Alfons M. Dauer, Droemersche Verlagsanstalt Th. Knaur Nachf., München-Zürich, 1957.

„Die Jazz-Diskothek" (Schallplattenführer), zusammengestellt von Gernot W. Elmenhorst und Walter von Bebenburg, Rowohlt Taschenbuch Verlag GmbH., Reinbek bei Hamburg, 1961.

„Jazz erzählt" (Von New Orleans bis West Coast), Nat Shapiro und Nat Hentoff, Deutscher Taschenbuch Verlag GmbH. & Co.KG, München, 1962.

„Jazz & Blues-Führer durch die USA", Christiane Bird, Verlag Ullstein GmbH., Berlin-Frankfurt am Main, 1994.

„Das Jazz Buch" (Von New Orleans bis in die achtziger Jahre), Joachim-Ernst Berendt, überarbeitet und fortgeführt von Günther Huesmann, Wolfgang Krüger Verlag, Frankfurt am Main, 1989.

„Die Story des Jazz" (Von New Orleans zu Rock Jazz), herausgegeben von Joachim-Ernst Berendt, Deutsche Verlags-Anstalt, Stuttgart, 1975.

„*Ein Fenster aus Jazz*", Joachim-Ernst Berendt, S. Fischer Verlag GmbH, Frankfurt am Main, 1977.

„*Nada Brahma*" (Die Welt ist Klang), Insel Verlag, Frankfurt am Main, 1984.

„*Die Welt des Blues*", David Harrison, Karl Müller Verlag, Erlangen, 1994.

„*Nothing But The Blues*" (The Music And The Musicians), Lawrence Cohn, Abbeville Press Publishers, New York-London-Paris, 1993.

„*Die Story des Blues*" (Stimme der Leidenschaft und Lebensfreude), Paul Oliver, Hannibal Verlag, St. Andrä-Wördern, 1994.

„*Der Country Blues*" (Die Songs und die Legenden), Samuel B. Charters, Hannibal Verlag, St. Andrä-Wördern, 1994.

„*Blues Fell This Morning*", Paul Oliver, Hannibal Verlag, St. Andrä-Wördern, 1991.

„*Robert Johnson – Love In Vain*", Peter Guralnick, Hannibal Verlag, St. Andrä-Wördern, 1995.

„*B.B. King – Der legendäre König des Blues*", Charles Sawyer, Hannibal Verlag, St. Andrä-Wördern, 1995.

„*Negro Spirituals*", herausgegeben von Janheinz Jahn, Fischer Bücherei KG, Frankfurt am Main und Hamburg, 1962.

„*The Death Of Rhythm & Blues*", Nelson George, Hannibal Verlag, St. Andrä-Wördern, 1990.

„*Swing unter den Nazis*", Mike Zwerin, Hannibal Verlag, St. Andrä-Wördern, 1988.

„*Nights In Birdland*", Jazz-Fotos von 1954-1960 mit einem Essay von Jack Kerouac, Hannibal Verlag, St. Andrä-Wördern, 1988.

„*In The Moment*" (Jazz der 80er Jahre), Francis Davis, Hannibal Verlag, St. Andrä-Wördern, 1989.

„*Bourbon Street Black*" (The New Orleans Black Jazzmen), Jack V. Buerkle und Danny Barker, Oxford Univeristy Press, London-Oxford-New York, 1973.

„*Mein Leben, mein New Orleans*", Louis Armstrong, Rowohlt Verlag GmbH., Hamburg, 1953.

„*Louis Armstrong*", James L. Collier, Gustav Lübbe Verlag GmbH., Bergisch Gladbach, 1987.

„*Autobiographie*", Duke Ellington, Paul List Verlag KG, München, 1974.

„*Duke Ellington – Genius des Jazz*", James Lincoln Collier, Hannibal Verlag, St. Andrä-Wördern, 1989.

„*Good Morning Blues*" (Autobiographie), Count Basie, Econ Verlag GmbH., Düsseldorf-Wien-New York, 1987.

„*Glenn Miller – sein Leben, seine Musik*", George T. Simon, Hannibal Verlag, St. Andrä-Wördern, 1987.

„*Benny Goodman – King Of Swing*", James Lincoln Collier, Hannibal Verlag, St. Andrä-Wördern, 1992.

„*Benny Goodman*" (Bildbiographie), herausgegeben von Stanley Baron, Lizenzauflage des Heinrichshofen's Verlag Wilhellmshafen, Verlag Neue Musik, Berlin, 1984.

„*Hamp*" (Autobiographie), Lionel Hampton und James Haskins, Amistad Press Inc., distributed by Penguin USA, New York, 1993.

„*Music Was Not Enough*", Bob Wilber, Bayou Press Ltd., Oxford, 1989.

„*Woody Herman – Woodchopper's Ball*" (Autobiographie), Woody

Herman und Stuart Troup, Hannibal Verlag, St. Andrä-Wördern, 1992.

„Bird lebt!“, Ross Russell, Hannibal Verlag, St. Andrä-Wördern, 1985.

„Dizzy“ (John Birks Gillespie In His 75th Year), Lee Tanner, Pomegranate Artbooks, Petaluma, California, 1991.

„To Be Or Not To Bop“ (Memoiren), Dizzy Gillespie und Al Frazer, Hannibal Verlag, St. Andrä-Wördern, 1984.

„Miles Davis“ (The Man In The Green Shirt), Richard Williams, Henry Holt And Company Inc., New York, 1993.

„Round About Midnight“ (Ein Portrait von Miles Davis), Eric Nisenson, Hannibal Verlag, St. Andrä-Wördern, 1985.

„Chasin' The Trane“ (Musik und Mystik von John Coltrane), J.C. Thomas, Hannibal Verlag, St. Andrä-Wördern, 1986.

„Sonny Rollins“ (Sein Leben, seine Musik, seine Schallplatten), Peter Niklas Wilson, Oreos Verlag GmbH., Schaftlach, 1991.

„Sweet Swing Blues“, Wynton Marsalis, Fotografien von Frank Stewart, Hoffmann und Campe, Hamburg, 1995.

„The Will To Swing: Oscar Peterson“, Gene Lees, Hannibal Verlag, St. Andrä-Wördern, 1990.

„Swinging Voices Of America“ (Ein Kompendium grosser Stimmen), Will Friedwald, Hannibal Verlag, St. Andrä-Wördern, 1992.

„Brother Ray“, Ray Charles und David Ritz, The Dial Press, New York, 1978.

„Billie Holiday – Lady Day“, Robert O'Meally, Hannibal Verlag, St. Andra-Wordern, 1995.

„Ella – Die Stimme des Jazz“, Stuart Nicholson, C.Bertelsmann Verlag GmbH., München, 1993.

„Ella Fitzgerald – First Lady des Jazz“, Jim Haskins, Wilhelm Heyne Verlag GmbH & Co.KG, München, 1994.

„Nat King Cole – Unforgettable“ (Das Pianowunder mit der Samtstimme), Leslie Gourse, Hannibal Verlag, St. Andrä-Wördern, 1993.

„Red And Hot“ (Jazz in Rußland 1917-1990), S. Frederick Starr, Hannibal Verlag, St. Andrä-Wördern, 1990.

„All You Need Is Love“ (Die grossen Musikstile – von Ragtime bis Rock), Tony Palmer, Hannibal Verlag, St. Andrä-Wördern, 1994.

„Mein Vater Frank Sinatra“, Nancy Sinatra, Hestia.

„Frank Sinatra – I Did It My Way“, Deborah Holder, Wilhelm Heyne GmbH. & Co.KG, München, 1995.

„Rap Attack“ (African Jive bis Global Hip Hop), David Toop, Hannibal Verlag, St. Andrä-Wördern, 1992.

„Sachlexikon Rockmusik“, Bernward Halbscheffel und Tibor Kneif, Rowohlt Taschenbuch Verlag GmbH., Reinbek bei Hamburg, 1992.

„Geschichte und G'schichteln“ (20 Jahre Jazzland), Axel Melhardt, Hot Club de Vienne, 1992.

„Illustrierte Geschichte der Musik“, Vratislav Baránek, Karl Müller Verlag, Erlangen, 1994.